现场：国家美术课程改革访谈录

A COLLECTION OF INTERVIEWS ON CHINESE ART CURRICULUM REFORM

2001—2011

李于昆　主编

嶺南美術出版社
中国·广州

图书在版编目（CIP）数据

现场：国家美术课程改革访谈录：2001—2011 / 李于昆主编. —广州：岭南美术出版社，2017.7
ISBN 978-7-5362-6019-1

Ⅰ.①现… Ⅱ.①李… Ⅲ.①美术课—教学改革—中小学 Ⅳ.①G633.955.2

中国版本图书馆CIP数据核字(2016)第189285号

出 版 人：李健军
顾　　问：尹少淳
主　　编：李于昆

责任编辑：陈国健　杨国昕
责任技编：罗文轩
书籍设计：书窗设计工作室

现场：国家美术课程改革访谈录·2001—2011
XIANCHANG GUOJIA MEISHU KECHENG GAIGE FANGTAN LU 2001—2011

出版、总发行：岭南美术出版社（网址：www.lnysw.net）
（广州市文德北路170号3楼　邮编：5100045）
经　　销：全国新华书店
印　　刷：东莞市信誉印刷有限公司
版　　次：2017年7月第1版
2017年7月第1次印刷
开　　本：787mm×1092mm　1/16
印　　张：33.5
印　　数：1—1500册
ISBN 978-7-5362-6019-1

定　　价：150.00元

际会时代　口述风云

——《现场：国家美术课程改革访谈录》序

历史，来自于古希腊语“historia”，其语义学意义是讲故事。讲故事是人类普遍的叙事方式，任何个体的童年如此，任何民族的童年也是如此。一个民族的早期历史，不是存在于图像和实物之中，就是存在于口耳相传的故事之中。那些故事满含着想象和温情，渗透着理性和思辨，铺设出璀璨的历史轨迹。中国史书尤其体现出生动的故事性，例如《左传》《史记》《资治通鉴》……人们从中学习知识，形成智慧，鉴往知来，依凭历史经验和教训处理现实中的种种事情，解决人类的种种问题。

古希腊哲学家常常扮演评判师的角色，在他们的眼中，历史并不具备今天的地位，而被视为零碎的、变动不安的个别的东西。亚里士多德甚至认为历史的地位还不如诗歌，因为诗歌在他看来是用典型表达了普遍的意义。被称为“历史哲学之父”的意大利哲学家维科第一个详细探讨了历史发展的规律性问题。德国古典哲学的集大成者黑格尔则是真正全面地论述历史发展规律的重要学者，他的哲学深刻地论述了历史上的人物和民族在历史发展中的作用以及历史演变的规律。历史的地位正是随着对事实背后规律的揭示而得到提升的。

当然，维科和黑格尔的“历史”太严肃，也太宏大了，历史有着多样的叙述方式和形态。但不论哪种叙述方式和形态，都必须强调事实的客观性与准确性，违背这一基本原则，历史就是不可信的。从另一方面说，尽管我们强调这一原则，却难以完全杜绝解释的主观性，因为解释者本身是有态度、立场、观点的。因此，才会有“历史是任人打扮的小姑娘”之说。过于执着的立场和主观性甚至还会影响对事实的筛选和认定。

本书《现场：国家美术课程改革访谈录》的内容应该划归历史的范畴，因此历史研究的原则同样适用于它。但因为其特点——口述也会造成一些“失真”的现象，这是需要警惕的。口述历史是历史记忆的形式之一，指事件的亲历者基于记忆，向采访者口头讲述，后者根据录音和笔录加以整理，形成历史文本。其优点是具有现场感和情境感，生动自然，故事性强。在传媒高度发达的今天，口述历史已经可以采用影音方式记载，但就通用和方便而言，纸质文本依然广受青睐。口述历史不像严格的历史研究那样具有一种“素材”感，往往会因为记忆的模糊和错位而出现讹误，也会因为对过程缺乏控制而造成话题的不均衡或偏离。因此，没有绝对把握认为这样的现象不会发生在我们这本口述历史中，但相信所有参与访谈者都会秉持“历史不是任人打扮的小姑娘”的信念，真实、客观地以口述的方式重构那段美术课程改革的历史。

本书呈现的口述历史指向21世纪初至2011年间围绕基础教育美术课程改革发生的事情，以及亲历者自身的感受与认识。《全日制义务教育美术课程标准（实验稿）》和《普通高中美术课程标准（实验）》的研制与实验，以及《义务教育美术课程标准（2011版）》的修订与实施是口述的主要话题。口述者从各自的角色——领导、专家和一线教师，以各种方式介入和参与这次课程改革。际会时代，口述风云，他们讲述了自己在如火如荼的课程改革中的经历和见闻，以及对美术新课程的理解与反思，经验与教训，从美术课程的种种变化，见证中国基础教育在观念、内容和方法等方面的深刻变革。

历史总是跟时间联系在一起的，没有时间的概念和意识就不会有历史。动物只是遵从时间的安排发生身体和行为上的本能变化，而人类则能清晰地意识到时间的存在，并用数字加以标记，使之成为认识世界的一个维度。时间对人而言，不仅是抽象的数字概念，也具有主观和情感上的意义。所谓“世纪末”不仅意味着两个百年之间的交替，更带有人们对旧世纪的惜别与惆怅以及对新世纪的期盼与兴奋。我们所经历的中国基础教育最深刻、最重大的课程改革，就发生在20世纪与21世纪之交。其时，带着对新世纪的畅想与思考，包括中国在内的许多国家和地区普遍进行了基础教育课程改革，目的是培养年轻一代适应新世纪生活的公民素养和知识，抢占社会进步与发展的制高点。中国基础教育美术课程改革正是裹挟在这一世界性的课程改革的潮流中，自主或不由自主地发生了。

依然从时间的维度看，窃以为中国的基础教育美术课程从1949年至今经历了三个大的时期：学科的非完整期、学科的完整期、关注人的发展期。美术课程最初的关注点是学科，但起初业界对美术学科的认识并不完整，以至于“图画课”成了美术课程的标签，形成了以偏概全的现象。改革开放之后，美术课程恢复了完整性，“美术”成了课程之冠名，内容包括了欣赏、绘画、雕塑、工艺、建筑、书法、篆刻（现在还拓展了设计、现代媒体艺术以及现代艺术的部分内容）。这种现象与欧美的情况相仿。譬如美国，最初也是以绘画为主的单纯创作取向。从美术教育学者巴肯探索美术课程的内容结构开始，至美术教育学者格内尔提出的DBAE（以学科为基础的美术教育），美学、美术史、美术批评和美术创作构成了课程的基本内容。时至当下，新观念、新材料、新元素、新方法的引入，使美术课程日趋完整和丰富。中国基础教育美术课程的上述变化，均是发生在学科内部，对此我们可以从1981年人民美术出版社出版的教育部组织的统编美术教材《全日制中小学美术试用课本》中清楚地感受到。这套教材体现的对美术学科的理解达到了前所未有的高度——增加了美术欣赏、现代设计等内容，形体的构成与切挖对当时的教师而言也属新知。2000年课程改革之后，美术课程开始由关注学科本体移向了关注美术对人的发展的影响，其中也包括美术素养的形成与发展。这是一个意义深远的具有战略意义的思想、观念上的重大变化。

此次基础教育美术课程的另一个重大变化是目标体系的改变，即由以往的“双基”（基本知识与基本技能）目标变为“三维”目标（知识与技能、过程与方法、情感态度与价值观）。对此，有论者认为课程改革之前，在中国教育界最受重视的是“双基”目标，课程改革15年来重心移至“三维”目标，教师的教育观念和教育行为因此发生了重大的转变。然而，由于“三维”目标中的“过程与方法”“情感态度与价值观”目标在实际教学中宛若浮冰，难以立足，导致教师的教学依然立足于坚实的“知识与技能”上。貌似“三维”实乃“一维”，此为现实状况。目前正在修订的普通高中课程标准中引入了“学科核心素养”的概念，以图将“双基”活化，使之变成素养的构件，在情境中形成解决问题和创新的能力。这自然是后话，有待将来分说。此处略微提及，意在说明美术课程改革的成绩与缺憾，为后继的改革留个生长的接口。

概言之，我们目前口述的这段美术课程改革的历史最为显著的成就是：1. 在肯定美术课程具有视觉性基本特征的前提下，突出了其人文性，将美术课程视为一种文化学习；2. 以“三维”目标统摄全部课程要素，包括内容、教学、评价和资源利用与开发等；3. 联系学生生活，选择对他们终身发展有用的课程内容，并组织成“造型·表现”“设计·应用”“欣赏·评述”“综合·探索”四个学习领域；4. 在优化接受性学习的前提下，鼓励自主、合作和探究性学习，帮助学生获得学习和探究能力；5. 鼓励多主体和多元评价，尤其是学生的自我反思和评价，以及包括档案袋、讨论和展示等质性评价方式；6. 倡导利用和开发多种课程资源，包括校内、校外资源和网络资源，鼓励农村和少数民族地区充分利用地方的自然和文化资源。这些基础教育美术课程改革铸就的坚固“钢筋”，已深深嵌入中国美术教育发展的里程碑中。

这次基础教育美术课程改革是一段“有口皆碑”的历史，我们共同做了一件非常有意义的事情。历史的脚步不会停止，中国的基础美术教育依然会面向未来，与时俱进，不断发展。我们今天所做的自视甚高的事业和成果，终将随着历史镜头的推远而化为后人记忆中的一个小点，甚至可能被遗忘，因为未来的景象无法预知，未来的人如何看待我们今天的事业和成就也无法想象。但21世纪初我们这批人与全国美术教师一道实施了这次深刻的课程改革的事实却不可能磨灭，这即是香港哲学家李天命先生之“事件实在论”表达的意思：一个物品或事件终究会消失，但这个物品或事件曾经在这个世界上存在过或发生过的事实却永远不会消失。对此，我信之甚笃，并聊以自慰。

将这次美术课程改革以口述历史的形式留存下来的最初动议来自我的乡党、朋友李于昆教授，他的美术史家身份使他拥有对历史的高度敏感。他的这一聪慧的想法，得到了岭南美术出版社社长、青年出版家李健军先生的响应与支持。我们需要感谢他们，历史也需要感谢他们。也对所有参与、支持这一工作的领导、专家、教研员和一线教师表示感谢，真诚地希望与大家重温这段艰难而美好的岁月，共享这份宝贵的精神财富。

是为序。

尹少淳

2015年4月30日完稿于美丽的湘南山城

目录 | Contents

万丽君

受 访 者：万丽君，教育部体育卫生与艺术教育司副巡视员、艺术教育委员会秘书长。

访谈提要：学校美术教育的发展，离不开良好的国家教育政策的规范管理和方向指引。基于明晰美术教育方向、拓展学科教学视野的角度，嘉宾对中国基础教育美术课程改革取得的成绩给予了充分肯定和整体评价，也分析了如开课率不足、教师队伍质量有待提升等教育教学问题，由此提出了教育部对此采取的应对措施。这些措施是保障美术作为学校核心课程、进一步推进国家美育工作不可或缺的组成部分，为实现教育立德树人根本任务提供了政策指引。

采 访 者：段鹏，首都师范大学美术学院美术教育系副主任、讲师，美术教育学博士。

访谈地点：北京

访谈时间：2013年11月12日

关于当前我国基础教育阶段美术教育的几个问题

万丽君访谈

段　鹏：您对中国的基础教育美术课程改革有何看法和评价？

万丽君：一是1999年，把“美育”写进了教育方针。2000年开始，基础教育课程方案把美术列为基础教育的核心课程。随着素质教育的不断推进，美术教育越来越受到重视，全国中小学校的美术开课率普遍提高。基础教育阶段的美术教育走上了依法治教的轨道，美术教育取得了巨大的进步。

二是从中小学美术教师数量的增长看，教师队伍得到加强。以两组数据为例：1．2001—2010年十年间九年义务教育阶段的美术教师增幅数为28.1%（2001年九年义务教育的美术教师17.8万人，2010年增加至22.8万人），普通高中美术教师增幅为178.1%（2001年美术教师为0.96万人，2010年为2.67万人）。2．从2009—2011年三年间美术教师的数量看，在全国九年义务教育阶段的教师为负增长的情况下，美术教师增长了7.6%（2009年九年义务教育阶段美术教师数为22.3万人，2011年为24万人），普通高中美术教师的增量为4.7%（2009年高中美术教师数为2.56万人，2011年为2.68万人）。美术教师队伍人数增长迅速，学历水平、整体素质水平均有很大提高。

三是基础教育美术课程标准实施以来，课程标准所提出的课程改革理念不断得到认同，中小学美术教学改革不断深入，教学质量不断提高，涌现出一批优秀课件和教学成果。历年来，各地为专业艺术院校输送了一大批优秀的美术后备人才。

四是全国各级各类学校美术课外活动丰富多彩，一些群众社团和校外教育机构举办的中小学生美术活动丰富了少年儿童的美术实践。全国中小学生艺术展演活动中列入了绘画、书法、摄影等项目，连续四届活动以来取得了丰硕成果，中小学生的优秀美术作品以其视野之开阔、观察之细致、题材之丰富、想象之奇特、手法之新颖，令人刮目相看。其中一些优秀作品已经被国家选作赠送外宾的礼品。

段　鹏：中国当下的基础美术教育存在哪些突出问题？从政府的角度将采取什么措施解决这些问题？

万丽君：存在问题主要表现为：一是开课率的问题。按照国家义务教育课程方案和普通高中课程方案，美术课程是核心课程之一。但是，由于受到应试教育的影响以及艺术教育资源短缺的限制，一些地方和学校没有开齐、开足美术课程，美术课经常被其他考试课程所挤占。课时得不到保证，就不能保证美术教育的公平性和普及性。

二是教育理念的问题。一些地方和学校没有把美术教育提到立德树人的高度来认识，没有把美术教育提到推进教育公平的高度来认识；只是把美术作为升学考试的途径和手段，只重视“术”的训练而忽视了“美”的引领，重技能训练而轻人文素养的现象不容忽视。

三是教师队伍的问题。中小学美术教师数量和质量得到了较快发展，但是还不能满足课堂教学和学生艺术活动的需要。特别是广大的农村中小学专职美术教师数量不足、结构性短缺的矛盾一直是美术教育发展的短板。同时，大量的兼职美术教师（农村中小学尤为突出），专业素质和教学能力都亟待提高。

四是教育评价的问题。如何建立并实施科学规范的美术素养和美术能力测评机制，一直是困扰美术教育的瓶颈因素。

在采取措施方面，我们已经采取和将要采取的措施主要有：

一是加强政策引领和顶层设计。教育部已经印发了《关于加强和改进中小学艺术活动的意见》（2007）和《关于进一步加强学校艺术教育的意见》（2008）。目前，正在研制《教育部关于推进学校艺术教育发展的若干意见》，其中的条文覆盖到艺术课程开课率、艺术教师的培养培训、艺术教育资源的配置、艺术教育的评价制度等各个方面。

二是加大培养培训力度，通过专家引领、专业培训、教学改革、教育研究等多个渠道，提高中小学美术教师的素质水平。目前正在进行的项目有：全国高等师范院校美术教育专业改革（试点学校54所），“国培计划”中加大农村美术教师培训力度，组织美术教育专家和美术骨干教师送培下乡（向中西部地区倾斜），鼓励高等师范院校美术教育专业在农村学校建立教育实习基地等。

三是建立科学的评价机制。教育部正在研制的《关于推进学校艺术教育发展的若干意见》中，就建立“学生艺术素质测评制度”“学校艺术教育工作自评公示制度”和“学校艺术教育年度报告制度”提出了具体的指导性意见。

四是加强美术教育资源建设。如：研制艺术教育设施设备的国家标准，加强美术教育数字资源建设，鼓励、支持有条件的学校成立名师工作室等。

段　鹏：您对中国基础美术教育的前景如何判断？对全国的美术教育工作者和教师有何建议？

万丽君：美术是基础教育的核心课程之一，是实施美育不可或缺的组成部分，是实现教育立德树人根本任务的重要途径。同时，对于引领青少年传承中华民族优秀文化艺术，推进社会主义先进文化建设也具有重要作用。随着经济社会的发展，特别是素质教育的不断推进和社会主义文化建设的发展，基础教育阶段的美术教育面临着我国教育发展史上最好的时代环境和社会环境，同时，也承担着前所未有的改革创新的使命。

相信全国的美术教育工作者和中小学美术教师，一定会以党的十八大提出的教育立德树人的根本任务为导向，以良好的师德修养为核心，以先进的教育理念为指导，以扎实的专业基础为支撑，开创我国中小学美术教育的美好前景。

杨　力

受 访 者：杨力，中央美术学院前党委书记。1989年至1993年任国家教育委员会社会科学研究与艺术教育司副处长。1993年至2001年任国家教育委员会（1998年后为教育部）体育卫生与艺术教育司处长、副司长。2001年6月至2012年10月任中央美术学院党委书记。

访谈提要：艺术教育需要不断地明晰自身的理想追求，唯此才能为提升学生的美术素养、服务社会需求提供宏观的指引方向。此外，美术课程改革还面临一些具体有待解决的实践问题，例如如何激发学生学习视觉艺术的兴趣，如何通过教学完善艺术精神的内涵，等等。围绕上述议题，嘉宾提出了一些自己的想法，也言简意赅地阐述了自身的教育理想和对课程教学改革实践的思考。

采 访 者：尹少淳，首都师范大学美术学院教授、博士生导师。

访谈地点：北京

访谈时间：2014年12月

艺术教育的理想与美术课程改革的四方面建议

杨力访谈

杨　力：艺术是人类精神活动中最美妙、最丰富多彩、最深入人类心灵，也是最具创造力的精神活动。我理想的基础美术教育很简单，就是以现今中小学生最适于接受和把握上述艺术本质属性的教育方式和方法，引领他们进入视觉艺术的神奇精神世界。在我看来，基础美术教育改革的难点，不在于学生系统掌握了多少美术知识和技能，更重要的是如何能够通过美术教学活动，不断激发中小学生学习视觉艺术的学习兴趣，开阔艺术视野，感悟艺术内涵，持续激发他们学习视觉艺术的热情，为他们一生的视觉艺术学习打下基础。

我认为，这次进行的美术教育课程改革，尽管还有种种不尽人意之处，但课程改革坚持的艺术和教育理念，无疑是朝着正确方向前进的，课程标准也是值得充分肯定的。今后的改革应继续朝着这个方向进行。

在今后的美术课程改革中，建议在四个方面有所改进：一是更加重视激发学生学习视觉艺术的兴趣和热情，这点至关重要；二是更加重视艺术精神内涵的把握，在学习内容方面，应该扩大美术欣赏学习的课时安排比例；三是重视学生动手、动脑、动心三个学习环节的内在联系，把艺术技能的学习、审美感知和想象力的培养，与思想文化的提升有机地结合在一起，而不是相互割裂开来；四是加强对教师教学方法论的指导。在图像泛滥的视觉文化时代，视觉艺术范围和内容急遽扩大，但教学时间相对减少，授人以鱼不如授人以渔，因此必须改革教学方法，以解决当前教学内容繁、难的问题。

章瑞安

受 访 者：章瑞安，中国教育学会美术教育专业委员会副理事长。曾任教育部体育卫生与艺术司艺术处处长、中国艺术教育促进委员会原秘书长。

访谈提要：新一轮美术课程改革经历了十年来的探索，取得了明显的成效。教学内容、教学过程和教学评价等设计更符合新的教育观念和学生的学习规律。如何进一步深化美术教学改革，推进课程与教材新体系的构建，充分体现美术课程的价值与功能，令其真正成为素质教育的有机组成部分，仍然是一个值得我们思考和面对的课题。嘉宾对当下美术课程的现实和未来美术课程发展的方向，以及理论与实践提出了有价值的判断和思考。

采 访 者：李于昆，广东外语外贸大学艺术学院院长，教授。

李健军，广东岭南美术出版社社长。

访谈地点：北京

访谈时间：2013年8月10日

当前美术课程改革中若干问题思考

章瑞安访谈

李于昆：从2001年美术课程标准实验稿的研制到2012年正式定稿、颁布，及至12套美术教材正式审定通过，在这一过程中美术课程改革（以下简称“课改”）取得了哪些成绩？有什么特点、亮点，包括问题？

章瑞安：这次课改争议很大。关于它确定的目标，它的路线图，以及它执行过程当中的曲折等，非三言两语能说完的。一次课改用了10年以上的时间，本身说明一是过程复杂，二是操作上存在一定的问题。

中国到现在这个课标还没有完成，为什么？第一，教材还在实验，有些今年才有正式的教材，前后用了十二三年，这不太正常，我对这个有些看法。

李于昆：您在这个过程中的身份既是主持者，又是实施者？

章瑞安：不是，我是前半截去参与架构和创设这个体系的人之一。因为当时我是课题组成员，而且还担任一定的行政领导职务。到2004年下半年，因为专职出任中日艺术教育促进会秘书长，我就退出了课题组，成为一个“旁观者”。虽然参与了一些研讨活动等等，但已不是主要的策划人，很多事情还只是“敲边鼓”的。

如果以我的看法，对于这次美术教育课改，它的成绩我觉得有几个特点：

对中国基础教育课程教育的评价，在“国家基础教育课程改革纲要”里面做了恰当的评价，这是这次课程改革的一个最重要的基础。

它提出关于“五个过分一个过于”①，对20世纪最后10年，就是20世纪90年代中国课程与教学的发展改革做了一个客观的、比较准确的定位。这中间当然包括中国美术教育特别是九年义务教育，或者讲基础教育阶段的美术教育，有个正确的判断。这是这次课程改革取得成绩的一个非常重要的前提。

但是恰恰在这点上，在改革实践当中，产生了一些偏差。

第一，抓住了中国美术教育“五个过分一个过于”的弊端。比如注重教师评价、忽视学生学业的评价，是不全面的，尤其是对“教”不做评价只对“学”做评价，评价不全面；过分依赖基础知识、基本技能，忽视隐性的学生的情感、态度、价值观；在教学过程中，过分重视教师的“教”，忽视学生的“学”；等等。因此课程改革的针对性比较强，这是应该肯定的。比如说开始提出淡化“双基”，它在目标的设定上，采取三维的目标，这富有创新精神。

---

① “五个过分一个过于”包括以下六个方面的内容：

1. 转变课程的功能：改变课程过于注重知识传授的倾向，强调形成积极主动的学习态度，使学生获得基础知识与基本技能的过程同时成为学会学习和形成正确价值观的过程。
2. 实现课程结构的均衡性、综合性和选择性：改变课程结构过于强调学科本位、科目过多和缺乏整合的现状，整体设置九年一贯的课程门类和课时比例，并设置综合课程，以适应不同地区和学生发展的需求，体现课程结构的均衡性、综合性和选择性。
3. 密切课程内容和时代生活的联系：改变课程内容“难、繁、偏、旧”和过于注重书本知识的现状，加强课程内容与学生生活以及现代社会和科技发展的联系，关注学生的学习兴趣和经验，精选终身学习必备的基础知识和技能。
4. 调整学生的学习方式：改变课程实施过于强调接受学习、死记硬背、机械训练的现状，倡导学生主动参与、乐于探究、勤于动手，培养学生搜集和处理信息的能力、获取新知识的能力、分析和解决问题的能力以及交流与合作的能力。
5. 改善评价考试制度：改变课程评价过分强调甄别与选拔的功能，发挥评价促进学生发展、教师提高和改进教学实践的功能。
6. 实行三级课程管理制度：为了改变课程管理过于集中的状况，我国实行国家、地方、学校三级课程管理制度，增强了课程对地方、学校及学生的适应性。

访谈现场左起：李于昆、章瑞安、李健军、杨国昕。2013年8月，北京。

第一认知，第二态度、情感、价值观，第三教学过程；它是全面的一个新的目标体系，应该说这是大大跨越了过去，这是应该肯定和发扬的。

第二，它考虑知识本身跟其他学科的综合，所以在课程标准里，它跟同类艺术课程的融合问题，它和文科的综合问题，它和理科这类课程的综合问题，和社会实践的综合问题，在这四个方面扩大了美术本身内容与形式的视野和领域。应该说这是课程改革当中又一个亮点。

第三，它的评价更加全面，不仅评价学生的结果，而且评价学生的学习态度，学习的全过程，并进而评价教师的教学行为，使评价更为全面而系统，这个评价起了好作用，也达到了利用评价来促进教学改革的目的，这是过去做得很不够的。

第四，这次课标里关于“四个领域”的确定，是在课标的制订过程当中贯彻得比较好的。我认为有几个特点：

1．这四个领域顺应、接纳和延续了原来美术教育的改革成果。比如：现在的“造型·表现”实际是过去的“绘画”，但是它加以扩大、提升，加了“表现”，这个意义是很重要的。它原来的“欣赏”改成“欣赏·评述”，强调评述，它既有继承又有创新。另外，在设计应用上有了较大的突破，过去是以绘画为中心的，现在把设计摆在很重要的地位，拓宽了学生的知识面，提高了学生的兴趣，加强了与社会的结合，同时有利于培养创新精神，这是很好的。其次，我们在综合方面还要强调学科自己本身的综合，所以我们“综合·探索”首先重视的是美术本身四个领域的综合，适当地和文科、理科、社会综合。我觉得这四个领域的确定，既反映了改革精神，又根据中国美术教育改革发展的实际做了一个恰如其分的归纳，所以我就说，中国这次很成功地做了四个领域的界定，它既不冲动也有改革，既不冒进也可以有改革空间。那就叫“二八月乱穿衣”，既可以穿皮夹克也可以穿裤衩、穿裙子。这四个领域的制定我认为是很成功的，我们是借鉴了美国、日本以及我国香港、台湾地区的经验来设计，我认为这点是做得很好的。

2. 重视、强调教学过程。教学过程应该基本遵循课程标准改革的一些基本原则，我觉得这个做得比较好。反映在课程标准里，十年磨一剑，课程标准整整磨了10年，尽管存在一些问题，但还是产生了很多亮点。

总之我觉得这次美术的课程标准，在整个各科的课程标准的制定当中，与其他学科比较，最后的修正是最少的。这是因为制订初期掌握的分寸比较恰如其分，当然也跟当时我们的指导思想比较明确有关。

李于昆：还存在哪些问题呢?

章瑞安：这次改革也确实存在一些问题，也走了一些弯路。比如，过分重视学生学习而忽视教师教学。所以尽管课堂上学生的活动很频繁、很活跃，但是往往整体效果并不是很好。

又如，如果美术教育不能正确地解决“双基”和其他两维目标的关系，它也要走弯路。比如那时候开始提出来的目标，讲得比较过分。甚至有人说：美术课不一定美术老师教，最好语文老师来教，历史老师来教。他们过分强调它的文化性，而忽视美术本质的语言、技能，这种现象当时也是比较时髦的。所以造成教材课文的表述跟美术没有关系。你看那时候的教材，没有美术的知识点，“你对祖国很热爱”“我们去祖国旅游吧”，没有美术课知识点的特点，这种内容可以放在语文里，可以放在历史里，可以放在地理里。10年以后我们反过来做评价的时候才看到，我们内容过分的宽泛，仅强调它文化性的一面，忽略它最基础的美术的知识技能和语言，就是所谓学科特征的东西，这是走了弯路的。

另外过分强调学习的趣味性。这个在有些学科非常明显，太强调趣味活动，那么它的学科体系可能被削弱了，学科的价值观也会受到扭曲。这个现象在开始的几年里非常厉害。所以美术课看不出美术课的特点，看不出美术的教育价值，实际是资源浪费。因为所有学科都想避免自己学科的东西介入，想变成一个完全综合性的课程，那就等于让各科教师都做同一件事情。本来是美术在做美术，音乐在做音乐，是分工的；现在音乐也想做成文化课，美术也想做成文化课，实际是把有效的教学时间在空间和时间上浪费得很严重。

这次课程改革的广泛性，教师参与的广泛性，培训的广泛性，社会关注的广泛性，都是值得称道的。这次课程改革是规模最大、影响最大、反映最深刻的一次改革，这是我们应该认识到的。过去都是我们教育部门关起门来自己搞，这次设置了好多实验区，做了调查、研究，实验区做了规划。规模大、影响深，广大美术教师的学习积极性得到了激发，学科的关注度也得到了提高，这都是这次课程改革取得的成果。

当然，遗憾的是浪费了很多时间，做了一些完全违反规律的事情，想把美术的基础知识、基本技能都虚化，课程的资源大大地浪费。到了课程改革的中后期，周济部长强调教育改革要遵循教育规律，违反教育规律的课程改革是不能胜利的。他对课改的方向调整，起了很关键的作用。

李健军：有争论也是可以理解的。

章瑞安：不尽然。操作当中有的失误其实是不应该的，我还是坚持我的理解。但是，如果我们能把这当中的失误变成经验教训，我们可以理解。所有的改革都要遵循规律，所有的改革都不要太急躁，要沉下心来。我们既不能因循守旧，也要遵循规律，而且要循序渐进。企图一下子就把一个课程改革搞完，那是不可能的。你看艺术综合课改革课题组，做得最极端的一件事情：列的一个表格里，音乐、美术教师叫“教书匠”，教综合艺术的教师是“教育家”。这是完全错误的。可见当时改革非常激进，一棒子“打死”一堆音乐、美术教师。所以这次课程改革还是有值得借鉴和商榷的地方。

此外，操作过程也存在一些问题，比如课程标准的修订，不断地换人。为了追求课程标准的所谓科学性，找了好多大专家来，他们根本不了解基础教育，所以最后制定课标的一些具体的知识点，我觉得我实在是不能理解，连我这样的都看不懂。

比如说低年级要求“分辨12种颜色”，这个在课标里已经写下来了。这就有问题。我问你哪12种？没有人能回答，课标组有的人就说是“马利颜料”中的12种。我说马利颜料有“中绿”，中绿（和其他“绿”）严格来说是明度不同但是是一种色相，我可以有几十种（绿），那你怎么解释啊？过去大纲中确定低年级分辨、认识7种颜色，是3种间色、3种原色、1个赭石，就很明确，很准确。

中年级要求学生画“设计草图”，这是不懂中小学的大专家的看法。比如说图案的要求，“学习中国传统的”。其实传统图案，国外也要学习，也不是说图案就中国有，别的国家也有。还有纹样中只有连续纹样，单独纹样没有，适合纹样没有。这适合纹样用处很大啊，生活中有大量的适合纹样。单独纹样也很重要，怎么会不写呢？这是知识点选择与表述不当。为什么？课题组人员换得太频繁。

课标中还有规定“中低年级要使用两种和两种以上的材质”。这句话跟没说一样，一个人能拿一支铅笔、一张纸画到底吗？这种要求做到了很容易，做不到很难。这种要求都是没有用的。关于标志混用，这里头好多理念，包括公共设计，这些都值得研究。在过去的课标里你找不出一处错误，那是为什么？值得有关管理部门思考。

李于昆：回过头来看是不是想强化一下“双基”？

章瑞安：后来是意识到“双基”要加强，因为专家反映强烈。实验过程中搞了一次调研，做了一次评价，就发现问题了。

另外，学生那边，我还是认为学生的兴趣，既是评价的一个方面，但更重要的还是属于方法层面。怎么提高学生兴趣，如果完全把这个作为一个目标，这也是有些问题的。很多东西没有兴趣怎么办？你学不学？像外语，就得死记硬背，你不背不可能学会，那就不学了吗？所以前段日本在批判校园娱乐化给人们带来危害，影响了发展。美国人不写了一本《娱乐至死》吗？把新闻娱乐化，把教育娱乐化，最后的结果是文化与学科的消失。我赞成美术课应该考虑乐趣，考虑学生的学习兴趣，这是应该的。但如果把它强调过分了，兴趣第一，实际是本末倒置，会适得其反，这是值得深思的。

回顾课改历程，其实循序渐进，按规律和条件许可的情况下进行改革，可能是效益最好、最成功的。想一天就把它改革完了，这本来就不可能。我想中国美术教育只要踏踏实实地根据现实的情况，认认真真地去做，总会大有发展的。

我建议你们出版社两家合作，组织全国对课程改革有兴趣的人，做一个“关于未来美术教育的10年”的课题。10年后应该什么样？那是很有意义的。因为中国还没有一个美术教育的智库来引领这个，你们有意愿，我第一个参加。

李于昆：我们搞这个访谈，就是想通过对课改10年来的一个总结、反思，以期更好地认识和展望未来。

章瑞安：我说更重要的是未来10年的展望，我倒觉得我们可以超前引领一下。

李于昆：关于东西部的差异，应该怎么看？

章瑞安：总体感觉这10年回顾起来很有意义，这个改革有点过激，但是如果能吸取教训，我觉得是非常好的一个借鉴。我评全国论文，头5年是东部的改革热情非常大，恨不得课堂就是乐园；西部很沉闷。等东部明白过来觉得这个光热闹了，没得到什么东西的时候，西部起来了，改革热情恨不得美术不要了。后5年跟前5年东西部的差别太大了。收集来的论文你看西部的都是改革怎么好，怎么好；东部在思考这个改革给我们带来什么，课堂热闹完得到了什么。太明显了。我希望今后不出现那种大冷大热。应该比较理性地、有深度地探讨一些问题。好在美术不是特别主要的学科，所以没有那么大关注度，要不然这会引起社会的震荡。

当然，就美术高考来说，社会关心度高，其实这个很重要，这涉及千家万户每家孩子的发展。但那是少数孩子的事，10个人没1个学美术的。高考每年报名1000万人，当中报美术的顶多10万、20万人。我们还需要强调中小学美术课程是面向几亿中小学生的，而高考只影响极小一部分人。我们美术课程改革不是为了高考。

李健军：您对通过审定的12套美术教材有何看法？

章瑞安：质量明显比过去好了。而且我觉得这次课标出来以后，教材的数量减少了，质量提高了。但是也还存在一些问题，就是说同质化。和旅游产品一样，逛的景点、逛的方式都一样，那就没有突破。就是说：因为你这个课标很具体，局限性强；编写时间太短；编写人员临时组合，缺少长远的意识；出版者怕通不过，所以审查者没有人敢完全树立自己的有个性的教学体系。

压力也很大，168本教材要审，一个礼拜。只能把握住不出大问题。一条是不出科学性错误，另一条是不能触犯课标。其实知识点有错很好改，难的是有新的体例、体系和逻辑的架构。可惜我们这方面，课标组也好，编写组也好，审查组都没有时间来考虑。哪个体系是最适合中国的？哪个体系有自己独创的东西？现在只能管不出错就行。这样不可能出现有特点的高质量的美术教材。

李于昆：这是否导致教材同质化的一个原因？

章瑞安：我说就是同质化。另外，掌握美术本体和扩大它的文化视野方面，也大有可以引导的空间，这更要求逻辑体系和体例怎么能创新，但是现实是出版社根本没法考虑。其实应该鼓励创新，哪怕出点问题，国家也应该鼓励。

为什么同质化？我们应该从哪些方面突破？我们可以给出版社提些建议，教材很重要，它是个载体。怎么创造自己的教材体系，这不是出版社的问题，各方面都应该好好探索、研究，也可以把各国教材拿来比较研究。

改革要冒风险，你一味地只想通过，你就必定编不出有创造性的教材。审查环节应该对有改革精神的教材宽容，提倡创新。有个主管课程教材的领导最近讲了一句话，认为最大的问题是体系的创新，这是最高的价值追求，它出点错问题并不大。而体系的创建，这个价值才是最关键的。比如现在的课程中设计和工艺的量这么大，拓宽了这个空间，怎么利用，有很大的研究创新空间。所以我觉得你们做未来10年的研究非常有意义。考虑以后的教材建设，如果能够形成一个新的大体模块架构，收集资料以后编出套好教材来，很有价值，很有前途，很有希望。

陈通顺

受 访 者：陈通顺，原《中国美术教育》主编。曾任国家教育委员会艺术教育委员会委员、全国中小学教材审定委员会美术学科审查委员、中国教育学会美术教育研究会秘书长、江苏教育委员会艺术教育委员会常务副主任、国家美术课程标准研制组核心成员等。

访谈提要：访谈主要涉及三个核心内容：一是关于《全国学校艺术教育总体规划（1989—2000）》等纲领性文件的起草工作；二是关于高等师范院校（以下简称“高师”）、中师、中小学的课程教材建设；三是关于创建全国学校艺术教育纵横交流的平台——“一刊一会”，即《中国美术教育》杂志和中国教育学会美术教育研究会。这些大事之间存在着一种环环相扣的历史逻辑关系。对这些历史节点的先导作用和它开辟当代中国美术教育航道的肇始作用，包括对新世纪美术课程改革产生的意义，是我们要认真审视和总结的。重要历史节点从来都是由上一个时空母体孵化衍生的，新事物往往是旧事物新陈代谢的产物，访谈为我们提供了这样的历史观。

采 访 者：李于昆，广东外语外贸大学艺术学院院长，教授。

李健军，广东岭南美术出版社社长。

访谈地点：南京师范大学南山专家楼

访谈时间：2013年8月8日、2015年3月28日

读史方知今日事

陈通顺访谈

李于昆：陈老师好！您是我们“访谈录”采访的第一位先生。我记得2012年12月在首都师大召开的全国美术课程标准研讨会上，您在发言中调侃自己被大家称为“美术教育的活化石”，这当然是大家对您的褒奖。您在“文革”结束后改革开放以来这段特殊的历史转折时期，为恢复我国学校艺术教育应有的地位，为艺术课程教材建设、艺术师资的培养与培训，以及科学研究、艺术教育活动等方面，做了很多切实有效的工作，给大家留下了深刻的印象。为此我们想请您，从社会、教育的大背景下，以亲力亲为的事为例，谈谈这一时期我国学校美术教育所发生的变化和取得的成绩，以及它对当今美术课程改革的影响。

陈通顺：好的。党的十一届三中全会召开以来的一二十年，是我国历史发展的重要转折期，也是我国学校艺术教育恢复、发展的重要时期，在这个时期我有幸参与了学校艺术教育改革与发展的多项工作，虽然十分艰辛，但却很有意义。概括起来说有三个方面。一是参与了《全国学校艺术教育总体规划（1989－2000）》等纲领性文件的起草工作；二是参与了高师、中师、中小学的课程教材建设；三是参与创建全国学校艺术教育纵横交流的平台——“一刊一会”，即《中国美术教育》杂志和中国教育学会美术教育研究会。

李于昆访谈陈通顺。2015年3月，南京。

李于昆：真敬佩您能参与如此多的工作！能否请您简单地谈一下那段难忘的岁月里美术教育的一些情况?

陈通顺：10年的“文化大革命”使我国学校艺术教育遭受严重摧残，而1979年至2000年是我国学校艺术教育得到恢复和发展的重要历史转折时期。

1979年初，我国学校美术教育处在一个相当困难的时期。那时中小学加起来仅开六年美术课，无大纲，无教材；高师美术专业因中小学美术课时的减少，失去了存在的价值，有的就转成了艺术学院；中学美术教师因课时少，大批大批地“失业”，或转行离开学校；教育行政部门面对着堆积如山的问题，一时还抽不出空来考虑艺术教育。特别是1978年1月颁发的《全日制十年制中小学教学计划（试行草案）》，对学校艺术教育更是雪上加霜。

党的十一届三中全会以后，情况有了变化，教育部的领导发现了忽视艺术教育的严重性，采取了一系列措施和切实有效的工作，使学校艺术教育得以很快复苏并迅速发展。1979年2月教育部在北京国务院第四招待所召开了《全日制十年制中小学美术教学大纲》的研制会，接着又编写了全国通用学生人手一册的中小学美术课本。1979年12月教育部在郑州召开了“全国高等师范院校艺术专业教学座谈会”，并讨论通过了《高师四年制本科美术专业教学计划（试行草案）》，接着又组织人力编制了专业课的教学大纲和部分协作教材。1982年4

月《中等师范学校美术教学大纲（试行草案）》正式颁布，随即又编写出版了全国第一套通用中师美术课本。1986年9月，全国中小学教材审定委员会和各学科教材审定委员会在京成立，会议提出在统一基本要求、统一审定的前提下，逐步实现教材的多种风格，由此引发全国教材编写大热潮，仅美术教材就有50多套。1986年12月国家教委艺术教育委员会在北京成立，随后组织多方力量，通过对全国28个省、自治区、直辖市城乡学校艺术教育的调查，起草了《全国学校艺术教育总体规划》。1988年4月，国家教委制定下发了《在普通高等学校中普及艺术教育的意见》，这使普通高校的艺术教育有了新的开始。1989年11月，国家教委在南京召开了新中国成立以来第一次“全国学校艺术教育工作会议”，会议正式颁发了《全国学校艺术教育总体规划（1989－2000）》。1992

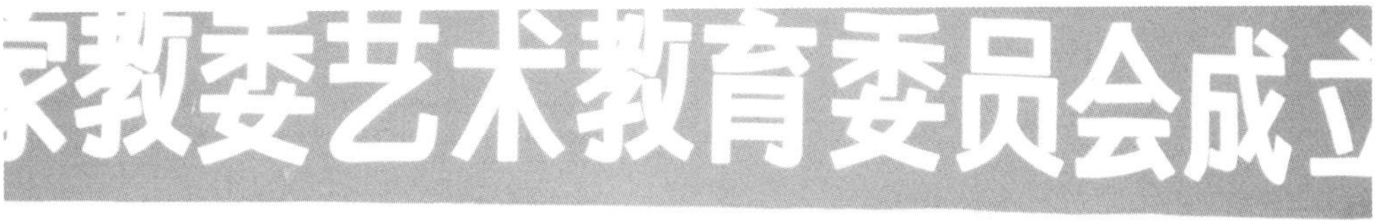

彭珮云和国家教委艺术教育委员会委员合影。前排左起：钱绍武、妥木斯、罗工柳、彭珮云、吴树勋、陈通顺、王琦。后排左起：陈寿鹏、金玉峰、陈伯华、郭绍纲、李绵璐、全山石等。1986年12月，北京。

陈通顺（站立者）在国家教委艺术教育委员会成立大会上发言。1986年12月，北京。

年，九年义务教育全日制小学和初中的美术教学大纲（试用版）颁布。1994年7月国家教委下发了《关于在普通高中开设“艺术欣赏”课的通知》。1997年，《全日制普通高级中学艺术欣赏课教学大纲（初审稿）》正式颁布。

至此，我国学校美术教育从学前、小学、初中、高中到普通高校，从中师、高师到职业技术学校的美术课程教材建设已初步完成。这是拨乱反正、统一全国美术教学的基础工程，在当代艺术教育史上，也是十分重要的一章。

李于昆：《全国学校艺术教育总体规划（1989—2000）》是我国艺术教育史上一个具有奠基性、开创性的纲领性文献。陈老师您参加了这个文件的起草工作，又是文件框架的设计者，请您就文件起草的过程做一些介绍。

陈通顺：1986年12月，时任国家教委副主任彭珮云在国家教委艺术教育委员会成立大会上，提出要加强美育，要制订艺术教育总体规划，要加强艺术师资队伍建设三项工作任务。其中特别提到：“要组织各方面的力量，对学校艺术教育的现状认真进行一次比较全面、比较系统的调查研究。在调查研究、总结经验的基础上，制定大、中、小艺术教育与艺术师范教育的总体规划。”由此，国家教委直属艺术教育处制订了工作计划，并决定在1987年进行一次全国性的学校艺术教育大调查，以全面、切实地掌握我国学校艺术教育的基本情况，为制订《全国学校艺术教育总体规划（1989－2000）》（以下简称《总体规划》）提供依据。

1987年2月25日至28日，国家教委在北京中央音乐学院召开了第一次工作会议，会议决定委托东北师大、西南师大、北京师院、南京师大、湖南师大、西北师院的美术系、音乐系和艺教委委员，分别对六大区的幼儿园、小学、中学及中师、高师的艺术教育现状进行调查。同时委托清华大学和北京航空学院调查普通高校的艺术教育。后来又补充委托九江船舶学校调查中专、中技、中职的艺术教育。会议草拟了调查提纲和表格，并制定了工作进程。3月上旬各大区的调查工作全面展开，足迹遍及全国28个省、市、自治区的城乡。各地上报调查材料400多份，调查报告12份，规划建议书7份。

1987年7月1日至5日，国家教委在北京师大召开了第二次工作会议。会议听取了各大区调查组的汇报，讨论了《总体规划》的指导思想、基本原则和一些理论问题。8月我被借调北京，阅读材料，并草拟《总体规划》的框架和基本内容。9月中旬和下旬，在北京师院接连召开两次会议，在彭珮云亲自主持下，《总体规划》的框架和主要内容基本确定。国家教委有关司局的领导、各大区的代表参加了会议。

1988年5月，起草小组完成了《总体规划》的送审稿，并于当月下旬送国家教委艺术教育委员会的年会上审查。委员们对《总体规划》送审稿提了很多建设性的意见。会议结束后，教委领导把我留下，要我对规划做较大修改和补充，并要求在6月1日前完成，然后送全国德育工作会议征求意见。同时，国家教委发文向全国各地征求意见。

1988年11月，经一年多努力研制的《总体规划》终于完稿，并在11月底在南京师大召开的第一次全国学校艺术教育工作会议上正式颁布实行。

李健军：您能把握全局，又能切实做好一件件具体工作。

陈通顺：谢谢！

李于昆：《总体规划》已经颁布20多年，至今还有哪些问题值得我们关注？《总体规划》的历史功绩是什么？

陈通顺：有几个核心问题，至今仍需引起注意。第一，《总体规划》始终把幼儿园至普通高校、师范教育、职业教育三条线的艺术教育，作为一个整体来进行研究和设计。第二，规划强调从中央到县都必须设置专职管理学校艺术教育的机构，否则艺术教育就会落空。第三，必要的物质条件，是保证艺术教育的前提。而当前艺术课本的循环使用，极大地冲击了艺术课堂教学，这是有违《总体规划》精神的。

《总体规划》的制订、颁布与实施是我国当代学校艺术教育史上的一件大事，它不但推动了20世纪90年代学校艺术教育的飞速发展，对21世纪初的艺术教育，仍有着很大的影响力。各地在贯彻、实施《总体规划》中所取得的经验与成果，已成为建设具有中国特色的学校艺术教育体系的最为宝贵的财富。

李健军：我们听说，您被借调北京期间，那时的工作、生活条件都比较艰苦。

陈通顺：以现在的眼光看是这样，而那时的感觉不明显。如开会住的国务院第四招待所、国家教委招待所，一般都是十几个人住一间，有公共卫生间但是没有浴室，自己买饭票在机关食堂用餐。而人教社的招待所则在地下，通风很差。好在那时年轻，不在乎。借调北京起草《总体规划》时，住北京师院（今首都师大）一幢新落成宿舍楼的一套暂未分出去的房子里，在17层，屋里建筑垃圾遍地。王焴、杨力同志给我送来了木板床、课桌椅、水瓶、电炉、锅碗瓢盆等，吃饭在学生食堂。白天工作，晚上清除垃圾。最不方便的是去国家教委，因为师院地处市郊，仅有一路公交车，车次也少，还经常被堵在西四。

李于昆：看来要成功地做好一件事，还得经受不同的磨炼。下面还想请陈老师讲讲您参与起草其他一些重要文件的经历。

陈通顺：我还参加了《关于发展与改革艺术师范教育的若干意见》《学校艺术教育工作规程》《全国学校艺术教育发展规划（2001—2010）》《全国学校艺术教育发展规划（2011—2020）》等文件的起草工作。

《关于发展与改革艺术师范教育的若干意见》的制定，也起因于彭珮云在国家教委艺术教育委员会成立大会上的一次讲话。她说："艺术师资问题是学校艺术教育能否发展的关键。我国的艺术师范教育，至今还没有形成符合中国国情、具有师范特点的体系，迫切需要从教育思想、教学计划、课程设置、教学内容、教学方法上进行系统的改革，以便培养出真正合乎规格的艺术教师。"

为此，国家教委社科与艺术教育司于1989年11月在北京外语学院召开了第一次"师资规划"会议。1990年12月又在中国人民大学召开了第二次会议。全国有15所中学、高师的同志参加，会议起草了《普通学校艺术师资建设规划》。

1991年3月国家教委社科艺教司正式决定：成立文件起草小组，小组成员有杨力、陈通顺、王天一、范凯熹、吴斌等。司里要求小组成员直接去全国调查，在亲访调研后再进行文件的制订工作。从当年3月上旬开始至5月底，起草小组先集中去了北京、陕西、四川、贵州和广东。然后又分成两组去了吉林、辽宁、宁夏、青海、江苏、安徽、浙江、上海等13个省、市、自治区的49所院校（其中高师28所、教育学院3所、中师18所）。

调查结果表明，自改革开放以来，艺术师范教育取得了突出的成绩，特别是中师的艺术教育发展得更好。但也存在着不少问题，如办学思想不明确、总体布局不合理、教学内容脱离基础教育、政思师德教育薄弱、学生文化素质低、师资水平参差不齐、新办学校教学设备差、管理工作也十分薄弱等。

为此，文件起草小组在国家教委社科艺教司的具体领导下，深入地对上述问题进行了讨论和研究，并于当年8月写出了《关于发展与改革艺术师范教育的若干意见（讨论稿）》（以下简称《意见》），并于9月初提交在哈尔滨师大召开的会议上进行讨论和研究。来自全国30多所高校艺术专业的领导和专家认真地阅读了“讨论稿”并给予了充分肯定。1992年国家教委又以“征求意见稿”的形式下发，广泛征求意见，后又作了一些修改，终于在1995年5月作为正式文件颁布实施。

经过5年半的努力颁发的这个《意见》，是新中国成立后国家教育行政部门制定的第一个全面推进艺术师范教育发展与改革的纲领性文件。《意见》包括了以下10个部分：（1）坚持正确的指导思想；（2）调整布局、优化结构、提高办学效益；（3）明确培养目标；（4）深化教学改革，促进艺术师范教育教学体系的建立；（5）调整师范专科艺术专业的学制；（6）建设一支热心为基础教育服务的艺术师范教育师资队伍；（7）改革招生制度，提高考生质量；（8）增加艺术教育投入，改善办学的基本条件；（9）加强艺术师范教育的科研工作；（10）加强对艺术师范教育的管理。

《意见》全面、系统地概括了艺术师范教育建设中的主要问题，是一个好文件，然而它实施的效果却不如《总体规划》。原因是什么？我以为是缺少检查督导。《总体规划》颁布以后，国家教委即制定了一个《全国学校艺术教育工作检查评估体系（试行）》，接着组织了若干个检查小组，分别去了四川、北京、江苏、上海、湖北、河北、甘肃、天津、江西、河南、山西、浙江、黑龙江、广东、广西、陕西、云南、辽宁等地检查规划落实情况。这一举措极大地推动了各地学校艺术教育的发展，在全国掀起了一个重视学校艺术教育的高潮。至今使人难忘。

《学校艺术教育工作规程》是新中国第一个以部长令形式下发的艺术教育行政规章，是根据李岚清副总理的要求开始制订的。1995年2月启动，至2002年7月才得以颁布，期间等了7年半，主要原因是国家立法审定程序的调整、学校艺术教育涉及部门多、执法主体不明等。我担任了一稿、二稿的撰写工作。

《全国学校艺术教育发展规划（2001—2010）》和《全国学校艺术教育发展规划（2011—2020）》，是《总体规划》后第二、第三个十年规划。我在第

《全国学校艺术教育发展规划（2011—2020）》研制工作会议。前排左二起：奚传绩、陈通顺、杨贵仁、周荫昌、王安国、万丽君。2011年4月，浙江淳安。

二个规划中担任一稿、二稿的撰写工作。第三个规划中，我写了“艺术师资队伍建设”一节。

李于昆：下面请陈老师谈谈您参加学校美术课程教材建设的经历。您是郑州会议高师本科美术专业教学计划的执笔人，也是制定中师美术教学大纲的主持人、中师美术课本的主编，还是1980年初中三年美术教材编写方案起草人。这些都是在那个历史转折期中具有拨乱反正意义的工程。

陈通顺：当政策的导向发生了偏差，个人是无力左右的。但是，只要大家有历史责任感并努力工作，我想是能够扭转的，我仅是“大家”中的一员。

郑州会议的前夕，我国高师的美术专业处在一个十分艰难的时刻，那时中学美术课时特少，已不需要高师培养美术师资，因而这个专业就失去了存在的价值。而社会其他部门需要的美术工作者，高师的课程无法适应，加之当时学生分配工作的渠道也是受限的。怎么办？有坚持的，有等待的，有的干脆就转为艺术学院了。此时，教育部很着急，一面加快调整中小学教学计划，一面准备召开“郑州会议”。

1979年冬，教育部邀请了南京师院、北京师院、西南师院和上海师院美术系、音乐系的同志，赴京参加“郑州会议”的筹备工作。经研究会议的议题有三方面：一是总结历史经验和教训；二是稳定军心和队伍；三是制定颁布美术、音乐本科教学计划，同时考虑各科教学大纲和教材的编写，以及师资培训等工作。

1979年12月13日至20日，“全国高等师范院校艺术专业教学座谈会”在郑州召开，来自全国31所高师美术、音乐系科和其他部门的代表共76人出席，教育部高教一司肖岩副司长主持了会议，并发表了感人的讲话。她说：“过去由于我们对艺术教育重视不够，对高师艺术专业没有管，使得一些艺术教育工作者颇有前途黯淡之感，不如专业团体有奔头。有的想到艺术院校去，把高师艺术院校拉出去。教育部管得不够，要做自我批评。我们对艺术师范教育这个阵地不能忽视，不能削弱，否则要犯很大的错误。高等师范院校的艺术工作者要站稳脚跟，不要跑，现在不是‘搬家’的问题，而是整顿、巩固、提高和发展。我们既要重视数理化，又要重视文科和艺术专业，社会就由这些方面组成。”郑州会议圆满地完成了预定的目标，并顺利通过了高师本科美术专业的教学计划。

《高等师范学校四年本科美术专业教学计划（试行草案）》是新中国建立以来第一个部颁的教学文件。文件规定开设公共必修课8门、专业必修课12门、专业选修课4门。公共必修课有政治、教育、外语、体育4类，分别在4个学年中开设；专业必修课有美术史论、素描、色彩、中国画、应用美术、技法理论和艺术实践等，也分别在4个学年中开设；在后两个学年中开设了中国画、油画、版画、工艺4门选修课，由学生自选一门，每周有20课时。此外，每学年都有4周艺术实践课，第2、第3学年各有一次外出专业考察与参观。

李于昆：郑州会议后教学计划的颁布，以及后来的大纲制定、教材编写、师资培训等工作，对高师美术专业的建设影响是很大的，至今我们还听到谈论郑州会议的事，这是为什么？

陈通顺：我个人以为，一是教学计划在培养目标上定得比较切合实际。教学计划规定“本专业培养中等学校和校外教育机构的美术教师”。中等学校包括普通中学的初高中、中师、幼师、中专、中技、中职等，校外教育机构一般是青少年宫、业余美校等。而这些单位对师资的要求是知识面广博，技能上要有专长，这就是计划的出发点。如果以单一的初中美术教学来要求，当然师范性是不够的。根据历史的统计，高师美术专业的毕业生并未全部到中学任教，有一大部分已到社会其他部门工作，在中等职业学校工作的也很多。如今社会的改革开放，人才的流动会更大，制订一个稍宽一点的培养目标是切合实际的。教育部颁发的第二个类似的文件，是2005年3月公布的《全国普通高等学校美术学（教师教育）本科专业课程设置指导方案（试行）》，期间相隔了25年，由此可见郑州“计划”的生命力。二是课程设置比较完善。在郑州会议之前，各地高师艺术专业大都是因人设课，有什么教师就开什么课，课程结构很不完善，影响到学生基础知识和基本技能的掌握。各校教学无大纲、无教材，甚至无计划的现象普遍存在。郑州会议后颁布的这教学计划，规范了高师本科专业教学基本方面，同时也给各地院校留下一定的空间，以便根据地区及自身情况，有特色地办学。由此可见，这个教学计划对高师美术专业的课程建设具有开拓和先导的意义，在后来各地的实践中也证明这一点。

郑州会议结束以后的七八年里，全国高师的美术专业，围绕着教学计划的落实，各科教学大纲的制定、教材的编写以及多种培训活动的开班，呈现出高师美术专业建设史上空前繁荣的局面，同时高师美术专业的数量也飞速增长。

李于昆：1982年颁布的中师美术教学大纲和随后出版的中师美术课本，对于规范中师美术课程建设和提升中师美术教学水平都起了很大的作用，社会对中师美术课本的评价也是很高的，请您介绍一下这方面的情况。

陈通顺：当我接到这一任务时，的确有些意外。在当时大都认为北京、上海编写教材的力量较强，一般不大可能找到南京。所以当教育部师范司的孙溶溶同志（中师处处长）找到我时，我只说：“试试看，不行可以换人。”心里没有数。后来我去了人民教育出版社的图书馆待了半个月，馆里藏了不少中国

中师美术教学大纲审稿会合影。1980年11月，南京。

清末以来的各种美术教科书，还有刚从国外引进的各学科课本（因为当时是邓小平同志复出后分管教育和科技工作）。真是大开眼界，令人振奋。人教社的招待所是地下室，条件较差，我白天去图书馆看书，晚上思考实施方案。这段时间的工作给我留下难忘的印象，它对后来教材的编写工作帮助实在太大了。

1980年5月下旬我返回南京后，立即向省教育厅和学校汇报，以取得他们的领导与支持，尔后组建了编写小组并制订了工作计划。6月编写小组去了南京、无锡、苏州、南通等地的师范学校进行调研，10月写出了教学大纲的初稿，先征求了省内师范学校老师的意见。11月上旬，教育部师范司在南京召开了第一次全国大纲审稿会，会后将初稿发到各省、市、自治区征求意见。1981年7月中师美术教学大纲正式定稿。前后参加审查工作的有上海、北京、黑龙江、辽宁、河北、甘肃、湖北、湖南、四川、江苏、安徽、浙江、广西等地的代表40多人。1982年7月在北京由教育部主持对《绘画》《鉴赏》《图案》3本书的初稿进行了审查，同年12月编写组在北京集中了一个月，对3本教材做了精细的修改，然后发排。1983年8月上旬，教育部师范司在苏州举办了“全国中等师范学校新编美术教材讲习班”，全国除新疆、西藏外各省、市、自治区中师的骨干美术教师80多人参加了会议，教育部师范司副司长岩明远主持了会议。

在当时的历史条件下，一套全部彩色精印的中师美术课本，确实引起了全国中师校内外一阵惊喜和震动，当然也出现了一些不同的声音。为验证大纲、教材的质量，1991年10月，也就是教材出版后的第8年，教育部师范司在杭州举办了一次“全国中师学生美术作品展览”和一个教师座谈会。会上展出了1900多件精美的学生美术作品，特别是一批具有师范特质的小学教学挂图、板报设计和乡土手工等，深深地打动了与会者。他们一致认为：这套中师美术课本，是一套具有基础性、师范性、选择性和时代特点的好教材，它切合中师的实际，推动了中师美术教学的大发展。

今天，我们来回忆这套教材的编写过程，我以为有两点要记取的。第一点是编写的思路和工作程序必须切合实际。它体现在教学目的任务的确定、知识结构的完善、图文选择及呈现形式等方面。为了编写一套既切合中师实际，又符合时代发展的美术课本，师范司和编写组做了大量的前期工作。如深入多所中师进行调查，去图书馆查阅了大批国内外有关资料，由教育部组织全国性的座谈会等等。最终决定的方案，也是从实际出发的。这是我国第一套统编的中师美术课本，所以应该考虑各地不同的历史文化、地理环境以及经济发展的情况，不能“一刀切”；中师美术教师的专业水平普遍较高，他们有能力根据实际情况制订教学计划、选择教学内容。

需要记住的第二点是：教育部师范司对教材编写的重视。自中师美术教学大纲和教材的编写任务下达后，司的主要领导李一本、岩明远、孟吉平、孙溶溶等都做了一系列工作，如编写班子的挑选、大纲和教材方案的确定、编写经费的筹拨、出版单位的选择等。还多次主持了大纲和教材的审定会议，以及组织全国性的教师培训和教材发行工作等。这在今天看来，是不可思议的，而这些正是当年保证教材成功最重要的条件。

再说一点当时编写工作的条件。经费，主要靠教育部拨款，十分有限。所以在前三册课本发排时，只好在中央美术学院附中租了一小屋，作为工作室兼卧室，几张双层木床，几张学生课桌椅，几个人夜以继日工作了一个月。附中冬天下半夜没有暖气，大家只好在床垫下铺上稻草来保温。

李健军：听了陈老师的讲话，我们很受教育，也使我们进一步体会到改革开放后社会的进步和人民生活的改善。陈老师您还参加了中小学课程教材的建设，下面请做些介绍。

陈通顺：我参加过1979年《全日制十年制中小学校美术教学大纲（试行草案）》，1992年《九年义务教育全日制小学美术教学大纲（试用）》，《九年义务教育全日制初级中学美术教学大纲（试用）》，2000年《九年义务教育全日制小学美术教学大纲（试用修订版）》，《九年义务教育全日制初级中学美术教学大纲（试用修订版）》的修改和审查工作。在新世纪的课改中我是九年义务教育美术课标和高中美术课标研制组的核心成员，全程参与了文件的起草工作。

在教材编写方面：1976—1978年我主持编写了江苏中小学美术教师用书《美术》两本；后又主编了江苏（大纲版）中小学美术课本1990版和1996版共4套、新课标江苏初中美术课本2004版和2012版两套。在1990年至2001年，我还参加了全国中小学美术教材的审查工作，前后审阅了数十套各地编写的中小学美术课本。同时还被派往北京、上海、辽宁、山东、河南、湖北、江西、广东、广西等地，指导教材的编写工作。以上这些经历，对我参与教育部有关文件的制定和办好《中国美术教育》杂志，都有着很大的帮助。

下面我说一下1979年那个美术教学大纲和1981年教育部统编的中小学美术课本吧，因为它是在那个历史转折时期一项标志性的工程，是我国中小学美术课程教材建设，在改革开放的大背景下走向繁荣发展的精彩序幕。

1979年6月颁布的《全日制十年制学校中小学美术教学大纲（试行草案）》，是继1950年、1956年之后第三个美术教学大纲，它从研制到出版总共不到半年时间。那时党的十一届三中全会结束不久，"文革"的遗风，极左思潮、两个"凡是"还不同程度地禁锢着人们的思想。而这个大纲中所传达的信息，有一种引导和先行的意义，如重视美育、复称美术、明确内容分类。

重视美育。没有美育，艺术教育就难以“生存”。但在当时的历史条件下，把美育写进大纲，是要有一定的勇气和胆识的，因为在历史上有人因此而受罪多年。然而从人的个性发展和社会建设需要两个方面提出学科的培养目标，比仅限于为社会实践的目标更全面和贴切。复称美术。历史上的大纲和课标，对此有多种提法，如图画、手工、劳作、女红、工用艺术、形象艺术等。恢复“美术”，是适应社会发展的需要，如今美术课的内容，已从最初仅有图画、手工、用器画，发展到涵盖绘画、雕塑、设计、工艺、书法、篆刻、建筑、摄影、摄像等多个庞大的组群。明确内容分类。在我国历史上对美术教学的内容早有分类，如1923年的小学分为欣赏、制作、研究；初中分为理论教授、实地观察、实技练习。1929年的初中分为观察与欣赏、实习、考案。1932年的小学分为欣赏、发表、研究。1956年的初中分为写生画、图案画、命题画、艺术讲话和欣赏艺术作品。而1979年的大纲按教学内容分为绘画（含写生、临摹、创作）、工艺（含图案、手工）、欣赏三个部分；1988年、1992年、2000年的大纲仍然如此，直至新课标所列的“四个领域”，其核心内容与前者仍是十分相似的。

1981年由教育部组织编写的中小学美术课本的问世，开创了我国学生人手一册美术课本的先河。下面我介绍一下这套课本编写的经过，以及我参与这一工作的体会。

1979年教育部委托上海市教育局组织了教材编写小组，同时邀请了中央工艺美院、中央美院、南京师院、北京师院、江苏教院、辽宁教院的有关老师参加，经过两年的努力协作，终于完成了小学10册、初中6册美术课本的编写工作，1981年秋发行全国使用。

为了保证美术课本的质量，教育部从1979年3月至1981年3月在北京和上海召开5次教材工作会议。第一次会议在北京，是修改大纲后接着召开的。第二次会议是1979年10月20日至11月初在北京召开，有6个省、市的代表参加，会议审查了小学上册几本教材，但问题较多。会上大家建议：重新研制教材的编写方案，选派懂得中小学美术教育并具有较高美术专业水平的人来主持这项工作。教育部采纳了大家的意见，并要求到会的同志回去准备新的编写方案，供下次会议选用。第三次会议于1980年4月18日至5月5日继续在北京召开，有5个省市的代表参加，会议讨论了由各地代表提交的7个中小学美术教材编写方案。最后教育部根据大家的意见，选定了上海送交的小学五年的教材编写方案和南京师院美术教育研究室送交的初中一至三年级美术教材编写方案。为此，浦通修副部长特地在教育部三楼会议室召集大家开会，并做了热情洋溢的讲话。他说特殊时期可以特事特办，现在的教学计划初中仅有1年美术课，但教材可以按3年先编起来，争取明年修订教学计划时增加初中美术课时（一年后的4月果然实现）。第四次教材工作会议在上海召开，参加上次会议的代表都参加了这次会议，会议从1980年9月18日开到27日，会上审查了小学、初中上学期的各册教材。大家认为教材的体系结构、内容形式都有很大提高，做适当修改后可正式出版。1981年3月26日至4月初，第五次教材会在上海举行，会议审查通过了小学、初中各年级下册的教材，并进行了总结座谈。来自北京、上海、南京、天津、安徽的同志都做了热情的讲话，他们认为教材的指导思想明确，切合实际，又留有余地，注意了艺术与技术、理论与实践、全面与重点的统一。教材色彩鲜明，形式多样，为教师提供了一个努力的方向。上海市的张文祺、柴庆翔、桑春元等老师为此做了很大的努力和贡献。

这套人手一册的美术教材的问世，在我国美术教育史上是具有开创意义的，它结束了美术教学长期“一临到底，各显神通”的局面，促使美术教学走上了有序、健康发展的道路。同时也为我国中小学美术教材建设，在思想上、队伍组织上奠定了一定的基础。下面我再说一下该套教材编写的时机、统编教材的影响力和统编教材的不足之处。

教材编写的时机。众所周知，1977年7月邓小平同志的职务得到恢复，不久他即主动要求分管教育工作，并迅速启动了两件大事，一是恢复已停止10年的高校招生，二是集中全国力量编写中小学各科教材。由此，1977年下半年，全国200余名各学科的专家和一线教师集结在北京西苑大旅社九号楼，后来又搬到条件更好的香山饭店，一人一张桌子、一张床，夜以继日地工作起来。经过一年多的努力，1978年秋，全国中小学的学生如期用上了新中国成立后第5套统编的中小学课本。但遗憾的是当时没有编写中小学美术、音乐课本。此事很快被全国广大教师和有关专家所关注，并纷纷提出意见和建议，教育部也意识到问题的重要性，当即决定组织音乐、美术教材的编写工作。虽然晚了一点，但教育部对此的重视，并不亚于对其他学科。如前所述，在京召开的3次音乐、美术教材会议，浦通修副部长都到会听取意见，并做出重要决定。普教司的肖敬若、杜平、刘英杰、南国芬等领导更是有会必到，虚心聆听，及时解决教材编写中的各种问题。如在教学计划未作修订的情况下，决定初中美术教材按3学年来编；为保证教材的顺利进行，果断做出“临阵换帅”；以最快的速度使教材出版，并发至全国；围绕新编教材，组织了大规模的教师培训；等等。如此罕见的好形势、好机遇，至今也是难以想象和企及的。

统编教材的影响力。20世纪80年代初出现的这套教材，它的影响在20年后才逐渐消退。尽管在20世纪90年代也出版了不少美术教材，但只有少数能够超越它，大多数还不如它。当时有提出编写“审美智能型”教材，有提出编写“工艺智能型”教材的，但基本上还是延续统编教材的路子，并没有质的变化。甚至在教材的呈现形式和开本上也能看到统编教材的影响。

统编教材的不足。由于编写时间的限制，和编写人员的经验，这套教材还存在一些不足。主要表现为“多、难、散”三方面。“多”了必然不精不深，似蜻蜓点水；“难”了就很难适应广大农村条件较差的学校；“散”，则因教材的知识结构还不完善，知识显得分散、零碎。

刘开渠（前左）和秦宣夫（前右）在中国美术教育研究会成立大会上。1987年11月，长沙。

但是，从历史发展的角度看，特别是经历“文革”之后，在这么短的时间内，美术教科书就回归到“启智育人”的本质，这是应该得到充分肯定的。

李于昆：1979年12月，中国教育学会美术教育研究会筹委会在郑州成立；1980年10月，我国大陆第一本面向基础美术教育的刊物《美术教育通讯》在南京诞生，这两件事都是现代美术教育史上具有开创意义的，它对我国学校美术教育的发展起了很大的推动作用。

陈通顺：是啊，先说一下研究会的事吧。

一、筹备经过。

1979年2月，在京召开的中小学教材会上，教育部普教司的孟吉平同志（后任师范司副司长）就建议我们筹建美术教育研究会；1979年10月第二次中小学教材会议期间，中国教育学会的秘书长肖琳和王玉蓉、施惠云3位同志到会找我们商谈成立学会的事；1979年12月在郑州召开的高师美术专业座谈会上，大家一致认为应建立“全国美术教育学会”（后改为研究会）。由此决定这3次会议的48名代表为发起人，推选北京师院美术系主任李瑞年和南京师院美术系主任秦宣夫为筹委会正副主任，同时建立秘书组，由董玉龙、陈通顺、汪国一、李含中、符易本、赵一唐、李维琨等7人组成，负责具体筹备工作。原以为一两年之内可以正式成立，而实际上是等了8年，也是熬了8年。原因是什么？后来才得知：在中小学排在末位的“美术”，怎能在其他学科之前成立研究会呢！直到1987年，教育部为制订《全国学校艺术教育总体规划》，我被借调北京，期间有机会多次抽空和董玉龙、汪国一等同志去中国教育学会请求，最后终于感动了“上帝”，于1987年秋获得批准。8年的努力终于成功。1987年11月1日，中国美术教育研究会在长沙正式成立。

二、成立大会。

10月下旬的长沙秋高气爽，来自全国各地的70多名代表云集岳麓山附近的一处宾馆，等待着中国美术教育研究会的成立。11月1日上午，会议正式开始，著名雕塑家、美术教育家刘开渠教授致了开幕词，他说：“中国教育学会美术教育研究会筹委会自1979年12月郑州会议上民主协商产生到现在，已经有8年了。8年来经过全国美术教育界人士和筹委会秘书组的努力工作，现在成立全国性美术教育研究会的条件已经成熟。今天我非常高兴地宣布：经中国教育学会批准，我国美术教育史上第一个美术教育工作者自己的学术组织——中国美术教育研究会，正式成立了！”在讲话中他还特别提到在筹备工作期间逝世的筹委会主任李瑞年教授和筹委会委员卢宾同志，高度评价了他们对筹备工作的贡献，并表示深切的怀念。著名美术史家、美术教育家秦宣夫教授做了筹备经过的报告。报告最后他说：“过去长期不被重视的美术教育工作者，现在有了自己的学术组织，这对我国美术教育事业的发展将起到极大的推动作用。”

这次会议前后进行两天半，主要议程是研究修改了《中国美术教育研究会章程》，选举产生了理事机构，交流了经验，布置了1988年的工作。王天一等28人当选理事，其中13人为常务理事。刘开渠任理事长，秦宣夫、李绵璐为副理事长，陈通顺任秘书长，汪国一、赵一唐为副秘书长。

这次会议得到了中国教育学会的大力支持，他们特派了王玉蓉同志到会指导并宣读了贺文，同时还拨出了8000多元作为会议经费（后转拨湖南），这在当时是一笔巨款（那时一个副教授的月工资仅百元）。国家教委副主任彭珮云、文化部教育局等单位和个人也发来了贺文。唯一不足的是会议结束后大多数外地代表的返程车票没有落实，让大家在长沙多留了一些时间。湖南教委、湖南师大、湖南教科所为会务做了不少切实的工作，需要十分感谢。

三、首届理事会的工作。

（1）在组织建设上：至1991年11月全国有省级研究会26个，地级市研究会129个，县级研究会19个，其他5个。发展了全国个人会员约800人。

（2）在学术活动上：1988年12月在广州举办了“全国中小学优秀美术教育论文和录像评比会”，各地省级研究会共推荐论文108篇，录像53个。经无记名投票选出获奖论文21篇、获奖录像29个。1989年11月，在苏州召开了“全国中小学美术教学大纲和教材研讨会”，这是国家教委基础教育司和中小学教材办公室委托研究会主办的。章瑞安处长在会上介绍了九年义务教育美术教学大纲；黑龙江、辽宁、内蒙古、安徽、湖南、广东、贵州、四川以及人美社、人教社、上教社的12位同志介绍了各自编写的教材，国家教委中小学教材办公室主任南国芬同志在闭幕式上讲了话。1991年9月，受国家教委艺术教育委员会委托，在长春举行了“全国中小学美术课堂教学评比”，来自全国各地的29名中小学美术教师，分别在长春市的4所中小学进行比赛，最后评出一等奖9名。长春市教委对会议给了很大帮助。此外，我们还和研究会的广东分会及岭南美术出版社、北京分会及人民美术出版社合作编写了教材。

首届理事会的工作大致如此，但它为后来“三大赛事”的制度化，起到一个探路的作用。

李健军：从《美术教育通讯》到《中国美术教育》，杂志对我国基础美术教育的发展起了很大的推动作用，同时它为广大美术教师的成长也提供了不小的帮助，甚至是一些美术教育界领军人物的出现，也是和杂志密不可分的。但我们也听说，在杂志创办的过程中，也遇到不少困难。

陈通顺：在我的经历中，一帆风顺的事不多，但通过不懈的努力，还是能做成一些事的。

先简单地回顾一下创办的过程吧。1980年10月，南京师院美术教育研究室出版了内刊《美术教育通讯》，连封面在内一共10页；此后，在校领导的大力支持下，中共江苏省委批准该杂志为正式刊物；1984年1月，校系领导班子大调整，杂志“被独立”，更名《美术教育》；1988年9月，国家教委决定委托南京师大主办《中国美术教育》；1989年5月，国家新闻出版署批准了杂志更名；1989年10月，《中国美术教育》正式出刊。

这里有一个有趣的现象，刊名为《美术教育通讯》的3年，日子比较好过。刊名为《美术教育》的6年里，日子十分难过。刊名更名为《中国美术教育》以后，日子渐渐地又好过起来。

这是为什么呢？下面我就具体地说一下。初创的3年，由于社会的需要，加上校系领导的重视、稿源丰富、物价平稳等因素，日子好过。如当时的校党委书记杨巩同志说：“既然这粒美育的种子落在我们南师院，我们就要让它生根、开花、结果，努力办好大陆第一本面向基础教育的刊物。”副院长马和顺同志（当时为师院）亲自出马，争取到省委的批准，使杂志成为正式刊物。在稿源上，我们得到过林默涵同志的支持，为我刊写了《要重视美育》一文。文章开头说“一本以中小学艺术教师为主要对象的刊物——《美术教育通讯》，从今年起在全国公开发行。这个刊物是南京师范学院编辑的，它对于改进和提高中小学的美术教学将起积极的作用。这是一件值得庆贺的事。”此文同时在《人民日报》上转载，中央人民广播电台在新闻联播中也做了报道，在当时引起了社会很大的轰动。

然而好事不长久，杂志刚进入初春，很快就掉入了严冬。1984年1月，校

国家教委副主任滕藤（左二）视察《中国美术教育》编辑部。1988年9月15日，南京。

系的领导班子做了大调整。美术系的老班子全部下台或调离，新班子高调提出要按照列宾美术学院的标准来办学，而这本杂志是为中小学服务的，是“小儿科”，与系办学方针不合，应离开美术系。由此在我们毫无思想准备的情况下，一夜之间“被独立”了！“被独立”后的那些年，我们的日子非常难过。

我曾经说过，办成一个杂志，大约需要6个条件，即：社会需要、领导支持、一定财力、稿源丰富、办刊人才和特殊机遇，缺一不可。而想搞垮它，去掉其中一两条就足够了。

杂志“被独立”后，当属校办刊物，编辑部也应是校直单位，然而校直单位该有的条件一个都没有，一分钱办公费也不给。怎么办？只好靠前任校长拨给杂志的开办费余款艰难度日。更糟的是，那时正值新中国成立后少有的通货膨胀、物价飞涨，虽然杂志连年提价，已从0.2元涨至0.8元，但仍然是入不敷出，至1988年夏连印刷费都付不出了。越是困难事越多，不知是有意策划还是无意为之，有人不断地给我们制造麻烦，企图从精神上打垮我们。在这种情况下，编辑部内人心浮动也是不可避免的了。真是内外交困，度日如年。

“莫道浮云终蔽日，严冬过尽绽春蕾。”（陈毅诗《赠同志》）就在好多人都认为我们山穷水尽无法再生存下去的时候，国家教委于1988年9月7日做出决定：委托南京师范大学主办《中国美术教育》杂志，并于当年9月上旬在北京邮电招待所举行了委托仪式，国家教委副主任滕藤亲手将委托书授予我校。会议结束不到一周，滕藤同志又亲赴南京，约见了江苏省教委主任袁克昌和校党委书记、校长等，具体交代了办刊工作，并专程到编辑部视察。不久，国家教委和江苏省教委给杂志拨了45000元办公费，国家教委办公厅为杂志发行事宜，专门给各省、市、自治区发了通知。1991年夏，国家教委体卫艺司还在黑龙江大庆市召开了全国刊物发行工作会议……国家教委的一系列措施，使处于危难中的刊物得以绝处逢生，又一次迎来了柳暗花明的春天。这里我们要特别感谢赵沨、武兆令、杨瑞敏、张竞华、杨力等同志，感谢他们在《中国美术教育》杂志创办的关键时刻起了很大的作用，否则刊物真可能夭折了。

上面我已经谈了不少，但从中国美术教育发展的历史看，我只是在某个特定的历史阶段和大家一起做了一些起步性的工作。成功也好，挫折也好，一切都已成为历史。在新世纪的课程改革中，一大批有才华又年轻的人才已经涌现，长江后浪推前浪，今后我国学校美术教育的发展要靠他们了。“桐花万里丹山路，雏凤清于老凤声”。

李于昆：对陈老师的访谈，让我们深受感动！感动于陈老师以及您这辈人在历史发展的关键时期，不畏困难，以强烈的人文情怀和坚定信念，对中国美术教育的发展与建设所做出的无私奉献！这种奉献不仅仅是体力和精力上的付出，更是一代人的才华和智慧的展现。毫无疑问，每个时代都面临每个时代所特有的问题，都需要有人站出来去解决问题和把握航标。因此，访谈绝非简单地陈述回顾历史，而是将人物与事件置于特定时空，关注历史在面临问题时的解决办法，给予现实启示。从这一角度审视我们的访谈，可以说一切历史都是当代史，今日美术新课程改革等，显然与此形成互文关系，这正是“读史方知今日事，看花犹是去年人”的意义所在。

谢谢陈老师！

奚传绩

受 访 者：奚传绩，南京艺术学院设计学院二级教授、博士研究生导师，教育部艺术教育委员会委员，国家基础教育课程教材专家工作委员会委员，第二届教育部基础教育课程教材专家工作委员会委员，“高雅艺术进校园”活动全国高校艺术教育专家讲学团成员；享受国务院颁发的政府特殊津贴。主要学术研究方向：中外美术史论、美术教育。已出版的主要论著有《中国美术七千年图鉴》《中外美术史大事对照年表》《艺术教育丛谈》《美术教育丛谈》和十卷本《世界美术史》第三卷、第十卷（合著）等，主编和参编各级各类美术教材和教学用书、工具书20多种，如《美术鉴赏》《美术欣赏》《美术教育词典》《设计艺术经典论著选读》《设计艺术教育大事典》（两主编之一）等。2013年，荣获中国美术家协会颁发的“卓有成就的美术史论家”称号。

访谈提要：本访谈录虽然被访问者谦称是有关美术教育断断续续的感想，但都是被访问者近三十年参与学校美术教育工作的切身体会与回忆，内容涉及我国中小学美术教育理念、美术教材编写、美术教师自身素养等问题，给人以多方面的启示。

采 访 者：李于昆，广东外语外贸大学艺术学院院长，教授。

李健军，广东岭南美术出版社社长。

访谈地点：南京师范大学南山专家楼

访谈时间：2013年8月8日

美术教育断想

奚传绩访谈

李于昆：奚老师在美术史论教学和研究方面做出了很大贡献，就在几天前的新闻报道中，我们看到您获得了由中国美术家协会主办并授予的“卓有成就的美术史论家”称号。作为一位长期在高校从事艺术史论教学与研究的教授、博士生导师，您在美术教育这一块也做出了很大的成绩。是什么机缘使您在从事本领域工作时，同时关注了美术教育，而且对于推动我国的美术教育起到了重要的作用？

奚传绩：从我获得中国美术家协会那个“卓有成就的美术史论家”来讲，不是我谦虚，实际上是名不副实的。在美术史论这个领域干了50多年，我的大部分工作，特别是到了南京之后，主要是做美术的普及工作。所以这次开会碰到《美术观察》的主编李一研究员，我跟他并不认识，但他一见面就跟我说：“谢谢你，你那本16开的书，我就是靠这个考艺术研究院的。”他说的那本书，是指1983年5月人民美术出版社出版的由我编写的16开本的全国中等师范学校统编教材之一的《美术鉴赏》。那本教材发行了十多年，据不完全统计，共发行了300多万册。

李于昆：您看影响多大！

访谈现场左起：奚传绩、李于昆、杨国昕、李健军。2013年8月，南京。

奚传绩：这本书确实影响不小。考本科的用它，考硕士的也用它，考博士的也用这本书，这在当时是没有想到的。但那时编这一教材确是非常认真的。考虑到它不仅可以供在校的师范生使用，也可供他们走上工作岗位后作为一本中外美术史工具书用。

我正式进入普通美术教育领域也正是从编这套全国中等师范院校（以下简称“中师”）美术教材开始的。我在送你的《美术教育丛谈》书中也说了。把我带进这个领域的有两个条件，一个是我从北京调到了南京，另外一个正好那个时候，南京师范学院美术系的陈通顺老师接受了教育部给江苏省教育厅编写全国中师美术教材的任务，那时候他知道我的情况，就邀请我加入。在这之前，也是陈通顺老师的邀请，让我参加编写江苏省中学美术教师使用的一个手册，又像教材，又像教辅。参加全国中师美术教材的任务，是由当时国家教委师范司李司长和岩副司长直接领导的，是一个非常重要的任务。从编写全国中等师范学校美术教学大纲开始，那个时候编教学大纲，开各种座谈会，省里的座谈会，全国的座谈会，形成文字稿后，逐字逐句推敲。这次编写九年义务教育美术课程标准的过程中，总觉得不够严谨。可能两者情况不太一样，文字量又很大。那时编写全国中师美术教学大纲，教育部师范司的领导都很认真的，开了很多次会。那个时候为什么决定整套美术教材中有一册是“美术鉴赏”呢？时值“文革”刚刚结束，没有一本可供中小学美术教师使用的中国和外国美术史，所以这本书当时准备给小学的美术教师，因为是普修的，每个中师生都需要学。考虑到有一些美术教师毕业之后，走上工作岗位，这本书还得翻一翻，所以我们把内容编得比较充实，涉及的面稍广一些，以后作为一个工具书还可以翻一翻，基本上把中国和外国美术史的脉络梳理了一下，引用的材料应该说比较严谨。由于这个原因，这个书当时被教育部还批评过，有个副部长说这个教材做得这么厚，是作为一个不好的例子来谈的。

现在回过头来看看，这本《美术鉴赏》，觉得还没有过时。我的好朋友，现清华大学美术学院杨永善教授几次对我提到这本《美术鉴赏》，他说：“我儿子也是靠你的这本书考研究生的。”当然这是一种鼓励。那时我刚调到南京艺术学院美术系，教学任务也不重，而且是借调到南京师范学院编教材，全部精力都投入其中。但是，在南艺那边，有一些人还有议论，说我不务正业，说这是南师美术系的事情，我们又没有美术教育专业，你去管这个干吗？所以在我评职称的时候，有人就议论这个。当时是张道一老师替我说了话，他说编教材是功德无量的事情，你们不参加就不要去说三道四。正由于他对我的支持，我继续参加了后来一系列美术教材的编写。

然后接着就是参加北京人美版全国统编中小学美术教材。那个时候编教材的情况现在还历历在目，姚今迈老师任主编，他是非常严谨的，他有一整套方案，就是整个课程的结构，现在都能找到他原来的东西。然后要求每人分工一科，我就负责“美术欣赏”，和我一起的还有一个人，就是从中央美院美术史系毕业分到教育部体卫艺司，后来离开了的范水。每个人要拿出一个编写方案来，并用8开纸，自己画好版面，把图片贴上去。贴上去之后在人民美术出版社的会议室开了几天的会，拉一条线把作品挂在那里，参加会议的人对方案，甚至每一幅选用的范画，都提出意见，有的就当场提出具体修改意见。这种方式不仅成效大，而且对每个参会者都是一种学习。说实话，到现在我都很怀念这种集体编写教材的方式。

2007年6月，奚传绩在中央美术学院参加“义务教育美术课程标准修订座谈会”。

从那个时候开始，我的很多精力都投入各级各类美术教材的编写中，离不开中小学美术教育。从1994年起又担任教育部中小学美术教材的审查工作。国家基础教育课程改革开始后，又参加九年义务教育和普通高中美术课程标准的制定；2010年又被聘为“国家基础教育课程教材专家工作委员会”委员。我这个人的水平不高，但是有一条，做事比较认真负责。所以直到现在，照例按我的年龄，我现在应该从专家工作委员会出来了。这次要换届了，换届前，征求我的意见，希望我再干一届，我也就同意了。因为这个工作总得有人做。在这方面，我是向先辈丰子恺先生学习的。

在这近30年的从事普通美术教育的工作中，我学到了很多东西，对自己的美术史论研究来说，也有很大的帮助。21世纪初开始的国家基础教育课程改革的全过程，我基本上都参与了。这次课改的动作是比较大的，动员的范围是很广的，声势也比以前大，也取得了明显的成绩，但是始终没有一个全面的、认真的总结。现在课改还在深化，哪些值得继续深入发展，哪些方面有值得注意的教训，这应当是有所总结的；没有全局性的总结，每个学科有个总结也好。我一直觉得比较遗憾的是这个。因为这会影响到今后的发展方向。

今年春节刚结束，刚上班，教育部就给我打电话，要我去北京开一个会。我以为是教材审查前的一个预备会，结果去了，才知道是根据党的十八大提出的教育的根本任务是“立德树人”。教育部袁贵仁部长要求重点研究一下思想品德、语文、历史、体育、艺术5门学科如何更好地发挥“立德树人”的作用。请了5个学科方面的人。一个学科去了一个人，美术是我去的，音乐是王耀华去的，历史学科有一个，体育学科也去了人，还有两个省、市的教育厅厅长，还有上海一个中学的校长，总之各方面的人都有。之后，还开过几次会，但后来突然停了下来，听说成立课题组专门研究这5个学科与“立德树人”的关系了。这件事倒又涉及美术教育到底能起什么作用。

李于昆：在您的《美术教育丛谈》里面也谈到了“重新认识美术功能”，而且是从社会主义现代化教育中的战略定位谈的。

奚传绩：那是20世纪80年代写的一篇文章。题目有点大，但我所说的“战略”不是军事的用语，是从长远的角度来看，可以把它放在这个高度。特别是现代社会快速发展之后，你现在明显地感受到人的物质的东西丰富了，人的精神的生活相对来说跟不上，精神生活存在的问题比较多，能解决这个问题的，过去古代讲“修身养性”，这里边就有艺术。就是从经济领域来说，要增加GDP（国内生产总值），要增加产品的竞争力，这里面有一个因素是不可缺少的，就是产品的设计，即“工业设计”的问题。

当时在5个学科中，我是很赞成在完成“立德树人”这一教育根本任务的过程中，应当充分发挥思想品德、语文、历史、体育、艺术这5个学科的特殊的作用，因为思想品德、语文、历史、艺术是传承人类文明和优秀传统文化的重要载体，是国家意志和核心价值观的集中反映，属于人文素养的奠基性学科。

体育对提高学生健康素质，形成健康的生活方式具有不可替代的作用。例如历史，现在很多人已经没有历史观念。中国美术家协会主办的这次“卓有成就的史论家”活动中，要求获奖者每人要选一篇文章。我选了一篇《一门不该被边缘化的课程》。这是山东师范大学开外国美术史研讨会的时候，我没去，交了这个论文过去。我是从外国美术史这个课程来讲，现在完全被边缘化了。后来我为什么要选这个呢？我觉得这个文章还有一些现实意义。我举了两个例子，一个是2010年7月20日《光明日报》有一篇讲身体美学的论文，是一个搞美学的人写的，里面有一幅罗丹的《思想者》的照片，底下的标题却说是“古希腊的人体雕塑”，完全是张冠李戴。2012年11月18日的《光明日报》，一位著名油画家写了一篇文章，一开头就出现了一个低级错误，说文艺复兴时期的艺术家，谁呢？伦勃朗、米勒，这又是一个低级错误。作为《光明日报》的美术编辑也没发现这些低级错误！现在对于美术史的知识，一些常识性的东西都会犯错，作为一个大的报纸都会犯这个错误。因为外国美术史这门课已经完全被边缘化了。现在中小学美术教材里面，我最头疼的是选范画，总是选外国的作品，而且集中在几个人身上。

李于昆：说到这里，我注意到一个现象，在中小学教材里，几乎中国的言必称齐白石、徐悲鸿、吴冠中，外国的言必称达·芬奇、凡·高、毕加索，我们如果统计一下，这几个人一定少不了。当然具体情况要具体分析。

奚传绩：还有，包括现在《光明日报》有个定期的栏目，叫作“名作分析”。选的几乎都是西方现代派作品，前天就把杜尚的自行车轮子弄出来了，这个东西能不能称之为一个名作？而且那篇“分析”也没有说清楚。这就涉及了艺术的根本问题，艺术的根本问题是什么？他没有讲。现在所谓有没有艺术？能不能界定？艺术和非艺术有没有界限？实际上就是杜尚干的，就是这个作品干的。就是艺术和非艺术没有界限了。文章作者没提这个问题，提出它“给人一种震撼”，什么“震撼”？他只字不提。《光明日报》的“名作分析”选的作品都是这类。有一次选了马格利特的《这不是烟斗》，图像明明是一个烟斗，画家却说它“这不是烟斗”，这篇作品的分析还有一定的道理。你说：它引发你的思考。你说它是烟斗吗，它就是一个图像，它不能抽烟，它不是烟斗。这个有点像春秋时“白马非马”的那个味道。现代艺术有时候有一部分不是给你审美的，是引发你的思考。像这样的“名作分析”，对读者还有些好作用。但是，“名作”都选西方现代派作品就有个正确导向的问题。

当然，对西方现代派美术有个重新认识的问题，包括现在中学美术教材中常选的克里斯托的包裹艺术，你说这个是不是艺术，可以讨论，但是有没有给人一种启示？它本来是一个德国的议会大厦，这一包，整个形状就改变了。尽管带有广告的性质，带有现代艺术炒作的味道，但是也还给你一些思考。所以尽管我们对西方现代艺术有我们自己的观点，但不要把现代艺术一棍子打死，像过去那样把它看成是洪水猛兽，当然你也不能把它看成是经过时间考验过的经典的东西。有很多东西要具体问题具体分析，我是抱着这么一个精神。但是需要有一定美术史的知识才能做。

李于昆：您作为美术史论的研究者，对国家基础美术教育的建设投入了很多精力，这就是一大贡献。现在高校里面一些美术史论教师，真正像您这样关注和投身于这一领域的不多。

奚传绩：说贡献不敢当。只是我始终关注对青年学生的正确导向。包括《光明日报》现在开辟的“名作分析”专栏以及它登的一些美术作品和所谓美术评论文章，吹捧的居多，这不太符合报纸强调要掌握正确的舆论导向。

李于昆：其实现在普及的任务仍然很大。从高校来看，由于设计学科的不断壮大发展，人们对实用的、立马见效的东西更感兴趣，这对史论教学的空间挤压很大，很多学生不关注这一块。从这个层面上来看，无论是高校还是中小学，怎样加强这方面的教学，普及与提高相结合，提高学生的文化素质和基本的审美判断能力是不能忽视的一项工作。

奚传绩：我经常在思考，这是我正在做的一件事儿，我们没有一本真正适合学生的，可读性很强的，而且很严谨的一本好的中外美术史的教材。我们出了这么多本美术史的书，都是要么很庞大，几十卷，有谁看？要么是翻来覆去弄，同样一个东西今天叫作通史，明天叫作分类史，这里面不断地重复，不断地做。很少有人能够静下心来，踏踏实实做些美术普及工作。倒是国外有些艺术普及读物和美术史写得简明扼要，通俗易懂，当然，他们有一些观点是值得商榷的。所以我总觉得我们很需要一本通俗易懂、深入浅出，既有学术性又有可读性，既保证质量又有学术品位的中外美术史教材或美术史普及读物。

李于昆：的确，美术普及的任务仍然需要有人来做。出现您说的这种情况，是否跟当下一些从事这个专业的史论工作者，把更多的注意力放在了对现当代艺术、艺术家、艺术作品的批评、评论有关？甚至跟风啊什么的，而忽略了传统经典这块。

奚传绩：现在从事美术史论研究的人，据我的了解，一个是做评论，这个东西容易出效果，而且这里还有一个利益驱动。还有一个就是宣传当代艺术。当代艺术这个概念非常模糊。我是比较同意黄河清先生的一些观点，尽管他有时有点偏激。他是学外语出身的，他在国外待过相当一段时间，在巴黎，对西方社会和西方现代美术比较了解。对西方现代艺术，他是带着批判的意识，是有分析的，是有一定事实根据的。不是像有些人那样一味地颂扬。

李于昆：我记得蔡元培先生说过，生命再给他一次机会的话，他愿意做一个美术史家，来书写世界美术史。

奚传绩：蔡元培先生的这句话，以前我也不大理解，但联系他那句“以美育代宗教”的名言，就可以体会到他为什么那么看重“美术史”，他为什么会提出“以美育代宗教”。中国人的宗教观念是很淡薄的，中国人的包括信仰在内的精神生活靠什么？主要是靠儒家倡导的包括琴棋书画在内的“礼乐教化”。其中包括很大程度的“美育”的成分。过去说这个人有修养，就说琴棋书画无所不精。而书画则是美术最重要的部分，所以，蔡元培先生重视美术史是有道理的。可是，我们现在的一部分的领导并没有认识到这些。他们现在主要抓经济。艺术这个东西好像无关紧要。为了省一点财政支出，首先在中小学音乐、美术教材实行循环使用，就是一个突出的例子。

李于昆：这次课程改革，把视野拓宽了，其中有一个欣赏模块，您在教材的评审和课程标准的研制中，主要负责这个领域。这次课程改革对提高中小学学生的文化艺术素养，跟过去比有哪些变化？

奚传绩：说到课改里面的欣赏评述，这次课改里面我比较欣赏的有几个东西。

一个是“四个领域”的划分，我觉得这是课改里面，美术学科里面最大的突破，就是摆脱了以美术的种类来划定。比如过去是“绘画”“工艺”“欣赏”3个领域，因为一谈绘画，就涉及很多画种，工艺就限于工艺美术；欣赏呢它只是欣赏，没有如何表达自己的感受。但是现在把过去的“绘画”变成造型表现，这个就完全不一样了。因为造型可以用绘画的形式来表现，也可以用雕塑和其他多种形式来体现，如模型、纸工、蔬果造型等。我们现在中小学美术教材里面我是比较鼓励用实物来造型的，比如现在我们教材里面有些编得很好的“蔬果的造型”，土豆啊、香蕉啊，这也是一种造型训练。还有陶艺里面泥的造型。如果只局限于绘画，我听过几次课，学生反映说：“我又不要当画家，我学它干什么？”包括我们过去讲色彩，老是从绘画的角度去讲色彩，其实从素质教育的角度，更多要从实际生活去讲色彩。大自然本身色彩是无比丰富的，生活中处处都需要色彩。这个对于学生来讲，才能激发他的兴趣。如果没有兴趣，会觉得这是一种负担，这个课是学不好的。但是问题就出在怎么样去激发他的兴趣。

怎么激发兴趣？这里有几个因素。一个是我始终强调《基础教育课程改革纲要》里面的一句话：“‘双基’里面要选择对于学生的‘精选终身学习必备的基础知识和技能’。”这个问题我觉得这次没有解决得很好。到底哪些东西是作为中小学学生终身学习必备的基础知识和基础技能？现在课标没有规定，需要大家去探索。由于课标中没有做出明确规定，现在通过的各套美术教材，在选择美术的基础知识和技能方面，存在一定的随意性。

说到“欣赏”，这次比上一次有一个进步，不光是能欣赏，还要能表达。所以把“欣赏”和“评述”合在一起，跟过去比是一个大的进步。但是从教材编写来看，“欣赏”这个领域我总觉得没有大的突破。原因可能是多方面的。一个很主要的原因就是中小学美术教师一般不大重视，另外一个是中小学美术教师的自身素养不大能够适应这一学习领域的要求。因为要欣赏这个东西，要包括自己的比较好的文化艺术的修养，才能讲出道理，否则就是讲故事，讲一些套话。现在有的教材里边，引用台湾师范大学王秀雄教授讲艺术批评的四个方法，分四步走，这是一种进步。但还不够。所以到底怎么引导中小学生欣赏美术作品，我们始终没有很好地解决这个问题，我以前跟章瑞安同志也建议过，我们是否也开一次关于中小学美术欣赏教学的专题研讨会，但始终没有开起来。对中小学生来说，有没有艺术欣赏能力是至关重要的。相对来讲，技能的问题由于个人的先天条件等原因，它的差异肯定是有的。但是能不能欣赏美术作品，初步掌握欣赏美术作品的一些基本方法，绝大多数中小学生是可以具备的，他们之间的差距也是可以缩小的。

李于昆：在您看来，“欣赏”这块突破不大，在您的构想里面，怎么样去把它突破？或者现在存在着什么情况，包括在教材的审定过程里面。

奚传绩：现在教材里面为什么说没有多少突破呢？一个是因为大家选作品的随意性比较大。你选了达·芬奇，我就不选达·芬奇了。你选了伦勃朗我就不选伦勃朗了，我就选委拉斯开兹。是不是这样？另外到底给它一个什么方法？欣赏对中小学生来说，到底从哪里入手？这个问题没有解决。现在有人主张低年级欣赏玩具和民间美术，我则认为：对于低年级的学生来说，他无法欣赏民间美术。民间美术的东西需要一定的文化艺术修养以后才能欣赏。特别是我们这个时代的孩子，对“洋”的东西很容易接受，对“土”的即本民族民间的东西，不容易理解。过去你们看高中的美术欣赏，有一个什么好处？对选择中外美术作品，没有限制得很死，但是我们提出了，15张经典作品是必选的。音乐欣赏也是这样的，我们现在的课标中没有具体规定，变成八仙过海，各显神通，存在相当大的随意性，不利于提高学生的欣赏能力。

李于昆：课标在“欣赏·评述”学习领域要求学生“能说出至少6位重要美术家（中外各3位）及其代表作品”。您是如何理解这一要求？

奚传绩：这个规定说得很清楚，是能“说出”中外各3个美术家及其代表作。可是，教材修订后，不少版本的教材专门编了好几课，单独介绍美术家。这是理解上的问题。

李健军：课标对此在表述上有问题？

奚传绩：实际上在整个学习过程中，包括其他的实践课里面一些范图，你能记住中外各3个美术家就行了。不是说一定要单独安排几课专门介绍6个美术家，这确是课标的表述有问题。

李于昆：您一直非常强调在教材编写过程里面体现“社会主义核心价值观”的贯穿。当然，这是个很大的议题。

奚传绩：是的。你们广东最初送审的高中《美术鉴赏》教材，问题是很大的。所选作品基本上是当代艺术。后来我给作者讲这样不行。对于当代艺术我们不能再像过去一样一棍子打死，但是我们也不能无限放开。包括人美版高中《美术鉴赏》教材也出现过类似的问题。你们还记得十多年前，在北京人民大会堂举行过一次修长城义卖、义演活动，有一个美国画家当场砸了3把小提琴，把砸碎的小提琴沾了颜色往画布上扔，成为一幅抽象画。这些都进了教材。后来我跟教材编者讲，你这个不行，他说为什么不行？他说高中生喜欢。我说我反问你一句，是不是学生喜欢的东西都能进教材？教育某种意义上有一种强制性，要体现国家意志。这个作为一种活动可以做，扩大眼界，体现中国对当代艺术的包容的精神。但是作为国家教材，这类作品不能进入教材。何况我们一直有一个约定俗成的原则，凡有争议的内容一般不进入教材。当时还没提社会主义核心价值观念，但这是体现国家意志的问题。教育就是这样。日本“右翼”分子为什么一直要修改它的教科书？从反面来看，人家是抓得很紧很紧的。所以，对于当代艺术进入国家教材，一定要慎重。产生这种现象，我觉得可能与整个社会还是有一种比较强的崇洋的心理，反过来就是民族的自卑的心理，对于自己的民族文化缺乏自信心。这次河北他们准备再搞中小学美术教学挂图，要我提意见，我是特别强调我国以线条作为基本的造型手段，我们有非常丰富的遗产，选择范图时不要总选马蒂斯。中国古代人物画的“十八描”，为什么不能作为范图？我们传统文化中有很多优秀的东西，你们不要老是觉得马蒂斯的就了不得，要努力发扬这些东西。

李于昆：说到这里，我想到美国抽象表现主义波洛克的作品。在一个时期内，我们对他的东西也是觉得不得了，后来我看了一个材料，美国人把抽象艺术作为美国的一种符号象征。这是怎么提出来的？美国人说这个象征了美国的自由、民主、开放、创新的精神。反过来说，我们这样推崇这种抽象艺术，无形之中宣扬了美国的一种价值观。回过头来看我们中国，我们有这样的形象符号吗？没有，对中小学生在基础教育这方面没有找到这个东西，或者说不强，不明显。

奚传绩：波洛克的作品在我们各个版本的美术教材中几乎都有。你有没有看过，英国的一个资深记者根据美国解密档案写的一本书叫作《文化冷战与中央情报局》（国际文化出版公司2002年版），他是收集了美国解密档案写的。宣扬波洛克的作品，直接由美国中央情报局操作。因为美国建国时间不长，没有自己的文化，它要美国成为20世纪世界的艺术中心，从巴黎转到它那儿，就想从波洛克开始。而且这个人，你仔细看看他的作画过程，实际上他是追求一种偶然效果。他自己讲：我画的时候不知道画什么，画完了才知道这是什么。

他是追求一种偶然的效果，我们非要把他夸大。

李于昆：变成了一种创新、创造。

奚传绩：而这个正好迎合了我们有些学生那种急功近利的心态：它很简单。

李于昆：我们对西方现当代艺术要有一种批判的意识，同时要重塑和构建我们民族的文化形象。

奚传绩：一个民族如果对自己的民族文化都没有树立信心，这个国家是很危险的。从弘扬民族精神，弘扬优秀的民族文化来讲，我们现在的教材还是存在很大差距的。在审查教材过程中，我始终抓住不放的就是这个，为这个事我跟别人还争论过。包括教材我们再不坚持，就不行了。最近我读了一些我们老一辈著名画家和海外美籍华人谈传统文化的论著，比如傅抱石谈中国画的著作，再如荣获2006年克鲁格人文奖（相当于社科界的诺贝尔奖）的美籍华人、史学家余英时，是海外华人的杰出代表。他们这些人，中西兼通，他们对我国的优秀传统文化怀有深厚的感情。我们缺乏这种情感，这是个大问题。

李于昆：我几次听您的大会发言，您对这个问题都给予了一直的关注和强调，在我们的学科里面确确实实要注意这个事情。

奚传绩：还有，包括现在的美术评论，例如不久前《南京日报》登了我国当代一位著名画家的大文章，题目叫“中国画要走中西融合的道路”，这个问题早就不是问题了，提出这个问题本身就是一个伪命题。里面有一个很重要的问题：融合，谁跟谁融合？他们的重心都是中国人去所谓“国际接轨”，去迎合西方的价值标准，而不是说把外国有用的东西吸收到我这里来。实际上现在所谓的当代艺术就是美国的当代艺术，所谓的全球化就是美国化。回顾历史，我们往往是从一个极端走到另一个极端。过去把阶级斗争无限夸大，“年年讲，月月讲，天天讲”。现在呢，似乎天下太平。实际上在意识形态领域里面，意识形态之间的较量还是相当严峻的。有些人要“去意识形态化”，其实“去意识形态化”本身就是一种意识形态。

最近报纸上都在讲要加强文艺批评，但是现在真正的有含金量的文艺批评文章太少了，多的是一味吹捧和炒作的文章，或者是从理论到理论，谁也看不懂的故作艰深的文章。当然有时也能看到一些真正对人有启发的评论文章，如郎绍君写的一篇《读田黎明的绘画艺术》（载2011年7月24日《光明日报》），我很久没有看到这样的文章，很中肯，肯定成绩的时候也是很中肯。说了之后，对你有启发；不足，他也谈。这个才是正儿八经的评论。

李于昆：我们再回过头来看美术课程改革，有哪些值得我们反思的东西？

奚传绩：值得反思的当然有，也是我脑子里面经常在想的一个问题，就是我们现在的教材，当然跟过去比较应该说有很大的变化，但是唯一有一个很大的遗憾，就是没有很好地继承以前教材的一些优点，没有很好地加以总结和发扬。这个原因在哪里呢？一个原因可能是人事的问题，版权的问题，就是说又换了一波人，如果说你再用前面的东西，可能涉及一些人事关系问题。我跟其他各套教材的编者都了解了一下，现在发现旧的教材里面有一些好的东西没有吸收；我们往往搞一个新的就把前面那个弃之不顾了。到底前面的教材有哪些优点？应该好好研究透，所以有时候反过头来看，这个还是好的。这个问题可能跟科研里面的方法没掌握有关，就是你所有的新的课题，这个编教材也是作为一个课题，你一定要充分研究前人的成果和相关课题，进行比较研究，好的要吸收。

李于昆：这是否也跟编写教材要申报立项有关？比如为了获得立项，主编和编写组千方百计要搞出一个新的东西，把旧的东西推倒。

奚传绩：像你们岭南版的教材，我是管教材立项的。江西提出了一个红色资源，就拼命强化；那么你们广东就弄一个艺术和科学作为特色。我跟戴立德老师说，光是艺术与科学比较狭窄，说艺术与科技，涉及的面就广一些。为了要增加这个立项的可行度，大家就尽量挖空心思在那里弄，因为审定立项的时候有一个标准，一定要有特点，没特点它就不好通过。

李健军：您刚才说教材以前好的方面，具体是指哪些？

奚传绩：过去的教材有一个好的地方，就是它有一个能突出美术教育理念的结构，而且比较清楚，如过去人美版姚今迈先生编的中学美术教材。一篇文章、一本著作也好，就跟盖房子一样，它的框架是很重要的。就是作为一个贯穿的东西，你以什么指导思想来编这个教材。陈通顺老师是很强调这个东西。我们过去审教材，他是专门审这个，一看它是个什么构架，要很清楚；过去一些好的教材结构都比较清楚。过去的美术教学大纲，知识点规定得过死，这是它的一个缺陷，束缚了编教材人的创造性。这次课标，它没有规定死，只是建议，这对不大善于编教材的人不好搞。有点从一个极端走到另一个极端。虽然你们都有送审报告，都讲我这个是什么指导思想，但很多东西都是比较虚的，在教材里很难体现它。过去比较好的教材里面它是比较注意这个问题的。我们现在立项就强调特点。这个特点往往是一种表面化的东西，为了体现自己的特色，在选择课题和内容时，往往是牵强附会的。

2007年5月，“义务教育美术课程标准”修订组赴重庆调查农村小学美术教学现状。右一为奚传绩，右二为陈通顺。

2012年10月，奚传绩赴延安大学美术系讲课，摄于延安桥儿沟鲁迅艺术文学院旧址。

李于昆：这个值得反思。过去从“双基”的角度编写，结构相对来说会清晰。现在美术学科的内涵和外延较之以前都发生了变化，课程内容、学习领域都拓展了，“四个领域”呀，“人文性”“视觉性”啊，还有设计学科等，编写教材的框架就大了，又强调特色，那么导致教材的体例、结构不是很清晰了。

奚传绩：是的。这里顺便提到一个我常思考的问题。中小学的美术教学，从它的结构和内容这个体系，即有中国特色的体系，我总觉得还没有形成。可以体现美术教育的课程体系，但还不够，更重要的还要在教材里面体现。我经常鼓励大家探索一个问题：作为素质教育的中小学美术教育，哪些内容是针对学生，他将来不管干什么，终身必备的基本知识、基本技能到底是什么？这个问题我觉得我们解决得不够好。但是这也不是一次就能解决的。这有赖于将来的教材建设，要继续探索，这样才能真正建立起有中国特色社会主义的中小学美术教育体系。

李于昆：您提得非常好。

奚传绩：最后说说课标编制组内的事。在编制组内对课标中的一些问题是有不同看法的。作为一种集体合作的事，遇到意见分歧，有时必须妥协。特别是像陈通顺老师和我一样年岁大一点的人，担心我们自己的思想可能有些守旧，像尹老师他们年轻，接受新事物快，思想活跃，他们又身处教学第一线，我们总是多尊重他们的意见和想法，这样对工作有利。所以，大家合作还是比较愉快。只是在有些方面做法欠妥，如出版课标的解读，发表时是以课标组的名义，实际上未经课标组讨论。

李于昆：上午陈通顺老师也谈到了这样一个问题，跟您这个说法一样。

奚传绩：因为我们自己不在教学第一线，我们有时候隔一层，所以有时候我们就不便多坚持自己的观点，对吧？

李健军：其实我们当时想做这个访谈，也是想大家放开来讨论，让各种意见能够充分地在这里表达，并不是形成一种给教育部汇报的那种文件。因为毕竟就算经过这次课改，呈现出来的东西还是有限的。通过这种访谈或者这种形式，经历过这个过程的各种专家把他的一些观念或者一些还想表达出来的东西表达出来。当初我们做这个也是有这个目的的。

奚传绩：这个可能还有一种作用。因为现在教育部提出，继续深化课程改革。问题是怎么深化？这个问题就要考虑。深化就是怎么完善，怎么回归到教育的根本任务：立德树人。这是最重要的一种深化。还有一个深化，我觉得可能就要探索，为达到“立德树人”这个目标，中小学美术教育如何进一步发挥它的独特作用。具体地讲，四个学习领域里边，我们到底选择哪些教学内容，能够发挥更大作用。这个我觉得是值得研究的，所以深化可能要在这上面去做工作。

所以你们做这个访谈录呢，一个是为了回顾和总结经验教训，但是目的还是为了往前，是为了继续深化改革。

李于昆：这正是我们做这个访谈的一个出发点。

常锐伦

受 访 者：常锐伦，首都师范大学美术学院教授，博士生导师；中国美术家协会会员。出版有《美术学科教育学》《绘画构图学》等9部学术专著。主编人教版小学美术教科书，人美版小学、初中、高中、中师等各层次学校的美术教科书与教师培训教材共9套46册及与其配套的“教参”37册；主编《中国中学教学百科全书·美术分卷》《中国小学教学百科全书·美术卷》等工具书3部，主编美术教育论文集3部；发表论文40余篇。曾连任4届全国美术教育论文评比评审委员，连任4届全国中小学美术课堂教学评比评审委员，高等艺术院校精品教材评审委员，九年义务教育美术课程标准审定委员，高等艺术院校教学示范基地评审委员。

访谈提要：“历史与现实”往往纵横交织，互为依存、发展。近年来中小学美术教育有着良好的发展，我们同时也需积极地回顾历史、展望未来。常锐伦先生从“口述历史”的角度概述了美术教育发展的轨迹和风貌，对“美术教育双基”“当代艺术与学校美术教育”“美术教材编写”“美术教育与文化”“高师美术教育”等做了有价值的理解和思考，为我们提供了一种新的视野和观点。

采 访 者：李于昆，广东外语外贸大学艺术学院院长，教授。

李健军，广东岭南美术出版社社长。

编辑整理：段鹏，首都师范大学美术学院美术教育系副主任、讲师，美术教育学博士。

访谈地点：首都师范大学亚洲美术教育研究发展中心

访谈时间：2013年8月11日

美术教育的历史与现在

常锐伦访谈

李于昆：常老师是我们尊敬的老前辈，在当代中国美术教育事业的发展中，无论在基础美术教育还是高等美术教育等方面都做出了很大的贡献。中国第一个美术教育博士就是常先生培养出来的。我们来之前就约定此行一定要采访常老师，幸得少淳教授、段鹏博士的帮助，使得我们有机会面对面与您做这个访谈。

常锐伦：您过奖了。我们这一代人从事美术教育多是感性的，不如你们现在的一代人，从教可以做到理论的自觉，但我还是愿与你们交流。

李于昆：请先谈谈您的从教经历，这将是一段难得的口述历史。

常锐伦：我1960年毕业于北京艺术师范学院美术系。该校组建于1956年，由北京师大、东北师大、华东师大三校的音乐美术系合并而成。我是该校第一届毕业生，1962年该校改称北京艺术学院。毕业后，我被分配到一所“小学戴帽”的九年一贯制学校——分司厅中学。正好赶上当时的课程改革（以下简称“课改”），课改将初中的美术课砍去两年，只在初一年级设有美术课。原有的老的美术教师尚须改行，我这个刚到的青年教师只能去小学部教美术，所以我的从教经历便是从教小学一二年级开始的。那时，美术课被视为“调剂课”，即调剂学校语文、数学的紧张学习，上美术课让孩子得以轻松一下。美术课是最不受学校重视的学科。当时更没有教科书，只有市教育局下发的类似教学大纲的油印小册子作为参考资料。我教小学数年，学校无人过问一次。我则认为这很自由，可按自己的意愿教学，便不断有各式各样的教学设想，想方设法让学生学得高兴、有收获。学生作业画得太可爱了，让我产生成就感，因此我便爱上了这份工作。

由于我有作品参加画展而兴奋的体验，我想将孩子们的作业在校内展出，他们也会高兴的。所以我不嫌麻烦地在校内搞学生作业展，每周一换。每次换展，展板前总是围满了学生观看，他们相互品评和议论着。影响所及，我的课学生们非常爱上。学校如占用美术课，学生可不高兴了，意见很大。我则感受到了学生作业展的作用，因此，这便成为我在中小学从教13年间一直坚持的一项“一课一展”的工作。

1962年，我于课间见孩子们跳橡皮筋游戏十分有趣，触发了创作灵感，便以“跳橡皮筋”为题材搞了一幅黑白木刻和写了一篇文章投给《人民日报》，居然都被选用发表。而且，每当重大节日和重大事件需要宣传时，我都及时配合画宣传画在校内张贴。加之我在校内经常画速写，学生视我为画家，所以我的身边总是围聚一些爱好美术的学生们，我便将他们组织起来成立美术小组。学校没有活动室，我求爷爷告奶奶地请校领导每周借我们一次空屋子用来上课，更多的课余时间则是带领美术小组学生到校内外画速写。在一个只有两个毕业班的初中校，每年考上中央美院附中的学生最少一届是3名，最多一届占美院附中招生人数的五分之一。

我的教学经验不胫而走，大家都知道了，引来附近学校美术教师向我借学生作业。市教育局派人来听课，母校也派学生在我校教育实习。所以“文革”期间“复课闹革命”时，北京市调我与北京师院教师汪国一主持编写中学《革命文艺课·美术》教材。这是我编写的第一部中学教材。

1973年我被调进北京师范学院美术系（现为首都师范大学美术学院）。由于我有着深深的中小学美术教育情结，所以当1979年教育部研讨中小学课程，争论中学要不要设立美术课时，我去清华大学走访了几位理工科专家后，写了一篇题为《提高公民文化水平必须重视美术教育》的文章在《光明日报》上发表。由于它是“文革”后第一篇（也是新中国成立以来第一篇）由党报发表的重视美术教育的文章，因而引发了人们的关注。后来李永长见到我说：“洪毅然见到您那篇文章后非常高兴，对我说‘你看到了吗？对中学美术教育有人说话了！’”（这是“文革”语境下的用语）。这或可说是我早期的对中小学美术教育的一次贡献。1985年，中央教科所为了给刚加入教师队伍的各科教师（大多是从返乡知青中招聘的教师）读的《中学教育科学丛书》，约我撰写其中一本《中学美术教学》，这是我正式研究中学美术教育的开始。

李于昆：这本书我们都读过。

常锐伦：过去高师美术教育上课除了公共课的教育学、心理学之外就是“教材教法课”。但这门课在高师美术系并不受重视，少有专门研究它的教师。教这门课的教师大多也未下功夫去研究它。北京师院美术系原有一位叫边炳麟的“教材教法”老师，他退休后，留校任此课的青年教师不愿从教该课，因而离职了。当时的系主任找到我说：“老常，你既有中小学的实践经验，又写了《中学美术教学》，你来兼此课吧？”我的中小学美术教育情结促使我毅然应允，且说：“不必兼任，专职干吧！”从此，我便正式步入研究中小学美术教育教学之列，且下了狠心放下画笔研究好这门科学。怎么研究呢？心中无底数。

我想，应该首先摸清这方面研究状况。为此，我用了一年半时间，每天上班似的去北京图书馆阅读这方面的书籍与资料。读完其全部馆藏后心中有了底数，于是我给自己提出了一些研究题目。

例如，我首先对北京市1000余名3至14岁的孩子做了题为“儿童绘画发展阶段及其心理”的研究，进而对“我国中小学美术教育现状及其问题”进行研究，并于1987年写了数篇文章。《中国教育报》的编辑认为写得很好，专门开辟了“美术教育漫谈”专栏予以连载，其中有“缺乏美术学科的教育是不完全的教育”“教育领导者和教师必须跟上时代改变教育理念和艺术观念”“教材应该一纲多本”等观点。

1988年，我参与了教育部的重点课题“中学生能力目标与培养”。于1989年出版了与我独自承担的子课题有关的《中学生美术能力目标与培养》一书，提出美术教育在观念上须有五个转变，即：由调剂课转至基础文化课，由绘画教学转至美术教学，由表现技能训练转至美术能力的全面培养，教学由重视“结果”转至既重视“结果”也重视“过程”，由灌输式的教学转至调动学生主体积极性的教学。在该书中我还单辟一节重点阐述了“应将美术课视为文化课”的观点。

首都师范大学各系都有从事中学“教材教法”的教师，我们经常聚在一起研究一些问题。我们提出应将“教材教法”课提升为“学科教学论”。后来我并未满足于此，认为将其研究面深入挖掘便是“学科教育学”，故后来我便写了“美术学科教育学”。上述谈的是我从教和从事美术学科教育理论的概况。

李于昆：从您的教学与研究中，看到了我国美术学科教育理论发展的基本面貌。您还主编了那么多各层次学校美术教材，请您谈谈缘起吧。

常锐伦：我觉得过去的高师“教材教法”是被动地研究中小学美术课程。作为培养中小学教师的高师，有责任指导、带动中小学的美术教育。为此，我积极参与教育部制定“教学大纲”的工作和编写中小学美术教科书，尤其是主编中小学美术教材。这样可以对中小学教材理解得更深、掌握得更透，在指导学生教育实习时，才最有发言权。

在主编教材的过程中，可以接触到许多优秀的中小学美术教师，可以观摩他们上课，并与之深入具体地做教学设计的交流。我从他们那里也获得许多的教育智慧。

中小学美术学科教育理论的任务之一，是为美术课程建设做理论的铺垫。编教材则是美术课程建设最具体的工作，是为课程的实施提供师生教学可直接参照的内容，所以我很愿意为此而努力。

我还认为研究学科教育的目的之一是为了提高学科教学的有效性。这是检验教学理论的试金石。几十年来，我观摩过许多中小学美术公开课，看过近千部中外中小学美术的教学录像。看得多，思考便多，这促进我对理论研究能够深入且不脱离中小学教学实际。这也使得我在主编教材时可以与出版社的编辑和参加编写的教师们有顺畅的交流，他们也乐意听我的意见。何况我在编教材的过程中还可以从中小学教师们身上学到许多许多，所以很愿意参与编写教材的工作。

李健军：从2000年始，中小学进行新一轮的美术课改，请您谈谈对课改的看法。

常锐伦：我支持课改！时代在进步，教育观念原地踏步不行，课程不变不行。我先谈谈对课程改革的一些想法吧。从1958年起，我便经历了我国的多次课程改革，所以我认为课程改革一是要积极学习外国的先进教学理念，二是要从国情实际出发，慎行而为。

为什么要"慎行"呢？因为课改关系到一代人的教育。一旦课改失误，将使一代人受损。但也不能不课改，不然教育将跟不上时代的发展。以前我国的教育教学过于注重应试，其缺点是制约人的个性发展与创造力的展现，所以我们必须学习外国的先进教育理念，以改正我们教育的缺点。这次课改便是学习西方先进的教育理念而进行的，我完全赞同！但在课改的一些具体问题上，我们又需从国情实际出发，不然便不能坚持或无法实施。例如"综合·探索"是很好的教学理念，但具体实施时就得从实际出发。据说有一学校上"建筑艺术课"，由美术教师讲建筑造型，由物理教师讲结构力学，由数学教师讲相关的计算，课上得很活跃，三者综合得也很好，但是这样的课改却无法推广。因为一节课由三位教师上，长久下去必须要增加教师编制、增发课时工资，国家无法承受。

我对课改的有些提法心存异议，例如2000年课改中教育部提出的“淡化学科，弱化双基”。从美术学科教育角度看，一旦弱化了学科，美术在学校教学中很可能就被弱化没了。一些课可能会分不清是什么课了。我看过一节美国教师上的美术公开课，她用一张波斯细密画引入，然后讲波斯的地理和历史直到课的结束。我不明白，她上的是美术课、地理课，还是历史课？教学的重点在哪里？如果说人家是在上淡化了学科的综合课，那么谁有本事编排九年这样的课程？

为什么提出“淡化学科”呢，我久久不得其解。猜想，这可能是提出者觉得中小学的课程内容过分以专业学科为基础，脱离了学生学习的需要，又没弄清楚培养的目标。

然而，随着“淡化学科”，势必要“弱化双基”。须知“双基”是支撑学科的两条腿，弱化了“双腿”的学科，就会瘫软，站立不住。台湾著名的美术教育家兼美国某大学教授的郭祯祥老师，在首都师大美术学院介绍过她的实验课：在一所学校中的几个学科同时以“英雄”为主题进行综合探索的教学。在国外类似教学的影响之下，尤其在课改提出“淡化学科，弱化双基”“综合·探索”的指引下，我国出现了以战争、和平、环保等为主题内容的美术教学，或以社会热点问题为主题的综合探索课。这样，不仅将美术课变为社会学课，且社会热点问题不断变化，它是无法制定教学计划的，更无法编出系统的教材。社会问题如环保、禁毒、戒烟、雾霾、节能、节水等对美术学科来说，它只能作为美术创作的题材，不能作为学习和探索的主题。如学习宣传画，该课的主题应该是讲宣传画的类别、艺术特点、如何组织构成画面等，不讲这些内容，还有哪些学科能讲授？所以社会热点问题只能作为宣传画表现的题材，而不能是美术课的主题。

李健军：那么“综合·探索”内容教学应该怎样引进我们的教学？

常锐伦：2000年课改当初，教师们对此进行各式各样的教学设计，几科教师同上一节课的出现不足为奇。他们也是在做课改的探索，其精神是可贵的。教育部不是也有综合的艺术课程吗？

可那时编这方面教材的教师们困惑很多。因此，我提出了两点原则性的意见：一是编综合探索课的内容，应是美术教师能独自承担的，授课教师不至于因涉及其他学科内容不熟悉而误导学生，教师应围绕美术本体来进行综合探索。二是探索的内容应符合学生实际。例如，我们编的小学二年级上的"画或制作小钟表"一课，安排在学生于数学课学习认识钟表时间时，与之横向联系。这是一种"综合"。然而又"探索"什么呢？可以探索怎样的钟表造型好看，怎样让表针能动起来，怎样让画在卡纸上的钟表能立起来，等等。这样探索的问题，学生是能够解决的。相反，如果让学生探索钟表表针为什么能有节律地走动，钟表怎样才能走得准，这对于二年级的孩子来说就很难完成。

经过十多年的教学实践，研究者对"综合·探索"的课程已积累了不少经验，你们年轻学者应该很好地予以总结。

李于昆：您刚才说提出"淡化学科，弱化双基"的人"没弄清楚中小学的培养目标"，这又应该怎样理解呢？

常锐伦：我国中小学美术教育自清末开始便以调子素描、水彩、中国画为教学内容。民国初期仍沿用清末编的教材，后来逐渐加进图案、制图、泥塑、版画和作品欣赏等课。直至本次课改前，中小学美术课的内容可谓是高等美术院校各美术专业基础内容叠加的压缩版。提出"淡化学科，弱化双基"的人，可能发现这是个问题。但问题在哪呢？在培养目标上！美术教育从培养目标来说，有两类：一是以培养美术专业从业人员为目标的美术教育；二是以提高公民美术素质（或美术素养）为目标的美术教育。前者主要是美术院校的专业美术教育，后者主要是中小学的普通美术教育。

虽然中小学美术教育高层设计者，在文件中也明确指出中小学的美术课旨在提高公民的美术素养（或者说美术素质），但由于未能对“公民美术素养”予以进一步阐释，没有厘清公民的美术素养体现在哪里，所以其教学内容就一直按美术领域不断拓展开来。

我们应该清楚，教学目标与教学内容是互为因果关系的，厘清了公民美术素质体现在哪些方面，就是将中小学美术教育目标予以具体化，就可以围绕其目标构建教学内容。

那么，公民的美术素质体现在哪些方面呢？或者说判断公民美术素质的标准是哪些？我认为主要体现在三个方面：

1. 会美化自己和美化环境；

2. 能理解和享受人类创造的美术文化；

3. 能用美术进行表达或以美术助语言表达。

这三个方面可以作为判断一个公民美术素质高低的标准。

李于昆：如此说来，我们中小学的美术教育就应该围绕这三个方面构建其教学内容？

常锐伦：是的，围绕这三个方面构建教学内容体系，经过训练就可以实现“提高公民美术素质”的教育目标。同时，这样的中小学美术教学内容也回答了学生常问教师的“我长大了不想当画家，学美术有什么用”的问题。

教育是为了满足社会与个人的需要，社会需要高素质的公民，公民需要提高自身的素质以适应社会发展的需要。围绕公民美术素质标准的三个方面构建教学内容，这便区别了培养美术从业人员需要的专业美术教学内容了。

李于昆：您说的公民美术素质体现的三个方面，分别用“会”和“能”表达，这是对能力的用语。

常锐伦：是的。“能力”是什么？能力是以知识和技能为基础的解决问题的本领。所以刚才说围绕公民美术素质标准的三个方面构建教学内容体系，就包含着这些内容的基础知识和基本技能，也就是“双基”。围绕公民素质构建的教学内容，你能淡化它吗？它的“双基”你能弱化吗？当然不能！

李于昆：您说的“能用美术表达或助语言表达”是要有造型基础的，这个问题怎样解决？

常锐伦：是的，以什么作为中小学美术的造型基础呢？是中小学美术课程建设第二个层次的大问题。

我以为，“形”与“色”是美术造型的两个基本元素。

我国中小学的美术课自1904年正式设课以来，便以调子素描和写生色彩（即条件色或称环境色）作为造型基础以解决“形”“色”。1949年以后，由于学习苏联，更加强调以调子素描和写生色彩作为造型基础。这“基础”，是写实绘画的基础，因为需要真实地再现客观世界，所以还要学习解剖、透视等内容。可实践证明，这些内容大多数学生在一周一课时的断续学习中都未能掌握，甚至因掌握不了而挫伤了学习美术的热情。因此，20世纪90年代初我曾发文，将其称之“文言文”，而提出应该进行“白话文”的教学。这个美术的白话文是什么呢？经过一段思索，我觉得必须首先要在理论上予以界定——“以对美术和学习美术有普遍意义，永不过时，便于任何时空应用，且各行各业都用得着的内容作为中小学美术的造型基础。”

这里对作为造型基础的内容提出了四个条件，我们用这四个条件衡量一下调子素描和写生色彩。调子素描是以明暗调子的方法描绘形体，使之呈现立体感和空间感；写生色彩亦称条件色或环境色，是印象派的色彩理论与方法，它是真实再现客观世界在不同光源和环境中物象的色彩。二者都是写实再现绘画的造型基础。范宽、张择端、齐白石都未学过调子素描和写生色彩，却创造了绘画艺术的辉煌。民间剪纸能手的农村妇女同样未学过也能创造出独特的剪纸艺术。毕加索的《格尔尼卡》画面中没有光影调子，没用写实的环境色。如此看来，“调子素描”与“写生色彩”显然与作为中小学造型基础的四个条件不相符合。

我们不妨用排除法，看看什么符合上述四个条件，且能解决美术造型的两个基本元素——只有以“手绘线图”来解决“形”，以“色彩搭配”解决“色”。其中，“手绘线图”指以手绘线条构成的图像。“手绘”是为了排除以照相机等器械来呈像，“线图”是为了区别块面造型。然而，对“手绘线图”不要将其类型化，其泛指用各种笔画的线图和各种线条形态的线图，包括用树枝在地上画出的线图，用手指沾水在桌面上画出的线图。传统的“白描”算之，“简笔画”算之，繁画简画，夸张、变形皆可。可以写实，可以写意，可以抽象。

“色彩搭配”即“色彩配置”。就不必解释。

这两项符合造型基础的四条标准。它对美术有普遍意义，凡是平面的造型艺术在构思起稿阶段都要用它，甚至大幅写实油画创作进行色彩设计时，也是考虑几个大色块的配置。人一旦掌握这两项，进一步学习任何美术都有较好的基础，故对学习美术有普遍意义；它永远不过时。人类最早的绘画，从阿尔塔米拉洞穴壁画到毕加索的《格尔尼卡》，都是以其作为造型基础的，今后人们搞造型艺术时即便是搞非绘画类艺术，艺术家记录想法、构思时，也需要用它。其便于在任何时空中应用——当坐飞机与人交谈时，须用形象助语言表达时，可以随时操起笔进行。即便无纸笔工具，还可用手指沾茶水在桌面画形象表达。这两项本事，各行各业都用得着。

李于昆：这两项，不是儿童绘画时所用的手段吗？

常锐伦：是的，幼儿作画主要是用手绘线图和色彩搭配完成的。

李于昆：为什么中小学还要以此为造型基础？

常锐伦：这就得看进入中小学之后，孩子们是否还有幼儿时那种作画的自信，到了成人之后是否还敢于用图像进行表达和助语言表达。过去的“调子素描”和“写生色彩”作为造型基础辅以解剖透视进行教学的结果是学生非但没学会，反而使许多学生因为掌握不了所学而认为自己不是学画的料。这极大地

访谈现场左起：杨国昕、李健军、陈国健、常锐伦、李于昆、段鹏。2013年8月，北京。

挫伤了孩子们学习美术的兴趣和热情。由于认为写实绘画高级，儿时所画为低级的东西，儿童成年后便不敢也不愿再以儿时的手法去表达。

手绘线图与色彩搭配既然是公民必备的美术表达能力，公民又未能掌握和运用，关键在于过去上到小学中年级开始的素描、水彩课没学会和没能继续对手绘线图和色彩搭配进行科学有效的能力训练。所以对这个"造型基础"更不能弱化，而应强化，使学生经过训练形成能力。

李于昆：您的这种理论的提出在您编写的九年义务教育美术教科书中有所体现吗？

常锐伦：2001年开始编写的人美版《九年义务教育美术课程标准实验教科书》中有所体现。我的观点得到参加编写人员的认同，其中北京教育学院美术系主任巩平教授、北京市东城区教研员及特级教师何墨荣、山西省太原市的特级教师赵紫峰等都积极投入研究，探讨如何构建这方面的课程内容。

美术教育的根本在于使学生形成能力，能力的培养在于有一个科学的内容和成体系的训练方法，但这不是短时间内可以完成的。我希望认同我的观点的教师们能加入研究创建中小学美术教育内容体系和能力训练体系中来。我老了做不动了，我期望年轻一代的美术教师们来完成！

侯 令

受 访 者：侯令，美术特级教师，教育部艺术教育委员会委员，中国美术家协会少儿美术艺委会副主任，国家美术课程标准研制组成员。

访谈提要：访谈比较了我国美术课程从美术教学大纲到美术课程标准的制定、颁布和实施所带来的变化与发展。对“视觉文化”与美术课程的关系进行了解读，介绍了美国美术课程发展的特点及其代表人物和观点，探讨了我国农村美术课程的改革与对策，提出利用乡土资源优势，开发课程资源等。总体而言，以期通过课程改革，构建起一种既能容纳又能扩展的美术课程并落实于教学实践。

采 访 者：李于昆，广东外语外贸大学艺术学院院长，教授。
李健军，广东岭南美术出版社社长。

访谈地点：北京侯令老师家

访谈时间：2013年8月10日

在课改中不断学习与提高

侯令访谈

李于昆：侯老师好！今天来到您家中采访，我们感到很温馨。您前后参加了美术教学大纲和美术课程标准的研制与修订工作，20世纪80年代被国家教委派往美国考察美术教育，回国后致力于美术教育理论、视觉文化和教学研究，同时关注农村美术教育等，我们想就这些问题对您做一个访谈。

侯　令：我是在2000年参加美术课程标准研制组的。当时能参加很高兴，因为我参加过教学大纲的修订，而且跟这些同事都比较熟悉，我觉得是在做一件很光荣的事情。一开始我们听报告、学习，后来也分了组，我主要负责“欣赏”部分，当时这个组里面有奚传绩老师、钱初熹老师，还有一个已经去世的湖南的李小夫老师，我们一起研究“欣赏”部分怎样做。

从后来联系的一些报告以及工作来看，我们渐渐认识到这次改革的意义，规模是历史上最大的一次，动静也是最大的一次，而且还是自上而下，由官方来主导的，和我们以前做的大纲宣传力度还确实不一样。而且随着课改的深入推进，感觉总课题组他们做了大量准备工作，他们先后做了一些学术报告，从理论上武装各个课题组。比如介绍国外的课程改革，怎么进行评价，怎么在学习方式上进行改革，等等。

说说我亲身经历的一件事。有一天课标组几个人去开会，就剩下我一个人在办公室，正好那天总课题组要反馈给美术课题组意见，我只好接待他们。他们是张华、肖川。他们俩对我们提的意见说得非常好，虽然他们不是搞美术的，但一听就感觉他们对课程的理解非常到位。我那次跟他们谈得挺好。特别是张华准备采访美国一个非常著名的美术教育家艾斯纳，我说："你跟艾斯纳还有联系？"他说："我认为他的课程观非常好。"因此我觉得他们还不是一般的那种纯粹在书面上来研究，而是具有一种宏观的视野。

回来以后我给大家传达了一下，课题组的同志也认为挺好的，特别是在课标的"综合"学习领域部分，就直接引用了张华的观点：一个是学科内部的综合，一个是学科和学科之间的横向联系的综合，还有一个是和社会环境的综合。这样一来，就使得教师更容易理解"综合"的意义了。总之，在这个课题组里面，我确实学到了很多东西，特别是对课程和美术教育的认识加深了，也包括对地方文化资源的开发、评价，学生学习方式的转变等问题的认识都提高了。以前，我对课程的理解只停留在理论上，现在才明白，课程和教学的关系是那么的密切，有那么多的具体内容。这样的认识很重要，我对课程改革的具体领域的认识更加自觉了。这就使得我在课标培训工作中，也经常从课程的高度给教师们讲教学的问题，帮助教师树立起课程意识。

2001年公布课程标准实验稿，2004年春节刚一过，时任教育部副部长的陈小娅就召开了一次全体大会，提出来要修订课标。她说的这个时机也是比较好的一个时机，就是已经积累了四年的实践过程。她那个报告当时还是挺让人振奋的，提出了要注意的几个关系，这是她在调研了当时的情况之后提出的，其中提出特别要注意我国有一亿六千万农村学生的国情。我记得当时陈通顺先生听完了以后说："啊！这个报告真好！"她的报告已经不是单纯的一个课程的修订，而是提高到一种政治层面，即国家的教育到底应该面向谁，还有怎么运用国外的理论来结合中国的实际，等等。

访谈现场左起：李于昆、李健军、侯令。2013年8月，北京。

我举一个例子：陈小娅当时就说，她在云南做省长助理的时候，在底下的农村“看见农村孩子住的宿舍，小男孩的宿舍，情况差得你们根本想象不到”。“他们怎么吃饭？就在教室旁边的土地上刨一个坑，架两个砖头，搁一个小锅，搁点儿米，搁点儿水，架在那儿烧。自己带柴火，烧完了就那么吃，拿一点咸菜。”她当时对我们说：“中国有一亿六千万的农村孩子，我们怎么面对这些孩子？”就提出这样一个问题来。她的意思就是说中国应该把教育的平台搭建在第一要面向世界，第二要面向中国的实际上，就是说要考虑到中国农村孩子的现状，只有这样才能汇合在这个平台上，才符合中国的实际。

陈小娅的讲话之后，课标就开始了修订。根据教育部的安排，我们很快就决定了一次调研，选择哪里？重庆。因为重庆既是大城市，也有边远的农村。我们课标组里的廖文胜是重庆人，巴蜀小学的校长。在他的帮助之下我们选了梁平县和巫山县，走了这么两个地方。当然让我们看的学校还是比较好的，但那些学校也确实存在许多具体的问题。校长、教师向我们反映很多问题，比如说农村的孩子没有钱买颜料，没有钱买宣纸，更不要说国画工具了。有的教师很想让孩子发表对美术作品的看法，但孩子就是不说，怎么办？

一位教师举了一个例子，班里面有一个孩子花了一块钱买了一支彩笔，是红色的，他只有一块钱，只有这个能力来买这个，结果全班同学羡慕得不得了。我们在调研中，还看到了很多正面的东西。如一所农村学校按照课标的精神，利用了本地文化资源和物质资源的优势，结合农村的特点做了很多反映农村生活的泥人、塔、动物，还有孩子编的蓑衣等很多东西，我们看了很受鼓舞。后来我问他们一个问题：我们的美术教材规定的那些东西，你们上得了上不了？他们坦白说上不了，如果按照教材上课他们根本就实现不了。我说可是孩子对国画、对世界名画他们应该了解啊。所以我就提出一个问题，你们能不能处理好这个关系？就是地方教材和国家教材的关系。陈小娅当时有一句话我们印象很深，她说“教育就是国家意志的体现”。有些知识是学生必须应该知道的，“不要说农村孩子只教他怎么种田，就不让他懂得红绿灯，不行。因为他们将来迟早要进入大城市，甚至可能还会走出国门。”我把这些话讲给了这个农村学校的校长听，希望他处理好地方课程和国家课程的关系，该让学生学习的还是要让他们学，比如，作为中国人，对中国画就应当学会欣赏。

我觉得课标修订的过程也是自己提高认识、加深理解的过程。这个修订过程断断续续，一共做了8年，我们都戏称是“八年抗战”。虽说有过多次的修改，但不管怎么样，我觉得到最后应该说修订的思路就比较明确了，框架啊，还有一些文字的精简，怎么表述得更加准确啊，这点做得比较好了。两个全程我都参加了，我到最后还是主要负责“欣赏”部分多一点。

李于昆：修订后的课标有哪些变化？

侯　令：对，这正是我要说的。在课标的前言部分，很多教师不太注意这个。教师一般比较关注后边的教学、评价等要求。其实我觉得很多理念都渗透在前言当中。比如说：“当代社会的发展，对国民素质提出了新的要求，学习图像传达与交流的方法，形成视觉文化的意识和构建面向21世纪的创造力，已成为当代美术课程的基本取向。”这句话我觉得就是这么一种承前启后的作用。所谓“承前”是保留了原来课标的一些主要精神，但是这里面又渗入了一些新东西，比方说“形成视觉文化的意识”，以及“面向21世纪的创造力”，这两个是比较新的理念。

大家知道“视觉文化”是当代文化研究一种新的动向。它在视觉图像——或者说按“读图时代”的观念来说，是一种当下的大众文化、流行文化。在这样一种历史条件下，美术教育可以说又有了一些新的内涵，它引导学生关注日常生活的审美。我觉得这一观念也为今后美术教育的发展趋势提供了一种空间。

这个“面向21世纪的创造力”就是直接引用了联合国在2006年召开世界艺术教育大会提出的主题，把大会的主题给搬到这里来了。这就是今后21世纪美术教育发展的一个很重要的方向，可惜很多人不太注意这个。

还有这句话，“美术课程应该在我国基础教育课程体系中发挥更积极作用，为国家培养具有人文精神、创新能力、审美品位和美术素养的现代公民”。核心是16个字，“人文精神”“创新能力”“审美品位”和“美术素养”，这就是美术课程的目标，这也是一个新提法。请注意这个排列方式，人文第一位，创新第二位。审美，不是审美能力，以前老是说培养审美能力，还有审美趣味、情趣什么的。这里提出“品位”，因为学生所处的文化环境当中还有粗俗的东西，所以提出“品位”比原来“能力”更高了一步，最后才是美术素养。

为什么把美术素养排在最后呢？我觉得这也值得思考。比如美术的知识和技能，虽然作为美术学科很重要，但开设美术课不是为了培养艺术家，作为一个现代公民来讲，并不是要求你必须掌握多高的美术技能，你画得不好没关系，但你可以通过美术学习，涵养人文精神，培养创新能力，提高审美品位，就达到了开设美术学科的目的。所以我觉得这两句话其实挺重要，这使得课标有一种与时代同行，甚至更前沿的理念。

这次课标的基本理念有重要修订，第一就是“面向全体学生”，这很重要。过去是“培养学生的兴趣”，这个理念也有，但把它位置降到后面。因为“面向全体学生”实际上是素质教育的一种性质，素质教育当中最重要一条就是面向全体学生，不让一个学生掉队。

这些地方在后面的“教学实施”中也有，建议你们可以看一看，第一条又是“坚持面向全体学生的教学观”，等于重复强调了这个，就是在教学当中首先要注意的仍然是这个。

定稿和实验稿相比，四个学习领域变化不大的是“造型·表现”，变化比较大的是“设计·应用”。这次我们专门邀请了中央美院许平教授参与修订，因为他是专门搞设计的。这次提出来中学生应该认识三种设计理念：视觉传达、环境设计、工业设计，这些都应该让中学生理解而不是像过去只是谈一些设计基础知识。因为当时做课标时，我们许多人并不是真正搞设计的，对设计理解得还不够到位。这一次仍然强调了设计意识的培养和实践能力的培养，但从具体环节上我觉得有一些新的补充，比如说有这么一点：学生在设计的时候应该怎样去表达自己的设计意图，能够叙述自己对作品构思的过程，这是以前没有的。

“欣赏·评述”变得比较大，吸收了美术批评、美术史的理念和方法，给了教师一些可操作性的东西。比如说“四个应知”，过去“欣赏”当中没有谈得那么具体，现在我们结合“怎么欣赏美术作品”，把一个作品的四个方面——作品的思想内涵，形式与风格特征，相关的历史与社会背景，作者的思想、情感和创造性的劳动——都提示给教师，起到了非常重要的引导作用。前言第七页有一个“学会多角度欣赏美术作品”，也是根据当前美术批评发展的动向，给教师提出这么一个要求，学会从文化、图像、历史情境当中欣赏。

第四个应知就提出了“艺术家”问题，这是过去课标所缺少的一段，这一次强调了“艺术家”。欣赏活动中怎么会不关注艺术家呢？这次修订是一定要把艺术家加进去，这是大家的共识。针对一些教师爱给学生讲艺术家的故事，中学生对于艺术家的恋爱史特别感兴趣，我们提出重点介绍艺术家三点：思想、情感、创造性劳动。教师投其所好给学生讲点故事也不是不可以，但重点应该放在以上三点。比如创造性的劳动，也就是说这个艺术家在艺术史上独特的贡献是什么？我们可以设想一下，凡是美术史上一些重要的艺术家都有自己创造性的劳动，这样也等于告诉教师什么地方应该加强，不要被一些花边新闻所惑。

有一些教师和我们说，过去一直给学生讲故事，这一次给学生讲《富春山居图》，讲了很多当时的创作过程以及长卷的特有形式。下课之后学生问，老师，今天您怎么没有讲故事呢？教师说我以前就特别爱讲故事，现在则把重点放在怎样培养学生的评述能力上。

还有“综合·探索”，“综合”可以说是四个领域当中最薄弱的领域，我们听课也特别注意这个领域。有时候不得不在我所蹲点的学校跟教师说，下一步要研究综合课，因为综合课比较难做。你看全国录像课的比赛，没有一节综合课。这么多年了，从课标颁布实施以来，2004年开始在西安、无锡、黄山等地赛课，都没有综合课。原来欣赏课也特别少，黄山那一次就突然增加了，大家比较重视了，但综合课就是没有。第一，有的教师反映一节课体现不出来，他觉得要好几节课才能体现出综合课的特点。第二，真正能够体现综合的，让教师很明确展现刚才说的那三个层面，有的教师也不会特别明确。所以这次修订，综合课部分也精简了文字，向教师指明了认识“美术与自然、美术与生活、美术与文化、美术与科技”的关系，使教师有一个更明确的探索方向。我想恐怕要在今后的课改当中，有意识地抓一下这个问题。

我在北京也重点抓了综合课。我经常去听课，有时候到外地去，有时候在北京。我到外地评课的时候，我也这么说，我说我特别想看看我们教师上课的时候，是不是真的接受了课标的理念，还存在哪些问题，有哪些问题你们也可以反映出来。甚至我觉得，以后我们课标再修订的时候，还可以参考大家的意见，所以我常常是一边听课，一边想起修订课标的情景。有一次我在某地听课，教师上欣赏课，最后仍然还是让学生画画，在评述上没下功夫，我评课的时候只好不客气地指出这一点。我说：我们还是让学生在评述上下功夫。这个可以说是最难的一点。我说每年考美院的学生，考素描和色彩有大批人，真正考美术史的人很少，而且某种程度上，评述能力比绘画技能还要难提升。可惜有的教师觉得：我让学生欣赏凡·高了，欣赏完了以后，我让学生用凡·高的线条画点画，这不是能更好地领会吗？我说确实有这一点，但是你们也要注意，我们课标组提出来“欣赏可以用语言、书面、动作等方法来表达自己”，没有写“绘画和创作”。当时就有人提出来，能不能把绘画、临摹等方式写进去？但是大家都不赞同，就是觉得把绘画、临摹加进去，会有一种导向，可能会引导更多教师去这样做。

还有一次，我听一个教师讲徐悲鸿，让学生欣赏徐悲鸿画的马，可是后面大半节课的时间全都让学生用水墨临摹徐悲鸿的马。最后教师让学生展示和点评，哪个组画得比较好，学生倒是很高兴，但整节课全都扭曲了，欣赏活动没能深入，评价放在了绘画上，全扭曲了。

所以我们这次就没有写以创作和临摹进行表达。我们还要引导大家在评述上下功夫，提高美术批评的质量，让学生学习怎么描述，怎么评价，就是做一个有修养的人。

李于昆：您说到“视觉文化”在课程标准中也提出来了。当然我们也有担心，借用文化学者的说法就是在视觉文化转向的时代，大量的图像充斥于我们的眼中，这些图像大多是流行的、商业化的、大众化的，甚至是一种西方价值取向的，我们的青少年和孩子更多是在这种语境中成长的。

侯　令：这个我想可以从两点来谈。第一个方面，课标提出“视觉文化”时用了一个词叫“解读”。英国的一个艺术史专家就说：“在这个视觉文化时代，如果你要是不学会解读，你就是一个艺盲。”所以我觉得这个特别重要，我们要教会学生怎么去解读这些东西。图像有好的，有不好的；流行的东西有的非常健康，有的很低俗，如色情、暴力等，确实有这种东西。所以解读的意思就是让学生学会分辨。课标提出欣赏分三个部分，第一个是美术作品，第二个是自然美，第三个就是美术现象。什么叫美术现象？美术现象有专业方面的，如在城市中新建了一个建筑，有的说好，有的说不好，报上还发了专门评论文章，一时间成为大家讨论的话题，这是一种。还有就是包含了学生所见到的日常生活当中的美术现象，如广告、电视、动漫、网页、服饰、家庭和公共场所的装修等。

李于昆：包括打开手机界面看到的图像。

侯　令：对！包括这些东西。课标没有说“欣赏美术现象”，而用的是“理解和分析美术现象”，没用“欣赏”这个词，这里边就有很深的含义了，就是应该让学生，特别是中学生，学会分析和理解美术现象，学会分辨哪些是健康的，哪些是品位高的。教师的任务实际上比以前更加艰巨了。

第二个方面，就是你刚才说的大量的视觉图像是西方的：麦当劳、耐克、“美少女”、变形金刚，而且学生对此还很感兴趣。周宪提出过一个观点，视觉文化怎么让它更具有中国特色？他说中国的传统文化有很深的历史感和丰富的视觉资源，如何把这个视觉文化做到中国特色这方面？我觉得也是很重要的一点。我那天跟香港的一个教授也谈到，在内地做得最好的一个是什么呢？就是我们的地方文化和非物质文化遗产的视觉资源的开发，我认为这是有中国特色的一个东西。也就是像周宪所说的，利用中国传统文化的历史的、丰富的文化资源，开发我们自己的视觉文化。

举个例子，四川泸州市的油纸伞被列入中国非物质文化遗产。油纸伞恐怕现在的孩子都不知道了，你们可能还能有点记忆。自从它被列为国家级“非遗”后，县委的宣传部搞了一次油纸伞的宣传活动，请了服装模特，打着油纸伞在县里的街道走，宣传油纸伞，使一些人开始认识到了它的独特价值。后来教师受到启发，用油纸伞为主题上了一节课，参加全国比赛，引导学生在油纸伞上做传统纹样，学生们对这种传统的东西和现代东西的结合非常敏感。这就是一个具有中国特色的视觉文化的实例，如果我们注意从这些方面入手对学生进行教育，对“美术现象”进行分析和理解，就一定能从学生的身边发现许多有价值的话题，把欣赏课上好、上活。

郑州有一位贾老师，在他的美术学校里，曾搞了一个“与城市对画”的活动。去年是城市的建筑（局部），今年的题目叫作“衣食住行”，很受学生欢迎。学生画了许多时尚的内容，从中不难看出他们眼中的世界是什么样的。这也属于视觉文化，不过不是欣赏，是绘画创作。让教师没有想到的是学生对衣、食、住、行这种现代的视觉文化特别关注。所以我觉得这方面有很多工作可以做。

我们怎么引导学生观察、分辨？你看香港有一个教师在你们广州上的课，那年我正好在，他就是拿了一个楼盘的广告，画面是美人鱼在海水中的一块石头上坐着，大意就是你要是买了我这个楼，你就进入一个仙境般的地方了。这个楼盘其实是一大片处在山和海之间，一栋挨着一栋，53层楼那么高像一面墙似的，把海风全都挡住了，热死了！所以，教师通过图像让孩子体会到，它不会营造出这个仙境，和广告说的不一样！最后他给学生发了一张纸，跟学生们说：你们表达自己对这个广告的看法，可以写，可以画，都可以。有的学生就画那个楼房上边冒烟，写着“太热了”，一个小孩写“这个广告欺骗人”！这是一个很典型的课例。

但可惜很多教师还是照着课本来上课，不太理解怎么去开发身边的视觉文化资源。其实像北京、上海、广州、杭州、天津、成都这些大城市，有些教师已经越来越多从自己的身边，找了一些视觉文化的资料，进入课堂当中。而农村的教师稍微慢一点，他们还停留在开发自己本土的一些东西上，这并不是坏事，这正是我们前面说的中国特色的“视觉文化”。但我想过不了多久，他们也会关注到农村中的超市、旅店、广告等这一类的事物。这是一个新的课题。现在世界上一些特别发达的国家，它的消费社会的特点更浓郁，因此它在这方面走得比较靠前。中国大城市这方面接受得比较多；在农村，从本土做起，也是一笔很好的“视觉文化”资源。

李于昆：前两天，我们在上海采访。上海是国际化的大都市，但是作为一个中国化的城市特点，已经不多了。对我们的孩子来说，我们经常说的一个例子就是麦当劳。城里有经验的人一看就知道红底上衬出的黄色字母是麦当劳店，一个农村孩子的话，他没有这方面的视觉经验，他就不知道这是什么东西。反之，如果一个对自己传统的、民族的东西没有了解，我们的青少年这一代以后在民族文化的自觉上是有问题的。

侯　令：这个我们得慢慢摸索。我有你们的《粤海风》杂志，每期总要介绍一些广东的民居，我看了以后特别激动，这就是一些有历史感的、丰富的视觉资源。如何把它们拿出来让我们的师生了解？广义的视觉文化有三个部分，一个是原始艺术，一个是艺术家创作的艺术，还有一个是现代影像，影像的艺术就是当代的。我们大量接触的都是第二个部分，艺术家创作的这些东西。还有一种人认为是一种狭义的视觉文化，就是特指当代的、流行的和大众的。主要就是有这么两个观点，其实从美术的角度来讲，我觉得我个人倾向于第一个宏观的这个观点。我们既要让学生知道当下的，也更应该让学生知道人类历史上的精品，还有我们中国优秀的传统文化，包括民间的精品，把这几部分综合起来，让他认识到身边的东西，也让他认识到人类历史上这些好的东西。所以我觉得我们做教材，或者上课，怎么处理好这些关系，也是一个新问题。

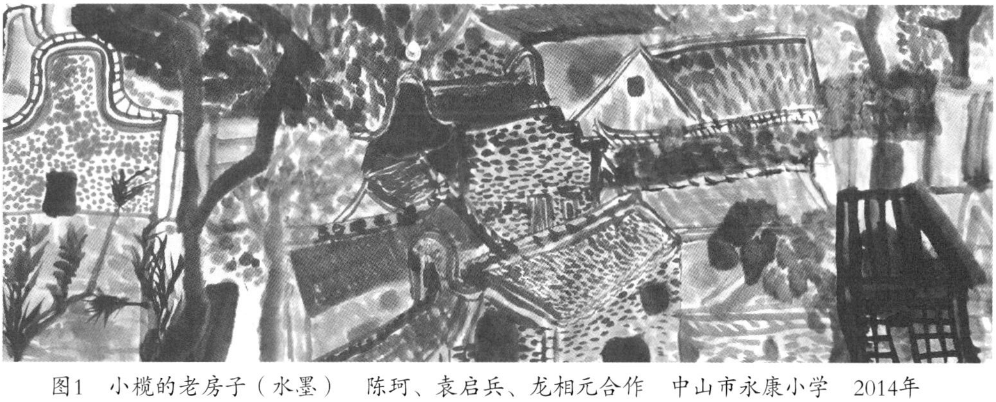

图1　小榄的老房子（水墨）　陈珂、袁启兵、龙相元合作　中山市永康小学　2014年

图2 我们的镬耳屋（水墨） 唐雪媛（九岁） 小榄永康小学 2014年

广东有的地方在这方面做得非常好，比如中山市的小榄镇，他们不仅在儿童水墨画教学方面有影响，而且在引导学生表现小榄的古民居、菊花会、水色匝、农贸市场等取得实效，其作品令人震撼（图1、图2）。全国性的水墨教学研讨活动在小榄召开，绝非偶然。这说明，具有中国特色的视觉文化，是我们美术教学中应当认真研究和表现的，它具有广阔的发展前景。

李健军：现在教育部提出要把写字作为一门课程？

侯　令：对。这是一个很重要的课程，它对弘扬中华传统文化有着重要的意义。

李健军：但是电脑的普及让我们连写字都不会写了，很多功能退化了，汉字本身就有大量的视觉信息。

侯　令：最近在北京教育学院办了一个书法培训班，就是为了落实教育部提出的书法教育。这样的培训还可以办得多一些，因为我们有许多优秀的传统文化，如何在美术课上弘扬它们是一个非常重要的课题，让我们的学生从小就了解它们，懂得它们，是我们美术教师的责任。但是，许多地区都反映，缺少书法师资。而教育部也把师资问题列为开设书法课的重要条件之一，这很好！

相信经过一段时间，这个问题会得到解决的。

总的来说，通过这次课程改革，教师的精神面貌发生了很大变化。像杭州的前美术教研员于琳玲老师就说过："现在已经不可能再让教师回到原来的教学老路上了，你再让他像以前那样上课，不可能了！教师的观点已经发生了一种非常大的变化。"在北京和广州等地方，大家都已经意识到学生是主体，学习方式的改变，已经成为学生日常教学生活中的追求。虽然有一些教师主张上一些扎扎实实的平常课，但是只要有机会，他还是在努力探讨，怎么让学生更好地来表达自己，怎么用新的学习方式来进行美术课，已经成为教师一种比较自觉的追求了。因此我觉得课改这十余年来发生了很大的变化。当然也要看到，美术课改在有的地区进行得慢一些，时起时伏。原因是多样的，但和各地的领导、教研部门对课改的理解，和一些领导的调整有关。课程改革是一个长时间的过程，绝不是一朝一夕就可以奏效的，我们对此要有思想准备，不能有任何的懈怠。

现在2011版的课标已经修订完成，而且今后随时都可能修订。我们已开始新一轮的课改，这对各地教师，特别是教研员是一个很好的提醒：课改不会终止。大家都在思考，怎么把这个新课标落实好。好的教研员比较有思想，他会有计划，一步一步做，也有的是根据上边的布置去做的。作为教师来讲，大家仍然是希望能够有一些新的课来引导教师，所以也期待着明年的全国录像课现场比赛能有一些新的成果。

李健军：前面您提到在重庆乡村看到的一些情况，课程改革在农村和一些不发达的边远地区，它的推进怎样？我们知道您很关注这一块，也经常到下面去听课。

侯　令：我也经常下农村听课，有一次教育部调研，我跟着去，走了7个省市。在甘肃的一个农村，一个教师给我们上了一节示范课，我就从头到尾听了。她没画一笔，基本上是在那里讲，但是这个教师整个思路是对的。后来我

图3 浙江杭州市富阳区农村美术教师培训班课堂教学展示活动。2007年，浙江富阳。

就问她，“你怎么连一点示范都没有？比如怎么构图，这个你起码可以讲一讲。”教师说：“我说实话，我怕你们看着我画画，我是语文老师。”

后来我想，这个就是现实。其实她平常都画的，一听说我们来就不敢画了，特别是看到教育部来的专家就更不敢画了。但是，我也感到这个教师平时的课一定很好，学生的能力很强，就是因为她不是专业出身不敢当着我们的面画。类似这样的一些例子还有，一个教师给高中讲课，讲了蒙克的《呐喊》，“下面我们欣赏一下蒙克的《呐喊》”。大家把书一打开，有一个学生随口说：“这个是抽象画！”教师马上接过来了：“对，这个就是抽象画。”

李于昆：不是抽象画，是表现主义。

侯　令：对，但是教师把它理解为抽象画了，这就给学生一个错误的概念，说明我们的教师在专业上还需要进一步提高，这也是一些农村高中的实际情况。不过，我们还有很多的农村在美术课程改革方面做得很出色。我在浙江听了一节课就很好。这节课是做头饰，课本上都是硬纸壳和彩色纸什么的，农村的孩子没有，怎么办？这个美术教师出身的校长，就让学生今天上学的时候，从路边弄一些野草野花带来学校，结果学生的袋子装的都是这种东西，拿这些东西做头饰，非常的好看，很有农村特点，我记得当时我拍了好多照片。那些小男孩都很顺从地坐在那儿，让男生女生给他打扮起来（图3）。杭州市的许多农村学校在课程改革方面都走在了前列，教研员为此进行了专门的培训。有的学校利用稻草做铺垫，做稻草人；有的学校把水乡的资源进行分类：桥、房屋、人物、船……开发了许多有特色的课程。在那里，农村的美术教育反而比城市的课程改革力度更大，更有活力。湖南湘西的美术课，利用了苗族、土家族少数民族的文化资源，上得更是红红火火，在全国都产生了很大的影响（图4）。

各地发展是不一样的，一种是还没有美术课，另一种是有，但是师资还没达标。这几年大家重视了美术课，开课率比以前有了提高。学生很看重艺术课，他们希望学校多一些音乐、美术活动。过去在调查时，学生对学校随意减少艺术课表达了不满。别以为小孩子不懂事，他们心里可明白了！这就是现实。好一点的教师，他在想怎么结合农村实际把课上好；有的就是能够上这个课就不错了，就是这么一种情况。我想这个毕竟还是中国的一个现实。

美术对我们的思想和情感的形成有非常重要的作用。就如我们到了一个画

图4　湖南“蒲公英行动”课题观摩课。2009年，湘西。

图5　面向未来　侯令　2007年

家的家里，一看他的画，一看他摆的瓶瓶罐罐，对你就是一种无形的熏陶，我觉得如果教师都能进入这种层面上，对美术的理解就更加深入了。

李于昆：客厅挂的这张画是您画的？

侯　令：这张是临时凑合着画的，好多年都不画了。家人说，你还不给家里画张画？我说行，“十一”黄金周画了这张，还没画完。在元旦的时候又磨磨唧唧地画了一下，终于完成了。这个是我一直想画的题材（图5）。

李于昆：画面角度选得很好。

侯　令：这个就是皇帝想要露水，据说喝完这个露水，能够长生不老。所以在北海有这么一个雕塑，叫承露盘，这个盘子就是接露水的。不过这个地方很隐蔽，一般的人都很少走到那里，都不太注意这个地方，我去了几次，20多年前就画了一张，这次又画了一张。

李于昆：这就是一个角度的选取，您跟其他人看到的不一样。

侯　令：很有面向未来、面向世界的感觉。

李于昆：我们这次对陈通顺老师和奚传绩老师的访谈过程中，都提到了姚今迈老师，可惜他已经过世了，可以谈谈姚老师吗？

侯　令：对，我跟他还是走得比较近的。原来我们都住在方庄，骑车五分钟就到了，姚今迈老师可以说是比较早进行美术教育研究的一个人，而且他很早就关注课程理论了，我们当时还是偏重于美术教学，对于课程关注得不太多。特别是我，我当时就是关注DBAE（以学科为基础的美术教育）。姚老师当时跟我说，他想写一本书，谈谈对美术课程的理解，我说非常好啊！等我们都参加课标组之后，由于他身体不太好没有进入课标组的后期工作，我发现他心有余而力不足，因为他的血栓反复了三次。我们都问他，你写得怎么样？他说没再动，从他当时讲的，不管是泰勒也好，艾斯纳也好，或者施瓦布也好，他还比较早地捋了一条线。后来我还给了他一些台湾的资料，我说你看人家这些美术课程。因为没有“美术课程”这个体例，就是说我们的课标算是第一次编了这么一个体例，这个体例还是从泰勒所说的那个课程目标、内容、方法、评价，其实整个框架是按这个来做的。姚老师当时也是想这样做，但是后来没完成，一直到他去世。当年“五一”的时候，我给他打了一个电话，我说我想看看你，听说你最近不太好，我说我还是希望你写出那本书，他说不行了。那年夏天他就去世了，很可惜！

后来，我又听说四川的老教师徐加林去世了，不禁提笔写了一篇文章，大意是说：中国美术教育就是一代人跟着一代人不断地奋斗，这代人去世之后，他们没有完成的事，后人来做，所以我用的题目就是“前仆后继”。其实中国的美术教育确实是这样发展的一个过程，而且越到后面，大家就越明白自己该做哪些东西，对美术教育的理解也更加深刻了。

李于昆：如果从这样一条线来看，您把自己定位在什么样的位置上？

图6　1996年，侯令在美国奥马哈大学举办的教师暑期培训班上。

侯　令：我的定位是“承前启后”，我的前辈们做过大量的工作，因为时代的局限性，他们还有许多待开发的领域，而我赶上了改革开放的好时代。我比较特殊的地方就是，我原来就是搞美术教学的，而且当时想当画家，老是画画，后来还考上了中央电视台的美工；学校和教育局不放我走，就没走成，要不然我现在也不当教师了。20世纪80年代被教育部选上去了一趟美国，就是看我在各方面还有点成绩。我跟上海的特级教师陈寿鹏代表中国的教师和美国教师交流，介绍中国的情况，教育部希望我们多了解他们，特别是新的美术教育动向，当时算是政府派出去的团，就两个人。

李于昆：具体是哪年？

侯　令：1987年，第一次在美国待了三个月。我一接触他们的美术教育，就突然发现，我对美术教育理解得太肤浅了。当时人家给我们讲了美国美术教育历史发展，搬出好多书来，我们连听说都没听说过，我们中国从来就没有介绍过人家的书，当时我就觉得我们理解得太差了。回来之后，我就下决心研究美术教育，画也不是不画，只是很少了。开始只是在理论和教学上研究创造性的培养，文化的交流，然后涉及心理、文化，以后就涉及越来越多的领域了。

这次参加课标修订，我在课程理论上又上了一个台阶，又有了一个新的认识，也是一点一点摸爬滚打过来的。但是我觉得在我人生当中很重要的一个转折点，就是那次到美国。后来又去了4次，一共去了5次，不同的阶段都去过。还和尹少淳、关小蕾去过，也当面见了哈佛大学的加德纳教授，跟他谈了两个小时，全程都录像了。

李于昆：走出国门，面向世界很重要。这是不是您特别想画承露盘的原因？

侯　令：你说得还真对！出去以后，我就觉得邓小平那“三个面向”的题词太伟大了！特别好。有了这么一个机会以后，我回来给大家介绍美国的理论的时候，大家也很受启发，包括陈通顺。当时他在《中国美术教育》杂志做主编，他跟我约了好多稿，让我给他写，我觉得也是非常有必要。

李于昆：大家都尊称您“侯爷”，有说法吗？

侯　令：现在是山中无老虎，猴子称大王。像李绵璐啊、姚今迈啊这些前辈都去世了，我就快70岁了，就算大一点的。不过，比起陈通顺老师和奚传绩老师，我还是小些。另外这个“侯爷”就是你们广东的华年老师给我起的，广东话的“好嘢”是“很好”的意思，跟你说的这个“侯爷”发音差不多。从他那儿开始的，结果大家一听也是挺有意思的。

李于昆：形神兼备啊！您对广东印象如何？

侯　令：广东在课改方面做得不错，有一些优秀的教师和教研员在全国很有影响。你们的美术教材也非常有特点，艺术与科学的结合在全国算是开了一个先例。我参加过广东的许多教学活动，你们在水墨画、版画、动漫、陶艺、剪纸等方面都有喜人的成就。每次来我都很受启发，希望能借课改的东风，广东的课堂教学和理论研究都能更上一层楼。

李于昆：有机会侯爷多点南下指导。

侯　令：谢谢你们！

尹少淳

受 访 者：尹少淳，文学博士，首都师范大学美术学院教授、博士生导师，院校两级学术委员会委员，亚洲美术教育研究发展中心主任；教育部基础教育美术课程标准研制（修订）课题组组长，教育部艺术教育委员会委员，教育部基础教育课程教材专家工作委员会委员，中国美术家协会少儿美术艺术委员会主任。

访谈提要：人的一辈子就那么长，但活着就要做点事。很荣幸，在21世纪初中国进行的一场规模最大、变化甚巨、影响至深的基础教育改革中，时年40多岁的我受命担任了基础教育美术教育课程研制组组长，主持制订了《全日制义务教育美术课程标准（实验稿）》《普通高中美术课程标准（实验）》，并合作主持修订了《义务教育美术课程标准（2011年版）》，目前同样作为合作主持人主持修订普通高中美术课程标准。这一辈子能够做这么一件对中国美术教育极有意义的事情，对中国的国民素质的发展极有意义的事情，我这一生也变得有意义了。在这篇访谈录中，我努力搜索记忆，谈及了当年课程标准研制组的成立及启动过程、课程标准的主要特点、新课标教材的编写和审查、课程标准的修订、课程标准带来的变化等事项，以及在这些年中课程标准里里外外的人与人、人与事间的点点滴滴。也将我的美术教育观点和学术追求，以及我个人为人处世的态度和方式寓于其中。我也谈及了成长过程中一些未曾披露的事情，充满深情地回忆了那些给予我帮助的一些师长和友人，没有他们的无私帮助和提携，我的人生轨迹可能是另一个方向。概而言之，这篇访谈录是关于美术新课程的，是关于围绕其存在的人和事的，也是关于作为美术教育学者我个人的。

采 访 者：李于昆，广东外语外贸大学艺术学院院长，教授。
李健军，广东岭南美术出版社社长。

访谈地点：首都师范大学亚洲美术教育研究发展中心

访谈时间：2013年8月10日

恭逢其时，得于一事

——我做“课标”这些年

尹少淳访谈

李于昆：少淳老师在美术教育界有“标头”之称，这点明了您在美术课程改革中的地位。课程改革以来，您主持制定了美术课程标准，参加教材审查，进行教师培训和在全国各地讲学等。我们想请您谈谈课程改革这十来年前后美术教育的变化，以及自己的一些切身体会。

尹少淳：我觉得于昆这个想法（指编辑美术课程改革访谈录）很好。他一直比较注重学术，再加上他自己除了画画以外，主要的研究取向是史论。搞史论的人都有这种历史的眼光，这点我想可能胡知凡跟你也有相近的地方，因为他对教材史特别看重，前段时间一直在北京做这样一项工作。这个事情也得到以健军为代表的岭南美术出版社的支持，所以才会有这么一个结果。原来想得比较简单一点，想趁着一个会议一次活动的机会，就把事情给谈完，结果几次都没有成功，因为别的事情冲撞得太厉害了。

课程标准其实是20世纪的一个产物。我们知道人有一个很强的时间概念，动物是没有的；动物只能是依据其本能随着季节的变化，发生相应的一种生理变化，或者是蜕皮，或者是长大。甚至有的动物类似于植物的生命是“一岁一枯荣”。动植物没有“时间”的概念。人是有时间概念的，我们把本来意识不到的东西给它一个计量单位，就形成了时间概念。现在看有很多的国家和民族，都有自己的纪年方式，比如我们有农历（阴历），西方有公历（阳历），我们藏族还有藏历，这些都是纪年的方式。纪年的方式首先是跟农业联系在一起的，基督教纪年（西元）可能不一样，但是我们的农历一定是跟农业有关的。

除了用客观的方式计量时间之外，对我们人来说，时间是有情感意义的。比如说，在20世纪末的时候，我们心理上就会有惆怅：时间飞逝，居然眨眼之间百年过去了。未来是什么样的？新的世纪会怎么样？你就会有憧憬和猜测。这种情况下，教育就要跟进，要满足未来世纪的人才的需要，教育就要进行改革。因此，21世纪之初教育改革或课程改革不是中国孤立的现象，而是全球一个比较普遍的现象，一些国家和地区都在进行类似的教育或课程改革。

我们国家也是在那个时候（世纪之交）开始进行基础教育课程改革的。为此，当时教育部发了通知，以招标的方式组成各科课程标准研制组。章瑞安处长（时任教育部体育健康与艺术教育司艺术处处长）对此比较清楚。当时有几个地方投标了，我记得好像广东是以华南师范大学为主体投的标，中国教育学会美术教育专业委员会是以人教社为主体做了一个申报。当时我参与的是中国教育学会教育专业委员会的（申报）。后来报上去，教育部就做了一个整合，将各个申报单位的中坚整合在一起，形成了一个课标组。

课标组当时有这么一些成员，你们可能也知道了，年龄跨度较大，主要人员是钱初熹、胡知凡、王大根、陈卫和、米海峰、侯令、陈通顺、奚传绩、姚今迈、欧京海、刘冬辉、黄丽雅、杨建滨、李维琨、卢辅圣、黄宗贤、陈寿鹏、王竹、周卫、李小夫等。章瑞安先生作为当时中国艺术教育主管行政官员，始终在指导和参与这个工作。还有原来中央工艺美院的副院长李绵璐先生，当时他是中国教育学会美术教育专业委员会的理事长，也经常参加研讨。我当时很荣幸地被选为课标组的组长来统筹整个工作，不是说当时我的能力有多强，其实很多先生的水平和能力都在我之上。我觉得当时我的优势是年轻，还有就是我是做这个专业研究的，是学这个专业的，前期也做了一些研究工作，并取得了一些成果。再有就是我在1999年的时候就已经是正教授了，如果当时我不是正教授，就不可能当组长，所以我比较幸运。但讲句老实话，这种幸运也需要有人给你提供方便和平台，所以我一直很感激章瑞安先生，最终我能不能做这个课标组长，跟他是有关系的，当时是他“钦定”了我。课标组最早的会议以及课标组成立之前的会议，章瑞安先生都参与了，并提出了前期研究的设想，而且对研究任务做了分工。他的初衷是课程标准的研制必须建立在一些前期研究的基础之上。

这个想法非常好，但是最终没有实现，因为中国的很多事情做起来都带有一种“运动式”：规定一个时限，到点了就必须做出来。2000年6月3日，我们在上海召开了课标组的第一次会议，会议是“务虚”的，大家都来谈谈自己心目中的课程标准应该是怎么样的。我记得当时我说课程标准应该定个最低的标准，学生须要达到的最低标准就行了。我跟胡知凡还提了这个问题，他也比较赞同。其实大家的思维都是发散的，每个人心中可能都有自己对课程标准的设想。

但是后来做的情况，可能是“事与愿违”，因为我们不可能完全决定课程标准应该是什么样的，还受到其他不可抗拒的力量影响。就像在一条河流里，

访谈现场前排左起：杨国昕、李健军、段鹏、尹少淳、李于昆。2013年8月，北京。

不是我们主动向一个方向游的问题，而是我们在游的过程中，需要跟另外一种冲击力发生互动，我们感受到的主要冲击力来自于哪里呢？当然是来自于教育部的基础教育司。基础教育司成立了一个以课程专家为主的课程工作组，这个工作组是我们所有学科工作组的上级架构，负责向各个学科工作组提供课程标准的框架结构、体例以及重要的课程思想和理念。每个学科课程标准的三个维度的目标，都是课程工作组提出来的，我们照做。课程标准的结构也是这样的。

这里还有一个人员构成的问题需要说明。如前所述，当时美术课程标准组的成员比较多，但到了后来为什么参与者减少了呢？我不知道是有意选择，还是自然形成的结果，搞不清楚。反正最后慢慢地就形成了一个所谓核心组，并没有人明确这样规定。这个核心组包括两位老先生，陈通顺先生和奚传绩先生，他们两个始终对研制工作比较关注，每次会议都来。其他的核心组成员，基本上是要执笔的，除了我之外，就是钱初熹、胡知凡、王大根、侯令、陈卫和、米海峰、欧京海、刘冬辉。当然，其他的成员也不定时地参与集体讨论。

经过大大小小的多次讨论，甚至争论，反反复复地修改，终于完成了《全日制义务教育美术课程标准（实验稿）》，2001年7月由北京师范大学出版社正式发行。这个课程标准的主要特点是：

第一，转变课程观念，不仅重视美术知识与技能，而且重视过程与方法以及情感、态度和价值观。美术课程毫无疑问要关注美术知识与技能的学习，这是美术课程存在和发挥效益的基础，但仅如此还不够，还要关注过程和方法，让学生体验学习的过程，感悟和掌握学习的方法，学会学习，形成终生学习的能力。因为知识不是静态的，而是不断变化的，甚至出现折旧率和淘汰率，所以我们的一生需要不断学习新的东西。不断地自我学习的能力是未来人才的一个重要标志，只有不断地学习才能使得人适应不断发展的社会。同时，美术作为基础教育的课程也应该发挥其教育功能，需要关注学生情感、态度和价值观的良性发展，与其他学科一道形成合力，帮助学生在身心方面健康成长。《全日制义务教育美术课程标准（实验稿）》由原来相对单纯地注重美术知识与技能，转为“知识与技能”“过程与方法”“情感、态度与价值观”三个方面并重，并在三个方面均提出了目标要求。

第二，关注美术与文化的关系，在文化情境中理解美术，并以此丰富学生的人文精神。《全日制义务教育美术课程标准（实验稿）》将美术课程的性质定位为人文学科，将美术学习当作一种文化学习，改变了我们长期以来将美术学习等同于技术学习的错误观点。这样，美术教师在进行教学时，需要通过对美术的学习帮助学生培养人文精神和文化价值观，使得美术学习带有一种明显的价值倾向。这种定性要求教师不仅要通过美术欣赏教学让学生理解不同美术作品所蕴含的人文精神，而且要通过美术技法教学让学生表达自己对人文精神的理解。这样，对美术作品的认识就获得了一个文化的角度，有助于学生更加全面和深刻地理解美术作品，美术技法的学习就与表现结合在一起，获得了其目的性。如此，不仅抬高了美术教育的层次，而且也符合美术的身份定位。

第三，完善学习方式，合理地运用接受性学习方式和研究性学习方式，注重体验和实践。在美术教学中，我们以前更多地采用知识灌输和技术示范的方法，从学生的角度来说是接受，是被动地模拟。这种接受性学习并非一无是处，最大的好处就是经济和快捷。在人类漫长的发展历程中积累起来的美术知识和技能，当代人没有必要重新探索和发现；通过接受性学习，在很短的时间内就可以被了解和认识。但任何一个社会都会面临“继承”与“发展”两大主题，当代社会的人除了继承前人所创造的优秀美术成果之外，也应该对人类的美术做出属于自己时代的独特的贡献，这就需要注重创造意识和创造能力的培养，因此研究性的学习方式非常值得倡导。

与接受性学习直接呈现结论的方式不同，研究性学习强调提出问题，甚至让学生主动发现问题。我们知道，如果教师一旦把结论告诉学生，学生的思维就停滞了，仅是被动地接受和记忆结论；如果教师提出问题，学生的思维就会被激活，在思考中通过比较、演绎和归纳等，寻找因果关系，自己获得结论。所以，研究性学习的最大好处就是培养学生的研究能力和创造能力。研究性学习往往又是与自主学习和合作学习的方式结合在一起的。没有自主性就不可能有研究性学习；没有合作性，研究性学习的效率就不会太高。《全日制义务教育美术课程标准（实验稿）》主张完善接受性学习方式，更倡导研究性学习、自主学习和合作学习。此外，为了体现美术学科的特点，《全日制义务教育美术课程标准（实验稿）》非常强调体验和实践，主张让学生在体验和实践中使认知活动与情感活动相结合，使知识内化。

第四，提倡充分开发和利用课程资源，尤其是地方的自然与文化资源。对课程资源的开发和利用是课程改革非常重要的方面，也是教师教学思维的一个重要取向。课程资源是有效实现教育目标的重要因素，在课程资源开发和利用中，除了必要的教学设施外，课程资源外延的拓展和课程资源的充分利用可以丰富美术教学活动，提高教学效益。美术课程资源的外延十分广泛，包括人力资源，如让其他学科的教师和社会上的艺术家参与教学，就是人力资源的利用。此外，还包括社会资源，如博物馆、作坊、民间美术、网络资源等。《全日制义务教育美术课程标准（实验稿）》鼓励教师想方设法利用一切资源，努力达成教育目标，提高教学效益。由于美术教学都是发生在特定的地域环境中，因此特别强调了充分利用地方的自然与文化资源。不仅如此，《全日制义务教育美术课程标准（实验稿）》还为美术教师开发和利用美术课程资源提供了具体的指引。

第五，重视评价的促进与发展功能。《全日制义务教育美术课程标准（实验稿）》鼓励采用多种评价方式，激励学生参与美术学习。在我国，长期以来评价的作用被定义为选拔和甄别。最为典型者当属高考，甄别优劣，优胜劣汰。从这个角度看，美术还不是“重灾区”，因为美术在中小学中与升学并无大多关系。但从另外一个角度来说，我们可以将评价作为促进美术教学，搜集教学信息的手段，通过评价激发学生的学习兴趣，让他们认识努力的方向。在新的美术课程中，我们鼓励积极进行评价方式的改革，如采用多主体评价，原来是教师评价学生，模式单一，现在可以学生自我评价、互相评价、学生评价教师等。可以采用定性评价，比如写评语，做成长“记录袋”“档案袋”等方法。可以采用纵向评价，在一种发展的过程中让学生看到自己的进步。还可以采用过程性评价和终结性评价相结合，在过程中不断地去评价，及时反馈，促进学生的发展。

此外，课程内容被分为“造型·表现”“设计·应用”“欣赏·评述”和“综合·探索”四个学习领域和四个学段（即一至二年级、三至四年级、五至六年级和七至九年级）加以表述。

到了2001年，《全日制义务教育美术课程标准（实验稿）》颁发之后，形成一个推广和实验的浪潮，很多人都参与对课标的解读和推广当中。教育部组织编写了《全日制义务教育美术课程标准（实验稿）解读》。那个时候，教育部还组织了很多培训，像我们这里（首都师范大学美术学院）都连续做了两次，一次十天的培训，称为“培训者的培训”。主要目的是迅速推广美术新课程的理念、内容和方法，倡导进行美术课程改革。

而且那个时候又开始做教材立项，最早的教材没有经历类似后面这样的严格程序来立项。人民教育、人民美术和湖南美术三家出版社的美术教科书是首批立项的教材。以后立项的程序更趋于规范和严格，对出版社的资质、主编和编写人员、编写特色都有明确的要求。岭南美术出版社应该是第二批进来的，我记得特色是“人文与科技的结合”。后来还有第三批进来的，再后来立项之门就关闭了。目前全国有12套义务教育美术课程标准的教材。

到了2004年，我们对标准做了一次修改。主要是教育部等几个部委颁发了一个关于改进青少年思想品德教育的通知，各科标准组被要求根据这个通知对课程标准进行修订。2004年还有一个特点，是课标的实验到了一个瓶颈期，课程改革本身的一些问题在这个时候已经开始暴露了。当时相关领导发生了变更，主管教育的政治局常委、国务院副总理李岚清退休了，主管基础教育的副部长王湛调任。这样一来，大家对课程改革产生了一种不明确的感觉，是往前走还是往后退？心中无数。尽管我们对课程标准进行了修订，但修订完了以后，束之高阁，没有下文。

到了2007年又是一个关键期，这个时候，可能上面的思想比较统一了，觉得课程改革需要继续推进。但是大家又觉得，我们在机制上，可能有一些缺陷，也即我们没有做程序正义。就像法律，你要获得实体正义，必须有个前提，就是程序要合法，你程序不合法，那么你不可能获得实体正义。当时教育部就做了这样的工作，就是成立了三个机构。

第一个是国家基础教育课程改革工作领导小组。这个小组是由教育部以及中宣部、中央党史研究室、外交部、文化部、新闻出版总署、中科院、社科院、工程院和中国科协有关负责同志组成。这是个跨部门的机构，应该说是在国务院层面做这个事情。教育部的袁贵仁部长担任组长。这个机构的主要职责是研究确定基础教育课程改革教材规划的重大政策；研究确定基础教育课程重大事项，协调解决有关问题；审核基础教育课程方案，各学科课程标准审议结果和教材审查结果；指导国家基础教育课程教材专家工作委员会的工作。这是一个关于基础教育课程改革最高端的领导机构。这个机构的成立非常必要，因为很多教育问题不是教育内部就能解决的。比如说出版，涉及新闻出版总署；涉及地理、国家的问题，你要经过外交部审查。还有对一些历史问题的评价，中宣部和党史研究室需要介入。因为教育的问题不仅仅是教育部层面的问题，它应该是国家层面的问题，所以就成立了这样一个组织。

第二个是成立了国家基础教育课程教材专家咨询委员会。这个委员会是为基础教育课程教材重大决策提供咨询的高层次的专家咨询机构。由学术造诣比较精深，而且在本领域有较高学术地位和较高社会知名度的资深专家学者41

个人组成。其中一些人还是科学院和工程院的院士。后来课程标准初稿出来以后，他们也参与了审查。

第三个是成立了国家基础教育课程专家工作委员会。这个工作委员会的责任是组织专家，配合协助教育行政部门，围绕国家基础教育课程教材建设，开展专业工作的机构。它是由基础教育相关学科，以及教育学课程、心理学等领域的专家和教育教学一线上的专家组成，一共是116人。它主要的责任是组织研究制订基础教育国家课程方案和各学科的课程标准，组织审查教材，协调处理教材审查中的重大问题，组织开展对课程教材重大问题的研究和监测评价，对地方和中小学课程改革工作进行专业指导和服务，接受教育部基础教育课程教材工作领导小组交给的专题任务。

有了这三个组织以后，体制上就比较完整了，就变得名正言顺了。目前像美术这一块，课程专家工作委员会的人员是我和钱初熹，还有杨永善、奚传绩、马婕等专家，杨力先生是副主任委员。

李于昆：听了这段回顾，也涉及对您个人的一个评价。在选择您做课标组组长的时候，无论是章瑞安先生，还是陈通顺先生都认为您是一个合适的人选，这里面包含了您本身的学问和智慧，还有您的“中庸”，即能够包容、听取和吸收各个方面的意见。您那时正值四十出头，处于人生中最好的年华，我们今天回过头来看，可否说历史选择了您，您也选择了历史？

尹少淳：是的，非常荣幸。接下来我继续谈课程标准的修订问题。

记得2008年我回老家，刚好遭遇了冰灾，我被困火车上三天，虽然难熬，但也能够忍受。因为开始车上还有电，我还静下心来在火车上改了一稿课程标准。这给我造成了极深的印象。但修订完成以后，也是迟迟没有结果，一直在断断续续地修订和等待中。一直到2011年，才正式进入审查程序。通过的过程，是比较符合程序的。当时在北京北面昌平区的九华山庄，那是个很大的宾馆，几百人参与了课标审查活动。我们首先接受了人大代表和政协委员的审查，有一条意见是“中小学要重视玩具教育”，我看了信笺写的是中国玩具协会，估计两会代表来自行业协会。我们回应说，课程标准中已经有了关于运用玩具进行教学的内容。我们也接受了课程工作组专家的意见，记得当时有三个专家与我们面对面地交流，一个是南京师范大学的副校长吴康宁教授，一个是西北师范大学的副校长王嘉毅教授，还有一个是原来湖南师范大学的石鸥教授。石鸥教授在湖南师范大学做过教务处、研究生处的处长，现在调到我们学校教科院做特聘教授。

我们还接受了学科审查组的审查。这个工作组牵头的是何韵兰教授，来自于中央戏剧学院，也是中国美术家协会少儿艺术委员会的原主任，我的前任。另外还有几位是：中央美术学院的许平教授，专业是设计学理论；清华大学的曾成钢教授，他也是中国美术家协会的副主席、雕塑家；还有就是山东师范大学美术学院院长孔新苗教授和上海师范大学的王大根教授。王大根原来是我们课程标准研制组的成员。还有一个一线教师的代表，山西省美术教研员马婕研究员。

根据审查意见，我们再次做了一些调整，最后《义务教育美术课程标准（2011年版）》获得了通过。接着就是教材的修改以及审查，在今年上半年也基本上全部做完了，下半年将进入实验。

这十年一路下来，大致是这么一个状态。它的节点一个是世纪之交，一个是2001年，一个是2004年，一个是2007年，一个是2011年。总览起来，大致是这样的一个状态。

李于昆：您谈到这十年来的人物和整个过程、节点和线索等很清楚。接下来想了解课标具体研制的方式、课标结构和课程目标等，您作为组长是怎么来整体统筹考虑的？

尹少淳：其实说句老实话，我们这个课标的研制，如果真的能按章瑞安先生提出来的先做扎扎实实的研究，然后再在此基础上进行研制，可能效果会更好。前面我也讲过，中国很多事情带有“运动式”，不给你很长的时间，很快就提出时间表，在一定的时间内必须完成。所以这个应该讲是一个遗憾，我们没有再做前期研究了，所有的基础都是我们个人的经验和理解力。我们中有很多人是做美术教育研究工作的，也基本上了解中国的基础教育的现状，包括钱初熹、胡知凡、王大根、陈卫和、杨建滨、姚今迈、侯令、米海峰、李小夫等人都直接在美术教学的情境中，更是熟悉中小学的美术教学。我个人也是一样，我为什么能了解中国美术教育的情境呢？很大一个原因是，我在中师教了7年的美术。当时我们学校有个教务处长，我觉得这个人是一个比较懂行的旧式的教学管理人员，他说“你们刚分来教中师，不懂小学教育，都必须到小学教学实践”，所以我就在这所师范的附小教了一年的美术课。还有就是当时因为我夫人在乡镇中学教书，城里一所中学有个缺，但调过来有个时间差，必须有个人先占坑。所以，当年我在这所中学上了一年的初中美术课。再加上我自己教中师的时候，还教过幼师，所以我对美术教学的整个过程以及具体的情境还基本比较了解。

我们这些人都是凭着自己的经验和认识来做课标的，如果对中小学美术教育毫不了解的话，你要做课标，完全是一个腾云驾雾的东西，根本就落不到实处。我想我们这些人基本上还能够对接中国当时的基础教育的现实。尽管如此，我们还是需要不断学习。应该肯定的是，教育部还是提供了很好的条件，有关部门通过自己的平台和途径搜集了大量国外的课程标准，以及相关的研究分析，教育部也利用会议的机会经常给我们讲一些新的教育理念和教学方法、课程内容。这样，也是从另外一个角度在充实我们，所以我们跟教育部课程工作组和一线教师始终保持着一种互动状态。尤其跟课程工作组互动更为密切。按照胡知凡的统计，做这个课标的时候大概开了16次大会议，小会议可能不计其数。不仅如此，还有其他的方式。当时我们去得最多的地方是北京大兴区的校长大厦，也就是国家教育行政学院。经常去，而且一住就是十天半个月。

最初我们去的时候，京开高速都没有建好，可以说我们是看着这条高速建起来的。还有一个比较幸运的事是，我们当时的经费比较充足，用时髦的话说，是“不差钱”。陈通顺老师对此颇有感慨，他说他们制订美术教学大纲的时候，在北京只能住地下室，我们现在根本不会住地下室了。

李于昆：是的，陈老师提到当年他们住在国务院的那个招待所里条件是很差的。

尹少淳：所以我们钱是不成问题的，我们自己也经常找地方开会，比如济南的舜耕山庄我们就去过多次。舜耕山庄在千佛山下，周围的环境和内部的条件都非常好。有时候我坐飞机去华东地区，飞过济南，我往下一看，总会有种奇妙的感觉：我们在舜耕山庄的某间会议室里争争吵吵的，仿佛事情大如天；在天上一看，又觉得下面的空间太小。呵呵，有点意思。

李健军：人和财是保证课标顺利研制的关键。

尹少淳：对。美术学科和音乐学科都给了90万元。一些大的学科就更多了，如语文、数学学科都上百万元。像滕守尧先生的综合艺术应该有100多万元，比我们多。语文学科也比较多，我跟他们的课标组长开玩笑说，你们拿这么多钱，写的字数应该比我们多呀！当时做课标，大家心里都没数，章瑞安先生可能也跟你们讲了，当时课程工作组提出来，一个课标要写十几万个字。

李健军：说要搞20万字出来，还要附教案。

尹少淳：课程工作组也心中无数。怎么做？大家都在摸索。讲句老实话，他们的架构和我们的内容都是应了一句俗话，就是“草鞋边打边成样”。因为不知道到底要做成什么样的形式，所以大家有时候比较盲目。再一个就是有时候压力比较大，心情比较烦躁，所以有时候大家的交锋也比较厉害，争争吵吵的不少。

我开始也急，也觉得这个事情压在我身上有一点沉重。有时候也不是特别冷静，可能有时候表现出来了，有时候也不是太尊重别人的意见，现在想来，有些事情完全可以是另外一种处理方式。后来也知道每个人的基本观点是怎么样的，每个人的性格是怎么样的，或者说每个人发脾气的底线怎么样的。哈哈，这也是磨合嘛。

李于昆：我们这次采访几个老先生，他们也从您的角度出发，觉得大家该退让的应该要退让，要尊重课标组组长的想法。

尹少淳：谢谢大家的理解。所以，大家都在互动中磨合，相互了解和尊重。每个人都有自己的特点和优点，有的做事比较讲规则，比较精细，而且做事的质量比较高；有的头脑比较活，点子比较多。反正大家的优缺点都在进行互补。我常常说，课标是妥协的结果。谁都不妥协，怎么可能做得下来？从社会科学角度来讲，或者从人文科学角度来讲，每个人都有自己的观念，这都很正常，很难说谁的观点绝对是对的。如果需要做成一个统一的东西，必须有些规则。我们党也是这样嘛，我们不是有几条著名的组织原则吗？少数服从多数，下级服从上级，全党服从中央嘛。当然有自己的观点无可厚非，但为了形成一个统一的意志和统一的结果，你最后可能都得放弃自己一些观点，或者是退让一下。只有这样，才能做出一个统一的课标。课程标准正是这样一个协调和统一，甚至妥协的结果。其实从我个人来说，我是不太善于协调的人，今后需要加强这方面的能力。研制课程标准的过程，应该说，对我这方面的能力还是有所提高的。

李于昆：您说的妥协，我理解应该是把各个方面好的意见加以整合形成新的资源，一个新的知识体和综合体。

尹少淳：应该说是这么一个做法。所以从这个过程来说，我觉得对于我的成长也是比较有利的因素。我原来也是比较单一的，喜欢做自己的事情，我的观点是，我说出来或者写出来，你愿不愿意认同是你的事情，因为那个时候不涉及什么组织原则，也不强求你认同。但是做课程标准你不能这样，你必须要包容和尊重大家的观点，必须要这么做，否则你做不成这个事情。这就是我们做课标的一个工作方式。这对我来说，也是为人处事能力的提高。

李于昆：在研制课标的过程里，当时有没有可参照的结构和范本？

尹老师：课程标准的参照，我们有很多，像美国的国家艺术课程标准，刘沛翻译的那个。像日本的，我们也有所研究。还有中国台湾、香港的，我们都研究过。当时教育部提供了很多国家的课程标准，包括美国一些州的课程标准我们都有，应该说是杂取吧。

真正的架构，不是我们做出来的，因为它要求体例一致，所有的课程标准都应该这么做，只能由课程工作组统一制订，我们根据自己的学科理念、目标和内容加以填充。这个问题等在谈到对美术课程改革和课程标准认识的时候，我再细谈一下。

李于昆：美术课程改革以来，在教学目标、教学方法和教学关系等方面都有很多变化。给您印象最深，或者是最重要的有哪几个方面？

2002年访问多元智能创立者加登纳工作室。左起：李肇彬、周嘉儿、刘勉怡、关小蕾、加登纳夫人、加登纳、尹少淳、侯令。

尹少淳：美术课程改革，当然我们主要讲的是以课标为一个标志，或者说一个依托，在做课标之前，其实我们也在做美术教育的研究和教学工作，因为我们在大学教书。就我个人来说，原来在湖南师范大学教书也好，还是如今在首都师范大学教书也好，基本上都是在做跟美术教育相关的一些工作，但是我觉得课程改革以前，我们的研究和视野，局限在学科内部。你现在回过来看，民国时期或者解放初期，或者是“文革”前期，美术课程的变化主要是在学科内部的变化。过去对学科的东西认识都很表浅，但是后来在递进，尤其是1979年全国统编的那套教材，就是人民美术出版社出版的由张文琪先生主编的那套教材，在美术学科上的认识有了很大进步。

2004年尹少淳主持InSEA亚洲会议分会场演讲。

李于昆：那时全国都是用这一套教材。

尹少淳：对，那套教材最大的一个优点是，它对美术的认识做了很大的推进，比如说形体的切挖，这在过去的教材里面没有，是很大的变化。包括当时我做硕士论文的时候，所做的也是在美术学科内部的推进，努力加深对美术学科本身的理解，比如具象、意象和抽象美术教育，以及图式与张力等，但对外围的关注不够。

我1990年硕士毕业后回湖南，当时湖南美术出版社正在编教材，听说我回来了，有这么一个研究生，就把我叫了过去。我也不知道天高地厚，就把自己的观点和盘端出，他们又看了我的硕士论文，然后说“停下来”，大家跑到长沙东塘的青园宾馆，搞了一个星期的“务虚”，讨论理念和思路问题。我就是在那个时候认识陈卫和的，他当时在国防科技大学做附小的校长。他做小学美术教材，我做中学美术教材。我就把我的观点渗透进去了，比如说，对美术的形式语言的理解、形象呈现的样式。我当时不是提出“具象、意象、抽象”吗？我觉得一个人需要从形的样貌上把握其特征，这是理解美术的一种很重要的方面。后来湖南美术出版社在张家界请了一些专家征求意见，包括李绵璐、姚今迈和杨景芝先生都去了，大家觉得做得还是不错，但是又害怕有人可能还接受不了“意象”的提法，教材送审时就改成“写实、变形、抽象”，做了一个变通。我当时所做的推进——还包括美术欣赏的方法，过去教材中是不讲欣赏方法的，当时湖南版的教材里把方法提出来了——可以说，都是在学科内部的。

课程改革以后，除了在学科内部做推进以外，我们已经在美术学科的系统之外也做了推进和拓展，比如跟文化的关系，跟生活的关系，还有就是跟教育功能的关系。我们如何通过美术教学、美术课程来培养人，而不是培养美术家，成为一个大家关注的问题。这种推进具有很大的意义。我觉得这是一个大的变化，课程改革让我们认识到应该从“人”的角度来看待美术课程、美术教学，而不仅仅是从学科的角度，这是一个认识上的进步。

还有一个就是我们这次课程改革对美术课程做了一个定性。定性很重要，因为定性会决定行为。现在我们博物馆不收费，美术馆不收费，就是定性明确了，因为它们被定性为一个非经营性或者非营利性的文化事业单位，你就不能收费了。过去我们是含含糊糊，反正就是不说清楚和也不弄明确，所以收费就成了顺理成章的事情。美术课程也是这样，你也需要定性，因为定性会决定美术课程的性质和内容与教学的取向。可是定什么呢？语文课不是一直在争这个问题吗？语文到底是人文性课程还是工具性课程？如果是定工具性课程，你要加上书写、表达、语法这些东西。你要是定人文性课程，就要关注通过“语文”来使学生获得人文精神的滋养，它强调的是阅读、理解。美术也面临着同样的选择。讲老实话，我们当时做得还是比较折中的。我们强调了美术课程的两个性质：人文性和工具性，当时的表述是“美术课程兼具人文性和工具性”。当时课程改革直接的领导机构是基教司，但体卫艺司是艺术教育的主管司，体育、美术和音乐课标组需要向体卫艺司汇报相关情况。我在向体卫艺司领导汇报的时候，说了我们对美术课程的定性。当时有领导跟我们说，美术课程可能不能定工具性，因为工具性课程在我们学校中有基本的认同，主要指语文、数学、英语。所以，我们将工具性拿掉了，只剩下人文性了。按现在理解计算机也算是工具性课程。平心而论，其实美术是应该算是工具性的。想想看，我们从小到大哪门课程不要作画作图？哪个教材、哪本读物没有插图？瑞士教育家裴斯泰洛奇曾经说过，教学有三个工具：语言、数目和形象。可见形象（这正是美术学科所指向的）在促进人的智力发展的教学中同样是具有工具性价值的。既然当时不能算工具性课程，我们只能遗憾地拿掉了。

但是拿掉了以后出问题了，美术课程就出现了失衡的现象，教学似乎偏重于欣赏。还有，人文性的帽子不是美术课程独有的，很多学科都有，美术学科的独特性哪去了？为什么这次我们在考虑美术课程定性的时候，加入了关于美术课程特征的表述，也即“美术课程是以对视觉形象的感知、理解和创造为特征的”这句话。因为这是美术课程一个比较独特的东西，也是它存在的基础，每个学科课程都有自己存在的基础，比如语文中的语言文字，数学的数字符号，音乐的声音，或者叫乐音，美术中的视觉形象，包括触觉。这一对美术课程的特征的表述，帮助大家认识到全部美术教学指向的是视觉形象，帮助学生感知、理解和创造视觉形象。学生的个性、情感、态度、社会和文化发展都是在这一过程中逐步实现的。这种表述体现了“美术”与“教育”的因果关系。因为我们看到，在新课改中有些教师走偏了，在关注“教育”的时候，却很大程度上放弃了“美术”。需要认清的是，在美术教育中全部的“教育”功能也只有通过“美术”才能获得。所以，这一对美术课程特征的表述，有助于将大家的重心落在美术本体，并在这一本体之上追求教育功能。

关于对课程的选择和组织，刚才于昆也在问“你们参考了什么东西”。课程首先涉及的是目标，我们讲是三维目标，三维目标到目前为止还有争议，尤其是中间那个目标“过程与方法”。过程与方法怎么可能是目标呢？过程与方法就是过程与方法嘛。你要细究下来，还真是有点问题。如果是让学生在学习过程中学会选择，或者掌握学习过程或学习方法，这个过程与方法可以是目标。但是“过程与方法”本身肯定不是目标，因为它是为目标服务的。所以这个问题还要深究，因为大家没有仔细地讨论这个问题。但是我觉得这个维度的目标，也即“过程与方法”的目标，其核心是在培养学生的学习能力。

目标确立以后就是内容的选择，选择什么内容要有个依据，大学有大学的选择依据，中小学有中小学的选择依据。中小学的选择依据其实就是对学生终身发展有用的东西。美术的内容太丰富了，我们不能不加选择地都往课程中放呀！对学生的未来发展没有用的东西，有必要放在里面吗？还有就是能够学会的（才放），在现有的条件下，学不会的东西你学它干吗？内容选择完以后就是组织。怎么组织？组织其实就是分类和分级。这中间存在关联性、逻辑性和递进性等问题。

九年义务教育，我们要把它分成几级？把全部的知识和技能内容分成几级？这个是最难的。我们的分级参照了传统的分级方式，如小学低、中、高3个阶段，初中分了一个阶段，形成了课程标准中的四个学段。音乐课程不一样，它是分三个级，小学一到四年级，五到六年级，初中七到九年级，它为什么这样分，据说是依据儿童的变声期。

李于昆：音乐课程的分级有道理。

尹少淳：美术很难这样做，我们还是按照一般教育学分级的方式来分的。这个分级是分得粗还是分得细也有不同说法。有人也主张分成三级，小学三年级以前一级，三年级以后一级，加上初中三年为一级。分级以后就是分类，也即需要将全部知识与技能分成不同的学习领域，就像我们买了块白豆腐不能把整一块豆腐放到锅里面。要切吧？切丁，还是切片？根据需要而定。我们的内容也必须切成不同的块，我们称之为“学习领域”。

我个人认为日本对此的分类是比较简洁的，它就是向内和向外两个方向，向内是鉴赏，向外是表现，所以它就分为鉴赏和表现两块。我们泱泱大国不可能完全按照日本来做，我们必须做出自己的分类。

所以当时我们就提出来加了一个“综合・探索”领域，“综合・探索”是针对我们教育的弊端而设立的。我们的教育是条块的、分科的，不利于形成学生的综合能力，而解决问题实际上是很多方法在综合运用。比如想完成一件具有综合性的工作的时候，需要同时用到物理的方法、化学的方法、生物的方法，在解决问题时所有方法都在用，不会只用单一的方法。设置“综合・探索”的目的，旨在培养学生的综合能力、探究能力。加上“造型・表现”“欣赏・评述”“设计・应用”等三个学习领域，我们就形成了义务教育美术课程标准中的四个学习领域。最初，我们只分了三块，后来我们内部争论时有意见，觉得设计很重要，所以从“造型・表现”里再分出一块“设计・应用”，四块就是这么来的。这是我们大陆地区跟其他国家和地区美术课程标准不一样的分类方式。分类本身就是一种创新，我们是依据学生的美术学习活动方式来进行划分的，同时考虑了美术本体的特征，以及对学生综合能力的培养。对综合能力的培养也是现代教育的重要趋势。当然，所有的划分都带有一定的交集，也许造型表现活动中就会涉及欣赏评述，但并不能因此而否定分类的必要性。因为必须看主旨或大的取向。如果绝对要求领域之间不交集，或者因为交集而否定分类，那全部的课程标准中的内容只能是“天下一笼统”，美国、英国、法国，甚至日本的课程标准都会不合理。因为所有的内容都可能存在交集，就像日本的课程标准（他们称为“纲要”）中“表现”不可能绝对与“鉴赏”相切割。

还有一个特点就是教学和学习方式拓展。过去，教师教学更多的是采用讲授、示范、练习的方法，比较单一。我们的教师知道具体方法，知道讲授法、示范法、演示法应该怎么做，但是现在的教师他知道了把这些具体的方法再往上归类，可以归成接受性的学习方式，你讲我接受；还有就是探究性的学习方式，你只给我问题，结论我自己去找。接受性的学习方式就是把结论给你，你只记就行了。这是两个不同的方式。

还有合作学习，一个人跟其他人合作来学习的方式。我们现在的教师，也知道了教学策略。所谓教学策略那是更高级的东西：对待一个问题的时候我有很多的方式、方法可以选择，可以组合。中国的传统是特别讲究策略问题，比如我们熟悉的“田忌赛马”就是一例。孙膑的聪明就是在于他很懂策略，用三局两胜的方式帮田忌赢了齐威王。所以一个真正有教育智慧的教师，应该是一个能够很熟练地运用教学策略的人。到达这个层面就是一个非常高明的教师。他只知道讲授那不够，或者只知道接受性学习也不够，一定要走到教学策略的层面来：我知道怎么做，我甚至可以为了全局，为了前瞻，可以丢一些东西，留一些东西。

李健军：通过课程改革，美术教师的教育观念、教学实践等都发生了变化，在您看来主要体现在哪些方面？

尹少淳：一个就是我觉得对整个教学的宏观感增强了，不是局限在羊肠小道里。我们看《西游记》，师徒四人西行取经，跋山涉水，行走在弯弯曲曲的小道里。有时候不知道走到什么位置。所以唐僧一说饿了，孙悟空常常会腾空而起，“手搭凉棚”往前一看：前面有村子，在那儿讨口饭吃。为什么孙悟空需要腾空而起呢？因为只有在一定的高度，才能看到远方。一个教师也应该有这样的能力，他应该知道美术教学的宏观感是什么样的东西。还有就是他的教学方法，掌握得比较多，能够熟练地运用各种媒介和方法，对一个问题他有很多可以灵活选择的可能。还有就是教学资源的开发和利用能力。一个教师应该能够充分开发和利用各种各样的资源去完成他的目标。目标始终是个第一位的东西，为了这个目标，可以运用一切可能的手段和方法。

现在我们很多教师最重要的特点是研究能力增强了，他们对很多问题有了批判性。每次在观摩课也好，讨论问题也好，教师们很有自己的看法。他们不盲从专家的意见，有自己的评价、自己的态度。比如浙江的美术教师群体就非常优秀，他们对一个课的认识，很精到、很独特。这仅仅是全国美术教师的缩影，教师眼光和研究能力普遍提高了。就像我们画画，画得好，鉴赏能力也好了。反过来，你对美术教学的鉴赏能力也是很重要的，你没有这个鉴赏能力怎么行？

现在都在鼓励成为研究型的教师，现在著书立说的教师很多。有的教师在积累案例，进行教育叙事方面很有成绩。比如说陈卫和搞了四本教师的个人案例集，从教学案例上去寻找教育智慧，影响很大。也有做理论研究的。现在的教师跟过去的教师不一样，他们的起点高，研究生很多都进入中小学去了。最大的变化应该是教师的变化，他们的变化直接影响教学的变化，因为他们是整个教学链条的终端，所有先进的教学理念都需要通过他们体现出来，所有的教学内容都需要通过他们传达出来。课程改革以来很多教师成长得非常好，比如湘西凤凰县腊尔山希望小学的龙俊甲老师。我老是逗他。我说：“你很牛哇！

2006年参加凤凰腊尔山希望小学活动。前排左起：陈卫和、龙俊甲、谢丽芳。后排左三：尹少淳。

2006年湘西吉首大学附小考察利用地方资源开展美术课程。二排左起：胡茂林、尹少淳、牛桂生。三排左二：刘宇新。

你都上过CCTV（中国中央电视台），我这辈子还没上过CCTV，我只上过CETV（中国教育电视台），你比我还牛。”我最初因为“蒲公英行动”到腊尔山希望小学，见到我们这些山外的人，他还有些腼腆，说话的时候都不敢看我们。现在面对各种媒体可以侃侃而谈。各种荣誉接踵而至，在业内享有一定的名气。

课程改革还影响了校外教育，校外教育很多教师的观念也在发生变化，他们也在吸收课标里的东西。反过来说，校外很多东西

2006年尹少淳等在湘西腊尔山希望小学参加“蒲公英行动”乡土与民间美术教学活动。

2014年尹少淳等考察四川藏区小学。

2014年尹少淳等与羌族美术教师讨论教材问题。

也在影响、充实我们校内的教学。这里存在一种互补的现象。很多校外的教师都参与了这个校内的教材的编写，比如说龙念南、关小蕾、谢丽芳等，还有就是现在很多校内的教师自己也办些少儿班之类的。

刚才我们讲文化资源的利用与拓展。这也是课程改革以后的一个显著的教育现象。在全国大范围内，有几个影响广泛的课题，一个课题是我跟侯令搞的中国教育学会的重点课题“地方文化资源的开发与利用”，参加者涉及大半个中国的省份。还有就是谢丽芳主持的中国美术家协会少儿美术艺术委员会的项目“蒲公英行动——儿童与民间美术”。谢丽芳有典型的湖南人的性格，我老跟她开玩笑，说她是从小就在岳麓山下长大的野孩子，所以她特别能吃苦，到目前为止做了11年的“蒲公英行动”，足迹遍至祖国许多边远和民族地区，甚至穷乡僻壤。

很多教师能够利用地方资源，开发出丰富的地方课程。广东番禺的飘色，中山小榄的菊花，都是把地方的一些东西做成美术课程的成功案例。很多自然资源、文化资源都运用到教育中来。除了湖南、广东之外，西藏、内蒙古、吉林、江苏、安徽、浙江、湖北、辽宁、四川、云南、贵州、北京、上海、河北等地都开发了很多具有地方文化特色的课程资源。

这次课程改革，使得教师对评价关注的程度普遍提高。过去美术教师不重评价的，简单地打个分，显得非常随意。我曾经带实习生到人大附中（中国人民大学附属中学）实习，指导老师是当时北京的一个特级教师。在教师办公室，我们一个实习老师在不经意地批阅作业，速度非常快。突然那位指导老师说："停下来！"他选了两张作业，问实习老师："90分的和70分的，你看哪张好？"实习老师很不好意思："70分的比90分的还好。"指导老师说："这样翻页打分不对。你首先应该粗粗地将它们分成不同的质量等级，并排分摆之后，在一个等级中打分。这样就不会出现你的那种情况了。"这就像我们美术高考评分一样：将全部考卷摆在划分不同等级区域的场地上，然后进行微调，差不多了，再在一个等级区域里打分。我举这个例子，旨在说明许多教师不太关注评价的问题，也没有努力去探索评价的方式。课程改革之后，评价成为促进教学的手段了。所以你看现在每一堂课的教学里面，评价是很重要的环节。教师们通过学习和探索，掌握了很多评价方式，学生的自评和互评、教师的评价、展示、学习档案袋、讨论等评价方式都被运用……总之，现在的教师比过去更重视评价了，也能够运用多种方式方法。

以上是我对美术课程改革及其产生的结果不成熟的认识。

我常常说，哪怕美术课程改革十年之后突然停下来，但是教师心目中新的教育观念，对课程、教学的认识，方式方法的选择等东西已经渗透到了他们的血液之中。打个比方，即使将课程改革这个"脚手架"拆掉了，新教育理念的大厦已经是巍然屹立了。参与了十年课程改革的这批教师跟没有参加课程改革的那批教师的教学观念是完全不一样的，他们对美术课程和教学的认识程度都不一样。所以我认为最大的变化是在教师，教师是我们美术教学的终端，位于锋面，直接跟学生接触。他们的教学直接影响到未来国民包括艺术素养在内的整体素养。

李于昆：您所在的首都师范大学与您的教学、研究、人才培养等，跟您从事的美术课程改革有一种怎样的内在联系？

尹少淳：这个我前面讲过，我之所以走上美术教育这条道是有原因的。于昆对我的帮助也很大。你当时在中央美院进修美术史，国家正在组织专家编写《中国美术全集》，需要招聘一些资料员。你听到这个消息之后，马上告诉了我。王朝闻先生是这套全集的总主编，按他的要求我发了一篇自己的论文寄给他。王朝闻先生审查通过后，委托他的博士生邓福星给我写了一封亲笔信表示同意录用我。那封信我至今还留着，后来见到邓福星先生还提及过此事。

因为各种原因我没来北京参加《中国美术全集》的编写活动，决定考硕士研究生，当时我准备的是外国美术史。其实在此之前，我曾经还给《中国美术教育》杂志写过信，我说："美术教育很重要，你们应该招研究生。"当时陈通顺先生他们很认真，还给我回了信，信中说："目前我们条件还不成熟，条件成熟我们肯定会招。"临到报名（当时在地区教育局就可以报名了），翻看招生目录，突然发现南京师范大学招收美术教育硕士1人，我兴奋地马上就转美术教育方向。挺幸运，居然一举中的，考上了。

李于昆：您应该是中国第一个美术教育硕士？

尹少淳：当时导师蒋荪生先生已经70多岁了，我既是开门弟子也是关门弟子。讨巧的是，我成了中国自己培养的第一位美术教育研究方向的硕士。后来到首都师大工作之后，又有幸成了中国自己培养的第一个美术教育的博士，跟着常锐伦先生研修美术教育。这两个第一，既是我的荣耀，也给了我无形的压力，因为我必须对得起这两个第一呀。

在湖南的日子也是我成长得非常好的日子。湖南其实对美术教育还是非常重视的，我觉得当时胡茂林那一代人营造的氛围特别好。我当时在郴州师范工作的时候，给《美术教育通讯》写了一篇文章叫作《了解与掌握》，陈通顺老师还记得。我首先提出来一个观点，结果陈老师他们加入"编者按"发表，后来引起几期的讨论。我当时很有点得意，因为这是我第一篇正式变为铅字的美术教学文章。

李于昆：第一次公开发表文章就加“编者按”，引起了大家的讨论。

尹少淳：是的，那是非常高兴的事情。当时胡茂林在湖南办了一个不定期的杂志，我曾写了一篇文章给他，他给发表并评了一个三等奖，但是一等奖、二等奖并没有发表。后来我调到长沙工作后见到他，半开玩笑地说：“胡老师，我的三等奖文章你发表了，一等奖怎么不发表呢？”他笑了，说：“里面很多关系要摆平啊。”

所以后来湖南美术出版社黎丹（时任副社长）他们搞了个有关湖南美术教育的论文集，要我写一篇序，我模仿长沙话写的，在序言中就把湖南的美术教育人物分了几个级，有爹爹级，聂南溪、胡茂林、魏家范这一拨人；叔伯级，谢丽芳、陈卫和、李于昆、谢芳、李小夫，我也忝列其中。还有满哥级，也列了一拨人。现在想来，当时湖南的美术教育氛围还是非常好的。

后来也是因为聂南溪先生能够解决我夫人的工作问题，所以很快就回湖南工作了。我在工作大概五六年的时候，在湖南美术教育界的朋友一起去井冈山考察之前，突然接到孙志钧先生（时任首都师范大学美术系主任）的一封信，问我愿不愿意过来（指首都师范大学）。几经周折，最后于1996年年底来这边工作了。当时我是觉得首师大这里有一个好的传统，就是一直比较重视美术教育。这里包括一些美术教育的前辈，像中国最早在国外（苏联）读美术教学法的汪国一先生，还有常锐伦教授、杨景芝教授等。此外，当时的系主任孙志钧教授和老主任王奇教授都非常重视美术教育。这里有这个氛围，来了以后，领导对我也非常支持。我感觉在这里是体制上的支持，是认识上的支持，而不仅仅是个人感情上的支持，所以比较稳固和保险。

首师大提供了非常好的条件，我做活动是不要找钱的。我来之前他们开了几个国际性的会议，像中日美术教育交流会，那是王奇先生做美术系主任的时候开的。后来又跟教育部体卫艺司杨力先生他们合作，开了一个面向21世纪美术教育研讨会。我来了以后，在学校和学院的支持下，我做了一个迄今为止中国规格最高的美术教育会议——2004年INSEA亚洲地区美术教育研讨会议。后来的海峡两岸美术教育大会和全球华人美术教育大会都是在这个会议上孕育出来的。这边给我提供的条件也非常好，带硕士生、博士生都是比较早的。像我们研究方向还有这样专业小图书馆，这在全国同类院校中并不多见。带的研究生和访问学者比较多，同时在读的应该有30来个人。学院基本能满足我的要求，比如说当时我要求留一个助手，学院就把黄露给我留下来了，黄露因为是硕士，只能搞行政。领导说："给你用50%，行政用50%。"我说行吧，结果行政用得比我狠。后来领导一直在物色本专业的博士留校，第一个想留的是席卫权，后来想留秦华，两个人都因为一些原因没有如愿。后来段鹏运气好，很顺利地留下来了。当时学院承诺给我的名额是三个人，包括我和段鹏在内现在是两个人。我的愿望是待黄露博士毕业，再努力将他转过来。所以这个地方我觉得它的环境还是比较好的，对我比较支持。其实我做很多事情不要费多大力气，只要想好了，他们都可以帮着干。段鹏和黄露挺能干，此外一些博士和硕士研究生也很能干。

就我个人来说，章瑞安先生、陈通顺先生他们可能都讲了，我的思想是比较中庸的。有一种思维方式，就是把一个东西分级，一直分下去，这是一种不断分类的思维方式。这是我们做论文、做学术时比较常用的一种思维方式。这种思维方式我也运用，但我一般习惯按照中国的传统，把一个东西分成两个极，两极之间，我会取一个中段，不会取两边。因为取两边会极端，会不平衡。在突破既有的保守或者僵化的状况的时候，需要偶尔极端一下，但是一般来讲，还是要追求平衡。我已经习惯这种思维，或者说内心一直存在一种平衡感。就像这次我们在衡山举行"蒲公英行动"讨论会的时候，李力加和陈卫和各执一端。李力加给浙江美术教材做教案，每一课都做出教案和PPT来，他的

首都师范大学美术学院美术教育研究生在专业小图书馆学习。

研究生也被要求参与。陈卫和就不同意这样做，他觉得这样做把老师限制了。后来我说两个方面都要考虑：一线教师可能也需要现成的东西，尤其是能够满足一批非专业的教师，但是优秀教师可能又不会满足于这些东西。最后我的建议是折中的：PPT不是只读文件，是可改的文件。教师可以用这个PPT去讲课，如果不满意也可以自己做。我走的是中庸路线，对不对？我的思维是这样的，在一个比较好的量上去把握问题，但量又不是绝对的。开车都知道，你很难跟一个人说：你刹车要踩到50度，不能这样说。就像北京市政府有关部门给每一个家庭发给一个盐勺子，以便控制食盐量，降低高血压的患病率。但我看真正使用者并不多，大家还是凭着经验放盐。菜谱里写了盐放多少克，你会绝对按那个做吗？不会。所以你放盐完全是凭经验，并可以灵活地加以调整。任何事情，难就难在恰到好处这个地方，这需要凭经验去把握，所以我是主张要中庸，但具体的度需要灵活把握。

再谈几点的体会吧。作为一个学者也好，教师也好，我一直主张，应该从两端出发去拓展自己，这就是"致广大而尽精微"。对这句话，其他人可能不知道，因为这句话来自于《中庸》。但是搞美术的人许多都知道，因为徐悲鸿讲过。他讲素描，或者画画要能够画到比较精微的程度，也需要具有非常好的整体性。在初学者身上，我们可以看到两种极端的表现，开始画大关系还行，但是进入细节越画越糟糕；还有的人细节画得很精致，但琐细，缺乏整体感。所以好的画应该能够画出细节，而且不失整体的韵致。学画的过程中，两者应该尽量达到一种协调的状态。

每个人在社会上都有自己的职业，搞专业都有自己的学科。精深地熟悉自己的行业和学科，就是“尽精微”。你要了解学科的价值是什么，目标是什么，内容是什么，方法是什么，它的历史是什么，前沿是什么，而且能够在行业和学科领域里很熟练地进行实践性操作，这叫“尽精微”。所谓“致广大”，就是一个人不能满足于自己行业和学科的东西，你要超出系统之外去看很多问题，这就需要一个广博的知识，因为很多东西是触类旁通的，你可以从系统的外部接触到很多东西。我们讲“系统”，是跟外界要交流的，没有交流的系统是死系统。我们应该学些人，包括像葛剑雄这样的人，他是著名的历史地理学家，在他的学科里是一流的，但是他的关注面不限于自己的学科，而是超越学科，具有终极关怀或普遍关怀。或者你可以叫他“公共知识分子”，当然这个概念具有一定的争议。

课标修订完了之后，在北京的九华山庄举行了一个有四五百人参加的审查会。中午吃自助餐，葛剑雄端着餐盘，四处张望地寻找位置。我对他招招手，说：“葛老师这边来，这儿有位置。”我是想跟他聊天。我说：“葛老师，我是你的粉丝。”后来胡知凡过来，他说：“我也是你的粉丝。”然后我们跟他聊了很多东西。我说：“我读过你的一本书，叫作《冷眼热言》。”《冷眼热言》里面谈的不是历史地理学的问题，全是社会上杂七杂八的问题，其中包括农民工春节如何回家的问题。甚至艺术院校技法类专业要不要招博士的问题，他都发表自己的观点。当然，他是持否定态度的。照理说，技法类专业招不招博士与他有什么关系？可是他就关心了。因为他考虑的问题除了历史、地理学的东西之外，一直追求社会合理性、公平性的问题。所以这样的人，按照英国后现代主义学者齐格蒙·鲍曼的解释，算是真正的知识分子。一般人充其量只是行业的专家。

从学科的发展角度看问题，也应该是这样的，要撑得开。带研究生的过程中，我也发现有一个问题，我一直鼓励大家多读书往上走，现在看来却有点高不攀低不就。而且，现在的就业趋势是往下走的，大多是在中小学谋取一个教职。所以，不能只“致广大”，还要“尽精微”。我们的问题是忽略“尽精微”。所以我们学生在这方面我觉得可以学习一下。后来，我跟李力加讲：“应该向你学一点东西。”因为李力加带研究生的时候是比较关注“尽精微”的，比较注重实践性的东西，研究生需要自己做案例。而我们可能做得比较大，比较抽象。这是个问题。所以，我想我们应该采取点措施，一方面要“致广大”，另一方面要“尽精微”，不能偏。这应该也是中庸的表现。以往我们走偏了，或者说失衡了，现在需要调整。

李健军：*尹老师谈的这个观点不仅对教育界，对出版业也有启发。*

尹少淳：最近，我一直在思考一个问题，相关思考在一些场合也表达过。我认为研究可以分成几个层次：第一是事实，任何研究都需要事实；第二是对事实的解释；第三是解释系统，也即我们是依据什么样的解释系统对事实加以解释。美术教育如此，美术理论也是如此。我们中国的美术理论和美术史对事实的确认不存在问题，我们运用一定的解释系统解释事实也不存在问题。我发现我们美术理论界和美术教育界存在的很大问题是缺少自己创建的解释系统，解释系统都是国外的。我国包括台湾、香港在内，都是用外国人创立的解释系统解释自己寻找到的事实，这是一个非常大的缺陷。所以你出国交流以后就会发现我们所有的成果都是拿人家的理论在解释，我们处于研究的低端。我们过去写美术史一般的套路是：朝代、美术的概况，社会背景之类，然后是分绘画、雕塑、建筑、工艺，所有的历史事实没有观念加以统摄。我读英国学者贡布里希的《艺术的故事》（国内也有译为《艺术发展史》）的时候，明显地感觉到其中运用了他创立的解释系统。这就是人类的绘画史是在“画知到画见”之间变化与发展的。

早期的绘画，都有“画知”的特征，像原始人的绘画、埃及人的绘画，甚至儿童的绘画都是如此。他们都不太尊重视觉感受，不是描绘视网膜映像的。

在《艺术发展史》中登载了一件古希腊瓶画《远征的战士》，首次出现了一个脚的透视缩形。贡布里希居然认为这是美术史上一个动人心魄的变化。因为这表明人类的绘画开始尊重视觉感受，由“画知”转向“画见”了。我们看到这件作品为什么想不到这点，就是因为我们大脑中没有这样一个观念或解释系统。从此，为了在平面上创造真实的幻象，人们必须创立透视学、解剖学，以及色彩学。

从绘画史看，色彩表现真正的成熟是由印象派体现出来的，但是印象派又具有两面性：一方面它使我们能够表达出特定环境一瞬间的色彩变化，从而产生一种难以置信的真实感；另一方面它又把传统的古典造型的坚固性搞得支离破碎，色彩成了造型中最受关注的东西，并由此打开了现代主义的阀门。后来现代艺术就是进一步把古典造型的完整性给分解了，独立强调形体的、速度的、结构的……最后艺术家甚至又回到了“画知”“画想”等状态中。我读贡布里希的《艺术发展史》最大的感受是它有一个观点在里面起着统摄作用，而我们缺这么个东西。

所以这是我们需要努力的。我上次跟梁玖（北京师范大学艺术与传媒学院教授）也谈了，我们在美术教育领域应该做这个工作，不能仅仅用人家的东西来解释事实，尽管事实很重要。这里涉及研究态度和方法问题。在我们学校的博士生答辩的时候，一个美术史教授提出了一个疑问，他说：“为什么你们美术教育跟我们不一样呢？我们是到现场去考察，发现一些问题，然后加以研究。你们是构想一个东西然后才来证明一个东西。”在我看来，这里涉及两种研究途径与方法，而且两种途径和方法都是合理的，都可以运用。欧洲从伽利略开始就非常重视实验和实证，开创了“观察—归纳—证实”的实证机制，而英国学者波普尔则在20世纪30年代提出了“问题—猜想—反驳”的试错机制。波普尔认为，一切理论与知识都是推测和假想。在他看来，人在解决问题的过程中肯定要参入想象力和创造性。而且，人们也很难用足够的实验数据来证明某一科学理论绝对无误。比如，“绵羊是白色的吗”，对这个问题，即便是检测了100万头绵羊，人们也不能证明“绵羊是白色的”这一理论的正确性，但只要发现一只黑色的绵羊就足以推翻“绵羊是白色的”这一理论。所以，科学原理是不能被证实的，只能被证伪。这也就是科学不断发展的原因，也是科学研究魅力之所在。当时名不见经传的波普尔的这一思想获得了爱因斯坦和一些诺贝尔奖得主的支持。无论是“观察—归纳—证实”的实证机制，还是“假设—猜想—反驳”的试错机制，都是可以加以运用的研究机制，二者不可偏废。

我们在强调实证的情况下，同时也要兼顾大胆地建构。可以这么说，没有建构是不可能有课标的。比如说讲四个学习领域，这哪是实证的结果？不是，完全是一种大胆的建构嘛。所以，我后来跟梁玖说：“应该往这方面做一做。”他也同意，也想建构中国美术教育的体系。

所以，我们需要爱迪生，也需要爱因斯坦。我们需要改革的实践，我们也需要邓小平的理论。开个玩笑，我们应该向我党学习，要敢于提出一些比较大的观念，比如“三个代表”重要思想理论、科学发展观、和谐社会、中国梦等等。如果都是一些零零碎碎的东西，那怎么行呢？想想看，我们现在很多美术教育的大理论都是美国人提出来的，像什么视觉文化教育，什么DBAE（常译为：基于学科的美术教育），什么“大概念”的美术教育，人家就敢提，为什么我们不敢提？为什么我们只有跟班的份儿？为什么把这个权利拱手让给人家呢？中国是个有着悠久文化传统的而且经济发展已经有了相当规模的国家，难道我们不需要做点什么吗？

李于昆：您已经将一般意义的美术教育学上升到理论创新、理论自信和理性构架的层面，很有启示。

尹少淳：还有几个问题想继续谈谈。

我觉得我们应该开放与包容，我常常说“我不是一个唯一主义者”——所谓唯一主义就是：只有我的东西是对的，别人的东西都是错的——尤其在社会科学这个层面不能这么说。我说“我是唯三主义者”，这个“三”是“多”的意思，举一反三，也是多的意思。我们每个人都有自己的知识盲点，都有自己的软肋，我们不能以自己的狭隘来判断社会的博大，并将其当作社会唯一的合理性的判断。所以不要轻易关闭可能性的大门，因为社会存在很多的可能性，立马判断“这个不行，那个不行”，不能这么做。做课标中我也是这么一个体会，要包容，这样才能有很多东西。所以我说，做课标之后收获的副产品甚为丰富。

我们在拓展美术教育功能的同时，要注意回归美术学习的本质。尤其要体现它的个性、地域性、民族性和文化性，因为艺术教育跟其他教育是不一样的。在北京教的数学和跟在青海教的数学差别不是太大，但是在北京教的美术一定跟在青海教的美术有区别。课标不是一个绝对的规定性的东西，而是一个规范与引导结合的东西，它虽然告诉你美术课程要这么教，但也告诉你美术课程还有多种可能性。所以我们还是应该鼓励教师去学习，认真认识美术的本质与特征，从而认识美术教育的本质与特征。在教师的成长中，新课改从教育方面拓展了教师的思想和行为空间，但对美术本体上的认识还有很多缺陷。我们现在的美术教育比过去难搞，原因就在于其丰富性和复杂性。我们开车如果只有一条道路那就简单了，问题是现实的情境是道路太多，所以我们需要自己的智慧、记忆，甚至要借助于GPS（全球定位系统）。过去的美术教学在美术本体上比较单纯，就是教学生画得更像，现在已经向表现、抽象、行为、装置，向视觉文化拓展了；在教学方法上，过去只是讲授、示范、练习，现在已经向自主、合作、研究等拓展了。这对教师提出了更高的要求。

现在看来，我们很多教师对美术本体的认识和实践还是很欠缺的。浙江省参加全国教师资格证书考试，李力加阅完卷后讲了个“段子”：考生在解释“海派”的时候，一位考生回答：“在海上画画的叫海派。”还有，我们现在许多教师讲课不敢示范、不能示范的现象也非常普遍。在一所高中，学生问美术教师：“老师，您画画吗？”因为他从来没有见过教师画画。所以我觉得广东省美术教研员周凤甫在本省推广的美术教师特色工作室制度还是值得肯定的。上次深圳市福田区美术教研员汤晓峰在关山月美术馆搞的美术教师特色工作室成果汇报展，于昆也去了，我觉得就特别好。我在浙江衢州的一个区看到，教研员在做教师培训的时候，训练他们用色块分析画面，通过黑、白、灰的变化来组织画。这种方法也很有效果，至少可以帮助教师超越现象来观察和分析现实世界和作品，提高鉴赏和表现能力。浙江有位叫徐军的老师，曾在黄山举行的全国美术现场观摩课上获得一等奖，他那堂“书籍装帧”课，很多人评价非常高，主要原因就是他对书籍装帧具有非常深入的理解，他不仅收藏、研究，而且还亲自制作。为了上好另外一堂名为“斗拱”的课，甚至花了几万元购买了全套的斗拱模型。这里透露出来的意思是，要上好美术课，前提之一是必须弄懂美术，美术是美术教育的基础，美术越好，美术教育才可能越好。所以，我们的教师要搞好自己的工作，不仅要从教育入手，也需要从美术入手。

最后，我觉得应该坚持实效性。我们的美术教育很多是很华丽、很夸张的东西，过程性非常重要，但也不能忽视实效性，不关心结果。我在华南师范大学举行的海峡两岸美术教育大会上曾经提过“美术课程能否不再‘飘’”的问题。主要的原因是我发现一些曾经在中小学学习过美术，但现在不从事美术方面工作的人，对美术甚至没有基本的认识。如果询问美术方面的问题，他们会表现得很谦卑或惶恐，不要说美术技能，甚至连起码的美术知识也没有。两个小老乡考到北京的大学，到我们家串门，看到墙上挂的工笔画，不禁夸赞：“这个版画多好啊！”我当时很奇怪，就问：“你们学过美术吗？”

“学过。”

“谁教的？”

“李小夫（全国著名的中学美术老师）教的。”

我突然产生了继续了解他们的美术知识的欲望，便问了他们很多问题。包括中国著名的画家有哪些，他们也一时想不起来。又问知道哪些著名的西方的画家，他们马上讲了“文艺复兴三杰”。我又问：“哪三杰？”这次完全答对了。

我马上表扬他们："回答得还不错。"

他们却给我回一句："这个知识不是美术课告诉我们的，而是历史课告诉我们的。"一下弄得我灰溜溜的。我们为美术教育努力奋斗，追求的就是这么一个结果吗？

当然，原因是多样的。对李小夫也无可指责，因为他是一个非常敬业且教学经验丰富的优秀教师，应该是我们的课程模式存在问题。当时我在会议上发表自己的看法时，没想到会场"潜伏"了一个《南方都市报》的记者，第二天就见报了，说"首都师范大学教授认为现在的美术课程不合理，学生什么都学了，什么都没学到"。当时有朋友跟我说："你要跟他们交涉，没有经过你的允许就发表你的观点，对你不利。"

我说："为什么对我不利？"

他说："你是国家课标组组长，你又带头否定课标？"

我说："我不是否定课标，我是质疑国际通行的课程模式。"现在的课程模式并非我们中国传统的，而是向国外学的。教育普及化之后，学校教育必须给所有学科分配时间，也就是课时。所有学科的内容则被分装到一个个的课时之中，语文、数学、物理、化学均是如此，美术课也片段化了。美术课变成一节课一个内容，而且是一两节课就换一个内容，形成了我所说的"走马观花"的局面。我们都处在历史的河流之中，从而就习惯了我们所处的河流的外观和状态，也形成了我们思想中所谓的"合理性"，其实如果我们回到源头，就会发现一些需要改变的问题。所以，对现实中合理性的事实应该加以判断，尤其是需要从源头上去寻找合理性的基础。这就是所谓独立的思考能力和判断能力，我们需要这种能力以帮助寻找更加合理的美术教育体系。

拉拉杂杂讲了那么多，比较随性，可能不得要领，但都是有感而发的。转瞬之间，十年就这样过来了。在这个过程中，我们也慢慢变老了，以前不吃药的人现在变成要吃药了，这也是个变化。好了，我就谈这么多。

钱初熹

受 访 者：钱初熹，日本筑波大学艺术学博士；华东师范大学艺术学院教授，博士生导师，华东师范大学艺术教育研究中心执行主任；中国美术家协会美术教育委员会副主任；教育部艺术教育委员会委员，国家基础教育课程教材专家工作委员会委员、教育部基础教育课程资源专家工作委员会委员，全国教育科学规划重点课题审查委员会委员。曾荣获“上海市学校艺术教育工作先进个人”称号、“育才奖”和“全国第二届教育硕士专业学位优秀教师”“华东师范大学优秀研究生导师”等称号。

主持并完成多项国家级、教育部及国际合作的研究项目；主要研究工作是参与制订并推广国家基础教育《美术课程标准》，并致力于开拓儿童美术心理发展研究领域以及开展“促进青少年心理健康的美术教育”“文化创意产业与当代学校美术教育”“亚洲地区中小学美术教科书中的传统文化”等跨学科研究，特别注重艺术博物馆与学校教育相结合的美术教育研究。与此同时，主持华东师范大学艺术教育研究中心的研究与交流活动，在国际艺术教育交流方面起到了桥梁的作用。

访谈提要：在美术课程标准研制与推行过程中，所发生的值得回顾的细节，需要反思与进一步探究的问题；美术教育的国际视野给予我们的启示；美术创新课程与教学的思考与实验；对以传统文化为重点的美术教育的思考等。

采 访 者：李于昆，广东外语外贸大学艺术学院院长，教授。

李健军，广东岭南美术出版社社长。

访谈地点：上海市金沙江路33号

访谈时间：2013年8月8日

美术课程标准研制与项目研究并行

钱初熹访谈

李于昆：在新课程改革过去的十年里，有很多值得我们总结的经验，也有值得我们思考，包括反思的事情。请钱老师谈谈您的看法和意见，可宏观，可微观。

钱初熹：我想谈的是大家都不太了解的、在研制美术课程标准过程中的一些细节。

在2000年研制义务教育美术课程标准时，首先，有关如何分学段的问题是有争论的。有的专家认为学段的跨度要大些，小学分为两段：一至三年级和四至六年级。音乐课程标准就是这样分段的。而《美国国家艺术课程标准》中，学段跨度更大，分为三个学段：幼儿园到小学四年级、五至八年级、九至十二年级。

当时，我正主持教育部人文社会科学“十五”规划基金项目“儿童美术心理发展的研究”。经过实证研究，我们证明小学分为三个学段比较符合中国学生美术心理与能力的发展规律，即一至二年级、三至四年级、五至六年级。因为，学生到三至四年级在美术心理与能力上有较明显的飞跃，五至六年级又是一个飞跃阶段。

现行《义务教育美术课程标准（2011年版）》中，学段分为：一至二年级、三至四年级、五至六年级，初中三年为一学段，这样的分段是比较合理的，也是符合我国中小学生美术心理与能力发展规律的。

另一个问题就是学习领域该如何划分。《义务教育美术课程标准》中“造型·表现”“设计·应用”“欣赏·评述”“综合·探索”，这四个学习领域是按学生的学习方式（或学习行为）来设定的，都是动词，改变了长期以来按照美术门类（名词）划分领域的方式；造型是为了表现，设计是为了应用。当时碰到的一个问题就是“设计·应用”学习领域的范畴，这一学习领域中将“工艺”这一门类包含在内，其实“设计”（Design）与“工艺”（Craft）是两个不同的门类，这样的设定并不是很妥当的。这个问题至今还存在着，无疑是一个遗憾。

与上述两点相关的是当时发生比较激烈论争的，就是小学一至二年级这一学段是否有必要区分“造型·表现”和“设计·应用”学习领域。我和上海师范大学胡知凡教授认为小学低年级应该模糊这两个学习领域，最后我们保留了自己的意见。其实，这也是一个遗憾，因为根据低年级小学生的学习心理与能力，采用统整学习领域的策略是比较好的，这也是世界各国基础教育课程发展的趋势。在英国、美国、日本等很多发达国家里小学教师是不分科的，教师可以统整所有的学科课程，小学生学习绘画后可以迁移到各个学科的学习中，比如在地理学科的学习中可以画艺术地图，在音乐学科的学习中可以用画图形的方式来表现五线谱，在语文学科的学习中可以用图文并茂的方式来写作文。在韩国，小学一至二年级为社会课程，美术、音乐、社会都包含在这一课程中，到了三年级才分科，设置美术课程。目前，上海已经出现这样的情况了。我的一位学生在美术教育本科毕业后，继续攻读美术教育硕士课程，毕业后到宋庆龄学校国际部工作，她自己要求担任小学一年级教师，教所有学科。国际学校不设专门的办公室，教师的办公桌就在课堂里，她觉得这样非常好，可以深入了解每一名学生的心理和个性，可以把美术贯穿所有学科之中。

当然，统整所有学科的课程也带来一个问题，即教师专业性是否薄弱的问

访谈现场左起：李于昆、钱初熹。2013年8月，上海。

题。特别是像美术、音乐、体育这些需要特殊专业知识和技能的学科，如果教师自身缺乏对美术学科的认识和理解以及专业技能的话，就无法为学生提供高品质的美术课程。所以在美国提倡采用艺术家进课堂等方式来解决这个问题，也呼吁小学应配置专业的美术教师和音乐教师。

我们认为，在我国从小学一年级起就设置美术课程，配置专业美术教师，这是我国美术教育的优势。但小学低年级的美术课程在学习领域的设定中可以模糊一些，这样更有利于开展综合学习活动并达到学习迁移的目的。

还有一个争论比较多的问题就是高中美术内容系列的划分。现在分成五个系列九个模块。当时，大家提出以绘画、雕塑、设计、工艺、书法、篆刻这一美术门类划分的方法来设置内容系列。我与胡知凡教授提出增加一个“现代媒体艺术”的内容系列。

李健军：媒体也加进去？

钱初熹：现在的高中课程中有这个内容系列。我们提出后，赞同这一意见的人很少，因为在2001年，数码相机、数码摄像机等电子产品尚未普及家家户户，所以大家质疑这一内容系列在实施中的可行性。当时，华南师范大学黄丽雅教授起了非常重要的作用。那时的情景现在仍然历历在目，黄丽雅教授站起来走到讲台上，用响亮的声音说一定要增加“现代媒体艺术”这一内容系列，如果不加入的话，高中美术课程标准过十年就会非常落后。黄丽雅教授的支持极有力量，得到大家的认同后，“现代媒体艺术”被写入了高中美术课程标准。

美术课程标准研制组组长尹少淳教授是非常优秀的项目负责人，他在出现学术论争，需要磨合的地方，总是虚心听取大家的各种意见，最后做出正确判断。

李于昆：这样的讨论甚至是论争的过程其实是有益的。

钱初熹：是的。美术课程标准的三维目标有几种写法，一种就是分开写，例如音乐课程标准，知识与技能写很多条，过程与方法写很多条，情感、态度和价值观又写很多条，这样的写法就会有很多重叠部分，因为不可能把知识、技能和过程、方法完全区分开。我们学习了国外撰写课程标准目标的经验，将总目标写成一个段落。总课题组也同意这样的表述方式。美术课程标准的总目标中每一句都有一个维度的侧重点，写了几稿后才定稿的。

李于昆：这是正式稿与实验稿的区别吗?

钱初熹：《全日制义务教育美术课程标准（实验稿）》和《义务教育美术课程标准（2011年版）》的总目标都采用这样的写法。

但与《全日制义务教育美术课程标准（实验稿）》相比，《义务教育美术课程标准（2011年版）》的课程目标中有改进与增加之处：“激发创意”（原为“激发创造精神”）；“了解美术语言及其表达方式和方法”（原为“了解基本美术语言的表达方式和方法”）；“改善环境与生活”（原为“美化环境与生活”）；“运用各种工具、媒材进行创作”（原为“尝试各种工具、材料和制作过程”）；增加“了解美术对文化生活和社会发展的独特作用”。

“媒材”这两个字经过讨论，有提议改为“媒介”，但媒材既包括数字媒介，也包括传统材料，这样就非常好了。

李于昆："媒介"更倾向于现代性。媒材就将传统的和现代的都平衡了。

钱初熹：有的地方改动一个词是很重要的，原来是"美化环境与生活"，尹教授提议改为"改善环境与生活"。"改善"包含发现问题、解决问题的过程，学习像设计师一样工作，这是富有智慧的改动。

课程目标中新增了"了解美术对文化生活和社会发展的独特作用"，这一目标也是非常重要的。2008年的《英国国家美术与设计课程标准》中提出"认识美术、工艺和设计从独特的角度为社会经济发展做出的杰出贡献"。我们考虑到与其他学科平衡的问题，想还是低调一点，提出"了解美术对文化生活和社会发展的独特作用"的目标。

李于昆：这个逻辑关系很重要。

钱初熹：2006年联合国教科文组织召开的首届世界艺术教育大会的主题是"构建21世纪的创造力"。通过学校美术教育，培育创意人才，以构建21世纪的创造力，为社会经济和文化的发展做出杰出贡献，这正是学校美术教育的真

义务教育美术课程标准修订工作会议。2007年4月7日，北京万寿庄宾馆。

正价值之所在，也是21世纪国际美术教育的发展方向。我们过去只谈美术教育对个人发展所起的作用，没有论证它对社会的贡献，其实美术是最能为社会做出独特贡献的。将来有美术素养的人，无论从事哪个行业都可以发展得很好，都可以发挥独特作用，甚至做出杰出贡献。

2011年版的《义务教育美术课程标准》中还将原来的“评价建议”，改为“评价要点”，这也是值得注意的地方。

李于昆：“要点”是不是比“建议”会更加具体一点？

钱初熹：显性一点。原来的“评价建议”过于笼统，很难把握，这是许多美术教师提出的意见。还有在“课程资源开发与利用建议”中，我们列举了最基本的美术学习工具与材料。这源自当时我们去重庆忠县调查的结果，在贫困县学生没有三原色和中国画工具，很难保证美术教学的质量。

李于昆：主要表现在师资和硬件上。

钱初熹：美术教师们很了不起。他们组织学生利用当地资源，比如说用柳条来编制工艺品（图1），用泥来做雕塑。但是，在美术学习中，学生没有色彩体验是不行的。

在这里，我仅提供一些有关美术课程标准研制过程的细节，力求为大家理解美术课程标准提供更多信息。

李于昆：那么，这一课程标准正式颁布以后，它跟以前的教学大纲的关系是什么？

钱初熹：我觉得以前的教学大纲有很多值得我们吸取的经验。1992年公布的《九年义务教育全日制小学美术教学大纲（试用）》和《九年义务教育全日制初级中学美术教学大纲（试用）》是一个飞跃。在这两个大纲中，教学目的主要有三点：第一，传授美术基础知识和基本技能；第二，培养学生健康的审美情趣，提高审美能力，增强爱国主义精神；第三，培养观察、想象和创造等能力。教学内容分为绘画、工艺、欣赏三种课业形式。

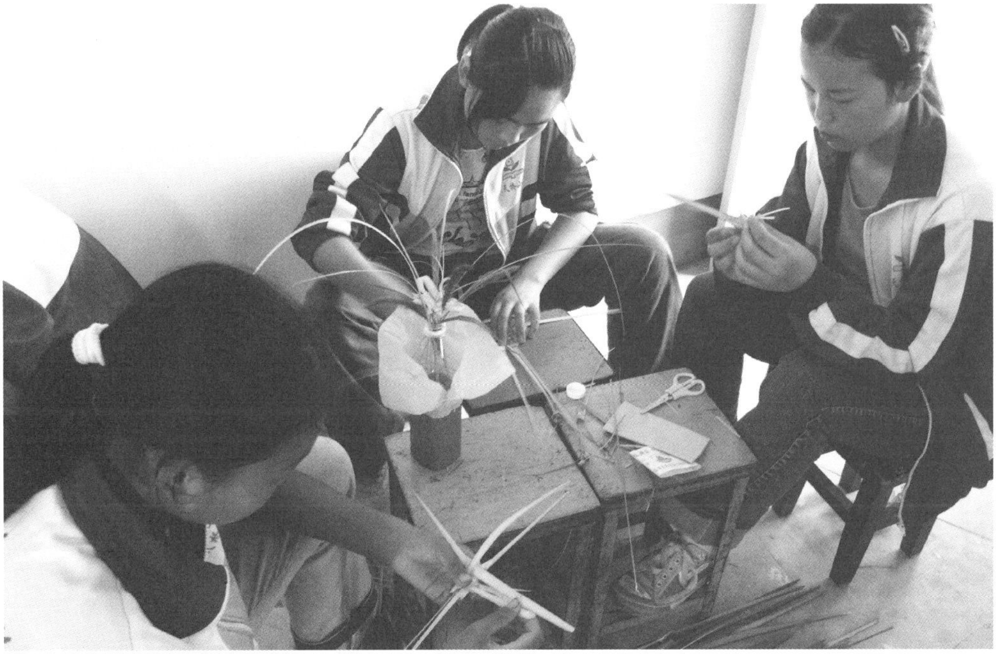

图1　重庆忠县天桥学校的编织学习活动展示。2007年5月23日。

这两个教学大纲的创新之处在于：第一，指明了中小学美术教学的性质、作用和任务，确立美术课程作为“必修课”的地位，并强调美术教育是对学生进行美育的重要途径。第二，在教学任务和教学内容上体现了不同年龄阶段学生美术学习的不同特点。第三，在各课业的比例上有了一定的弹性，并明确规定加入10%～20%的乡土教材、自编教材。第四，在工艺教学内容中增加了现代设计方面的一些内容，例如“进行简单的招贴设计”“欣赏现代环境艺术”等。

当时，这两个教学大纲主要编制者之一的姚今迈教授指出，教学目标三点之间的逻辑关系阐述得不够明确。其实，还有一个领域划分的问题，仅有绘画、工艺和欣赏，没有设计和雕塑，当时这两个门类都归在工艺课业中。

李于昆：这是时代的局限。

钱初熹：在当时已经很不错了。这两个教学大纲，我认为是我国美术教育史上的一个很大飞跃。教材也是根据这两个大纲编写的，岭南美术出版社也组

图2　上海市K11艺术中心的儿童美术教室。2014年8月3日。

图3　家长带儿童观赏新媒体艺术作品。2014年8月3日，上海K11艺术中心。

织编写并出版了一套美术教科书。

李健军：是的。

钱初熹：我大约是在1997年买到了贵社的这套美术教科书，很珍贵的，现在仍放在我的书架上。在教学内容方面，以前的教学大纲都很具体细致，例如，“一年级认识红、黄、蓝、橙、绿、紫等常用的颜色，学习平涂的着色方法”。

李健军：教学内容都很显性，都定准了。

钱初熹：定准了以后会出现一个问题，因为现在发达地区的儿童从幼儿园小班开始就到园外的美术培训机构学习美术了。在不同的培训机构学习，儿童获得的美术学习经验是很不一样的。有的机构很好，非常国际化，开展美术欣赏与表现活动，发挥儿童的想象力和创造力，提供多种媒材与表现方式（图2），但有的机构传授的只是简笔画。2000年开始研制美术课程标准时，中小学生群体中还很少有额外美术学习经验的，也就是说他们主要是在学校学习美术的。现在的情况已发生很大变化了。

李健军：就是说中小学生接受美术教育还不单单在课堂上，他们在生活中还有很多途径可以接触到。

钱初熹：对。在未来几年的上海、广州、北京、杭州、南京等发达城市中，刚进小学一年级的孩子几乎都有额外的美术学习经验，小学美术教师所面对的将是拥有各式各样美术学习经验的学生（图3）。同一年龄的小学生，他们的美术能力与水平却是不同的。所以，美术课程标准中各学段的目标不宜制订得过于死板，要富有弹性。

李于昆：我看到你们有一本《迎接视觉文化挑战的美术教育》的著作，也注意到“美术”这一学科名词的变化，开始称“图画”和“手工”，后来才叫“美术”，当下美术又被“视觉艺术”替代或与之重叠。在这个视觉文化转型中，美术这门学科的内涵与外延有哪些值得我们关注的变化？

钱初熹：这是“儿童美术心理发展的研究”的课题成果，我们当时研究的是视觉文化时代背景下的美术教育。

李于昆：对，就是在视觉文化时代的语境中，美术教育的功能、课程设置等，“美术”这个词义肯定会有新的拓展，这种拓展在您看来变化在哪些方面？

钱初熹：李教授提的问题非常好。这是回归美术教育本质的思考。实际上，我从踏入美术教育领域以来，至今都没有停止对其本质的思考：学校美术教育究竟有什么独特功能？它提供什么？为什么它是非常重要的？它在当今社会和未来社会中究竟有什么力量？我国的学校美术课程最早称为“图画”，当时是出于富国强民的目的。后来改为“美术”，其外延与内涵都拓展了。20世纪后半叶，一些国家改称“视觉艺术课程”，其外延与内涵进一步拓展。最近，我国的学科分类将“设计”（Design）与“美术”（Art）分开了。

李健军：“设计”被单列出去了。

钱初熹：对。当然我国的中小学美术课程是涵盖设计的。我们在研制美术课程标准时就围绕学科名称展开过讨论，是“美术课程”还是“视觉艺术课程”，或是范畴更大的“视觉文化艺术教育课程”。我们认为“视觉文化艺术教育课程”的提法过于宽泛，而“视觉艺术课程”虽有新意，但不太适应我国当时的理解水平。所以决定学科名称仍为“美术”，但对课程的外延进行了拓展，如加入了“媒体艺术”等。外延拓展了，其内涵自然也发生了变化。

李于昆：所以，我很认同你们在美术课程性质中开宗明义：“美术课程以对视觉形象的感知、理解和创造为特征”，我觉得这个提法很好。在美术课程的四个性质里面，首先凸显视觉特性。

钱初熹：视觉性主要是强调美术课程的独特性，还有一个实践性。其实这两条是最重要的，因为其他学科也有人文性和愉悦性。讲到实践性，即“动手能力”其实很重要。国外小学将图画和手工合在一起，称为“美劳”或“图画工作”，这是很好的。我们现在把“劳技”与“美术”分科，在“劳技”课上，教师做什么学生就跟着做，弱化了审美功能。

我的一位在职教育硕士学生，她一直担任美术教师的工作。两年前，劳技教师离开学校后，校长让她挑重担，既教美术又教劳技。她当时很郁闷。但过了一个月，她对我说，现在特别开心，因为课时多了。美术课上，她指导学生设计草图，在劳技课上动手制作。每个学生做出来的东西都是不一样的（图4、图5、图6）。我觉得这个经验很有意义，如果我们以后能够争取到将“美术”与“劳技”合为一科的话，学生的设计能力与动手能力都将得到进一步提高。

我们再说回来吧。如今，视觉文化在大数据时代已经转型了，还有第三次工业革命的兴起，都与美术教育有关。新时代对我们提出了新的挑战。《第三次工业革命》一书中提倡环保的理念与实践。还有一本书是《超越上海》，在这本书里可以看到教育的发展与反思。我觉得研究美术教育不能局限于美术教育，如果不了解世界的发展，不了解新时代的发展是不行的。

目前，我们遇到的最大问题就是美术教育的有效性。人的一生中上了多少节美术课？从小学开始到高中有几百节吧。我询问成千上万的年轻人，问他们“你们还记得小时候上过的美术课吗”，很多人都没有印象，少数人说有一点印象，他碰到特别好的美术老师。当我再追问一句：“你觉得小时候的美术课对你现在的学习和工作有帮助吗？”认为有帮助的人就更少了。

几年前，世界各国做过一个问卷调查，问中小学生：“学校里你最喜欢的课是什么？”各国的答案基本上都一样，“最喜欢音乐、体育、美术。”但问卷最后提问“你觉得哪个课程最有用”，美术和音乐是排在最后面的。调查结果表明，学生们普遍喜爱美术课，但却认为它对自己的未来发展并没有什么帮助。于是，各国的美术教育家和美术教师们重新探究：在新时代背景下，学校美术教育究竟有哪些独特功能？

我认为，在20世纪中期至21世纪初，学校美术课程以发挥学生的个性与自我表现能力为重点，美术教育的社会功能没有得到应有的重视。这种倾向导致美术课程始终处于学校教育课程的边缘。同时，在对数百上千名中小学美术教师进行访谈后，我们发现学校美术课程的重要目标，尤其是学校美术教育在当今社会和未来社会中的独特作用至今尚未被大家所认识和理解，这是造成中小

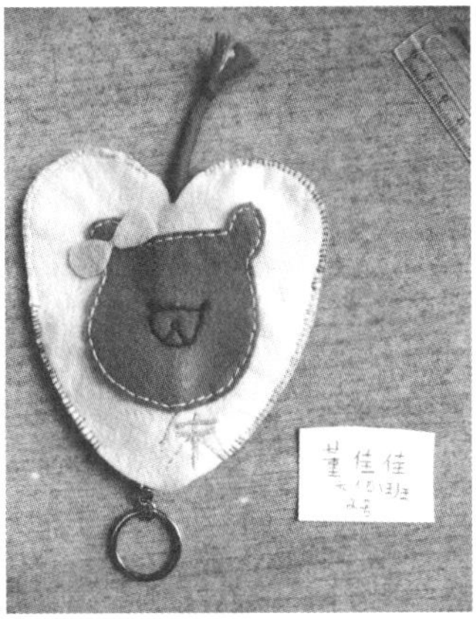

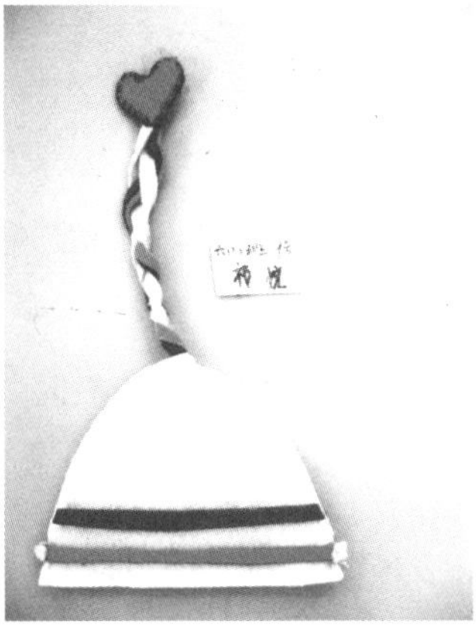

图4、图5、图6　小学六年级学生设计与制作的钥匙包。2012年6月，上海市北海中学。

学美术教学缺乏有效性的主要原因。而美术教育的目标、内容和方法与个人的职业生涯、社会的文化和经济发展脱节，这是造成学校美术课程不受重视的根本原因。

我去年有机会为我校的教育博士（他们大部分是中小学校长）作了讲座。

一开始他们有所抵制，教育博士们并不重视美术教育，因为他们从小没有享受到优质的美术教育。当我用两个小时的时间给他们讲解了美术的力量以及美术教育的力量后，他们都觉得美术课程很重要，表示说："我们作为校长一定支持学校的美术教育。"

李于昆：对校长的培训很重要。

钱初熹：对啊，美术教师都很希望自己的工作得到校长的认同。浙江金华有一所宾虹小学，新建之后，美术教师拥有非常漂亮的专用教室，连凳子上都是学生的绘画作品。那天我们去参观，我听到一段让我很感动的对话，去参观的美术教师对宾虹小学的吴老师说，"这里真好，我们拍照回去给校长看，让校长也帮我们建这样的教室"。吴老师说："这样想错了，第一步不是向校长要东西，你要先做出成绩。原先我们也是白手起家的。"我觉得，校长当然应该重视美术教育，但美术教师自身也要像吴老师一样，首先是为了学生获得美术素养而努力，做出成绩。

李健军：钱老师对新事物比较敏感。

钱初熹：是的，要有敏锐的感性和激情才能感染别人。李于昆教授、李健军社长，你们富有激情才会有这本访谈录啊。

李健军：大家都很支持做这件事。

钱初熹：这个项目非常好，因为可以聊美术教育。现在大家一起聊美术教育的机会很少。

李健军：现在对美术教育本质的思考，教师跟教师之间好像也讨论不起来。讨论的都是很具体、很实在的东西。

李于昆：做美术教育还要有一种理想。完全从实用主义出发，那就到此为止了。

钱初熹：李教授提议编写这本访谈录是一件非常了不起的事，它具有深远的意义。现在关注美术教育本质与历程的人真的不多，所以我觉得，如果能够聊美术教育这本身就是很不容易的一件事，这个话题你们带领大家聊起来，很了不起。

我们再聊一下美术教育的研究吧。我们所做的国家研究项目的课题都是具有前瞻性的。我国在2004年提出文化创意产业。2008年，我们开始进行“文化创意产业与当代学校美术教育的研究”。在这个之前，我们进行了“美术教育促进青少年心理健康的实验研究”，后来汶川地震，这一课题研究成果给许多美术教师以启发。之前，我们进行了“迎接视觉文化的美术教育”的研究。我们认识到只有不断进行研究，才会加深对学校美术课程的认识与理解，才能真正实施有效的美术教学。

我希望将来美术教师都像李教授这样，有激情，然后去做研究，有了研究基础，才能做出好的美术课程标准。

李于昆：刚才钱老师说到一个很重要的观点，就是在研制课程标准的过程中，自己同时在进行课题研究。

钱初熹：是啊，其实李教授是很早就开展美术教育研究的学者。《中国美术教育》杂志中有很多您的文章，我在留学时期读了您的多篇文章。

李于昆：是写过一些，那不像样了。

钱初熹：没有啊，当时给予我很多启发。

李于昆：我们换个角度来谈。上海的国际化程度、开放度都很高。上海徐汇中学就是最早在中国开设音体美课程的一所中西交融的学校。我们知道钱老师做中西比较研究，而且您本身又从日本留学归来。中外比较也是您研究的一个领域，我想就这一方面探讨一下。

钱初熹：你们以后有机会去参观一下徐汇中学。这所学校有一个陈列室，还保存着当时的美术教科书（图7），是从法国引进的，还有当时学生的美术作业。徐汇中学很漂亮，老建筑是那种梁柱式结构，最上面一层现在是美术专用教室，还有一个展厅（图8），光线从老虎窗射进来。我们还在那里面开过“馆校结合美术教学研讨会”呢。徐汇中学有很优秀的美术教师团队，历任校长都很支持美术教育。

谈到中外比较研究，现在有一个提法——引智，即“引进智慧”。其实美术教育也需要引智，扩展视野是非常重要的，“你眼中的视野有多大，你心中的舞台就有多大”。现在还有一个新的关于国际视野的观点，上海《社会科学报》上的一篇文章中说：“中国和世界是两极的思维方式，具有局限性。在未来，中国的经济规模如果达到美国经济规模的两倍，到那个时候，中国人可能具有一种全球意识，中国人成了全球或世界的中国人。”读后，我改变了原有的两极的思维方式。我也希望这一新的看世界的思维方式对美术教师们有所启发。

第二个观点就是关于传统，即继承传统是采用静态的再现观，还是动态的

图7、图8　上海市徐汇中学陈列的法国中学美术教科书与该校展厅。2012年9月10日。

发展观？最近我们进行了亚洲地区中小学美术教科书中的传统文化的研究，通过国际比较，我们发现韩国在这方面做得非常好。韩国的中小学美术教科书中包括书法的内容，有一个单元的课例先是写书法，基本笔法等，属于继承传统的内容；然后是将传统的书法运用于现代设计的内容，指导学生进行设计，将书法运用在包装上或屏风上等现代生活中。

通过比较研究，我们发现我们原先对传统的继承以静态的再现观为主，对动态的发展观重视不够。如果不进行深入的美术教科书的国际比较研究，我们是认识不到这一点的。诗人西川指出："这里面蕴含了一个激活传统的话题……我们要拿传统干什么呢？在所有可能的答案中我选择这样一个回答：传统可以帮助我们再一次想象这个世界和我们的生活。"其实现在说的"传统"，在当时社会上是创新。如果当时古人没有创新，现在我们会有传统吗？

李健军：是的，就像京剧也曾经是"流行歌曲"。

钱初熹：对啊，当时也是创新。如果我们这个时代只有继承，没有发展的话，我们就不会为我们的后代留下我们这个时代的传统。经典不仅具有"过去性"，同时也具有"未来性"，对经典的重新认知也取决于我们怎样看待自己的未来。这是一个很重要的观点。

国际视野是非常重要的。有了国际视野以后，更难的就是如何将国外值得借鉴的经验结合我们国情来付诸实践。比如说，最近在新媒体艺术教学方面，我们有了较大的突破。在《义务教育美术课程标准（2011年版）》第四学段的内容中有"欣赏新媒体艺术作品"的学习建议。我们认为仅仅是欣赏是难以体验新媒体艺术的，所以在华东师范大学美术教育实习中，我们在中学实施了融鉴赏与创作为一体的新媒体艺术课程，取得了显著的成效。国际上，新西兰、加拿大、澳大利亚，包括美国2014年出台的艺术课程标准中，都包含五个领域。分别是视觉艺术、舞蹈、戏剧、音乐和媒体艺术。

李于昆："媒体艺术"单列？

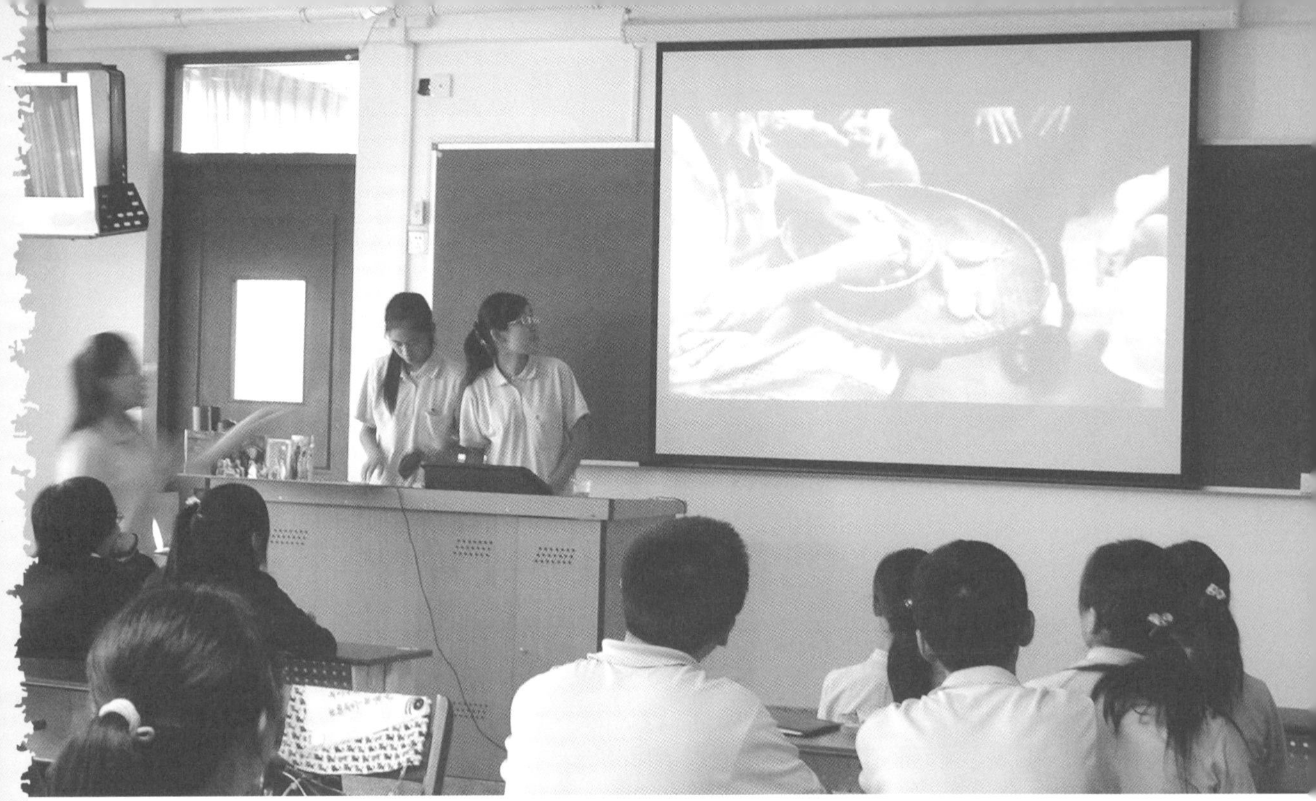

图9　上海市宜川中学学生正在发表微电影作品。2006年10月17日。

钱初熹：因为它不能归在美术里，媒体艺术中还包括音乐、舞蹈等。目前，我国将新媒体艺术放在美术课程中。广州较早就开展了这方面的教学实践，丁戈老师指导学生拍摄微电影。

李于昆：丁戈是广州的一位中学老师。

钱初熹：我每年都组织美术教育专业的本科生观看丁老师指导学生对自己小组拍摄的微电影进行评价的课（光盘），本科生受到很大启发，在教育实习中积极开展新媒体艺术教学。（图9）

国外发表的最新论文有很多篇是探讨新媒体艺术教学的，因为这是一个新的突破点。由澳门艺术博物馆和中国美术学院副院长一起编写的《澳门的色彩》一书，将拍摄澳门城市景观与色彩分析结合在一起，给予我们很大的启发。

李健军：国内出版的吗？

钱初熹：澳门出版的。我们正在做一个非常有意思的摄影课程，这是有故事的，不是一般的再现摄影，有城市精神与文化观念在里面的。

现在很多中学生在美术教师的指导下都在拍摄微电影，学生的微电影作品反映了他们的人生经历和他们感兴趣的事物以及背后的故事，不仅形式新颖还富有内涵。我们现在正在推广动画教学，不是Flash动画，而是定格动画，非常易于实施与推广。

李健军：上次钱老师不是推荐一个软件吗？它就是拿一张张照片来做，成本又低。

钱初熹：不要成本。眼前这个杯子，如果要让它走起来，我们就拍照，照相机固定不动，每移动一下杯子，就拍一张照片。以前，我们是一张张画在小本子上的，现在不用画了，拍就行了。

李健军：现在是将照片导入软件中就好了，木偶式地一个个动作地拍。

钱初熹：用“会声会影”或“Movie Maker”软件，导入连续拍摄的照片，一下子就生成动画了。我们最近开发的剪纸也是可以动的。国际视野非常重要，我的一位学生发来一组外国刻纸作品。我们发现，这组作品的最后是一张会亮灯的圣诞树作品，研究生就将这一方法开发出来了：《中华艺术宫》顶上的天空小鸟在飞翔（图10）。现在这一课程已经在小学成功推广了（图11）。

图10、图11　《中华艺术宫》剪纸动画和小学生创作的《中华有衣》剪纸动画作品，2013年3月-6月。

我们这个团队的教师和研究生们，他们学习了国外的经验，就马上行动起来，把国外的理念和实践经验结合我国的文化，用多种方法进行课程开发。现在我所进行的教师培训比较有说服力，就是因为我们全都做到了。

还有在美术鉴赏教学及其研究方面，我们也开展得比较顺利。有一次，我去做初中美术鉴赏教学的培训，我结合案例讲解了费德门的鉴赏方法。在互动时，教师们表示最大的收获是学会了这个方法，即用“描述→分析→解释→评价”的方法鉴赏作品，可以从一幅画开始，然后有兴趣再去探究背后的东西，教师们愿意运用这一方法开展专题鉴赏教学。这是因为初中美术教师要备方方面面的美术课，在专题鉴赏方面无法像高中美术教师那样进行深入的备课，而掌握了费德门的鉴赏方法，就可以指导初中生学会用这一方法欣赏与评述美术作品了。

我们现在进行一项高中美术鉴赏教科书的调查，许多高中生反映美术教师只在课上讲美术家的故事，而他们希望学习鉴赏美术作品的方法。最近，我问了很多年轻人，知道一些名画吗？他们说知道的，我很开心，心想：美术教学改革有成效了。我再追问：是不是美术课上学到的？结果，他们都说是历史课上学到的。事实上，如果我们不教鉴赏美术作品的方法，只讲故事的话，语文教师可以讲得很好，历史教师也可以讲得很好，甚至连体育教师都能讲。

以往师范院校的美术史课程，本科生都是边听教师讲，边看幻灯片，觉得很新鲜。现在这些知识，网上都可以看到，许多视频也都可以看了，本科生完全可以自学，而鉴赏美术作品的方法与研究美术史的方法才是本科生需要学习的。因此，首先要改革师范院校的美术史课程，要指导本科生（未来教师）学会鉴赏美术作品的方法以及研究美术史的方法，否则将来中小学美术鉴赏教学还是这样的。

李健军：还是没有解决问题。

钱初熹：我们也在这方面努力，在2004年就开设了美术鉴赏教学研究的课程，指导硕士研究生（未来美术教师）学会欣赏一幅名画，一开始就是采用“描述→分析→解释→评价”的方法来进行鉴赏的，要求直接从画上看，不要先找资料。在描述、分析阶段，研究生们都做得不错。但到第三阶段，对“艺术家为什么要这样画”，“他传递的是什么信息”进行解释时，就遇到困难了，他们很难在没有资料的情况下，从美术作品中解读其内涵。而第四阶段，对作品进行评价时，研究生们就去找美术史的资料。其实评价有两种，一种是主观的：“我喜欢这幅画吗？”另一种是客观的：“这是一幅杰作吗？”最后，研究生们在学会这一鉴赏方法的基础上，又学习了多种鉴赏的方法，例如立体看作品的方法（有利于理解作品中的空间关系）等。我们现在做了很多名画和建筑的模型，很有意思的（图12）。像这样的方法，在中小学教学中易于推广，从一幅画或一件作品入手，中小学生可以学习并掌握欣赏与评述的方法（图13），也可以开展讨论，有的说这样解释，有的说那样解释，最后教师提供一个美术史上的结论。这是关于鉴赏教学的改革，这个话题这次是谈不完的。

图12　世界名画《宫娥》的模型。2012年12月，华东师范大学艺术学院。

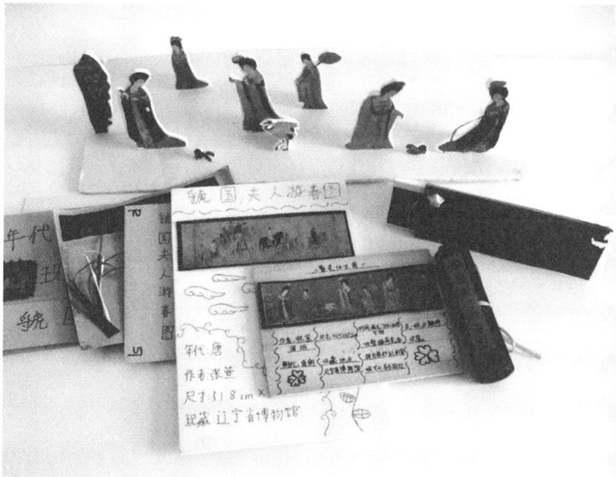

图13　小学生欣赏中国古代名画的研究性学习成果。2011年12月15日，上海市北海中学。

第三方面是美术创新课程的探究，比如在第三次工业革命背景下的“变废

图14　高中生正在将自己的旧衣服改造成时尚新衣。2010年10月22日，上海市宜川中学。

图15　设计使“旧物新用”。

为宝”系列课程。变废为宝原来有一些误区，比如服装设计，弄了很多材料，如塑料袋等，有时还去买新的材料，做好后展示一下，也就扔了。用纸杯做条龙吧，纸杯也是买新的，最后也扔了。现在，我们开展的都是真正变废为宝的教学活动，比如在中学开展的“旧衣改造”课程，把旧衣进行改造后，可以穿在身上（图14），还可以将旧衣改成时尚拎包等。国际上，这是一个新的“生意经”，有很多即将关门的裁缝铺，将客户的旧衣重新改造以后，变成独一无二的时尚服装，取得了成功，重振了裁缝行业。

图16　初中生将自己设计与制作的插花作品送给食堂阿姨，表达感谢之情。2012年11月29日，上海市普陀区教育学院附属中学。

像这样的“变废为宝”的课程，对于中小学生来讲最大的好处就是激活了他们的创意思维，这种灵活的思维方式是他们将来无论从事何种工作都需要的。

我们现在物质太多，太浪费，目前已经有很多艺术家在做这件事情了。感谢贵社出版的《周末画报》，《周末画报》给我很多新的思路，请看这条小小的新闻：“旧物新用”，将旧的牛仔裤和皮带重新改造成一个品牌的拎包（图15），用设计的力量赋予其新的价值，而它的价格是1500元。

李健军：好像见过类似的，在什么地方见过。

钱初熹：通过学校美术课程，给予学生这样的创意思维是很重要的。学生从小有这种思路，将来做什么都会很成功，也会为社会做出贡献，这就是美术教育的力量。如果我们坚持开展这样的美术课程，再过几年，当我采访这些中小学时代经历过优质美术学习的年轻人时，相信一定会得到他们在自己的工作中运用美术素养的回答。

我国教育部最近提出“立德树人”的方针，我认为中小学美术课程是贯穿这一方针的最有效途径，已有许多美术教师在美术教学实践中进行了这方面的探究，如“花的感恩”（图16）等课程与教学取得了显著成效。

李于昆：刚才谈到国际视野等问题。您看我们现在谈话的这个地方，就充满着国际化元素，用照片拍出来不会觉得这是在中国。在这种公共视觉中，国外的东西大量充斥我们的眼帘。另一方面，我们中国本土的、民族的东西反而呈弱化状。

钱初熹：在《文化创意产业与当代学校美术教育的研究》这本书的第三章“文化创意产业与中国传统文化教育的研究”中，我们力求解决这个问题。我借用生命科学中DNA的定义，将“中国元素”比喻为中国传统文化中经典图像的遗传基因——“中国DNA”，这表明“中国元素”是一个固有的、有传承的、延续至今的、内涵广阔且深刻的图像体系。同时，借用“重组DNA技术”的定义，即用美术教育的手段对“中国元素”进行改造和重新组合，这是以“中国元素”为核心的创意美术教育的基本方式。其中，包括对“中国元素”的精细分析、部分序列的去除、新序列的加入和链接等。

上海市同济大学第一附属中学李冬青老师认为在中学美术教学中存在一些问题：第一，单纯模仿传统美术的形式和技巧，未能对其文化内涵做进一步探究；第二，传统美术教学的内容忽视与初中生实际生活的联系，难以激发他们的学习兴趣。针对这些问题，她探索了从传统文化组成部分的传统美术的“形”与“神”的层面上提取传统元素的方法，并围绕传统元素进行单元课程设计。在这一系列美术教学活动中，她引导初中生对传统文化的内涵进行探究，并有机融入流行元素，注重与初中生现实生活相联系。初中生的学习兴趣被激发起来，积极主动地对传统美术进行探究，提高了自身的美术素养与传统文化修养（图17）。

所以，我觉得对问题的探究要回到原点：为什么要这样来做？并不是把传统文化都放进美术课程就可以了，如果灌输给学生，学生并不一定接受。现在，各地都在积极开发当地的美术课程资源，但是否存在停留于表面的现象呢？

学习中国传统文化是非常重要的，我觉得李教授的这个问题很好。我们所面临的问题，并不是没有学习中国传统文化的课程，而是急需提高其有效性，不单是对其外延（如皮影、剪纸等）的认识，还要提高对其内涵的理解。

李于昆：我在英国大英博物馆看馆藏作品，其中印象深刻的一件事，就是日本人特别重视对自己民族文化的宣传和推广，大英博物馆本来是没有日本馆的，就是日本人强烈要求在大英博物馆设一个日本馆，他们自己出钱，把日本的文化和美术作品汇聚在日本馆。

钱初熹：我在机场时看到一些杂志上刊登有关日本传统文化的观点，就记在小本子上，例如“过去不再是负担，那股强韧的生命力始终能与时代潮流相抗衡”“这种强大的生命力，至今仍代表称为和风的古代日本的风格，它悠然地活在现代日本的街头，活在我们能看到的和服、日式房街和陶艺的装饰之中”。

李于昆：看到钱老师，我又想起一个话题，您是课程标准研制组核心成员中的一位女性，从一个女性的角度来说，您有什么体会？

钱初熹：由于性别的差异，我可能考虑问题更细致、更入微一点。能参加美术课程标准的研制工作，还要感谢上海师范大学的王大根教授。当时，教育部采取各地自行申报课程标准研制项目的方式，由于华东师范大学是教育部直属院校，王教授就推举我担任申

图17　中学生正在鉴赏与评价自己创作的富有中国元素的美术作品。2010年2月24日，上海市同济大学第一附属中学。

美术课程标准研制组部分成员于北京郊外戒台寺前的合影（2002年冬）。从右至左：尹少淳、黄丽雅、王大根、钱初熹、李小夫、米海峰、陈通顺、李绵璐、侯令、胡知凡、黄宗贤、陈寿鹏、王竹、杨建滨。

报课程标准研制项目的负责人，这样我们的申请书就可以直接送至教育部。大家都很谦让，让我来做负责人，王教授的资格比我老。开始我觉得不太妥当，后来，我想为了大家就承担下来了。当时，有四份申报书，分别来自课程教材研究所、华东师范大学、华南师范大学、华中师范大学，最后评审结果是课程教材研究所和华东师范大学这两个组合并。第一次开会在教育部，就四个人，尹少淳和我（作为课程教材研究所、华东师范大学的代表），黄丽雅和杨建滨（个人代表）。当时上海组申报项目时，程明太老师也参加了，是有很大功劳的。申报时，我们组有十几个人，但只能从中选五个人：王大根、胡知凡、卢辅圣、李维琨和我。

李于昆：美术课程标准研制的这个团队，是非常好、非常和谐的一个团队。

钱初熹：美术课程标准研制是国家的事情，个人的名声都是身外之物。我们有生之年能为美术教育做出贡献，真的很幸福。我们这个团队非常和谐，我认为这是与组长尹少淳的智慧与能力分不开的。每位组员都有不同性格，尹教授都能让大家发挥作用，团结合作。

李于昆：看来在合适的时间找到一批合适的人，做一件合适的事情，本身就是一件值得回顾、总结和展望的事情。

王大根

受 访 者：王大根，上海师范大学美术学院教学教授、硕士生导师。曾任上海师范大学美术学院教学与研究生副院长，教育部《美术课程标准》课题组核心成员，上海市二期课程改革初中美术课本主编，“上海市名师名校长培养工程”美术名师培养基地专家指导团导师，香港教育学院文化和艺术创作系名誉教授，教育部《美术课程标准（修订稿）》审议委员，中国美术家协会美术教育委员会委员。

访谈提要：访谈围绕《学校美术教育目的论》《美术教学论》等著作，以及“后现代课程观”和《美术课程标准》研制中的有关问题展开，同时对美术课程中的“四个学习领域”“美术语言”，新课程提倡的自主、合作和探究的学习方式，以及建构主义学习方式和基于信息技术的学习革命两大教学改革的任务等方面提出进行讨论。对“一课一练”的小作业及其教学方法提出不同意见，提倡“像美术家那样创作”的学习过程，并以自己的教学实例，阐明了继承和创新的关系，进而总结出过程目标应包括操作的过程、解决问题的过程和师生成长的过程等三个层次，还以“国际文凭组织课程”的案例来阐明国际社会美术教育的发展趋向。

采 访 者：李于昆，广东外语外贸大学艺术学院院长，教授。

李健军，广东岭南美术出版社社长。

访谈地点：上海师范大学国际学术交流中心

访谈时间：2014年5月8日

中国的美术教育改革任重道远

王大根访谈

李于昆：大根老师长期以来在美术教学论上坚持教学与研究并进。今天看到您带来自己先后不同时期出版的一些著述，感到很亲切。我们就从您最早撰写的《学校美术教育目的论》谈起，据我所知在国内研究学校美术教育目的论这本书应该是第一本。

王大根：是的，是一本真正美术教育基础理论研究的著作，1994年出版。原来大多是美术教材教法之类的。

李于昆：据说您2000年出版的《美术教学论》也具有开创性的意义。由此我想到《美术教学论》跟《学校美术教育目的论》一定是紧密相关的，是什么原因促使您在较早的时候就思考、研究和撰写呢？

王大根：这就要说到与聂南溪先生的联系交往了。1986年我在《美术教育》第2期（《中国美术教育》的前身）发表了第一篇高师美术教育的论文《从增设版画为高师美术专业必修课谈起》，从那时候开始，陆续发表了一些文章。聂先生当时任湖南师范大学美术系主任，较早关注和致力于美术教育教学研究，很希望我调过去与他们一起研究高师的美术教育研究。

为此我去了一次，发现他想的研究主要是高师如何教好素描课、水彩课、

访谈现场左起：杨国昕、李于昆、王大根、李健军。2013年8月，上海。

国画课，提高高师的学科教学质量，却不是高师如何更好地为基础教育服务。

虽然我深知高师学科教学需要改革，但高师改革的目标并不仅仅于此，主要应该是为基础教育服务。所以我开始思考高师美术教育到底应该是什么？1986年，当时国家教委设置体卫艺办公室，由杨力主持工作，征集高师美术教育改革的文章。1990年我上报长达2万字的论文《论“多功能创造型美术教育人才”的培养》。后来“国家教委体卫艺办公室”升格为“国家教委社科艺术教育司”，1991年秋在哈尔滨师范大学召开了“高师艺术教育改革研讨会”，这个研讨会规模很小，不到10个人。为此，我又写了一篇长约3万字的论文《高师美术教育改革的思考与建议》，杨力看后通知我参加这会。杨力说：“这次来的都是院长、系主任，只有你是个小兵。”

1991年我才40岁，在圈内算一个新兵，也没什么熟人关系。杨力说：把你请过来就是因为看了你的两篇文章，以及里面使用的系统论、方法论、耗散结构论等观点。那文章从研究方法、办学原则、教育科学、美术本体、方针政策、社会需求、改革阻力、美术教育观、办学指导思想、目标任务、教学方法、教学评估、师资队伍等16个方面提出高师改革建议，又通过“高师美术教育专业与全社会美术教育大系统结构示意图”更直观地做出分析。同时还附上

《“超绘画性美术教育构想”概论》和《论“多功能创造型美术教育人才”的培养》两篇附件。他说，别人都没有做那么复杂的梳理和研究。

写了这篇文章之后我又思考，高师要为基础教育服务，那么中小学美术教育的目的到底是什么呢？

李于昆：那时像您这样去认真追问“目的论”的人的确不多。

王大根：其实至今许多人还是认为，美术教育就是学画画，而且还是传统的画画、现实主义审美观和教育观。为此，1990年我发表《超绘画性目的美术教育构想》[①]一文，认为美术教育不仅仅是绘画，还包括美术史论与欣赏、右脑开发、自我实现、人格完善等逐级递进的五个层次的目的，这一观点与如今“人的全面发展”和“三维目标”都相符。那时，我就是怀着一种很朴素的感情在做。此时一位中文系的老师说“你这个研究可以申报课题的”，当时我还不懂什么是课题。后来正好遇到“全国教育科学‘八五’规划”申报的机会，我就申报了“学校美术教育的目的性研究”，但是我那时没有高级职称。

李于昆：按照课题申报规定，申报者没有高级职称则要求要有两名高级职称的教师联名推荐。

王大根：对，我到南京师范大学找了陈通顺先生，又到上海找了上海师范专科学校的柴庆翔先生。那天瓢泼大雨，从我当时的工作地安徽阜阳到南京，再到上海，赶到柴先生家里已经很晚了。当时我和陈通顺先生、柴庆翔先生都素不相识，贸然打扰，可两位先生都热情接待，及时帮我写好推荐意见，我即顶着滂沱大雨、高温酷暑返回阜阳。托两位前辈之福，课题申报成功了，确立为“全国教育科学‘八五’规划青年专项重点课题——美术教育的目的性研究”，从立项到完成共用了五年时间。1992年我买了一台王码286电脑，加上彩色显示器、40兆的硬盘、王码480卡、CR3240打印机等，共花一万多元，现在看

① 王大根《超绘画性目的美术教育构想》，刊于《中国美术教育》，1990年第4期。

来简直不可思议！虽然用的还是DOS系统，毕竟提高了写作和修改的速度，那时只有王码五笔输入法，所以我一直用五笔打字。

在这台286电脑的帮助下，终于在1994年元月出版了《学校美术教育目的论》。这本书包括两大部分，一是美术教育的社会性目的，就是社会为什么要办美术教育。考证了国内外各种美术教育理论，并从生存物质环境、人际社会环境、文化艺术环境和经济发展环境等四方面阐述了学校美术教育的社会性目的，建立了美术教育社会学。二是美术教育的个体性目的，即美术教育对人的发展有何作用。其中牵涉许多美术教育心理学问题，就是美术教育如何发展学生的感知觉、注意力、记忆、思维、言语等五大智力因素；然后是美术教育如何促进学生的动机与兴趣、情绪与情感、气质与性格、能力等个性品质（非智力因素）。对美术教育从宏观到微观都做了基础性的思考。

而且，我在写这本书时，在阜阳师范学院附中兼职教了5年初中的课，书里所有的课例全部是我自己上课上出来的。这不但使我了解了初中美术教学，取得很多成功的经验，而且总结出一系列重要的教学观点。那么，为什么要从初中突破呢？因为我隐隐约约感觉到美术教育中的“青少年危机”是个难题，后来才知道这还是世界性的难题。我想其中的原因是什么，又如何能让学生渡过“青少年危机”？为此做了很多探索与思考。后来发现，“青少年危机”主要出现在写实性绘画中，我的解决办法有：一是通过单眼观察、负空间观察等提高学生的观察能力，使之能画出写实的形象；二是降低写实性要求，在绘画中允许肆意的表现性风格或工整的装饰性风格，或进行纸版画或抽象画创作等；三是开展各种设计和手工制作等课业绕开写实要求等措施，从而有效缓解“青少年危机”。

同时，通过对儿童言语发展的研究后，提出“儿童绘画——言语发展相关论”，把绘画当作一种形象化的书面语言，尤其在形象思维占优势的幼儿阶段，绘画是一种认知活动，能有效促进言语的发展，从而揭示了幼儿美术教育的重要意义。后来，专家们在成果鉴定书中认为：“特别从语言角度论证了儿童言语发展同儿童绘画之间的密切关系，为指导不同年龄阶段的中小学生的美术教育提供了重要的理论依据，对美术教育中出现的‘青少年危机’这一世界性问题产生的心理机制的分析及解决这一问题所提出的对策等，不仅丰富了教育科学理论，而且对提高初中生学习美术的兴趣，对当前中小学美术教育改革都具有重要的指导意义。”

由于这书揭示了美术教育社会学、美术教育心理学等规律，提出了一些能解决美术教育各种困惑的重要观点，时至今日，这20年前的观点仍具有现实意义，湖南美术出版社已将其列入再版计划。

李于昆：看来，您不但研究宏观的美术教育目的，还关注美术教学实践研究，能否再说说您的《美术教学论》？

王大根：我到上海以后，碰巧又教了5年的校外的小学美术课，我收集了一大批小学生的速写、素描和水粉画作品，丰富了我的美术教学经验。然后又通过带师范生的实习、教“美术教学论”这门课程和带美术学科教学论研究生等，慢慢地美术教学方面变成我主要的研究方向。当然其基础就是前面做的系统而深入的对美术教育终极目的的研究。

《学校美术教育目的论》是1994年出版的，我1995年调到上海师范大学后才知道，国家有个文件把“教材教法”统一改为“学科教学论”了。上海师范大学集中了各学科教学论的教师成立了“课程与教学论研究所”。之后我又研究了5年，完成了“上海普通高校'九五'重点教材"研究项目，2000年出版了国内第一本《美术教学论》。教学论本身有一整套理论体系，我就将"教学论"初步移植于中国的美术教学之中。我淡化了一些认知性、记忆性较强的内容，加强了观察、想象、思维等与美术相关的内容。然后根据各类美术教学的特点，比如绘画教学和设计教学和工艺教学有何区别，欣赏教学应该有何要求等，归纳出各门类美术教学的规律。加强了教学理论、教学设计、教学策略和教学方法等内容。

相比其他同类教材，你不难发现（美术学科）往往前面是美术教育史、美术教育总论等，后面则是怎么写教案、怎么教学，就是传统的教学法，也有的就是课标的解读或教学案例集。而中间缺少现代课程与教学理论，大家对教学要素、教学设计、教学模式、教学策略、教学方法、教学评价等教学理论都比较陌生。我的《美术教学论》就运用课程与教学理论，建立了比较严谨的美术教学论的知识体系，在国内各大师范院校广泛使用，有相当的影响力。可是出版合同是10年，2010年后就不再出版了。由于这书是2000年出版的，正值国家启动了基础教育课程改革，提出了一系列新的精神、理念和具体要求，这些新的东西就没有收进这本书里面去。

南京师范大学是中国美术教育的发祥地，2011年南京师范大学美术学院院长刘赦提出要根据教育部《全国普通高等学校美术学（教师教育）本科专业必修课程教学指导纲要》编写一套12门必修课程的教材，要求我担任其中《中小学美术教学论》的主编。于是我通过短信群发，邀请了国内11所师范院校的12位专职美术教学论教师合作，结果，不到两小时全部复同意，大家非常支持。2011年6月11日在南京师范大学出版社召开了组稿会议，表达了各自的思路，解决了疑虑，明确了任务。

大家虽然都是高师的专业教师，对现代课程和教学理论、新课程的理念和要求却有不同的认识。为统一口径、保证质量与进度，该书修订是在我原来那本《美术教学论》电子稿的基础上改掉过时或过于理论化的东西，加上新的理论、资料、案例和图片，锦上添花。《中小学美术教学论》的学术价值首先是把美术教学置于视觉文化时代和网络信息时代这一宏观背景下，全面融入了后现代课程观、多元智能、杜威的经验主义课程理论、建构主义学习理论等新课程倡导的理念，并提供了各种可操作的工具、模板以及学习方法，精心打造了一个全新的美术教学论。尤其是做好“学习目标”“读前思考”“教学案例”“学术观点”“文件摘要”“技术促效”“对未来教师的建议”等栏目，从而使该书拥有更加多元、立体的知识结构，也更方便、实用。而且把建构主义学习方法渗透其中，帮助高师教师的运用，也能让学生经历和体验新的学习方式，把我国“美术教学论”的研究水平推向新的高度。

李于昆：对了，您提到“后现代课程观”，能否简单地说说什么是“后现代课程观”？与此前的课程观究竟有何不同？

王大根：此次课改实际上借鉴的是后现代课程理论，其实质到底是什么，我们的研究还很不够，它是个发展而多元的理论。但是我们不能一无所知，一定要了解其实质性的内核，然后为我所用。

大家知道，后现代主义是对现代主义的超越，那就有必要先了解一下什么是现代主义。16世纪和17世纪的科学家们开始以规律性的词汇来描述宇宙，牛顿的形而上学观和宇宙观为现代思想界提供了因果预测性、线性序列性和封闭方法论的基础，形成一整套以现代物理学为基础的科学理论体系，从而引发了18世纪的欧洲工业革命，使人类进入现代社会。从而也逐步产生了以掌握科学知识为目的、标准化的班级制学校教育体系，以及各种教育理论。

但是随着科技的发展，社会已进入网络信息时代，教育也应随之而改变，后现代课程观应运而生。多尔的《后现代课程观》认为其基础理论主要有皮亚杰的生物学世界观、混沌学以及杜威的经验主义课程观，下面略作介绍。

首先是生物学世界观。依据牛顿稳定的世界观，物理学把复杂还原成简单，把生命现象还原为物理化学现象。皮亚杰则主张生物学世界观和开放的、交流的宇宙观，人类的本质是生命系统、开放系统，其基本特点是相互作用。生命系统中，各组成部分是相互联系的。一棵植物就与环境相互作用，吸收养料、水分、阳光等，而且在不同的地域会发生变异，譬如南橘北枳。课程与教学是复杂的，学生是独特和丰富的；教学也是相互作用而不是灌输，课程是协商的而不是预定的；课程资源包括丰富的当地资源和现实生活；在开放的课程系统中，出现的问题与干扰是促进学生发展以及促进课程发展的重要策略，能丰富课程，是课程“发展的内驱力”。所以新课程倡导利用当地资源开发校本课程，从而使各地的课程丰富多样并不断发展。

其次是混沌学。1972年E. N.洛伦兹在美国科学发展学会发表了名为《蝴蝶效应》的论文，认为：在巴西一只蝴蝶翅膀的拍打能在美国得克萨斯州产生一个龙卷风。说明某细小因素都可能对系统产生巨大的影响，从而出现种种不可预测的情况。也就是说，现实生活（世界杯、股票、天气预报等）以及课堂教学是个复杂系统，充满着变幻莫测、不可预测、偶然、不确定等各种因素和现象，都是牛顿经典物理学所不能解释的。所以后现代课程观认为，必须改变现代主义课程封闭系统、简单结构和累积变革等特征，建立“混沌学”的观点，以开放的、复杂的、转型的态度认识世界、看待教学，而且任何教学细节（蝴蝶振翅）都可能对教学、对学生发展产生重大的影响。

其三是杜威的经验主义课程观。课改之前，我们推行的是“学科课程”，以系统地掌握学科知识技能为目的，比如原《美术教学大纲》要求：“通过美术教学，向学生传授浅显的美术基础知识和简单的造型技能……”注重得到“鱼”。新课程为了“改变课程内容‘难、繁、偏、旧’和过于注重书本知识的现状”，重新借鉴杜威的经验主义课程观，强调课程内容与学生生活以及现代社会和科技发展的联系，关注学生所获得的经验。因此《美术课程标准》的表述就变成“学生以个人或集体合作的方式参与美术活动……了解……运用……表达……获得……形成基本的美术素养”。强调获得“渔”。有趣的是杜威的“经验”是个“双义语”，既是动词又是名词。他说：“经验即人（经验的主体）与环境（经验的客体）之间的相互作用，它既是经验的过程，也是经验的结果，是经验的过程与结果的统一。它既指经验着的事物，也指经验着的感受，是经验着的事物与感受的统一；经验既是一种思维和反思，也是一种改变自然社会、环境的‘实验’，即‘从做中学’。”[①]所以，新课程从“学科课程”转向“经验课程”，强调“过程与方法”，强调与社会联系和实践活动，“从小学至高中设置综合实践活动并作为必修课程，其内容主要包括：信息技术教育、研究性学习、社区服务与社会实践以及劳动与技术教育。”[②]

由此，后现代的知识观也发生了改变。原来的知识指书本知识，源于客观世界，是一样的，并赋予知识绝对、永恒、普遍的价值。但现在主要指学生获得的“经验”，每个人获得的知识是基于各人的生活经历、知识背景的，是较主观而相对的知识，表现出多元化、不确定性、动态生成性等特点，一千个学生就有一千种知识。认知不是人对客观世界的直接反映，而是主客体之间相互作用并不断主动建构的结果，并通过反思调节、控制自身的认知过程。

为此，多尔提出了“4R”后现代课程观。丰富性（Richness）是指课程有多种可能性或多重解释，要不断地协调学生、教师、课本和地方资源。课程内在的疑问性、干扰性、可能性不仅赋予课程的丰富性，而且带有存在的意义，每一门学科应以自己的方式解释其丰富性。回归性（Recursion）是指“一个人通过与环境、与他人、与文化的反思性相互作用形成自我感的方式”，即通过对话开展行动研究。关联性（Relation）是指课程具有不同学科之间和同一学

① 钟启泉、张华《经验课程论》，上海：上海教育出版社，2000年。

② 教育部《基础教育课程改革纲要（试行）》，2001年。

科前后内容之间的“教育关联”和其地域性、历史性、民族性等“文化关联”双重意义。严密性（Rigor）是把确定性与不确定性相统一：“不确定性”意味着选择的多样性与系统的开放性；“确定性”意味着每一种观点都有特定的假设和背景。①

课改十多年，教师们都想改革、创新，却很盲目或胡乱“创新”，不知其所以然，一旦了解课改背景和理念，就容易明白该做什么、如何创新了。

李于昆：从谈话中了解到您是美术教育界中较早且自觉进行美术教学理论研究的专家，因此您也成为课标组的核心成员，就课程改革以来的十多年看，在研究、制定和实施课标过程中您有哪些体会？

王大根：我和胡知凡、钱初熹是从1999年开始研究的，那时教育部还没有启动课程改革，上海率先着手研制“行动纲领”等等。当年胡知凡、钱初熹经常到我大田路那个石库门老房子里讨论、开会，研究世界各国的资料后发现“美术语言”是美术教育的核心内容之一，对“美术本体”做过一点思考。

当时，尹少淳带领我们研制美术课程标准时，教育部的《基础教育课程改革纲要（试行）》尚未出台，这文件是2001年6月8日颁发的，其中提出了新课程的理念、目标、方法和具体要求，是课改的纲领性文件。而美术课程标准2001年7月就推出了。也就是说，那时我们对课改的性质、理念、目标以及所借鉴的西方理论等，都比较模糊，是通过一次又一次研制过程中领导和专家的报告来把握的。多尔的《后现代课程观》也是2000年9月才出版，非常深奥难懂，后来才学习和研究的。所以那时候主要是按照教育部制定的课标框架，以及我们自己长期的研究和认识来做的，并在边做边研究（有时还争吵）的过程中慢慢深化。其实美术课程标准代表国家在某一阶段对美术教育的认识和要求，从主观上看，研制者的认识是不断深化的，总会有所不足；从客观上看，又要适

① ［美］小威廉姆·E. 多尔著，王红宇译《后现代课程观》，教育科学出版社2000年版，第248—261页。

合社会发展水平，会有适量的妥协。也就是说，美术课程标准难免存在一定的偏差或问题，只是个“阶段性成果”。

李于昆：能否举例说明美术课程标准存在的偏差，或由于理解不当而出现的问题？

王大根：譬如美术课程标准根据美术学习活动方式将美术课程划分为四个学习领域，就有问题。“造型·表现”“设计·应用”是美术的“活动方式”（动词），可归纳为各种“类型”，却不宜归为“学习领域”，二者在词性上就有矛盾。虽然美术课程标准指出：“上述四个学习领域的划分是相对的，每一学习领域各有侧重，又互相交融，紧密相关，形成一个具有开放性的美术课程结构。”可是“学习领域”能对应的是“学习内容”，1992年的《美术教学大纲》就是按学科内容划分为“绘画、工艺、欣赏”三类，加上编者理解的偏差，结果教材都按照四个学习领域去编，一定程度上割裂了欣赏、创作与探索之间的内在联系。

也有课改步子较大，而人们不能够完全理解而导致的偏差。比如美术课程标准提出“美术课程具有人文性质”，是把美术从技能性、审美性提高到一个全新高度。可由于很多人的片面理解，重视了“人文性”却淡化了“学科性”，于是教材强调了学生生活、人文等方面的主题，却丢失了美术本体的特色。美术学科本已沦为“小三门”，再丢失美术的本体性，就丧失了学科价值！因此《美术课程标准（2011年版）》中将“美术课程的性质”表述为：“美术课程以对视觉形象的感知、理解和创造为特征……”明显强化了美术学科特点。

所以我最近写了几篇小文章，都是针对美术教育中那些理解上的失缺的。比如三维目标、美术语言、过程与方法等，到底怎么理解？希望能解决一些实际问题。也就是说，课改十多年，还是有很多问题有待于深入探讨和研究，还是有很大的空间需要我们去填补的。

李健军：讨论美术课程就少不了美术教材，您也主编过美术教材，是否能谈谈对国内美术教材的看法。

王大根：我觉得国内的美术教材也存在一些问题，主要是编写者不理解课改精神和美术课程标准划分四大学习领域的意图。为此我写了《关于美术课程四个学习领域的思考》[①]一文。

美术课程标准的本意是："要改变单纯以学科知识体系构建课程的思路和方法，从促进学生素质发展的角度，根据美术学习活动方式来划分学习领域。"其中借鉴了杜威的经验主义课程观，希望学生通过各种美术活动，获得更丰富的经验，得到更全面的发展。而四个学习领域仍需要设置相应的学习内容才能确保各类美术活动的开展。因此美术课程的内容变得非常全面而丰富，体现出"大美术"的理念。因此，设置四个学习领域体现了新课程"以学生发展为本"的教育理念和"大美术"的学科理念。

但是许多教材编写者不理解"根据美术学习活动方式来划分学习领域"的精神，又不知该如何按"美术学习活动方式"编写教材，仍按原先"单纯学科知识体系"的思路编排教材，把美术教学内容割裂为四块，失去了学科知识的内在联系。比如，某些教材独立设置"欣赏·评述"板块后，在其他三个学习领域中就没有欣赏的作品和活动了。不提供直观形象，学生怎能学到真正的美术知识与技能？某些教材采用"劳动""学习生活""家乡"等生活、社会或人文主题为主线，与学科知识体系不对应而变得牵强附会。由于不理解"综合·探索"学习领域的内涵，所编内容风马牛不相及，美术学科知识与技能越发淡化。教材中设计了不少与主题有关，却与美术无关的活动，既无欣赏也无创作，更无探索，导致美术学科知识与技能严重缺失。终使美术课程体系分崩离析、溃不成军，也使已经边缘化的美术学科地位更加岌岌可危！

原《美术课程标准解读》曾就"为什么不规定各学习领域在总课时中所占的比例"做出明确的回答："很难具体规定每一学习领域应占的比例""没有

① 王大根《关于美术课程四个学习领域的思考》，刊于《学校艺术教育》2013年第1期，第8—9页。

必要硬性规定……”“也可以围绕一个主题综合两个或三个学习领域，设计一个教学单元”“为校本课程的开发留有空间。”[①]所以，按四个学习领域编排教材毫无道理。

那么如何打造具有开放性的美术课程结构？如前所述，美术语言（包括门类语言、风格语言）是美术的基本知识与技能；美术的创作（包括设计与工艺制作）规律及其过程是：欣赏经典作品——学习美术技法——联系学生生活——创作美术作品。美术课程的“综合·探索”学习领域，是新课程倡导的一种更具开放性、综合性的学习活动，也是具有后现代特点的美术活动。包括美术内部、美术与其他学科、美术与社会等方面相综合的活动，旨在发展学生的综合实践能力和探究发现能力。

因此，美术教材应该以美术语言为主线构成全面体现美术规律的知识体系，确保多种美术活动的落实。每一单元都包括对经典作品的欣赏和形式风格的借鉴，让学生学习材料工具和基本技能，联系自己生活或当地特色（永远是动态、鲜活而具有人文性的内容）进行创作，从而实现“表达情感与思想，改善环境与生活”之目标。若在此基础上，提出供师生选择的跨学科或联系社会热点的拓展与探索的议题，即可形成既有“欣赏、创作和探索”活动，又具有开放性的美术课程结构，还能使教学活动全面落实美术课程的三维目标。

也就是说，设置四个学习领域的目的是全面落实各种美术活动，却不可以按四个学习领域来编排教学内容。

李于昆：关于“美术语言”这一术语，在美术课程标准里面是怎样描述的？或者您认为应该是在怎样的范围中理解“美术语言”？

王大根：《美术课程标准》中对“美术语言”的描述是在“分目标”下的“造型·表现”学习领域：“观察、认识与理解线条、形状、色彩、空间、明

① 教育部基础教育司组织编写《全日制义务教育美术课程标准解读（实验稿）》，北京师范大学出版社2002年版，第69页。

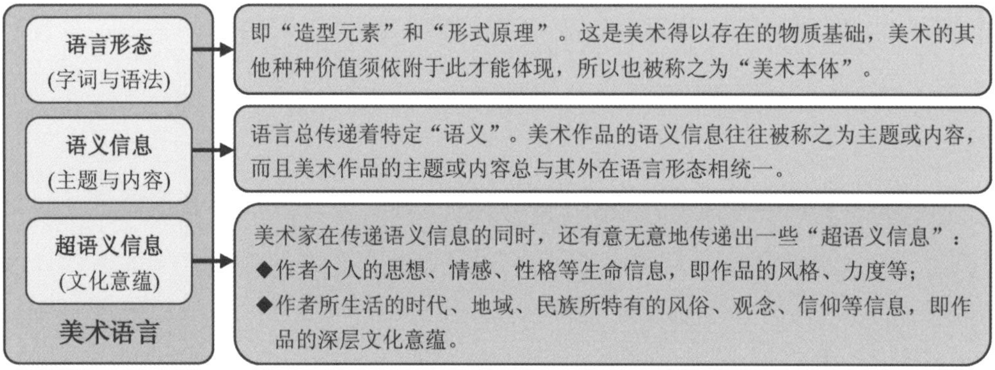

图1　美术语言三个层次示意图

暗、肌理等基本造型元素，运用对称、均衡、重复、节奏、对比、变化、统一等形式原理进行造型活动。”作为语言系统，“造型元素”就是词汇，“形式原理”就是语法。但是这并不完整，因为语言表达的是语义，而语义背后还有语境，就是深层的文化底蕴。所以我提出如图1所示的美术语言三个层次。

然而，美术语言并不仅仅是“造型元素”和“形式原理”等抽象概念，而体现为各美术门类的艺术特征（图2）。譬如说版画有版画语言：黑白灰的处理、刀法、肌理、印刷技术等；国画有国画语言：线的表现、墨色的关系或程式化语言等。必须进入美术门类，才能了解具体的美术语言。对此大家已有共识，所以才有绘画、雕塑、版画、陶艺等各类课业。

但还不到位，这仅仅是美术门类语言，而各门类中又包含多种流派和风格，产生了各具特色的流派或风格美术语言，比如中国画的白描、工笔、写意等，油画中的古典主义、现实主义、印象主义、表现主义等。而且重要的是，各流派语言背后都有着独特的美术创作观（超主义信息），是美术家看待世界、看待美术的不同角度、态度和观念，如图 3 所示。

就像我们高校学生学油画，学的是静物单元、人物单元等，但是教师却从未要求他们用印象派或巡回画派，还是野兽派或表现主义等不同流派的油画语言去表现对象，学生只是傻乎乎地调出对象的颜色，模仿对象，这算学会油画

图2　版画、油画和国画的门类美术语言的差别。

图3　表现主义、野兽派和印象主义的流派美术语言的差别。

了吗？这问题在素描、油画等模仿性强的课业中都很严重。而中国画、版画等课业则应该从学习风格语言入手。在中小学美术教学中也一样，只重视画什么，却不关注怎么画。正如贡布里希所说：“艺术家跟作家一样，需要一套艺术语汇才能动手搞现实的一个‘摹本’。”[①]从某种意义上说，美术作品的艺术价值主要看其所采用的流派或风格美术语言的独特价值和表现水平，表现对象仅仅是画家表达情感和思想的载体而已。为此，我在广州美术学院召开的“第四届世界华人

① ［英］E. H.贡布里希，林夕、李本正、范景中译《艺术与错觉》，杭州：浙江摄影出版社，1987年第104页。

美术教育大会”的论文《论运用美术语言创作的教学》[1]专门讨论了这一问题。

李于昆：我们的一些老师对“美术语言”的认识和准备是不足的。

王大根：是的。我们高师就没有足够的研究，学习素描时，因为教师只会契斯恰科夫那种全因素素描，有谁开设“表现性素描”？全因素素描也许很“科学”却不很“艺术”，大师的手笔大多是表现性素描，“表现”就要有情感、有风格、有取舍、有处理……才有艺术。由于高师从入学考试就是素描、色彩等，先入为主，学的又是模仿性的素描、油画，不研究流派和风格语言，所以培养出来的教师审美趣味受到限制。

李健军：美术课程标准对此有没有相应的要求？

王大根：美术课程标准中只有在“欣赏·评述”中提到“了解美术作品的题材、主题、形式、风格与流派，知道重要的美术家和美术作品”，但却没与学生的美术实践相结合。在“造型·表现”只提出“观察、认识与理解线条、形状、色彩、空间、明暗、肌理等基本造型元素，运用对称、均衡、重复、节奏、对比、变化、统一等形式原理进行造型活动”，也是些不联系作品、空洞的概念。“造型·表现”“设计·应用”“综合·探索”等学习领域没提“风格与流派”，只有一处提到“借鉴”。就是说，美术课程标准在某种程度上缺少借鉴与继承。也许是划分了四个学习领域的缘故，出现“欣赏·评述”中无创作，而其他学习领域强调了尝试、探索和创新，却不提欣赏、借鉴与继承，似乎割裂了欣赏与创作的联系。

而美国的《艺术教育国家标准》就很明确：“视觉艺术极为丰富。其范围涵盖了素描、绘画、雕塑、设计、建筑、电影、电视和民间艺术。它们使用广泛多样的工具、技法和过程。”其要求学生达到的“内容标准”第一条就是“理解和应用媒体、技法和过程”，首先强调美术技法。第二条是视觉特征与

① 载第四届世界华人美术教育大会论文集《融合·互动·创新——中外美术教育比较》，人民美术出版社2013年版，第293—303页。

形式原理。第三条是内容与观念。第四条是艺术与历史和文化的关系，显然全面包括图1所示的美术语言的三个层面。而且要求“学生必须学习视觉艺术中与各类作品相联系的语汇和概念，必须用视觉、口头和书写形式，在各种水平上展露出他们的这些能力”。“他们学会考察各种事物和他们生活中的事件，同时，他们对视觉艺术作品的描述、阐释、评价和创作能力得以发展”。可见他们的“语汇”是包括形态、语义和超语义三个层面的且与作品相联系的；其创作是与生活、与作品风格相结合的。这是幼儿园至四年级的标准，要求将随年龄的增长而逐步提高。

李健军：其实时代在发展，美术观念也在发生变化。我们在给教师培训时，也感觉到一些教师对这些观念变化的无奈。这个根没有扎稳再进行的话，确实执行起来很不容易做好。

王大根：“观念是行动的灵魂”嘛，观念不改变课改搞不好。其实课改最后的堡垒是教师的美术观的问题。正如我前面讲的，师范教的就是写实性绘画，又不学风格、流派和现代主义艺术，教师的审美视野很狭隘。我暑假每天晚上都给在职研究生上课，到最后拷贝给他们30多GB的美术资料，就是我在上海双年展、艺博会等展览会上拍的照片，我说你们好好看看现在这些展览，美术到底是怎么回事。还抱着原来那一套东西你怎么也走不远。

而且你要知道，学生困难的是写实性绘画，却能理解新观念或产生新想法，但是你教师津津乐道的就是写实、画得像不像，一下子学生倒下一大片，最后你的课也毫无新意。你要用拼贴、象征、现代艺术的手法，他们就很容易创作出好作品来。所以我2004年发表一篇文章《从美术教学的“难度”与“深度”说开去》。你石膏像画得像了、人物画得像了，有深度吗？没有，就是技能训练，能表达学生的思想和情感吗？没有。但是我有很多没有难度，但能一下子触及学生心灵的案例，非常震撼！学生能够表达出很复杂的心情！但并不需要写实性技术。所以必须有具体的事例，教师才能信服。

李于昆：《美术课程标准》重视教学过程和教学方法的改革，是本次课程改革的一个重要特点。

王大根：是的，当今教育最大的难题就是“教育在历史上第一次为一个尚未存在的社会培养着新人”①。社会的飞速发展已使人们无法预见今天的学生在其一生中将会遇到什么问题，需要什么知识，使用什么工具，从事什么职业……所以，课改的重要目标之一就是让学生“学会学习”，倡导学生自主学习、合作学习和探究学习，学会解决问题。

学习方法很多，为什么强调自主学习、合作学习和探究学习三种方法呢？专家指出，“学生”一词可以从“人”是自然的存在、社会的存在和精神的存在三个层面来解读：学生是一个自然人，要独立面对这个世界，与客观世界对话——自主学习；学生是一个社会的人，要学会和谐地与他人交往和对话——合作学习；学生是一个有尊严有主见的人，要不断探索生命的价值与意义，与自我对话——探究学习。这样的学习方式也称之为“对话”：跟客观现实对话，跟他人对话和自我对话，即反思。跟上述三种学习方式是相对应的，它强调获得一种真实的经验。

李于昆：这是从教育哲学的层面来解读这三种学习方式，该如何落实到中小学美术教学当中？

王大根：当然这种哲学解读只是说明其意义，仍需要落实到《美术课程标准》才行。大家知道我原来是课标组的成员，但没有参加课标的修订，后来《美术课程标准（修订版）》审议时，我却成了评审委员。

李健军：对，今天上午钱初熹老师也说过。

王大根：在审议《美术课程标准（修订版）》时发现，“教学建议”部分缺少某些课改精神的落实和具体教学建议，缺少《基础教育课程改革纲要（试

---

① 联合国教科文组织国际教育发展委员会编著《学会生存——教育世界的今天和明天》，教育科学出版社1996年版，第36页。

行）》中“教学过程”下面提出的两条要求。概括地说，其中第10条意指“建构主义学习方式”，要求注重培养学生的独立性和自主性，引导学生质疑、调查、探究，在实践中学习，促进学生主动、富有个性地学习。第11条意指“基于信息技术的学习革命”，这既是当今教育的时代背景，也是实施建构主义教学理论的技术保证，要求把信息技术作为强大的认知工具。二者都具有后现代课程的特点。课标修订组连夜修改，结果不但体现这两点精神，并具有可操作性，这样才能逐步贯彻到中小学美术教学之中。由于这是新兴的教学理念和方法，真正让中小学教师明白及使用还需要加强培训。

李于昆：原先人们觉得美术是一种美术技能的学习，后来人们懂得美术是审美教育，能培养学生的创造性，新课标又提出美术具有人文性质等，如何理解您说的“美术是一种重要的学习方式”？

王大根：其实在我们研制课标时，一直在纠结是否要强调美术“工具性”的问题，但有关部门没同意。其实你想，语文除了文学功能之外，更多的是学习其他知识的工具，美术也有此功能，这在视觉文化时代格外重要！

唐代张彦远的《历代名画记》一开始那几句话怎么说？“夫画者，成教化，助人伦”，这都记得，但是后两句“穷神变，测幽微”就不太提及。“穷神变”，就是改革、创造、发明；“测幽微”，就是探测和研究。其“与六籍同工，四时并运”。又说“宣物莫大于言，存形莫善于画”，所以，图文并茂记录了人类的历史，即美术有其工具性功能。

如今社会已进入视觉文化时代，美术的作用更加重要。台湾郭祯祥教授曾说“美术是课程改革的轴心”，因为美术能以视觉的方式参与各学科的学习和探究。2006年世界艺术教育大会起草了《艺术教育路线图》，其中一个观点就是“教育中的艺术”，并指出：“把艺术（以及与艺术相联系的实践和文化传统）作为教授普通科目的媒介和加深对这些课程理解的手段。建立在多元智能理论基础上的‘教育中的艺术’，其目标在于把艺术教育的优势扩展到所有学生及所有课程领域中。”[①]也是把艺术作为一种学习方式。我意识到在视觉文化时代美术的重要性，正巧也是2006年在《中国美术教育》第3期上发表了《美术是一种重要的学习方式》一文，认为在视觉文化时代，生活中的视觉信息激增，要求通过美术教育培养学生形成“视觉读写能力”。如图4所示，“视觉识读能力”是一种学习人类文化和了解生活中视觉信息的能力；“视觉表达能力”则是一种以形象化的感知方式、独特的思维态度和思维方式、可视化艺术化的形式表达自己的思想和情感，解决生活和学习中种种问题的能力。一旦用于跨学科的研究性学习，就成为具有方法论意义的重要的学习方式。

我这观点也渗透在课标之中，尤其《高中美术课程标准》有多处体现。比如在“课程的基本理念”就有“用美术及其与其他学科相联系的方法表达与交流自己的思想和情感，培养解决问题的能力，促进美术和其他学科的学习”。“课程目标”的第三条“学会通过多种渠道收集有关信息，认识美术活动与其他学科的关系，以及与社会、自然的联系；发展想象力，促进思维方式的灵活性和多样性，学会用美术的方式或结合其他方式解决学习和生活中的问题”等等。在《义务教育美术课程标准（2011年版）》的“课程基本理念”第四条也

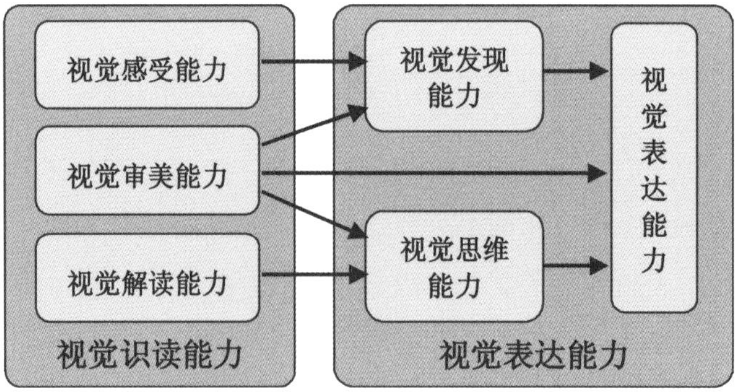

图4　视觉识读能力的构成

① 万丽君、龙洋编译《“构建21世纪的创造力——2006年世界艺术教育大会”》（内部资料），第10页。

强调了美术的这一功能："现代社会需要充分发挥每个人的主体性和创造性，因此，美术课程特别重视对学生个性与创新精神的培养，采取多种方法，帮助学生学会运用美术的方法，将创意转化为具体成果。通过综合学习和探究学习，引导学生在具体情境中探究与发现，找到不同知识之间的关联，发展综合实践能力，创造性地解决问题。"

当然，"视觉读写能力"并非我首创，1970年在美国芝加哥召开了第一届"视觉读写能力国际会议"，并成立了"国际视觉读写能力协会"。[①]我国研究得很不够，所以对美术教育的认识就比较狭隘。

李于昆：看来这后现代课程观是有一定的道理，但对于一线教师而言，还是比较玄。你觉得目前美术教学中的主要问题是什么？

王大根：说到底就是"一课一练"的小作业及其教学方法。这种作业没学到流派、风格等美术语言，也没有完整的创作过程，老做简单作业，是"低水平徘徊"，别说其他学科教师、家长看不起，学生自己都没有成就感，下课就把作业扔了。这种作业及其教学不能落实三维目标，终究导致美术学科的"低水平定位"，并造成美术"小三门"的处境。

一提到三维目标，教师们就会说"一节课没法落实三维目标"，许多论文、专家一开口也是"一节课"。这不错，但谁让你一节课去实现三维目标？而长期以来教材也是"一课一练"，教师们就习惯"单课时"教学、"单课时"意识，课改根本不可能有所突破！现在国外基本上看不到一节课完成的成功案例。我曾听了一节上海协和双语学校法籍教师Cecile Girard（中文名"西西"）的课，让八年级学生用10周时间，每人学习毕加索综合材料立体主义的方法创作一件作品，并写出几千字的创作过程与体会。最终让学生展示作品并发表创作体会，学生介绍立体主义、毕加索及其时代背景、主题、材料的

①［澳］英·布朗《艺术教育中的全球趋势：新科技与视觉读写能力》，载于《国际艺术教育学刊》第二卷第三期，台湾："国立"台湾艺术教育馆，2004年，第63页。

图5　上海市协和双语学校Cecile Girard（中文名“西西”）老师、王冰老师2012年执教并提供。

喻义、创作感想时，听课的教师能感受到作品中包含的历史、文化、美术技能以及学生创意等信息，是能全面实现三维目标的，没人会认为美术是“小三门”，请见图 5 。她说中国孩子在美术课没有学到技法，画来画去无非就是记号笔加油画棒，没有风格，也没有学到应有的知识与技法。

新课程强调探究式学习，就是让学生模仿科学家那样做研究，为什么？因为学生一辈子会不断地遇到各种问题，需要让学生学会学习、学会研究、学会解决问题，即杜威“经验的过程”，也就是新课程倡导的“过程目标”。那么结合我们美术又该如何呢？就应该学会像美术家那样创作。因为美术家是通过创作方式、用美术语言来解决问题的，如图 6 所示，学术研究过程与美术创作过程是平行的，性质是一致的，都是创造性地解决问题。

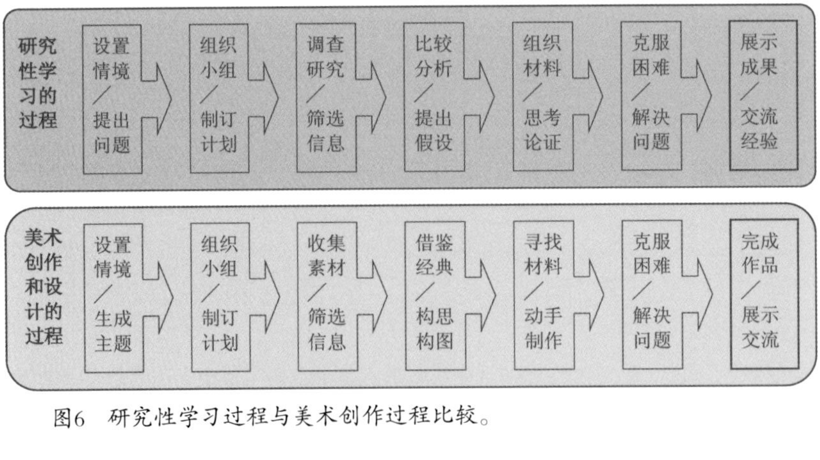

图6　研究性学习过程与美术创作过程比较。

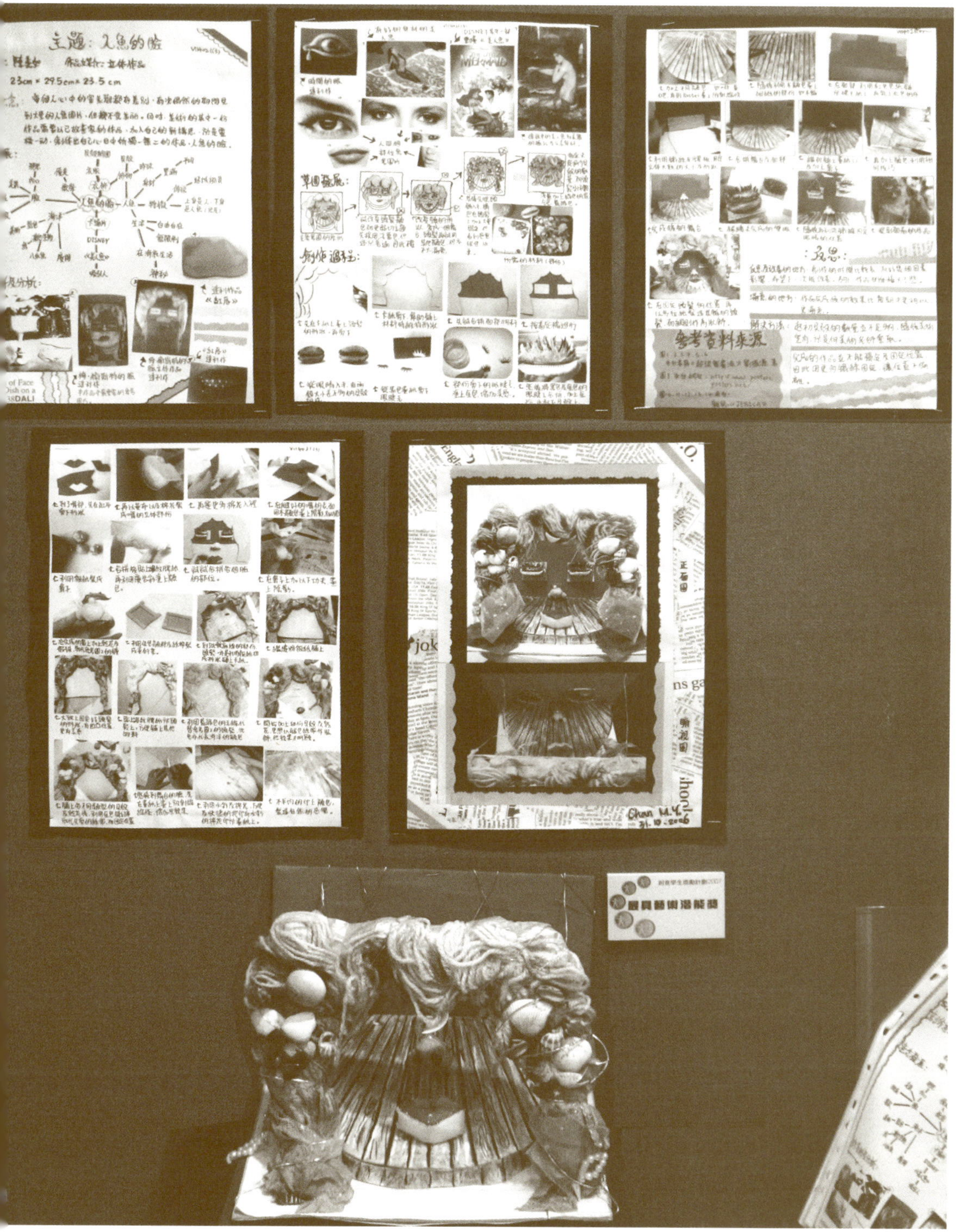

图7　2008年1月香港视觉艺术节作品展上展览的学生作品。

所以我看到中国香港、台湾地区和国外都采用多课时单元教学，让学生经历“像美术家那样创作”的过程，学生的作品才能有风格、上档次。如图7，香港不但展示学生的作品，还展示其创作过程。

这样的作品能较深入地学到美术的知识与技能，又有很深刻的社会内涵，还借鉴了不同时代、不同文化、不同风格的美术创作观。一旦跟生活中某些问题相结合，就会加入自己的情感与思想，这样才能全面落实美术学科的三维目标。

所以美术教学改革，必须打破“一课一练”的作业和教学，而采用单元化研究型的教学方式，才能全面实现美术课程的三维目标，美术学科才有望摆脱“小三门”的处境。2010年我发表了一篇《三维目标须以“单元化研究型教学”来落实》的论文，系统地阐述了其中的原理。

李健军：是啊，这样学习才会有积淀、有积累。那么在这“像美术家那样创作”的过程中，如何处理继承和创新的关系呢？

王大根：我非常重视“继承”，没继承的“创新”无非是瞎折腾、无本之木，绝对上不了档次！我又设计了图 8 从继承和创新的角度来说明美术创作的规律。

如图 8 所示，作者要创作出美术作品，需要眼、脑、手的协作。首先要用“眼”去欣赏、借鉴和学习经典名作，同时要观察现实生活。其次是用“手”

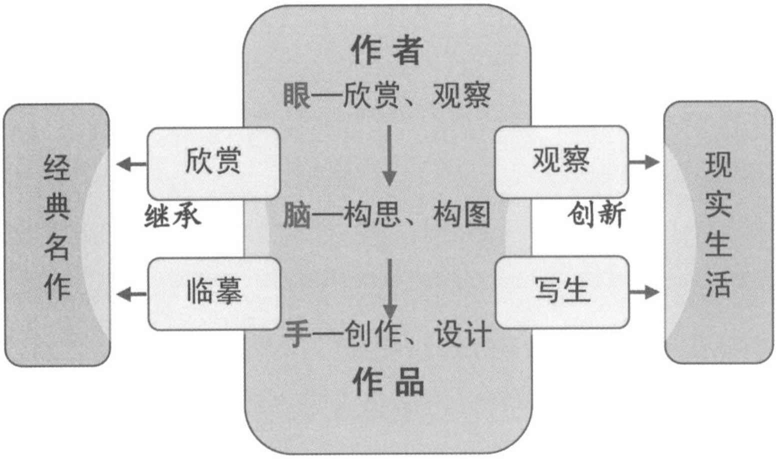

图8　美术创作规律示意图。

去模仿，学习名作的风格和技法，也要通过写生练习技法、表现生活。美术创作的关键是“脑”，一边借鉴大师的风格，即继承，一边联系现实生活，通过构思、构图完成创新思维，再用手创作、完成这作品，是不是这样？

这似乎顺理成章，可实际做的时候，有多少人在强调借鉴和继承呢？看看《义务教育美术课程标准（2011年版）》，其中“借鉴”“继承”分别只有1处、0处；而“创新”“创意”“尝试”“创造”分别为7处、13处、19处、21处。不管什么理由，总有点过分强调“创新”却忽视“继承”之嫌吧？而没有“继承”的“创新”又有多大价值？既然课标有此导向，美术教材中、基层教学中，忽视继承的现象就比比皆是了。

李健军：在您自己的教学中，是如何处理继承和创新的关系的呢？

王大根：比如2005年让我带大学生入学时的 4 周素描课，我设计的课题就是“模仿大师的风格学素描”，要求每个学生：“找一位你崇拜的素描大师的画册，研究他的素描风格、形式及其形成的背景，模仿这种风格进行写生。”于是学生找来画册，一边观察模特儿，一边参考、研究画册，一边写生，以研究的态度学习并画出各种不同风格的素描，学生作业就上了一个档次，请见图 9。同时也建立了多元、开放的素描观。

图9　大学生模仿大师的风格进行素描写生。

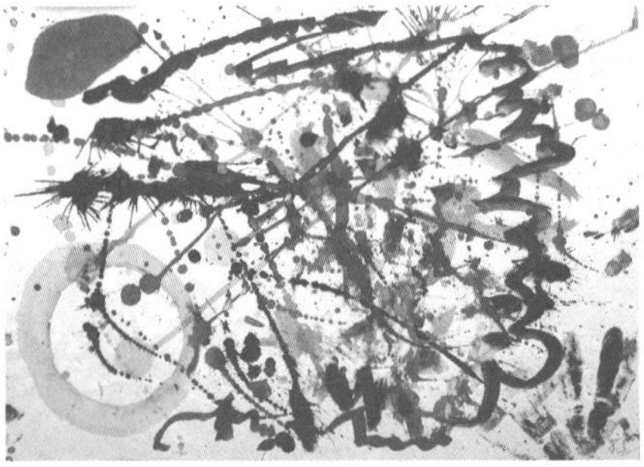

图10-a　画霹雳舞曲《不停地跳》。

图10-b　画《命运》。

图10-c　画《人们的梦》。

图10-d　画《梦幻曲》。

李于昆：这是本科生画的吧？在中小学尝试过吗？

王大根：早在1991年我曾在安徽阜阳师范学院附中就尝试让初中生听音乐创作抽象画。我先介绍俄国抽象主义画家康定斯基将音乐的旋律、节奏、音色与美术中的点、线、面、色相联系、相类比的抽象主义理论。接着让学生闭上眼睛，聆听不同乐器的音乐，想象呈现出什么色彩，形成听—视联觉。然后，观看一些康定斯基的作品，并让学生联想画家表现的是哪一类音乐，开通视—听联觉。最后，让学生闭上眼睛，聆听热情欢快、深沉悲壮、幽雅缥缈、疯狂激烈等四段不同情绪的音乐，让他们借鉴康定斯基的抽象绘画，从中选择一段最感兴趣的音乐，并用抽象的点、线、面、色来表达对该音乐的感受和联想，获得了极大的成功，见图10。而且通过这一课，学生明白了抽象画并非乱画，切身体验了抽象画创作过程及其原理。

李于昆：您说得很有道理，原来三维目标必须通过“单元化研究型”教学才能落实！这让我们对“过程目标”有了新的认识。

王大根：三维目标中“过程与方法”最具新意，也是学术研究最欠缺的，关键是能否理解杜威的经验主义课程理论。我专门写了一篇小文章《谈谈美术教学中“过程目标”的落实》[①]，认为美术课程的过程目标可以分为三个层次。

第一是操作过程，即各种美术样式从开始到完成的操作过程。这是系统学习基础知识和基本技能的过程，这就是传统，你能让学生创新吗？他都不知道材料、工具、方法和要求，你叫学生尝试、探索是没有意义的，需要教师示范、学生模仿。只有让学生学会基本方法后，结合自己的生活进行创作才有意义。

然而“操作过程”古已有之，并无新意。所以，第二是新课程倡导的解决问题的过程，即让学生学习美术家创作的过程，用美术语言解决问题、表达主题。需要教师逐步形成一种“教学领导力”：全面策划、设计和组织教学过程，形成学习共同体，通过任务书、学习单、评价策略等工具，指导学生从审题、选材、构思草图逐步走向作品发展和完善。

第三是师生成长的过程。由于创作是没法教的，你只能启发引导，却不能替学生做梦。但是如何启发引导呢？就需要教师充分发挥个性、智慧和创造力，采用思路、内容与形式各不相同的“积极互动”，从而使整个教学过程成为教师领导、学生行动的创造性活动过程。在这过程中，教师根据自己学生的特点（如普通学校，还是民工学校，还是重点学校）培养了一批适合他的学生，形成了特有的班级文化和心心相印的“学习共同体”，从而使教学互动不断深化、日益默契，教学过程就成为师生共同成长的过程。

所谓心心相印的“学习共同体”，就是教师的一言一行，学生马上能心领神会；学生的表现教师也马上能从中发现问题：情绪不对？是数学考砸了？这样的互动就有很多积淀。比如知识与技能：可能这教师特别强调造型，或强调创意；常用某种过程与方法，比如小组合作、收集材料等；师生的情感或学习态度也同样会有积淀。这样的课上起来很轻松，因为教师不需要从头讲起，学生都

① 王大根《谈谈美术教学中“过程目标”的落实》，刊于《学校艺术教育》，2012年10月，第8—9页。

有积淀。他只需说几个点，学生就能把原有知识、技能都调动起来。听课的教师觉得这不可能！你没有示范，也没有讲到位，怎么学生都会做？这种“学习共同体”需要师生的积淀，“积淀”正说明这教师的教学一贯用心和有效。

李健军：我曾看到一个信息，韩国美术高校招生20年前也是像我们这样，但现在已取消素描、色彩这种考试，更多的是考查学生的观念和创意。

王大根：我带的研究生中间有几个在中学国际部，使用的是“国际文凭组织”的课程，能代表国际课程的发展方向。比如你要上一个设计课，教师要详细设计出让学生做这设计的计划、进度和各项要求，留出学生作业的空间，每一阶段的评价要求，然后学校打印成一本二三十页的手册。为便于读者了解，我以金文娟老师的《环保时钟设计》为例，把它归纳以后变成这样一个表。①

这案例是国际文凭组织的中学项目（MYP）艺术课程管理方案。第一，它是针对某一课题设计的“任务书”，通过一系列具体“任务”指导学生自主、探究地学习；第二，它是练习本，有让学生做作业的地方；第三，它也是“学习档案袋”，保留着学生所收集的文字、图片资料，所完成的图形作业、想法、自我反思及其学习过程和成长的脚步。表中每一格是一页或两三页A4纸，有更具体的要求，打印成一本二十多页的项目手册，方便学生学习。MYP只提供基本框架，所有具体任务和要求都需要教师结合课题特点设计，并在教学过程中改进和完善。

这本就是一个课题及学习过程，什么叫单元化学习？什么叫研究型学习？什么叫设计？你一看就非常明白了，让我们了解了国际美术教学改革的方向。他们那里高考时首先是交你高中三年的学习手册，就能一目了然地反映学生美术知识、技能、学习态度、创造力、创作观和成长经历等各方面情况，然后是面试和部分技能测试。

---

① 金文娟《示范案例〈环保时钟设计〉学习档案袋》，载于王大根主编《中小学美术教学论》，南京师范大学出版社，2013年版，第259—260页。

课题：环保时钟设计				单元问题：我们如何环保？			
学　校	上海市世界外国语中学	年级	七年级	教师	金文娟	课时	10 课时
学习方法	提问：通过提问来弄清楚我对问题的认识和理解，我能遵循老师的指导逐步深入调查。						
	交流：认识到记录过程的重要性，并努力提高写报告的能力。						
	有原则与全面发展：乐意接受老师和同伴的反馈。						
课程设计要求学生对问题的陈述：为学校师生制作一个时钟，摆放在学校的某个地方来提示大家要环保。							
课程的附加要求：保存图片或副本在档案袋，我们在每个阶段都将会使用到。							
评估：在每个阶段都有评估细则。将按照调查、设计、创作、评估4个阶段。每项最高为8分，最低为0分。							
参考书目：莫邪《瓢虫束口袋教程》2009年3月3日 www.sewlover.com/bags/tutorial/ladybug_drawstringbag							

一、调　查

任务1：设计纲要

希望你设计一个环保时钟，摆放在学校某处。纲要应简洁扼要。

任务2：收集素材

创建一个以你学号姓名命名的图片文件夹，至少收集3张环保主题的图片，记下图片出处。

*线条-简洁
*色彩-颜色简单
*形状-简单，并能放下置指针
*主题-与环保/野生动物有关
*实用-确定一个摆放时钟的地方

素材可以是一个濒危动物或拯救地球的建议。

解释你每一张选择的图片。

图片1	图片2
解释：	解释：

任务3：制作一份详细说明书

说明书是一份精确的资料列表，如写出条件、尺寸、材料、过程与方法，必须遵循的规则等。

任务4：我能为环保做什么？

创建一个思维导图（2—3人一组）。

意识；责任；行动

通过头脑风暴，添加更多……

任务5：参考书目

任务6：调查阶段的评估

评估你的过程与方法。

研究技巧、组织能力、工作态度、提出改进建议……

评估工作内容。

本阶段你达到什么水平？为什么？如何改进……

（评价量表略）

二、设　计

任务1：很多创意

画3个时钟草图，轮廓清晰、表达主题和单元问题；不画细节。

从中选一个画设计图，包括钟面、指针；线条简练，上色；这阶段不能用计算机。

对照设计说明书，选出最好的。

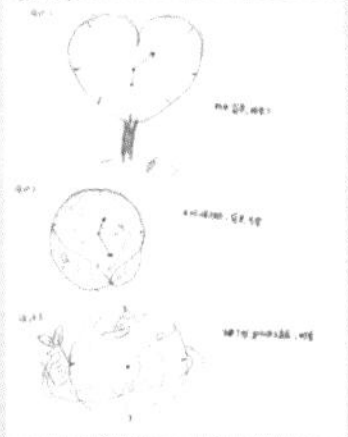

任务2：测试你的设计

写下你最好的设计并说明理由。

任务3：画出你的最终设计图。

图1	图2
图1是个有创意的图形，但不是标准的图纸。	图2是标准的图纸，要标明尺寸。

你会得到一块20cm×20cm的木板，图应略小于它；必须包括半径7cm的圆，这是指针的长度。

任务4：在设计阶段的评估

评估你的过程与方法。

研究技巧、组织能力、工作态度、提出改进建议……

评估工作内容。

本阶段你达到什么水平？为什么？如何改进……

（评价量表略）

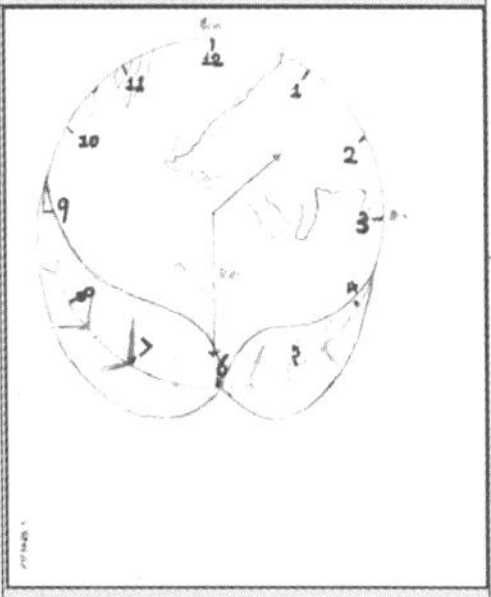

三、创　作

计划：这是非常重要的阶段，注意每个细节

任务1：我们需要什么工具

从网上找到所需工具的图片，找到使用须知和安全规则。

线锯、钻床、锉刀、螺丝刀等	
线锯的图片	线锯使用须知
钻床的图片	钻床使用须知
锉刀的图片	锉刀使用须知
……	……

任务2：制作步骤

步骤	时间	实际完成
步骤1	1—2课时	
步骤2	3—4课时	
步骤3	……	
……		

步骤1：把图形拷贝到木板上。（图片）→（图片）

步骤2：用线锯切割外形；用锉刀使边缘平滑；用砂纸光滑。

步骤3：按设计稿上色。

步骤4：用钻床钻洞，安装时钟芯子。

步骤5：安装挂钩。

步骤6：整理完成。

任务3：按步骤制作，若有改变，要在日志里说明改变及其原因。

日志：　年　月　日 天气：

日志：　年　月　日 天气：

日志：　年　月　日 天气：

任务4：在设计阶段的评估

评估你的过程与方法。

研究技巧、组织能力、工作态度、提出改进建议……

评估工作内容。

本阶段你达到什么水平？为什么？如何改进……

（评价量表略）

四、评　价

自我评估：评估你和你的设计：

1. 有设计纲要吗？
2. 比较你的最终设计与设计说明书，进行测试（测试表略）
3. 你认为你的时钟美丽？成功？学校会怎么看？将放何处？改进的想法？
4. 你在设计周期每个阶段的表现（评价表略）。

用户评估：开展用户试用并提供用户意见。时钟的用户可以是学生也可以是老师，也可以是学校的教工人员。选择至少3位用户来评价你的作品。

小结：总结改进的建议。

最终的作品：

说明：

本案例介绍的是国际文凭组织的中学项目（MYP）艺术课程管理方案，以《环保时钟设计》为例。它是针对某一课题设计的"任务书"，通过一系列具体"任务"指导学生自主、探究地学习；它也是"学习档案袋"（也称为"作业进展记录本式档案袋"），保留着学生所收集的文字、图片资料；所完成的图形作业、想法、自我反思及其学习过程和成长的脚步。

实际上表中每一格是一页或两三页A4纸，有更具体的要求，制成一本打印好的近20页的项目手册，方便学生的学习。条件不足的学校，也可以用无格练习本或速写本代替，让学生记录各种任务、要求、评价表等，然后完成作业。

MYP只提供基本框架，所有具体任务都需要教师结合课题特点设计，或在教学过程中改进和完善。

胡知凡

受 访 者：胡知凡，上海师范大学教育学院美术学教授、上海市宗教学会会员、上海市美术家协会会员、中国教育学会美术教育研究会会员。教育部《全日制义务教育美术课程标准（实验稿）》《普通高中美术课程标准（实验稿）》研制组核心成员；《义务教育美术课程标准（2011年版）》修订组核心成员。主要从事美术教育理论和美术史论的研究和教学工作。编著：《形神俱妙：道教造像艺术探索》、《瑰奇清雅：道教对中国绘画的影响》、《中国绘画故事》、《人神之间》（主编）、《改写美术史：20世纪影响中国美术史重大发现》（合著）、《艺术课程与教学论》（主编）、《艺术欣赏与技能学习》（主编）、《美术教育展望》（合著）、《艺术与自然中的抽象》（合译）。编写人教版中小学美术教科书18册。

访谈提要：关注国际美术教育发展的起因，从“转译”到“直译”，与时俱进的国际美术课程改革，对“美术语言”的研究，反思我国本次课程改革的亮点与问题，探究中国百年中小学美术教科书的发展脉络，立足本土与放眼世界。

采 访 者：李于昆，广东外语外贸大学艺术学院院长，教授。

访谈地点：上海、广州

访谈时间：2013年8月20日至28日

立足本土　放眼世界

胡知凡访谈

李于昆：您长期从事美术教育教学与研究工作，请向我们介绍一下您参与课程改革的情况。

胡知凡：首先，我要感谢您为中国美术教育做了一件很有意义的事情。其次，还要感谢您提供了这样的机会，使我能对这十多年里参与全国新课程改革作一番回顾、总结与反思。

2000年12月，美术课程标准研制组成员在北京潭柘寺留影。前排左起：陈寿鹏、李绵璐、李小夫、黄丽雅、钱初熹、陈通顺、黄宗贤、尹少淳。后排左起：王竹、米海峰、胡知凡、王大根、侯令、杨建滨。

自2000年启动新课程改革以来，我曾参与了2000年义务教育美术课程标准的制订，2001年普通高中美术课程标准的制订，2007年义务教育美术课程标准的修订。2001年应人民教育出版社之邀，还负责了该社义务教育阶段美术实验教材编写工作，参与了全套的中小学美术教材的编写和修改。与此同时，在全国各地为中小学美术教师做学术讲座、辅导报告一百多场次。可以这么说，这十多年来我全程参与了新课程改革工作，为我国中小学美术教育贡献了一点微薄力量。

李于昆：您在研制课程标准时曾具体参与了哪些方面的工作？

胡知凡：2000年6月，美术课程标准研制组［当时称“国家课程标准九年义务教育、高中艺术（美术）课程标准研制组”］在上海召开了第一次会议，代表了美术课程标准的研制工作正式启动。在这次会议上，我们每位参与研制的人员做了工作分工。我当时先在小学组，后又重新分在“造型·表现”学习领域研制小组，并负责研究《国际中小学美术教育改革问题》的子课题。2007年4月，修订义务教育美术课程标准时，我仍主要负责“造型·表现”学习领域的修订。2001年参与普通高中美术课程标准研制时，我主要负责了“美术鉴赏”模块系列和美术教学建议方面的起稿工作。由于研制课程标准并不是写个人专著或论文，虽然大家有所分工，但还是要经过大家集体研讨，甚至争论，然后征求学科专家、教师等各方人员的意见，才最终定稿。因此，课程标准研制是集体智慧的产物。

李于昆：您从20世纪90年代以来就持续不断地关注国际美术教育发展状况，并翻译了国外美术课程在中国美术教育等刊物上发表，这是源于什么原因？

胡知凡：对于国际美术教育发展状况的研究，其实早在20世纪80年代，我就有了这样的初步想法。

20世纪80年代，我国正处在改革开放初期。这时，国外美术理论著作源源不断地翻译、介绍进来，如阿恩海姆的《艺术与视知觉》（1984），贡布里希的《秩序感》（1987）和《艺术与错觉》（1987），康定斯基的《点、线、

2007年9月21日，美术课程标准修订小组在中央美术学院召开义务教育美术课程标准修订会议。左起：廖文胜、侯令、欧京海、陈通顺、尹少淳、奚传绩、胡知凡、钱初熹。

面——抽象艺术的基础》（1988）等，都成为当时美术界竞相学习的读物。那时西方的现代艺术也开始来中国举办展览，如1985年轰动我国美术界的美国波普艺术大师劳申伯格的画展等。

这时，我在上海第四师范学校（1985年升格为上海师范高等专科学校）工作，带领学生在小学实习听课时，总感到我国中小学美术教育，与国外美术教育观念有很大不同，所传授的学习内容与方法也显得过于传统和保守。后在研读华东师范大学钟启泉教授编著的《现代课程论》一书时，被书中关于世界各国现代课程研究的章节所吸引，深受启发，促使我产生了对国外美术课程做一番比较研究的想法。

李于昆：这样看来，是20世纪80年代国家改革开放以来伴随着的文化艺术的开放和对欧美艺术思潮、艺术观念的引介，促使您主动思考我国美术教育的现状并对国外美术课程做一番比较研究。

胡知凡：是的，令我深有感触的是，1990年9月中旬至10月底，学校派遣我去德国巴伐利亚州埃尔朗根—纽伦堡大学教育系做学术讲座，顺道考察了德国的中小学美术教育。在观摩了当地中小学几堂美术课后，深感德国的中小学美术教育理念与我国存在着很大差异。回国后，更激起了我开始关注和搜集国外美术教育资料，决心为我国广大中小学美术教师借鉴国外美术教育先进理念和方法做些工作。可是当时电脑还未普及，互联网还是件新鲜事，也没有机会参加国际上举办的美术教育研讨会，因此，要想获取国外美术教育资料，谈何容易。但是这个强烈的愿望，驱使着我利用各种机会、各种人脉关系去寻觅。

功夫不负有心人，自20世纪90年代起至21世纪初，我在《中国美术教育》等杂志上陆续发表了：《德国巴伐利亚州的艺术教育》（1991）、《英国儿童的视觉教育》（1993）、《香港小学美术教育概述》（1993）、《香港中学美术教育概述》（1994）、《日本的中小学美术教育与师资培养》（1995）、《匈牙利的中小学美术教育及师资培养》（1996）、《美国费城中小学艺术标准课程介绍》（1996）、《英国的中小学美术教育改革》（1997）、《新加坡的小学美术教育概述》（1999）、《新加坡的中学美术教育概述》（1999）、

20世纪90年代，搜集到的世界各地的美术教育资料。

《中国、新加坡小学美术教学大纲的比较》（1999）、《台湾小学美术教师培养方式给我们的启示》（2000）、《法国的中小学美术教育及师资培养》（2000）等文章，为当时我国中小学美术教师，打开了一扇了解世界美术教育的窗口。

李于昆：从翻译介绍涉及的内容和国家、地区看，您既注意了当代发达国家的美术教育发展状况，也关注了与我们相邻的国家与地区的情况。

胡知凡：1985年，美国经济学家提奥多尔·拉维特（Theodre Levitt）在其《市场全球化》一文中首次提出全球化（Globalization）这一概念。我清楚地记得，20世纪90年代之后由上海社会科学院主办的《社会科学报》上，经常刊登有关“全球化”问题的讨论，虽然都是谈论世界经济和政治发展历程中的重要特征，但我以为，在全球化这样大背景下，世界各国和各地区的美术教育，相互之间的影响也会越来越大。为此，2002年我在《中国美术教育》杂志上发表的《全球化下的世界美术教育》文章，其中就专门论述了全球化背景下影响世界美术课程的几个因素以及今后的发展趋势。但是，世界各国和各地区由于文化背景不同，必然又会呈现出多样化的特点。因此，既关注各国各地区美术教育的共同点，同时又注意各国各地区美术教育的多样性，始终是我的兴趣所在。

2000年6月，我在参与美术课程标准研制组后，又持续翻译了英国、加拿大、澳大利亚、新西兰等国的美术（视觉艺术）课程标准，提供给研制组在制订课程标准时学习和参考。部分译文陆续在《中国美术教育》杂志上发表，如：《英国的国家课程——美术与设计》（2001）、《新西兰国家艺术课程标准及启示》（2002）、《加拿大阿伯塔省高中美术教学大纲介绍》（2004）、《澳大利亚新南威尔士州高中视觉艺术课程》（2006）、《加拿大安大略省高中媒体艺术课程及启示》（2007）等。

近年来，我继续翻译介绍了《英国中学“美术与设计”课程改革简介与启示》（2010）、《美国小学美术教科书中有关美术语言内容的介绍》

胡知凡在国内外杂志上发表多篇介绍世界各地美术教育方面的文章。

（2010）、《美国小学美术教科书中的课堂测试与评价》（2011）、《印度中小学视觉艺术课程纲要及特点》（2012）等文章，为2007年后义务教育美术课程标准的修订以及美术教科书的修订，提供了借鉴和帮助。

翻译是一项很艰苦的工作，但为了我国广大中小学美术教师能及时了解国外美术课程改革的信息，拓宽视野，为了使我国研制的美术课程标准，既能立足于本国，又能赶上世界美术教育改革的步伐，我觉得我所做的这一切还是值得的。

李于昆：的确如此，这项工作今天看来仍然有很强的现实意义。尽管现在我们对国外美术教育的了解有了很大的进步，但真正深入比较研究的还不多，我们希望有更多的人，尤其年轻一代的学人像您一样在这方面做出贡献。

胡知凡：是的，我们对国外美术教育研究还不够深入，只能说了解些表象的东西，确实有许多工作可做。由于历史原因，我们这一代以及我们上一代从事美术教育研究的专家学者，大多数在外语方面存在“短板”；出国考察、进修或是参加国际上美术教育学术会议的机会也很少。改革开放以后，尤其是近年来这种现象已有了很大改观。以我个人经历为例，近年来就曾考察过中国香港和日本、马来西亚、新加坡等地的美术教育；两次赴日本做有关美术教育的学术讲座。目前，我国年轻一代从事美术教育研究的学者，他们的外语能力都很强，学历也普遍有了很大提升。为此，我相信他们这一代，一定会比我们这一代做得更好，更有成就。正如孔子《论语·子罕》中所言：“后生可畏”。

2007年10月1日至4日，胡知凡应马来西亚启页美术学院院长胡牡丹女士邀请，参加“马来西亚少儿美术联合评鉴”的评审工作。评审结束后，参观、考察了马来西亚的一所小学和中学。

2007年12月3日至12日，胡知凡应日本京都教育大学邀请，为该校美术科的教师和研究生做“中国与日本美术教育之间的渊源关系”“当今中国中小美术教育面临的新问题”学术讲座。

李于昆：在这些译作中能总结出什么规律？对我们有什么启示？

胡知凡：通过对国外美术课程标准的翻译和介绍，确实发现了其中的一些特点。2000年5月，我与钱初熹教授合作撰写的《中小学美术教育发展的现状与趋势》[①]一文，以及2002年我在《中国美术教育》杂志上发表的《全球化下的世界美术教育》[①]一文，其中都有论述世界美术教育的现

① 钟启泉、张华主编《世界课程改革趋势研究》，北京师范大学出版社，2001年，第1046—1075页。

状与发展趋势。在这两篇文章中曾归纳出当今世界美术教育的一些特点，如：重视美术与日常生活的关联，注重发掘深刻的文化内涵；拓展美术学科的学习内容和表现手段；注重美术学科与其他学科的渗透和联系；通过美术活动，改变学生的学习方法；开展与每个学生个性相对应的指导和评估；灵活利用社会资源，普及美术馆、博物馆教育；重视美术教育对人的全面发展的作用等，为当时我们研制美术课程标准提供了启示与帮助。

李于昆：在制订课程标准过程中，是否借鉴了国外的一些做法？课标组在研制课程标准时是如何横向和纵向进行比较研究，形成自己的特色？

胡知凡：在制订美术课程标准过程中，我们确实借鉴了国外的一些做法。如：美国“艺术教育国家标准”课程内容是按照“内容标准”“成就标准”的结构来制订；英国“国家美术与设计”课程内容是按照“学习计划”“成绩目标与等级水平”的结构来制订。2012年我国颁布的《义务教育美术课程标准（2011版）》就是借鉴这些国家的做法，将课程内容中每个学段每个学习领域按照“目标”“学习活动建议”“评价要点”的结构来表述。

在“欣赏·评述”学习领域中，借鉴美国佐治亚大学费德门教授的美术欣赏方法[②]，提出了观察、描述和分析的方法。

在“设计·应用”学习领域中，借鉴日本、英国等国家重视手工教学的理念，提出了强调传统手工艺的思想、制作手段与方法。

2012年颁布的《义务教育美术课程标准（2011版）》，还借鉴了当今世界美术教育注重“视觉文化艺术教育”，[③]以及“构建面向21世纪的创造力”的观点，[①]在课程标准第一部分“前言”中提出了“学习图像传达与交流的方法，形

① 胡知凡《全球化下的世界美术教育》，刊于《中国美术教育》，2002年第1期。

② 费德门将美术欣赏的程序分为：叙述（Description）、形式分析（Formal Analysis）、解释（Interpretation）、评价（Judgment）四个步骤。

③ 美籍澳洲裔学者于2002年正式提出视觉文化艺术教育的观点（Visual Culture Art Education，简称VCAE）。

成视觉文化的意识和构建面向21世纪的创造力”的新要求。

当然，我们毕竟是在研制我们自己国家的美术课程标准，全盘吸收或照搬西方发达国家的美术课程标准是行不通的。因此我们在研制课程标准时，既通过横向比较，吸收西方发达国家美术教育的新理念和一些新做法，同时也通过纵向比较，努力根据我国国情来制订每一学段的教学目标、活动建议和评价标准。

李于昆：对，任何研究，尤其对国外美术教育思想与理论的翻译介绍，应该辩证地看待，力求从我国实际出发，取其精华，为我所用。

胡知凡：是的。以2001年7月我国教育部颁布的《全日制义务教育美术课程标准（实验稿）》为例。当时，我们在制订课程标准时受国外的课程标准强调“学习结果的行为描述，而不是对教学内容的具体规定”，以及片面地理解“改变课程过于注重知识传授”的影响，我们制订的课程标准中有关教学内容的部分，表述得较为笼统和模糊。

2007年，我们美术课程标准修订组在各地调研中发现，教师们对课程标准中学习内容的表述意见最大，都认为该课程标准将我们美术学科中最基本的知识与技能要求都淡化了。新中国成立后，由于我国历次颁布的中小学美术教学大纲，对学习内容都是采用具体的硬性规定的方式来表述，因此一些老教师都觉得以往教学大纲采用硬性规定的方式更好。调研中，我们还发现许多地方教师都认为，该课程标准中有关中国民族、民间美术的学习内容太少。

为此，我们美术课程标准修订组在修订课程标准时注意吸纳了教师们的意见，并做了修改。2012年颁布的《义务教育美术课程标准（2011版）》，对每个学段中学习领域的“目标”“学习活动建议”“评价要点”，都增加了具体而有规定性的内容。与此同时，也加强了中国民族、民间美术学习内容的要

---

① 2006年3月，联合国教科文组织举办的“首届世界艺术教育大会”主题是“构建面向21世纪的创造力”（Building Creative Capacities for the 21st Century）。

2007年5月19日，美术课程标准修订组在重庆忠县天桥小学调研。前排 左四：胡知凡；左五：侯令；左六：奚传绩；左八：尹少淳；前排右四：廖文胜；右五：钱初熹；右六：陈通顺。

求。由此可见，放眼世界、立足本土是我们制订和修订课程标准应掌握的根本原则。

李于昆：您的这些译作中，涉及“艺术”“美术”“设计”和“视觉艺术”等术语，这些术语常常出现在我们的课程设计中，它们经常交织、重叠甚至互相作用，但显然又有区别。随着时代的发展，有的时候可能又有很大的区别。您是如何来判断其中的联系与区别的？在英文中它们的词义有什么不同？

胡知凡：您提到美术术语如何翻译的问题，是我多年来最感兴趣的问题。我们在研制课程标准时，有时也会对一些美术术语和概念产生疑问和争论。

美术学科（恐怕其他学科同样如此），对某些术语和概念之所以会产生译法多样、概念不清的现状，依我看与我们美术学科的发展历史有关。1904年1月，清政府颁布《奏定学堂章程》，我国中小学堂才开始有了图画、手工科的教育。当时，中小学图画、手工科从教学内容、教学方式基本上是仿照日本明治维新时期的方式和方法，因此我国中小学图画和手工科中的名词术语，大多是按照日语中的汉字借用而来，如“图画”“图案”“二方连续模样”“四方连续模样”[①]“平行透视”“成角透视”“手工”“细工”“纸工”等。这些名词术语，是日本人根据洋文（英文、法文、德文等）翻译成日文汉字的形式，被我们直接引用过来。而如今，我们许多美术名词术语，大多数是从英语直接翻译过来的，从“转译”到“直译”，造成译法多样或概念不清是在所难免的。

以“美术”一词为例。1871年奥地利主办万国博览会，日本人将奥地利的德文邀请文书“Kunst”（与英语“Art”同义）翻译过来，出现了“美术”一词。当时日本译者对“美术”这个词的解释是：“美术，在西洋是指音乐、画图以及诗学等内容。”可见，当时日本人对“美术”概念的理解，与我们现在所说的“艺术”概念相同。

据中国艺术研究院郑工研究员的研究，1897年11月5日上海出版的《实学报》（旬刊）第八册，发表过一篇译文《美术育英会之计划》（原载日本《东京日报》，1897年9月16日），是目前可查证的最早在汉语中出现“美术”一词的实例。郑工认为：“美术”刚开始使用时不尽规范，该概念的涵盖面大小不等；由“工艺”至“艺术”，有时等同于“艺术”，有时大于“艺术”。“艺术”一词在当时也不规范；有时仅指工艺，有时包含绘画、雕塑。而“美术”，在这三者之外，还包含文学、音乐。[②]1915年1月，刘海粟将他创办的上海美术院更名为“上海图画美术院”，这时“图画”与“美术”就是两个并列的名词。

1918年1月15日，著名学者吕澂在《新青年》杂志上发表《美术革命》

① 民国时期中小学美术教科书中依据日本“二方连续模样”。“四方连续模样”的说法，新中国成立之后，改为“二方连续纹样”。

② 参阅郑工《演进与运动——中国美术的现代化（1875—1976）》，广西美术出版社，2002年，第76页。

一文，将艺术和美术作了区别，指出：“凡物象为美之所寄者，皆为艺术（Art）。其中绘画、雕塑、建筑三者，必具一定形体于空间，可别称为美术（Fine Art），此通行之区别也。我国人多昧于此，尝以一切工巧为艺术，而混称空间、时间艺术为美术，此犹可说；至有连“图画美术”为言者，则真不知所云矣。”[①]这说明自1918年起，以“美术”指称造型艺术，而“艺术”指称所有的艺术，已经基本成为定局。

1929年8月，国民政府教育部颁布的《小学课程暂行标准》，开始将小学图画课改称为“小学美术”。1936年吴中望编著的《复兴教科书美术教学法》中指出：“所谓‘美术’是指‘造形美术’；造形美术包括‘绘画’‘雕刻’‘建筑’‘美术工艺’四大部分。”由此可见，“美术”一词在我国最初是作为“艺术”来解释的，以后才逐渐成为我们现在所理解的“美术”概念，即包括绘画、雕塑、建筑、工艺的一个门类名称。

李于昆：说到这里，我想起蔡元培先生当年使用“美术”这个术语时包括图画、音乐甚至诗学等内容，而非我们今天从造型角度理解的“美术”。

胡知凡：是的。蔡元培先生在《对于教育方针之意见》（1912）、《以美育代宗教说》（1917）等文章中，“美术”均是指包括文学、音乐、建筑、雕刻、图画等内容的概念。但是，1920年蔡元培在《美术的起源》一文中对“美术”概念的界定已有了变化，认为美术有狭义的、广义的分别。狭义的，是专指建筑、造像（雕刻）、图画与工艺美术（包括饰品）等。广义的，是于上列各种美术外，又包含文学、音乐、舞蹈等。西洋人著的美术史，用狭义；美学或美术学，用广义。[②]表明当时蔡元培先生，对“美术”（Art）一词，有了新的认识。

① 吕澂《美术革命》《二十世纪中国美术文选》（上卷），上海书画出版社，1999年，第26页。

② 原载《新潮》1920年5月，第二卷第四期，后又发表两次，此据第三次稿，转引自《蔡元培美学文选》，北京大学出版社，1983年，第86页。

再举“设计”一词。陈之佛在1937年出版的《图案构成法》一书中指出：“图案在英语中叫‘Design’。这‘Design’的译意是‘设计’或‘意匠’，所谓图案者，是日本人的译意，在中国也普遍地通用了。”可见，如果按照陈之佛的说法，我们所谈论的“图案”一词，也就是现今所指的“设计”，它包括建筑图设计、机械制造图设计、装饰纹样设计。但长期以来，我们对“图案”概念的理解，主要包括“单独纹样”“适合纹样”“二方连续纹样”“四方连续纹样”，即将“纹样”（Pattern）概念等同于“图案”概念了。有趣的是，“图案”在最初引进时是称“图的考案”，所以图案画也称作“考案画”。而“纹样”最初引进时是称作“模样”，如“二方连续模样”等。1918年3月由王雅南编的《图案》教科书，是目前我所见到的我国最早供中学生使用的“图案”教科书。将“图案”作为中小学美术课的学习内容，是1923年颁布的中小学图画课程标准中才提出的。

除“美术”“设计”这两个名词术语外，还有很多名词术语都是值得仔细研究和推敲的。我深感自己的能力和精力有限，因为要研究这些名词术语，须具备精通多国语言的能力，从各种语言的解释中，来体会其真正的含义。

我刚才谈到，美术学科中一些名词术语从“转译”到“直译”，会造成译法多样或概念不清的问题。目前，我发现在直接翻译英文原版的文献资料时，也出现了译法多样的问题。如：“Computer Art”有翻译成“电脑美术”“计算机美术”；“Digital Technology”有翻译成“数字技术”“数码技术”“数位技术”；“Image”有翻译成“影像”“图像”等。虽然这些名词术语本意相同，也不属于翻译错误，但我们在研制课程标准时为了统一和标准化，却也费了一番脑筋。

您刚才提到在翻译国外的美术课程标准时，是如何来判断“艺术”“美术”“设计”和“视觉艺术”等术语的。据我所见到的一些国家的美术课程标准，一般“Art”是指美术，而“Arts”（Art的复数）是指“艺术”。如

2012年7月，澳大利亚颁布的《澳大利亚课程：艺术》（*Australian Curriculum: The Arts*），这里的“艺术”就是“Arts”。在“艺术”里再分为“舞蹈”（Dance）、“戏剧”（Drama）、“媒体艺术”（Media Arts）、“音乐”（Music）、“视觉艺术”（Visual Arts）等学科的标准。

目前，我国高校学科名录中已将“美术”与“设计”分成了两个学科，并都属一级学科。而我国中小学美术课程标准中，仍将设计包含在美术课程之中。这主要是由中小学美术教育课时少、非专业性的培养，以素质教育和审美教育为主的特点所决定的。目前，我见到英国中小学美术课程将其称为“美术与设计”（Art and Design）；新加坡小学美术课程将其称为“美术与工艺”（Art and Craft）；日本小学美术课程将其称为“图画工作”。

至于视觉艺术（Visual Arts），这是由于现今世界上许多国家美术课程学习内容不断扩大，除传统的绘画、雕塑、工艺外，设计、陶艺、电脑绘画、数码摄影等也已进入课程之中。为此，传统的“美术”（Art）已无法涵盖这些新的学习内容，于是用“视觉艺术”来代替传统的“美术”学科名称。目前，世界上一些国家如美国、加拿大、澳大利亚、新西兰、印度、马来西亚，甚至我国香港地区，都将中小学美术课称其为“视觉艺术”，为学生提供了更为广阔的艺术学习领域。

李于昆：对。“视觉艺术”的提法是在当代大众文化与数字化语境中提出来的，也是在西方文化话语权下产生的一个术语，这表明了视觉在当代的一种文化转向，也包括了对大众的、流行的文化艺术表征的提炼与提升，我们既要肯定这一转向带来的积极意义，也要警惕对它的无节制滥用。这恰恰是我们的美术教育中要注意的问题。

胡知凡：我同意您的观点。有关“视觉艺术”课程名称，到底是由哪个国家、哪年最先提出的，由于手头缺少这方面资料，因而无法确切地说出。从目前各国颁布的课程标准来看，1994年美国颁布《艺术教育国家标准》已将“美术”课程名称改为了“视觉艺术”，这应该属于比较早的。“视觉艺术”成为课程名称，一方面是由于许多国家美术课程学习内容不断扩大的原因；另一方面，正如您所说的“表明了视觉在当代的一种文化转向”。

当前，随着电视、互联网的普及，尤其是数字技术的快速发展，使得人们在每天生活中会见到各种各样的视觉影像，并占据着人们生活的主导地位，使人们的观看方式、观看性质和观看心理，悄然发生着变化。为此，2002年美籍澳洲裔学者保罗·邓肯（Paul Duncum）提出了“视觉文化艺术教育”（Visual Culture Art Education）一词，引起了世界各国美术教育研究者的关注和研究。2003年，我曾撰写《谈美术作为一种文化的学习》[①]；2006年，在英国发表了《面对视觉文化挑战的中国中小学美术教育》[②]；2006年，撰写了《试论图像的传播与教育》[③]等论文，都谈到当代我国中小学生受到动漫、电视节目、网络游戏、广告等视觉影像影响的问题。我见到，近年来美国编写出版的小学美术教科书，每个年级中都增加了视觉文化的学习内容。

由于视觉文化艺术教育是帮助学生分析他们日常生活中大量的视觉文化现象和产品，挖掘其中所蕴藏的社会观念、价值和信仰。为此，美国正在运用认知心理学中的隐喻理论和研究方法展开了视觉文化艺术教育的研究，强调视觉素养的教育（Visual Literacy Education）[④]。

您刚才提到：“我们既要肯定这一转向带来的积极意义，也要警惕对其无节制地滥用。这恰恰是我们的美术教育中要注意的问题。”我非常赞同您的观

---

① 胡知凡《谈美术作为一种文化的学习》，刊于《中国美术教育》，2003年第5期。

② Hu zhifan：Art education in Chinese primary and secondary school：Meeting the challenge of Visual Culture / International Journal of Education through Art，Volume 2 Number 1.2006。

③ 胡知凡《试论图像的传播与教育》，第六届海峡两岸美术教育交流会论文集。

④ 关于“Visual Literacy”一词的译法，国内有学者译为“视觉读写能力”。如果光看“Literacy”一词，英文中确实含有“能读能写”的意思。但从目前提出的“Visual Literacy Education”观点来看，这里的“Literacy”一词，显然不单是指“能读能写”的能力，而是指人在观看各种视觉影像时，应具备如何辨别和判断的素养能力。

点，如美国就有人指责视觉文化艺术教育“严肃的高雅艺术在视觉文化艺术教育的课程中已变得越来越边缘化了，大量地被价值不大的流行艺术作品和各式各样的文化制造物所替代”。为此，他大声疾呼：“今天的艺术教育中艺术到哪里去了？”美国著名课程论专家艾斯纳（Eisner）教授尽管认同视觉文化在艺术教育上所带来的某些益处，但却质疑视觉文化因受批判主义理论的影响，以致过于重视政治层面而较忽略文化上的美学面向问题。他认为艺术教师应该将接触艺术时所蕴藏的愉悦、满足和创意思考等美感经验分享给学生，但视觉文化却让学生从艺术的创造者变成旁观的分析者，许多艺术创作中的美好特质都被忽视。总而言之，过度追求艺术品背后的文化社会意涵，便有可能忽略了“艺术”本身，而成为文化或社会教育的附庸。[①]因此，我们应该辩证地来看待当今世界美术教育中出现的新思潮和新观点，不能盲从或“赶时髦”，应学会一分为二地看待问题。

李于昆：您觉得在当代课程建设中我们应该怎样“与时俱进”？

胡知凡：从世界范围来看，各国的课程改革始终是处于“进行时”的过程中，因此许多国家每隔十年左右就要进行各学科课程标准的制订或修订工作。如20世纪90年代末，为应对21世纪来临，世界上许多国家都曾制订或修订过课程标准。经过这十年的发展，最近世界上许多国家又重新在修订课程标准。如日本，1998年12月公布了《学习指导要领》；2008年3月经修订又公布了新的《学习指导要领》。英国，1999年2月颁布了《国家课程——美术与设计》；2008年又颁布了新修订的中学“美术与设计”课程标准。澳大利亚，1993年颁布了中小学艺术课程；2012年7月又颁布了新修订的中小学艺术课程。听说美国现也正在积极修订《美国艺术教育国家标准》。这是由于世界各国的政治、经济、文化、教育都一直在发生变化，新思维、新的教学理念也层出不穷地出现，不进则退，只有“与时俱进”才能不断发展。

① 胡知凡《关于视觉文化艺术及其教育的述评》，刊于《中国美术教育》，2005年第6期。

2011年3月29日至31日，在北京市昌平区九华山庄召开义务教育课程标准审议会议，并成立了美术课程标准审议组，组长是何韵兰。前排左起：马婕、杨力、何韵兰、钱初熹、王大根，后排左起：胡知凡、郑曙旸、尹少淳、曾成钢、孔新苗。

我们国家也是如此，自2001年我国颁布《全日制义务教育美术课程标准（实验稿）》以来，这十多年里中国也发生着巨大变化。据国家统计局数据显示，2003年至2011年，中国经济年均增长10.7%，而同期世界经济的平均增速为3.9%。中国经济总量占世界经济总量的份额，从2002年的4.4%提高到2011年的10%左右，中国总量经济在世界上的排序，从2002年的第6位，上升至2010年的第2位，2011年依然保持着这一位置。[1]在教育领域里，经过十年新课程改革和探索，全国广大中小学教师的教学观、学生观、教材观都在发生着深刻变化。

①《中国经济总量世界第二人均GDP排名第90位》，2012年6月40日9：30，东方网。（http://finance.qq.com/a/20120604/002013.htm）

2012年教育部颁布的《义务教育美术课程标准（2011版）》，就是自2000年新课程改革以来“与时俱进”的体现。要使中国中小学美术教育不断地“与时俱进”，就要不断地密切关注我们的课堂教学，关注我们的学生。教师也要不断地努力学习和研究。同时，还要不断地密切关注国外美术教育的发展动态，紧跟世界美术教育发展潮流。

李于昆：姚今迈先生曾提出“改变以技法教学为主的教学观念和体系”，可惜的是姚先生已经去世了，因此想请您谈谈对这个提法的见解。在我们这次访谈中，陈通顺、章瑞安等先生都不约而同地提到了“如果姚先生还在世去采访一下他就好了”，他在推进中国当代美术教育事业的发展过程中做出了很大贡献。

胡知凡：姚今迈先生是我最崇敬的从事美术教育研究的老前辈之一，他确实在推进中国美术教育事业的发展过程中做出了很大贡献。为此，请允许我先简单介绍一下他的生平和学术成果。

姚先生1934年出生于河北保定。1956年毕业于北京师范大学图画制图系，任北京艺术师范学院美术系助教。1959年任北京朝阳师范学校美术教师。1964年任北京第三师范学校美术教师、教研组组长。1970年任北京市教育局教材编写组美术组成员。1978年起任北京教育学院美术教研室副主任、副教授、教授。1994年退休。2011年因病在北京去世。

1980年，姚先生在首都师范大学李瑞年教授及各区县美术教师的强烈倡议和帮助下，组织成立北京市美术教育学会，后改为北京市教育学会美术教育研究会。任北京市教育学会理事，美术教育研究会常务理事、副秘书长、副理事、顾问。

姚先生在美术课程教材建设方面，曾参与《九年义务教育中小学美术教学大纲》和《全日制义务教育美术课程标准（实验稿）》的研制。1980年后，曾主编北京市中小学美术试用课本，参与编写人民美术出版社《中等师范学校美术课本绘画分册》及《手工分册》，主编人民教育出版社出版的《普通高中课程标准实验教科书美术·绘画（选修）》等多册美术教材。

1986年起，姚先生任全国中小学教材审定委员会美术学科审查委员，参与30多套中小学美术教材的审查工作。后又任人民教育出版社、课程教材研究所学术顾问。主编了《中国著名特级教师教学思想录·中小学美术卷》《金玉峰中学美术教学法研究》。参与编写了《中国艺术教育史》《美术教育词典》等美术教育专著和工具书。独著《求索集：姚今迈习文、习画录》。

早在20世纪80年代后期，姚今迈先生就曾撰文指出，新中国成立后的美术教学，主要是学习和引进苏联的美术教学理论和模式，强调以写生为中心，注重以研究客观表现对象为途径进行美术基础知识和基本技能的教学。并认为，这种以技法知识教学为主体的体系与各种现代美术教育观念是格格不入的，是远远不能适应当前形势的，为此他提出“要改变这种以技法教学为主体的教学观念和体系”。①我以为，这是我国最早提出重新设计与建立新的中小学美术基础知识与基本技能教学体系的观点。1993年4月，姚先生进一步提出“改革美术教材的知识结构，建立知识教学与欣赏、创造实践相结合的，以造型艺术语言为基本结构要素的美术教学体系”的观点。②

姚先生多次撰文提出要“改变以技法教学为主体的教学观念和体系”，倡导“以造型艺术语言为基本结构要素的美术教学体系”，我是非常赞同和佩服的。姚先生指出的“技法教学为主体的教学体系”，反映在以往教科书的编写上，都是按照“形体结构”“明暗调子”“色彩练习”“图案基础”“构图知识”“中国画技法”“实用美术”“雕塑”“速写”“手工制作”等美术技法来编排课文。而“以造型艺术语言为基本结构的教学体系”，更注重的是美术形式原理的学习与运用。

① 姚今迈：《中学美术课本（人美普及版）的若干编写特点》，《美术教材研究》1989年10月。

② 姚今迈《人民美术出版社〈九年义务教育三年制初级中学美术试用课本〉的基本特色》，《求索集》，人民教育出版社，2012年，第53页。

李于昆：姚先生在我国改革开放前后的美术教育史上，可以说是一个承前启后的人物。

胡知凡：是啊！在中国现代美术教育史上，姚先生确实是一位承前启后的人物。遗憾的是，姚先生因病去世后，至今我还没有见到一篇关于纪念他的文章。我觉得，《中国美术教育》杂志应担当起这一责任。

近年来，我在搜集民国时期一些美术教育家的生平资料时，就发现我国在这方面工作做得还不够。如：活跃于20世纪20年代至40年代的宗亮寰先生，是1923年《新学制课程纲要·小学形象艺术课程纲要》的起草者，曾编写出版了多套中小学美术、手工等方面的教科书，在当时影响很大。他是为我国美术教育事业做出贡献的人。但有关他个人生平事迹，我是偶然在网上获知他的兄弟曾写过一篇纪念他的文章，之后再通过奚传绩先生，帮我在南京文史馆中找到的。

为此，我呼吁我们从事美术教育研究的学者，应担负起这一责任，对历史上那些为我国中小学美术教育做出过贡献的人，加以研究、颂扬。

李于昆：刚才您提到赞同姚先生所提出的构建“以造型艺术语言为基本结构要素的美术教学体系”，想请您谈谈在这方面的研究。

胡知凡：20世纪90年代末，我与王大根、钱初熹曾对造型要素和形式原理，即美术语言也进行过探讨，提出了“以造型要素为主干的美术课程体系”。2000年，我参与了研制美术课程标准的工作后，对美术语言的划分以及所包含的内容做了进一步的研究。当时是将美术语言分为：美术元素，包括形（点、线、面）、色、空间、肌理、明暗、构图、结构等；组合原理和规律，包括对称与均衡、比例、和谐、节奏与韵律等。

2007年4月，我参加了课程标准修订组之后，有机会去重庆、杭州、北京等处征求对义务教育美术课程标准意见的调研工作。调研中发现，由于一些美术教师长期以来受传统的以技法教学为主体的美术知识体系影响，对以美术语言为主体的知识体系认识不够。为此，我在《中国美术教育》杂志撰写

2007年1月16日，在北京京瑞大厦A座23楼会议室，姚今迈谈美术教科书的编写体会。左起：刘东辉、张煜明、胡知凡、赵军、陈通顺、姚今迈、钱初熹、杨嘉栋等。

了《对我国中小学美术学科中知识与技能问题的思考》，将美国小学美术课本中有关美术语言的分类作了介绍，其中：一类为美术元素（The Elements of Art），也称为视觉元素（The Visual Elements），其中包括：线条（Line）、形状（Shape）、形体（Form）、空间（Space）、明暗（Value）、色彩（Color）、肌理也称为质感（Texture）。另一类为设计原则（The Principles of Design），其中包括：均衡（Balance）、强调（Emphasis）、比例（Proportion）、图形（Pattern）、节奏（Rhythm）、统一（Unity）、变化（Variety）等。①

2009年，我参考美国小学美术课本中有关美术语言划分方法，对美术语言作了进一步梳理，将美术语言分为：造型要素，包括线条、形状、空间、明暗、色彩、肌理等；形式原理，包括对称、均衡、重复、节奏、对比、统一、

① 胡知凡《对我国中小学美术学科中知识与技能问题的思考》，刊于《中国美术教育》，2007年第4期。

变化等。并在修订的美术课程标准中体现出来。如在课程总目标中:“了解美术语言及其表达方式和方法”;[①]在“造型·表现”学习领域中,要求学生:“观察、认识与理解线条、形状、色彩、空间、明暗、肌理等基本造型元素,运用对称、均衡、重复、节奏、对比、变化、统一等形式原理进行造型活动,增进想象力和创新意识”等,[②]试图让学生通过对美术语言的学习,提高对形式美感的认识和运用,提升审美能力。

李于昆:在您谈到的这些关系中,包括美术语言与造型要素,显然与“造型·表现”等学习领域联系紧密。“造型·表现”是美术学科的属性之一,也是最基本的一个属性。它与其他几个学习领域的关系是如何构成的?与传统的美术技能技法是如何关联的?我们应该怎样认识它的学习价值?

胡知凡:美术语言确实是美术学科最基本的属性。它是学习、了解美术核心的知识,同时又是创作、分析美术作品最基本的方法和手段。中外艺术家不管是创作传统的绘画、雕塑、建筑、工艺作品,还是创作当代的装置艺术、新媒体艺术都离不开这些基本的造型元素和形式原理。因此,在中小学美术课中,不管是“造型·表现”“设计·应用”,还是“欣赏·评述”学习领域,美术语言的学习和运用始终是最本质的东西。

我们现在谈论的“美术语言”,其实并不是什么新鲜玩意儿,据国外学者研究认为,早在三千年之前,西方文明中的七个艺术抽象因素都已出现,这些因素是:(1)线;(2)形体——形状——体积;(3)图形;(4)规模——比例——空间;(5)分析——解剖;(6)明——暗;(7)色彩。[③]可见,这七个艺术抽象因素,与我们现在谈论的“美术语言”很相似。

据现有的史料来看,早在20世纪初起,美国就将设计元素和设计原则引入

① 教育部制定《义务教育美术课程标准(2011年版)》,北京师范大学出版社,2012年,第6页。

② 教育部制定《义务教育美术课程标准(2011年版)》,北京师范大学出版社,2012年,第6—7页。

③ [美]内森·卡伯特·黑尔著,沈揆一、胡知凡译《艺术与自然中的抽象》,上海人民美术出版社,1988年,第2—3页。

到中小学的美术教育之中。当时哥伦比亚大学的阿瑟·韦斯利·道（Arthur Wesley Dow）撰写了《构图》（1899年）一书，书中提出三个设计要素：线条、明暗和色彩。除三个设计要素之外，他还提出了构图的五个原则：对比、变化、从属、重复和对称。阿瑟·韦斯利·道认为："三要素和五原则是组建过去、现在和将来所有艺术形式的积木。"[①]他提出的"三要素和五原则"即设计元素和设计原则，也就是我们今天谈论的"美术语言"。

20世纪初，阿瑟·韦斯利·道提出的理论，影响到了日本的中小学美术教育，使日本明治后期教科书的编写内容和编写方式都发生了深刻变化。[②]1922年，我国"新学制"课程改革后，当时颁布的中小学图画课程标准以及教科书里，阿瑟·韦斯利·道提出的设计元素和设计原则也有所反映。遗憾的是，我们缺少对这方面作深入的研究和总结。

1988年，我与沈揆一合译由美国学者黑尔撰写的《艺术与自然中抽象》一书时，被书中的观点所深深吸引，它使我认识到，美术语言不是人们头脑当中凭空臆想出来的东西。它既是客观世界的反映，同时又是人类视觉心理理性活动的产物。大自然中所有物体都存在着一些基本特征与秩序感，如一片树叶既含有线条、形状、明暗、色彩、肌理等各种元素，也含有平衡、比例、节奏、统一、变化等原理。但是这些存在于自然界的造型元素和形式原理，只有当艺术家经过视觉感知，然后理性思考，才能概括、提炼出来，最终运用到艺术创作中去。因此，我以为中小学美术课应该重视美术语言的学习和运用，让美术语言真正成为学生学会分析美术作品、创作美术作品的方法和手段。

李于昆：您在翻译国外美术课程标准的译述中，同时还撰写了比较、分析和研究中外美术课程发展的现状和趋势等主题的论文。在这一过程中，我们的课

① ［美］阿瑟·艾夫兰著，邢莉、常宁生译《西方艺术教育史》，四川人民出版社，2000年，第232—234页。

② 参见日本筑波大学教授冈崎昭夫用英文撰写的*The Two-way Street in the History of American and Japanese Art Education: Akira Shirahama and Arthur Wesley Dow*一文。

程改革经历了十年的发展，在您看来我们这次课程改革的亮点是什么？不足是什么？

胡知凡：若要让我谈我们这次美术课程改革的亮点是什么，我觉得很多，今天无法一一列举，只能挑一部分来谈谈。

首先，我觉得这次美术课程改革，在利用我国民族、民间美术资源进行美术教育方面取得很大成绩，这可以说是一个亮点。记得2004年年底，华东师范大学钱初熹教授的一位硕士研究生来采访我，让我谈谈有关利用我国民族、民间美术进行美术教育的发展趋势的预测。当时我的预测有三点：

1．各地教育部门将会越来越重视民族、民间美术的教育，以此来弘扬民族文化精神，并把它作为素质教育的一项内容来抓。

2．全国的一些地方和一些学校将会组织专家和教师，利用当地的民族、民间美术资源编写地方教材或校本教材，进一步推动民族、民间美术教育工作的展开。

3．各地的美术教师文化责任感增强了，越来越认识到民族、民间美术教育的重要性，自觉地投身这项工作中。

今天来看，我当时的预测是准确的。因为，自新课程改革以来，全国许多地方的教育部门以及中小学美术教师都认识到民族、民间美术教育的重要性。特别是2006年10月，党的十六届六中全会《中共中央关于构建社会主义和谐社会若干重大问题的决定》第一次提出建设社会主义核心价值体系的战略任务后，全国许多省市开展了有关民族、民间美术教育的课题研究，如贵州省“开发民族民间美术资源、丰富学校美术教育”课题研究；四川省“整合四川民族民间美术教育资源，传承中华优秀文化”课题研究；厦门市“地方美术课程资源在高中美术教学中的运用研究”课题；江苏省“民间美术进课堂”的教研活动；天津市“地方文化资源在美术教学中的应用”课题研究；上海市“开发本土文化资源，建设美术校本课程的研究”等，都取得了可喜成绩。近年来，

《中国美术教育》杂志也刊登许多篇各地教师利用当地民族、民间美术资源编写的教学案例。此外，一些省市中小学美术教师在利用当地的民族、民间美术资源，编写出了许多地方教材或校本教材。

其次，我要谈的是高中开设了“现代媒体艺术”模块系列，这在我国还属首次。记得2001年12月中旬，我与钱初熹、王大根等坐火车去南京，参加在南京古南都饭店举行的高中美术课程标准研制会议。火车上，我们几位对高中阶段到底应该设置哪些模块，展开了讨论。当时，我提出近年国际上美术教育发生了很大变化，如果这次制订的高中美术课程标准仍设置绘画、雕塑、设计等模块，显得过于传统和保守，能否先将高中课程名称“美术”改为“视觉艺术”，然后，再来设想里面的模块。当时他们都认为“视觉艺术”这一名称，与我国的国情不符，况且刚制定、颁布的《全日制义务教育美术课程标准（实验稿）》仍称“美术”。接着，我又提出美国、新西兰等国家的视觉艺术课程标准中，都增加了摄影、摄像，甚至对电影艺术的学习研究。为此，建议能否在研制高中美术课程标准时，增加诸如“现代媒体艺术”之类的模块。当时此提议得到了钱初熹教授的极力赞同和支持，但对这一模块取何名称，左思右想都无法确定。到南京后，开会时我将这一想法提出，很快得到了大家认可，并认为模块名称还是以“现代媒体艺术”为妥。之后，作为模块系列写进了普通高中美术课程标准之中。“现代媒体艺术”模块系列是电子信息技术与艺术的结合，所以对普通高中学生来说，一方面能使他们掌握现代媒体的操作技能，另一方面学会用现代媒体技术来创作艺术作品。因此，我认为这也是高中美术课程改革的亮点之一。

除此之外，这次美术课程改革还有很多亮点，如义务教育阶段“设计·应用”“综合·探索”学习领域的开设，普通高中阶段模块系列的开设与选择等，我想我们研制组其他专家与学者也将会谈到。

如要说这次美术课程改革的不足之处也很多，其中在教学方面，我觉得有这样几点较为突出：

其一，新课程改革之初，由于受“改变课程过于注重知识传授”的影响，课堂教学中一度出现了忽视美术知识和技能学习的倾向。近年来，随着强调“美术知识与技能的学习”，似乎又有走向另一个极端的趋势。

其次，本次新课程改革倡导自主、合作、探究性的学习方式，其出发点是为了帮助学生学会学习。可是在实际教学中（尤其是那些公开课和示范课），有些教师过于注重教学活动形式，弱化了教学内容传授，于是各种学习方式成为一种“摆设”或“作秀”。

再次，本次新课程改革，引入了许多国外的教育理念，如后现代课程观理论、建构主义理论、多元智能理论、“做中学”理论、有效课堂教学理论等，不可否认，这些理论对新课程改革的发展起了一定的推动作用。但在实际课堂教学中，教师们仍旧我行我素地按照传统的方式进行教学。因此如何把国外的教育理论，根据我国的国情和实际情况进行本土化，在这方面的工作我们是做得不够的。

总之，课程改革与整个社会发展背景有关。社会的浮躁，必然也会导致教育领域中的浮躁。

李于昆：*您在美术教科书的编撰和研究方面也颇有建树，您是人民教育出版社中小学美术教材的副主编，最近又承担了人民教育出版社“中国百年教科书整理与研究”的子课题，请介绍一下这方面的情况。*

胡知凡：2001年2月，我在参加美术课程标准研制的同时，又担任了人民教育出版社中小学美术教材的副主编工作。自此，我开始了对中小学美术教科书的历史研究。

要研究中小学美术教材，非得要去查看各个时期的美术教科书。但是，能见到尤其是清末至民国时期的中小学美术教科书，实属不易。后来，我在上海图书馆中找到几套民国时期美术教科书，在人民教育出版社书库中又见到了一些新中国成立后的中小学美术教科书。2003年由我主编的《艺术课程与教学论》（浙江教育出版社出版）中，专门写了一节“我国以往美术教材的分析”，介绍了20世纪60年代至80年代的几套中小学美术教科书，这是我对中小学美术教科书历史研究的最初成果。2004年，我还在日本发表了《1949年以来中国中小学美术教材的演进》一文。

2008年，我参与人民教育出版社《新中国中小学教材建设史：美术卷》的撰写工作，其中撰写了“苏联中小学图画教学用书及其影响”“20世纪50年代中期至‘文化大革命’之前中小学美术教科书”“‘文革’中美术教材建设遭受重创”“1992年人民教育出版社《义务教育五年制小学美术教科书》的编写特色”“1992年人民教育出版社《义务教育四年制初级美术教科书》的编写特色”等章节。

2010年起，我参与了人民教育出版社国家社科基金重大项目“中国百年教科书整理与研究”，借此机会在上海辞书出版社和人民教育出版社书库中见到了许多珍贵的美术教科书。两年来，我已整理研究了清末图画教科书（包括用器画）19套，民国小学美术教科书（包括图画）68套，民国中学图画教科书24套，民国中小学美术教学参考书17套。为此，在这两年里陆续在杂志和报纸上发表了一系列的研究成果，如《对我国中小学美术教科书的研究与思考》（2011年）、《清末中小学美术教育与教科书的编写》（2012年）、《清末的中小学图画教科书》（2013年）、《清末的小学手工教育及教科书》（2013年）、《日本对我国清末时期中小学图画教育的影响》（2013年）、《民国初期的中小学图画教科书》（2013年）等。

我研究教科书的目的，一是通过研究，试图厘清我国中小学美术教科书的发展脉络；二是通过研究，试图找出我国中小学美术教科书中学习内容演变的特点；三是通过研究，试图发现我国中小学美术学科中一些名词术语的来龙去脉；四是通过研究，试图让我们后辈记住当时为我国中小学美术教科书编写做出过贡献的人。

这活儿很累，但很有意义。在整理中有很多感叹，如：当今美术教育中有些所谓的新理念、新的教学方法和手段，其实在民国时期都已经有了。当然，在整理中有更多的兴奋，特别是发现了一些新的资料或史料。总之，我很想静下心来，扎扎实实地为中国美术教育做些基础性和理论性的研究工作。

李于昆：上海徐汇中学开启了我国学校课程中西交汇的先河，第一个设置音乐、体育、美术课程，第一个对学生进行油画训练等。您身居上海，应该对此感同身受。在这次课程改革中，我们应该如何在国际视野下，从本土精神出发来继续构建我们的课程体系并落实课程目标？

胡知凡：位于上海徐家汇的徐汇中学是我初中时的母校，我曾在那儿学习过三年。学校最先是由法国耶稣会传教士南格禄于1850年（清道光三十年）创建，至今已有160余年的历史。学校创建之初，称圣伊纳爵公学“COLLÈGE ST-IGNACE ZI-KA-WEI”，因地处徐家汇，所以又称徐家汇公学，或徐汇公学。据学校校史记载：1850年至1900年，徐汇公学在体制上是以法国和意大利的教育制度为蓝本，并且对学有余力的学生开设了图画课。由于当时的图画课教学缺乏文献记载，因此我们无法了解当时的教学情况。最近，学校美术教师陈春燕从网上发送来几张图画课本的照片给我。其中两本课本上有用法文写着“COLLÈGE ST-IGNACE ZI-KA-WEI”（即圣伊纳爵公学）以及“COURS DE DESSIN”（图画课本）字样。这两本图画课本就是当年徐汇公学时期（1850—1932）教学生用铅笔画素描的课本，并且是按照西方图画教学方式编写，是西学东渐的典型产物。还有几张是1907年（清光绪三十三年）出版的《绘事浅说》和1917年出版的《透视学撮要》等图画课本照片。因此，徐汇中学是名副其实的“西学东渐第一校”，是近代我国中小学美术教育的发源地。为此，我为母校的悠久历史感到骄傲，也为母校历经艰危而能保存好如此珍贵的文献资料而感到庆幸。

徐汇中学地处徐家汇的中心地带，从明代末年科学家徐光启以来，徐家汇就得了西方文化的风气之先。在徐汇中学南边，是1851年（清咸丰元年）西班牙传教士范廷佐创建的土山湾画馆。徐悲鸿曾将土山湾画馆誉为“中国西洋画之摇篮”，因为西方的油画艺术教育最早是在徐家汇的土山湾画馆开始传播的。位于徐汇中学北面，是1896年（清光绪二十二年）盛宣怀筹建的南洋公学（即上海交通大学的前身）。1898年（清光绪二十四年）在南洋公学内还设立了译书院，大量采购外国新书和教科书，聘请精通中西文化的人有选择性地进行翻译。1901年（光绪二十七年）由上海商务印书馆代印的南洋公学师范院译述本《统合教授法》，其中有专门谈论小学图画和手工科的教学法，这是我见到的我国最早翻译介绍进来有关小学图画、手工科教学法的文献资料。

总之，清末时期上海徐家汇地区是西学东渐的交汇之处，有许多文化和艺术现象值得研究。目前，我与母校的美术教师也联系过多次，想将他们收藏的美术教科书做一番研究，以飨同行。

1850年，由法国传教士创办的上海徐汇中学，被誉为“西学东渐第一校”。

20世纪20年代初，上海徐汇中学学生写生徐家汇教堂的作品。

说起上海的美术教育，还想多谈几句。除清末外，民国时期上海中小学美术教育仍居全国举足轻重的地位。如，当时全国各地中小学校中使用的美术教科书，有95%以上是出自上海的各家出版机构。

我国近代美术教育史上具有里程碑意义的1923年《新学制课程纲要·小学形象艺术课程纲要》《新学制课程纲要·初级中学图画课程纲要》[①]以及《新学制课程纲要·小学工用艺术课程纲要》《新学制课程纲要·初级中学手工（男生）课程纲要》《新学制课程纲要·初级中学手工（女生）课程纲要》，都是由当时上海著名的美术家和美术教育家，如刘海粟、何元、俞寄凡、刘质平、熊翥高、宗亮寰等制定的。

民国时期上海中小学美术教育深受当时西方发达国家美术教育影响，紧随着世界美术教育的潮流而发展。因此，当时上海中小学美术教育是很值得研究的。

① 胡知凡《对1923年中小学图画课程纲要的研究与思考》，《课程教材教法》2009年第10期。

至于您谈到“我们应该如何在国际视野下，从本土精神出发来继续构建我们的课程体系，落实课程的目标”问题。我始终认为，我们只有将自己国家的美术教育和世界各国美术教育的情况都能了解和研究透彻，我们才能够来构建我国自己的课程体系，正如《孙子·谋攻篇》所说“知己知彼，百战不殆”。但目前大家能静下心来做学问的太少了，心气很浮躁，做任何事都急于求成，在这样的社会大环境下，无论是对我国美术教育的研究，还是对世界各国美术教育的研究，我们还远远做得不够。我始终认为，要提升美术教育学科的学术地位，就必须把它当作学问来研究，要研究美术和美术教育本质的东西。要改变长期以来，美术教育学科只是一般低层次的“教材教法”研究，既要做些“形而下”的研究，更要做些“形而上”的研究。为此，我寄希望于比我们更年轻一代的学者们来努力吧！

陈卫和

受 访 者：陈卫和，广州美术学院美术教育学院教授、硕士生导师，广州美术学院美术教育研究所所长、研究员，广东省基础教育学科教学指导委员会美术学科组成员，广东省学校艺术教育指导委员会委员，广东省普通教育学术委员会委员，广东高校美术与设计教育专业委员会秘书长，中国美术家协会第四届少儿美术艺术委员会委员，广东省美术家协会会员，中国民间文艺家协会会员。

访谈提要：美术课程标准研制和新课程教师培训中的经历、感受、感触和看法。

采 访 者：陈银璇，广州美术学院艺术教育理论硕士研究生。

文本整理：邢利刚，广州美术学院艺术教育理论硕士研究生。

访谈地点：广州美术学院

访谈时间：2013年12月12日

美术新课程带来的变迁

陈卫和访谈

陈银璇：进入21世纪，我国基础教育美术课程的改革也随之开始，经过十年的探索与实践，发生了根本性的变化。作为此项改革的参与人和见证人，您是怎样加入这场改革之中的？

陈卫和：时间跨入2000年，满世界洋溢着千禧年的跨世纪激情，中国的基础教育课程改革也拉开了大幕。当时我在湖南美术出版社工作，创建了现代美术教育研究所和陶艺大教室，配合湖南中小学美术教材编写主要关注中小学美术教学内容的研究，因此参加了教育部《九年义务教育全日制中小学美术教学大纲（试用修订版）》编写组工作。当时在此基础上组建国家美术课程标准研制组，我成为其中一员。

陈银璇：您与基础美术课程改革一路同行至今，见证了课程改革发生的变化，是否有一些人或事令您最难以忘怀？

陈卫和：我与基础教育美术新课程由此一路同行直到今天，其间有几位老朋友陆续离世，在我心中难以忘怀，深感历史不能忘记他们。

最先离去的是李小夫老师。我们年龄相仿，在湖南就相识，他在郴州市第二中学教美术。其实他是长沙下放“知青”留在湘南，那时候美术教师不多，在学校人微言轻。他对中小学美术教育认真投入，写了不少论文在《中国美术教育》杂志发表，在理论思考方面非常活跃。他作为一线美术教师的优秀代表被吸收参与新课标研制工作。2000年美术课标组工作启动之后，多次会议上小夫老师充分发表自己意见，充满对未来中小学美术课程建构的激情。那时候他告诉我平时在学校每天早上要跑5000米，冬天坚持洗冷水澡，一副精力充沛的样子。2001年完成了《全日制义务教育美术课程标准（实验稿）》工作，课标组又开始转入对《普通高中美术课程标准》的研制，这期间却听说小夫老师身患癌症。下半年我在广州接到其亲属打来电话，告知病情想联系到广州医院进一步治疗。当我通过学生找广东省人民医院医生联系治疗时，医生了解病情后随即做出不祥的预测，果不其然没几天就传来小夫老师淋巴癌症急剧恶化不治的消息。后来，《中国美术教育》还专门为李小夫老师的病逝发了消息，可见历史记住了他对中小学美术课程的贡献。

之后离去的是陈寿鹏老师。我第一次见到他是在1981年冬天长沙召开的全国美术教育专业委员会成立大会上，他“一折一剪出来个白天鹅”的手工示范改变了我对中小学美术课单一画画的认识，而后关注他更多的精彩美术教学设计，知道他是上海番瓜弄小学一名普通的小学美术教师。后来我到上海出差还专程去陈寿鹏老师家拜访，看到更多制作精巧的手工设计作品，听他讲述小学美术课怎么与生活联系。他也是作为一线美术教师的优秀代表进入课标组的，参加工作会议时我们曾经共居一室，非常深入地聊过小学美术课程如何设计。他提出的“玩玩、看看、想想、做做、画画”小学美术教学思路，被吸纳写入美术新课标。我感觉陈寿鹏老师具有敏捷思维和艺术活力，总是有很多巧妙的美术教学“点子”，并伴着他那幽默风趣的讲述。令人痛惜的是，刚刚退休不久的他被病魔带走了。

最令我震惊的是我的挚友——华中师范大学杨建滨教授的离世。他小我1岁，而且有一米八个头，身材魁梧，喜欢读书且口才极好，我们性情相投私交甚笃。无论我在长沙还是广州，他每次从武汉过来我们都相约去寻访文化遗址名胜古迹，一路总是欢声笑语，留下愉快的记忆。他也是连续参加义务教育和普通高中两个阶段美术课标研制的核心成员。我们还携手在广东进行美术新课程教师培训，一起主编高教版《美术新课程教学论》（小学、初中），分别担任中国电视师范学院中小学美术新课程教学法主讲……所有这一切都终结于2005年的秋天。那年元旦我们还在北京拍摄美术新课程电视讲座，春节过后就听说他身患癌症住院的消息。三月份我和课标组组长尹少淳教授到武汉同济医院去看望建滨，六月份他转去美国治疗我还收到他发来的邮件，10月3日我收到他的邮箱发来“伤心的报告”——建滨于9月29日永远离开了我们！令我几天都沉浸在哀痛之中。11月其所在单位华中师范大学举行追思会，尹少淳教授代表课标组参加并致辞，我正在上课而未能够前往，但转给我的追思会录像和照片至今仍然在我的电脑里。真是天妒英才致杨建滨教授离去太早，他本应是美术新课程行列中的一位旗手。

陈银璇：这些老师确实值得我们敬佩，他们在课程改革的道路上走完自己的一生，也可以看出，他们在某种程度上影响着您，那您能否谈谈十年来，基础教育课程改革对您个人工作或生活的影响？

陈卫和：与新课程同行的这十多年，多少人在为中小学美术教育的改变努力着，在这条路上有些人走完了自己的一生，而我们还在继续。回首我的人生，也是在新课程启程后转型，开始新的工作和生活。我于2001年6月由湖南美术出版社调到广州美术学院工作，在此期间美术课程标准研制工作仍在继续，普通高中美术课程标准的研制和义务教育美术课标的培训正在展开。在出版社我的主要工作是湘美版中小学美术教材编写开发，并编辑出版有关美术教育方面的图书。进入高校我的工作转向美术教育专业理论和实践课程教学，成为广州美院美术教育研究所所长和广东省学校艺术教育学术研究骨干力量。同时，调离湖南后淡出湘美版教材编写，更多承担国家和各省、各院校聘请进行新课标美术教师培训，参与实验区美术新课程教学研究，组织撰写了多本美术新课程的教师培训教材。这期间多次主持教育部新课程教师远程研修培训工作，成为教育部“国培计划”培训专家。同时，被聘为全国中小学教师继续教育网、山东省教育厅、广西壮族自治区教育厅教师远程培训主持专家，开发与主持义务教育和普通高中美术教师远程研修培训。在与新课程同行的日子我也不断充实和提升自我，在美术教育理论与实践研究的道路上走向我的职业终点。

陈银璇：在与新课程同行过程中您不断地充实和提升，据我所知，在美术课程标准研制之初，受到西方后现代课程观和教育理念的影响，在这个探索的过程中遇到了什么样的困难？

陈卫和：进入21世纪的基础教育课程改革，启动所有学科的课程标准制定，既是对我国中小学教育现实的反省，也有对国际中小学校课程状况的展望。将西方的后现代课程观和教育理念导入我国中小学课程设计和新课标，成为势在必行的选择，但是也随之带来生搬硬套和因地制宜的考量。特别是对于中小学艺术课程，在这次课程改革中呈现出与国际接轨的明显趋势，强调艺术课程的人文性质，在削减艺术技能教学比重的同时，力推综合艺术课程的实验。具体表现在课程标准研制在分设音乐、美术学科外，还专门设置了综合音乐、美术、戏剧、舞蹈四个专业的艺术学科。因此，艺术类新课程标准研制和实验实际上设有三个学科标准，即音乐、美术和艺术。艺术和音乐、美术属于并行学科。新课程实验开始时，教育行政领导一般提倡选择“艺术”课程取代传统的音乐、美术课程设置，甚至有领导提出“不选择开设综合性质的‘艺术’课程，就是缺乏改革意识”。这种思维导向同样反映在对待艺术教材存废的态度。欧美中小学一般艺术课程没有统一教材，教材由艺术教师自己编写或从市面上选用。借鉴西方中小学艺术教育方式，教育部课标研制中有关领导曾提议，艺术课程（包括音乐、美术）可否取消统一教科书，艺术教师根据课标自己编写或选择教材。后来，美术课标研制组组长尹少淳教授在一次会议发言中陈词力辩，指出中国的中小学美术课落实不充分，教师配备和素质均不达标，教科书成为中小学开设课程的依据和教师上课的依凭。现阶段我们必须通过美术教科书才能够保证中小学美术课程的落实和提升。这样才扭转了有关领导照搬西方艺术课程方式的认识，平息了是否取消艺术教科书的讨论。但是，中小学艺术新课程到底如何设计和实施，在这十多年里仍然在进行探索与思考。与音乐、美术并行存在的“艺术”课程虽然推行艰难，实施学校越来越少，但是教育部课改顶层设计始终将之作为基础教育课程结构的一个部分。

陈银璇：*比较过去的中小学美术教学大纲，新课标提出课程评价和课程资源两个全新概念，您能否为我们讲解一下，这两个概念对学科体系建构有何重要意义？*

陈卫和：在中小学美术课程标准框架设计中，有两个部分完全是全新加入的概念——课程评价和课程资源。这两个概念在过去的中小学美术教学大纲中是没有的，反映了中国对中小学美术课程设置的认识达到了新高度。在1999年对中小学美术教学大纲进行的最后一次修订中，列出了“美术教学条件”和“美术教学评价”这些内容，而在美术课程标准中明确提出课程评价和课程资源的概念，标志着中小学美术课程科学体系建构达到完整和深入的新高度。

长期以来，将美术课程视为手工劳作的技能训练，成为对理性知识学习的脑力休息和调剂，自然而然地成为学校课程“小三门”中的小中之小，乃至于可有可无，也无所谓完整的课程体系意识。随着现代教育和课程意识的形成，艺术课程成为学校核心课程，美术课程也应该确立完整的课程体系，可以说我国的中小学美术课程体系就是在这样的发展背景之下推进的。首先，前课标组在修订1999年版美术教学大纲时就发现，过去教学大纲从来没有提及过“评价”一词，以至于中小学美术课像一辆永远没有终点的列车，开到哪里算哪里，开与不开没差别，没有科学课程体系完整结构，导致自身课程地位的失落。1999年的修订只是针对美术教学行为和效果的评价，2000年美术课程标准研制正式提出美术课程评价概念，采用教育评价理论，提出了美术课程评价要“强化评价的诊断、发展功能及内在激励作用，弱化评价的甄别与选拔功能”，促使美术课程评价成为美术教学活动的重要环节，成为推动美术课程良性循环不可或缺的部分。

美术课程标准中还提出“课程资源开发与利用建议”，虽然这是各学科课程标准中统一的例行作文，但是其影响和作用日益彰显。过去的教学大纲只是提到改善“教学设备”或“教学条件”，课程标准却站在教学资源、课程资源的角度提出开发与利用的建议，对拓展中小学美术教学内容、丰富美术教学方式、促进艺术教育的普及产生了极大的影响。过去人们曾一度认为艺术教育属于贵族教育，所以往往强调艺术教学条件的改变，但是从课程资源的角度会发现美术教学条件不仅仅是工具材料，对课程资源的认识能帮助美术教育工作者主动获取更多美术教学条件，而不是等待美术教学条件的提供。在修订后的《义务教育美术课程标准（2011年版）》中，将课程资源清晰划分为学校资源、自然资源、社会资源和网络资源，为美术教学提供选择方向，有效地改善美术教学的条件和环境。过去的中小学美术课主要是包括画画和手工，教学形式比较单一。美术新课程提出“课程资源的开发与利用”后，出现学科跨界的综合美术课、融入社会的生活美术课、地方文化的校本美术课等，中小学美术课开始变得丰富和精彩。特别对于那些农村中小学校本来缺乏美术教学设备和师资，当通过发掘地方文化资源进入美术教学，一些原本认为不具备美术教学条件的学校，居然也能够活跃地开展美术教育活动。比如从2003年启动的“蒲公英行动”少儿美术教育专项课题研究，凭借美术课程标准的教学理念，立足于农村边远民族地区学校推广艺术教育，将当地民间美术引入学校课堂，10年下来受到师生欢迎，收获不少成果，对于我国农村学校美术教育具有示范意义。

陈银璇：课程改革非常重视教师培训工作，包括通过互联网组织美术教师进行远程研修。我们知道您也主持过这项工作，能否为我们介绍一下其中的培训情况？

陈卫和：国内外历次课程改革的经验告诉我们，课程改革成败决定于教师，因此，新课程教师培训成为伴随基础教育课程改革的重要工作，几乎所有的中小学教师都参加过不同学科的新课程培训。美术学科也不例外，中小学美术新课程培训史无前例地普及和深入。我作为美术课程标准研制组核心成员，在这十多年中已数不清做过多少次培训讲座，唯有在互联网上进行的美术教师远程研修培训令我记忆深刻。为了解决教师培训中出现的各种问题，在新课程实验之初采取了“培训者培训”的方式，但是采用“人传人”的传递方式最终发生了走样变形等情况，为此教育部专门成立了基础教育课程改革远程研修办公室。

我清楚地记得教育部第一次通过互联网组织的教师培训是2007年暑假，在

“国培计划”教育部2010年普通高中课改实验省教师远程培训。

北京西山凤凰岭下的一所培训中心，高中美术课程专家团队面向新疆、湖南、海南的数百名高中美术教师，进行了为期14天的网上远程培训。在2007年上半年，我与广东省美术教研员周凤甫老师共同受教育部基础教育课程教材发展中心远程研修办公室委托，负责高中美术学科培训远程视频课程的开发。我们邀请了华南师范大学美术学院教师、广东省部分地市美术教研员和优秀美术教师组成了课程开发专家团队，实地拍摄广东省在高中美术新课程实验中的成功经验和案例，结合高中美术课程标准的文本解读，制作成10个专题的视频课程。炎夏8月，美术课程专家团队在北京组织横跨天南地北的三省高中美术教师，在互联网上收看视频课程，网上提交个人作业和班级学习简报，通过网络视频进行跨地区的在线研讨，通过网络论坛发帖进行即时交流。第一次的新课程教师远程培训进行得并不顺利，远程研修办公室集中了高中十几个学科，据说同时在线学习人数达到2.5万人，却在培训开始后发生服务器崩溃、网络瘫痪的意外情况，以至于远程培训工作中途停顿休息两天。但是，当高中美术远程研修宣告结束时，看着留在网络上面的成千上万条学员和指导老师、专家的发帖留言，真正感受到这才是新世纪的教师学习方式，不仅仅是跨越时空地广人多，其培训到位和认识深度都是空前的。当用敲击键盘文字与远隔重山的一线教师思想交流时，当个人的观点表达在网上得到千里之外的及时回应时，思想碰撞产生的奇妙感受油然而生；大家同一时间聚集思想，产生的共鸣不可估量。利用网络开展远程研修不仅是超越时空超多人数，而且互动深度和研修效果也超出平常所及。在网络上比较容易形成平等和民主的对话，信息碰撞思想交锋带来思考的无限可能。这种培训效率和能量显然超过传统的面对面培训方式。从2007年至2011年我连续五年应教育部教师教育司以及“国培计划”——中小学教师远程培训项目执行办公室委托，主持高中美术课程及义务教育美术课程远程培训；应山东省教育厅和广西壮族自治区教育厅之邀，主持和指导该省的中小学美术教师远程培训；应全国中小学教师继续教育网邀请，担任“国培计划”西部农村地区示范性远程培训项目美术学科主持专家。2012年和2013年在美术课程标准修订颁发后，继教网继续聘请我作为课标解读培训和深入推进课标实施系列培训项目主持专家，组织开发了数十小时的网上视频课程。我可以说是见证了我国教师远程培训的发展经历，看到教师远程培训的水平在逐年提高，互联网技术发展让新课程培训获益，使更多边远地区的美术教师也得到学习成长的机会。这期间令我印象最深的是2010年暑假的高中美术远程研修，四川省达州美术教师组成的研修班级在学习结束时专门制作慰问视频短片发给辅导专家团队。也正是这次研修之后的2012年，四川达州铁路中学美术教师傅月婷通过开设研究性学习模块，带领学生制作的励志微电影《I can Fly》在校园网和当地电视台播出。当她获得这一教学成果喜悦时，也不忘向我们报告分享。

陈银璇：回顾基础教育课程改革十年，您感觉中小学美术教学的变化有哪些？

陈卫和：自2001年教育部颁发《全日制义务教育美术课程标准（实验稿）》，到2014年初教育部颁发《关于推进学校艺术教育发展的若干意见》，十几年的时间我国的学校美术教育发生了莫大变化。曾记得在新课程实验实施之初我去到各实验区进行教师培训，很多年长的美术教师平生第一次参加学科培训，很多学校根本派不出美术教师参加培训，美术教师成为特级教师或者校长者极其少见。可以说，美术课在一般学校最不受重视，和体育、音乐学科相比确实是“小中之小”。这一情况随着新课程实验的不断推进，美术课程标准的宣传落实，逐渐出现了变化。最近这些年去各地进行新课标或新教材培训，美术学科尽是年轻的面孔，常常也是济济一堂，许多城镇学校已配备专职的美术教师。越来越多的地区和学校开始把艺术教育作为落实素质教育的首选指标，不少优秀的美术教师在新课程实验中脱颖而出，成长为专家型美术教师，创立了许多美术教育特色品牌。

本次课程改革设计强调以学生发展为本，确立了课程的三维目标体系，情感态度价值观目标得到充分关注。我在参与美术课程标准研制中，感觉教育部在进行课程顶层设计时对艺术课程非常重视，艺术课程直接体现教育理念，与三维目标的高度契合。将新课程计划与课改前的课程设置比较，艺术课程不仅没有削减，反而有所增加。如规定小学阶段美术课一至六年级均为每周2节，七至九年级均为每周1节，普通高中要求美术模块必修不少于54个学时。在总课时量不增加的情况下，美术课时的增加就意味着其他学科课时减少。况且新课程计划为了加强课程综合还增加了综合实践课，这样一来挤占其他学科课时成为必然。据课程设计专家组介绍，新课程计划相比过去减少了课时的学科主要是数学等所谓主科，相对而言属于“小三门”的美术课却增加了课时。

回顾国家实施这次基础教育课程改革之后，美术学科列入课程计划得到强调，美术教师培训纳入继续教育得到重视，中小学校开始注意配备专职美术教师，是否开足美术课程被纳入学校教学评估范围。现在中小学校美术学科地位相比新课程之前，确实有了根本改变。虽然按照新课程计划的要求，作为艺术教育的美术学科在中小学现状仍不令人满意，但是从纵向发展来看美术学科在学校的地位已经发生了很大的改变，对比新课程前后我深切感觉到：美术学科是这次基础教育课程改革最大的受益者。

陈银璇：非常感谢您与我们分享了您在美术课程标准研制和新课程教师培训中的经历、感受、感触、探索和思考，这为我们今后研究中国基础教育美术课程提供了历史资料，具有很重要的价值。非常感谢您！

李力加

受 访 者：李力加，浙江师范大学美术学院教授，基础美术教育研究中心主任、硕士研究生导师，教育部艺术课程标准研制组核心成员、美术子课题负责人，教育部国家教师（美术）资格考试标准专家组成员，教育部中小学教师国家级培训（以下简称“国培”）专家。

访谈提要：针对“美术新课程改革后美术教师专业成长”“美术教师的教学研究”“美术教师职后培训”等主题。

采 访 者：杨国昕，岭南美术出版社。

协助整理：陈勃，广州美术学院艺术教育理论硕士研究生。

访谈地点：广东外语外贸大学艺术学院

访谈时间：2013年7月2日

基于美术课堂教学研究的美术教师专业成长

李力加访谈

杨国昕：您在课程改革中主要关注哪些方面？取得了哪些研究成果？听闻您是一直坚持在中小学一线上课的大学美术教师。

李力加：这些年来，我的主要关注和研究的方向一是在职美术教师成长的研究（中小学美术课堂教学实践研究）；二是普通高校美术学美术教育专业学生专业成长的课程和教学研究。成果也多是这两个方面的研究。专著有《艺术课程的实现》（2005）、《艺术成长（上下卷）》（2007）、《走向多元的美术教学》（2009）、《名师如何炼就名课（美术卷）》（2010）、《小学美术教师学科专业必修》（2012）、《唤起知觉经验的美术教学》（2013）。教材有《小学艺术课程与教学》（2006）。普通高校美术教育专业实践能力培养教材三部：《美术教学设计与课件制作》《美术教育研究方法与论文写作》《美术教育实习》（2011）。《美术教学文案与美术论文写作指导》（2013）等。另外，我可能是在全国范围唯一的一位大学教师坚持每个学期都到一线（中小学、幼儿园）去上课的教师。

杨国昕：能坚持这样做真不容易。

李力加：是的，我到一线亲自执教，基层的美术教师和我共同讨论问题，

2009年11月李力加老师在浙江金华第11中学为初中生上美术欣赏课“这样表现，究竟为了什么”。

我想用自己的行为来带动他们对美术课程的认识和理解，对美术课程标准的理解。实际上，我不能说自己对美术课程标准的理解就一定比基层美术教师深刻，但是我觉得，在我们共同探讨的时候可能更深刻，这个过程更重要。所以，在这个角度下，我自己带头去教学，和教师们共同做试验。我长期下到基层学校，带研究生下去做教研，这样能促进整个基层美术教师的成长与发展。这几年跑了很多个省，包括去全国各地国培、省培讲课，非常频繁。在这样的情况下，用实际的教学案例研究来促进全国的美术老师的成长，这也是自己的一个成长和反思的过程。

杨国昕：这样“接地气”难得啊。从您刚才介绍的工作与研究情况看，您十分注重一线教师的成长。请您谈谈课程改革十年来，教师自身专业成长的变化与发展。

李力加：2000年，国家启动义务教育第八次课程改革，美术教师的思维中首次有了“课程标准”[①]这样一个概念。课程标准的概念最初进入美术教师的脑海里的时候，他们觉得很陌生：什么叫作课程？什么叫作标准？因为他们习惯的思维是叫作教学大纲。他们一开始对整个世界课程理论与实践的发展，对教

① 课程标准就是对学生在经过一段时间的学习后应该知道什么和能做什么的界定和表述，课程标准通常包括了几种具有内在关联的标准，主要有内容标准（划定学习领域）和表现标准（规定学生在某领域应达到的水平）。

育学理论层面这种宏观上的认识还都是没有的。课程标准和教学大纲究竟有什么区别？大家不明白。就在这个状态下，美术老师群体进入基础教育美术课程改革的时候，他们实际上是在不断的学习中成长的。一开始他们在接受课程改革的时候，他们只是懵懵懂懂的，对当时2001年版的美术课程标准（实验稿）的理解也是一个非常懵懂的状态。这种状态造就了他们对当时美术课的认识还都是比较混沌的。为什么呢？因为他们过去都是按照大纲去教学，按照传统的大纲去实施教学的时候，自己美术课的教学就没有太多的"课程理念"。课程是一个包括学生、教师、教学内容、教材、学校、文化背景等各种因素交织在一起的综合体，而教学大纲仅仅限于教学内容本身。当美术教师群体有了初步的课程理念（比如说美术新课程理念要求，我们的美术教学要关注全体学生）以后，它必然涉及教师的学生观与教学观、教材观等一系列问题。仅仅就教学方法来说，美术教师如果还以过去的"老五样"——"回顾旧课、导入新课、组织教学、课堂练习、布置作业"这种老的模式实施教学，必然不太符合新课程的要求。进入新课程改革以后，美术课程标准要求的面向全体学生，探究式学习方法的引入、合作式学习方法的引入等，这些都给美术教师们带来很多很多观念上的新刺激。这样的刺激，让我们美术教师首次知道了什么叫课程，什么叫课程标准，知道了美术课程原来还可以这样教，这是美术新课程改革对美术教师群体一种最大的改变。

这种改变，势必涉及美术教师自身的发展诉求。实际上美术教师们在课程改革一开始并非是有主动诉求的。因为，在2001年美术课程标准实验教科书进入全国28个实验区（国家当时为了逐步推进基础教育课程改革，首先选择全国28个课程改革实验区，包括东部发达地区的青岛、苏州，西部欠发达地区的宁夏灵武，南部欠发达地区的广西玉林，中部地区的湖南长沙开福区等，这是首批进入课程改革实验的地区，率先进入课改实验，然后全国逐渐推进）的时候，他们多只是处于一种被动接受国家课程改革指令的状态。在实验区及全国范围美术新课程改革逐渐推进的过程当中，美术教师们对美术课程标准有了一点初步的认识。在这个状态下，随之美术教师就开始接受更多的课程标准影响下相应实施的教学改革措施，比如说公开课比赛，包括基层的评课、教学研究等等，都要按照美术课程标准的要求去进行。在美术课程标准要求的前提下，美术教师们自然就要随之思考一个利益上的改变，他要思考：自己如何去应对新课程改革背景下的美术教学？考虑如何应对的时候，他个人的诉求就开始萌发，萌发的时候必然促进自己要看、要研究他人是如何教学的。举一个典型的例子，广东深圳中学是高中新课程改革当中涌现出来比较超前，具有引领作用的一个课程改革典型。深圳中学的美术教学在广东省特级教师房尚昆老师的带领下，率先实施工作室教学模式，在高中美术课程教学实践中走出一条新路。这个典型案例对全国美术教师群体的作用非常大，他们要根据普通高中美术课程标准的目标要求，去思考自己如何实施教学的问题。仅就教学问题而言，深圳中学的房尚昆老师在美术鉴赏课中采用以学生自主学习为主，然后由学生主讲，教师辅助，师生共同探究美术问题的美术鉴赏教学方式，这在全国是非常有影响的一种教学方法。这样的教学方法在全国的推广和应用，都是美术教师群体在美术课程标准的引领下内心转化的一种非常好的验证，这样的验证对我们美术教师有一种很大的促进。

自2001年新的美术课程标准进入全国各实验区，以及后来在全国各省市铺开，有一个大约三年时间的周期，直到2003年至2004年的时候美术新课程改革在全国才整个全面铺开。这对全国美术教师的影响实际上是一个递进式的、逐步推开的、渐进的过程。有些省的美术新课程实验比较早，有些省比较晚，在这个过程当中实际上美术教师的心理波动还是比较大的，他们对课程标准的理解，是在不断的实践当中逐渐深化的。直到2012年3月公布课程标准（2011年版）的时候，此刻美术教师们的理解就更理性了。因为在前期的时候（2001年），有些教师可能比较激动，有些教师可能无动于衷，有些教师一开始还

2010年11月李力加老师在成都为美术教师上公开课“一位艺术家眼中的春天”，有500多名美术教师现场观摩。

处于观望状态；当时是一种很有意思的状况。我为什么要谈这些细节？因为这个问题实际上涉及美术教师群体的成长。美术教师个体，对自身的成长原来可能没有这么关注，但是2001年美术新课程改革之后，不断地有这些新的理论、思想、观念、措施、举措和一些新的要求，促使教师要来关注。比如说：如何按照美术课程标准设立的“三维目标”要求去写教案（教学设计）？这其实就是对美术教师的一个促进。因为，许多美术教师连教案“如何写”其实原来都是不懂的。比方说，如何用行为动词去写教学实际文本等。在这里并不是想咬文嚼字，学习写教学设计文本，是保证课堂教学有效性的前提与基础。这些问题，美术教师们都是从义务教育美术课程标准确定要求之后，才开始思考、学习如何写作的。比如，我们的美术教师一开始写教案的时候，常常写一些很空洞的话，例如“提高学生的审美能力”，这是一句很空的话，这样的表述如何能够落实在具体一节美术课的课堂里呢？美术课程标准公布、实施之后，美术教师在接受、认识、理解的过程当中，他们在对这样一个个小细节的学习里，促进他们自身的专业成长；促进他们对课程的认识，对美术教育的认识，对学生的认识，对自我的认识；这是一个连锁的反应。我认为，这个连锁的反应实际上从2001年义务教育美术课程标准（实验稿）的公布时，就开始刺激美术教师的这种思维转变。

所以说，今天谈美术教师专业成长的问题，实际上是从十多年之前开始，一直延续到今天，有这样的一个变化过程。

杨国昕：看来教师对美术课程标准有一个认识、解读的过程，在这个过程中教师的专业能力与专业素质也随之提高，并促使教师的思维方式发生转变。美术教师对学生、对课堂有哪些看法上的转变？

李力加：这个问题非常好。美术教师对学生、对课堂的这种看法上的转变，实际上经历了比较大的内心挣扎。怎么说呢？过去长达六十多年的传统的学校美术教学当中，有一句很有意思的话叫作："小黑板一挂：同学们，画画！"那个时代整体上对美术课有一种比较"窄"的认识，叫图画课、手工课。[①]2001年美术新课程改革的时候，美术教师们首次听说"美术课程是人文课程"，第一次开始接触"美术课程的人文性"，这时候，我们的美术教师对学生、对课程的关注就开始发生变化了。仅就美术课程的人文性角度来说，"什么叫人文性？"从一个教学课题本身来说，比如说"花儿"，"花儿"作为一个主题，人对花儿的这种情感，所注入的审美情感，就是这个教学主题的一种人文性。过去的时候，美术教师可能在教学时并不关注这些，教学时的状态可能是这样："同学们，我们今天画这盆花儿。"美术教师将一盆花一摆，然后

① 1906年（清光绪三十二年）李瑞清奏请朝廷获准，在两江优级师范学堂创办了我国高等师范院校第一个美术系科——图画手工课，此后美术（图画）课一直沿用该名称，直到1978年公布的《全日制中学暂行工作条例（试行草案）》和《全日制小学暂行工作条例（试行草案）》中正式将"图画课"更名为"美术课"。

大家就画开了。但是，美术新课程改革之后，美术教师在思考“花儿”这个主题教学设计的时候，他们可能首先要设计一个情境，引导学生们对花儿的情感释放与共鸣。“感时花溅泪，恨别鸟惊心”，实际上并非是花本身在哭、在流泪，其实是人赋予了花儿某种情感，对不对？人赋予花儿情感的时候，花儿这一植物所承载的就不仅仅是美术学科的要素，还有艺术家表现花儿时的情感，以及艺术家情感作用下生发出的特殊的美术语言。美术教师在设计教案的时候，在编写自己教学设计的时候，他们就会把自己对花儿理解的东西编到课堂的内容里边来。在关注美术课程的人文性的时候，美术教师对课堂的关注就已经发生了改变，由此，对于学生、对于课堂的转变，都是由一个细小的局部开始的。这个简单的例子说明，美术新课程改革的理念促使美术教师转变自己对学生、对美术课堂的认识。

杨国昕：*您认为人文性是美术课程的一个重要性质，那么具体到课堂教学中应该怎样实施？*

李力加：美术课程标准要求课堂教学要关注每个学生。在课程改革刚开始的时候，很多教师曾经有过这样的情况：教学的时候把教室里的桌子按照一个小组、一个小组围起来坐的方式摆好——这不过是看到其他学科教学改革的样子，自己也照样这样做。这样摆放桌子、椅子实施教学，似乎是美术教师关注了学生，但是，有没有想过这可能只是一个形式上的关注？这种关注从新课程改革的早期开始，对美术教师群体产生较大影响。比如说我去广州四中和广州知用中学，他们的教室里还这样去摆桌椅。如果是在十多年前，也就是2000年之前，可能不会想到这样摆，就这个角度看，美术教师已经是在关注学生。这样的状态延续了十几年，这都是新课程改革后的变化，这是由教师对学生的关注而产生的变化。这种关注的历史，经过十年多时间之后，经过美术教师对美术课程标准学习、认识、不断地深化理解之后，他自己内心也在变化，也是一种成长，也是一种很大的促进。我们的美术教师已经开始思考：我的美术课究竟要让我的学生得到些什么？“究竟得到些什么”实际上就是一种教师关注学生成长的思考，虽然还有些肤浅，但经过不断的思考与实践，美术教师们经过十来年以后，他们再思考如何关注学生的时候，要比十几年前有了很大的进步。这个很大的进步就是，他们现在思考问题的时候，可能会更理性，他们可能会想到：我首先在教学设计的时候，要如何将课程的性质融入自己的教学设计当中？课堂上自己要采取什么样的教学方式去进行施教？要创设什么样的教学情境来刺激学生更好地融入学习？用什么样的材料、工具，能够使这堂课更丰富？这些实际上都改变了美术教师自身对学生、对课堂的认识和理解。

美术课程的人文性不仅仅是教学形式上的变化与调整，更重要的是从美术文化的本质上思考教学设计，教师如何实施教学才能更全面地体现出美术课程的人文性。例如，在美术欣赏（鉴赏）教学过程，课程改革后的这些年，有的美术教师一直在探索从美术与文学、历史课程整合的角度实施课堂教学。如，《韩熙载夜宴图》这幅作品，在诸多版本的教材里均有以此为主题的欣赏教学设计，美术教师将与作品同时代的相关文学、历史素材与作品图像信息整合在一起，实施课堂教学的过程，体现出浓郁的文化课程特征，这样的教学设计反映出美术对于历史文化的思考。又如，浙江湖州美术教师徐军在2007年全国中小学美术课堂教学比赛中，执教“书籍装帧”一课。徐军老师以其自身在文学、历史诸方面较厚实的修养功底，在课堂上深刻地演绎书籍装帧这一教学主题，不仅震撼了数百名现场观摩的美术教师，同时折服了专家评委。徐军老师在美术新课程改革中成长的经历说明，诠释美术课程的人文性，需要以美术教师自身的整体素养为基础。

杨国昕：*是否可以这样理解：新课程标准使教师和学生之间构成了一种新型的教与学的关系？*

李力加：是的。这个改变过程，使美术教师自身感觉很有触动。如，美术新课程改革前，美术教师、美术课还没受到如今这么多的重视；新课程改革后

2010年11月徐军老师在成都为美术教师上公开课“中国木建筑——斗拱”。

这十几年来，美术课在中小学当中受到各级领导的重视程度已经比原来高出不只是一个档次。原来美术教师们也没有像今天这么受重视；虽然现在与学校的其他学科相比美术也还是不太受重视的学科，但是美术新课程改革以来，实际状况已经改变了很多。这个改变都是美术课程标准具体落实过程中的作用，这个作用对美术教师成长的促进是很大的。以浙江来说，2013年4月8日、9日两天，“浙派名师”[①]，小学美术课堂教学艺术展示活动在杭州举行，本来这是一个区域美术教研活动，但全国各地及浙江省到现场观摩的美术教师达到1000人之多，空前的盛况让主办者震惊，因为，即便是语文、数学这类的所谓“主课”教研活动，也远远达不到这样的程度。所以说，美术新课程改革以来，美术课、美术教师在学校教育的地位有了明显变化。我们的美术教师是伴随着美术课程标准的实验而不断成长的教师群体，他们的状态，对课堂的改变，对学生观念的改变，也是伴随着美术教师自己对美术课程标准理解的不断深化而改变。今天的改变已经超越了美术教师自己十几年前的那种改变。

① “浙派名师”活动，是浙江省教育厅为了促进中小学教师专业成长，启动中小学“浙派名师名校长培养工程”，而“浙派名师”小学美术课堂教学艺术展示活动，是由浙江省小学美术的教学名师、特级教师亲自执教美术课堂教学，展示给来自全国的小学美术教师，共同研讨小学美术课堂教学。

2011年11月李力加老师在浙江师范大学为“国培计划”（2011）安徽省小学美术教师班教师讲解儿童画作品。

杨国昕：您是国培项目专家，针对国内各地的国培项目，您认为其意义体现在哪些方面？是否存在不足？对教师来说，亟待解决的问题有哪些？

李力加：为了提高教育质量，针对教师的专业成长，教育部从2010年开始实施国家的“国培计划”教师培训项目[①]，是非常有针对性、有效果的，是由教育部和财政部共同组织，促进全国教师的成长的继续教育系统工程。为什么国家要启动这个项目呢？提高教育质量的关键在于提高教师本身的素质，教育部的“国培计划”就是从提高教师本身素质的角度来促进教师成长的。美术教师是整个“国培计划”项目中的学科教师培训对象，美术教师在这个培训过程当中受益是非常大的，特别是农村美术教师。大多数农村教师是第一次走出大山，走出乡村，来到城市；从西部来到了东部的发达省区，走进名校，接触到美术名师、特级教师。他们在培训中得到的收获是很大的，例如，一位宁夏山区的美术教师参加国培后，写出这样感人的来信：

“浙江的培训，我们很多人都切实体会到了浙江老师的敬业与勤劳，许多人很激动，想回来大干一场，我甚至立刻想报考到您门下上课程论的研究生，

① “国培计划”，全称叫作“中小学教师国家级培训计划”，简称“国培计划”，是由教育部、财政部于2010年开始全面实施，旨在提高中小学教师特别是农村教师队伍整体素质的重要举措。是对课程改革向广度和深度推进的延续与发展。同时，促进教师教育改革，推动高等师范院校面向基础教育，服务基础教育。“国培计划”是《国家中长期教育改革和发展规划纲要（2010—2020）》确定的重大项目，也是在2010年第一个落实出台的国家培训项目。

以便从理论上深入系统地学习美术教学……我相信，肯定有一部分人此刻正意气风发地在他的学校以全新的目光审视手中的教材、眼前的学生。很有可能，也在重新认识自我：这辈子，是做一个研究型的教师与时俱进去不断成长，还是做一个念教材的教书匠推日下山，了此一生？也许问题更多：不想虚度时光，想做好老师，想做像王五一、魏瑞江、朱国华这样的好老师。那么，怎样开头？”

但在国培项目培训过程，也发现了值得我们思考的问题。从2010年开始，我连续几年在全国范围，如新疆、宁夏、北京、四川、河北、安徽、江西、重庆、山东等地主讲和主持多项“国培计划”美术教师培训项目。“国培计划”美术教师培训项目现在有两类。一类是中西部项目，就是中西部欠发达地区的美术教师培训；第二类是国家集中培训项目。[①]这几年当中，听过我培训讲座的各省美术教师不下5000人次，我认为他们现在所要解决的首要问题，还是要从美术教学观念上改变自己。为什么要从教学观念上改变呢？这就是“如何认识美术教学？”，这是他们未来发展的一个很重要的基础。如果没有从“如何认识美术教学”这个高度理解问题，他们将来作为教师的成长还是有很大障碍的。从这个角度讲这是他们的第一个欠缺。

第二个欠缺是，“今天要如何认识美术？”为什么要从“如何认识美术”思考问题呢？这就是说，当下的美术教师队伍，来自新中国成立以来各高校美术系、美术学院培养出来的学生，包括师范专业毕业的学生以及专业美术学院毕业的学生。但是，我认为他们对美术的认识，他们现在的思维状况（从全国范围美术教师队伍的情况来讲）还比较陈旧。因为，在视觉图像传达这样的信息时代全面到来的今天，对美术的认识实际上要重新去思考；它并非就是自己

① 国家集中培训项目的目标任务是：通过对全国中小学、幼儿园骨干教师和教师培训者的集中培训，培养一批“种子”教师，引领和推动“国培计划”中西部农村中小学骨干教师培训项目和幼儿园教师培训项目以及各地教师培训工作的开展。

2010年10月底，李力加老师在四川青川县对口支援地震灾区美术教师培训班授课10天，这是其中一次讲座。

上大学时原来认识的样子，并非就是中国民众传统认识里的所谓写实美术。在这个状态下，美术教师如果不能够重新认识美术，更新思考美术问题的角度，那么对他自己的美术教学是有很大影响的。当今时代要思考“美术的力量”（视觉艺术的力量、视觉文化的力量是改变社会、影响社会进程的力量），美术教师需要对美术认识、理解得更加丰富和更加深刻。作为美术教师，清晰了解“美术”这个概念及其含义，对于把握好自己所从事的美术教学，是至关重要的事情。如果美术教师在思考自己课堂教学具体内容的时候，能够从视觉艺术、视觉文化这样的认识水平上理解学校的美术课堂教学，反思自己作为一名美术教师的工作与职责，那对于小学生们的成长来说，是最好的事情。

在这里，我是先从比较低的角度先去认识“美术教学”，然后上升为一个比较宏观的角度认识“美术”，再然后，第三个视角是要“认识美术教育”。比较全面地认识了美术之后，在思考美术教育的时候，在视觉图像传达的今天，我们应该如何理解“今天的美术教育”？由于视觉图像传达时代网络信息技术迅猛发展，导致知识爆炸式增长并且迅速更新换代，这种社会生活现象和人的生存方式的改变，既对当下师范院校美术教师培养体系、课程设置、内容选择、教学方法、学习方法等带来极大冲击，同时也波及全国几十万在职美术教师的继续教育与培训模式的改变，为我们提出了全新的、紧迫的要求。“谁来教育美术教师？”“如何教育美术教师？”这是当下与未来需要认真思考的问题。

举一个简单的例子。视觉图像（传达的）背景下，网络上什么图像信息资源都有。假如针对一节美术课的时候，一个教学主题比如说“凡·高”，其实学生群体中有的早就知道这个画家了，那么，面对这样的学生生源情况，美术教师怎么去教？比如说毕加索的《格尔尼卡》，是一个比较熟悉的美术课题，这种课如何去教？美术教师在实施这个美术教学的时候，就涉及确立一个恰当的“美术教育观”的问题。网络背景下、视觉图像背景下的美术教育观，我们如何去关注自己具体的教学设计？这是美术教师要思考的一个重要问题。比如说，第一，当下的课堂上教师最好不要照本宣科；你如果照本宣科，学生肯定不爱听；第二，像这样的课，在图像信息时代，很多的学生已经非常、非常熟悉（课本呈现的内容），此刻，学生群体对美术的认识可能有些不屑一顾，美术教师教学方法上的改变，是你教学的关键。我们刚才说，教学方法不要灌输式，那么，这个时候需要些什么呢？就需要美术教师有一定的“教学策略”。教学策略是在教学方法之上的一个高位的思考，就是你的设计：我如何施教？采用什么样的教学策略才能使这堂课更好地实施，以达到美术学习的有效性？这些都要从高位上、从“如何理解美术教育”的高度来思考。这个时候，美术教师要考虑很多问题。

所以说，“国培计划”的进行，应该从这三个方面对美术教师进行培养。现在这一方面还是不够系统和完善。从2011年开始，教育部经过普查以后，发现了一个重要问题，全国在职美术教师的缺口有四万多人，美术学科从缺口上和美术教师成长角度讲，教育部已经把美术学科列入了“紧缺薄弱学科”。在美术教师具体的培训当中，我们需要恶补的东西就更多了。比如说，美术教师自身所理解与认识的美术学基本知识，原来在美术学院学的知识很不够。比如说，设计方面的知识，对于什么是设计，他们的认识更不够。再比如说，美术教师们对“视觉图像背景下信息传达这个背景”如何教学的认识，则更不够。这些都是美术教师需要在国培项目当中去补充的。

但是，这么多东西怎么补充？从今年开始教育部对美术教师培训方式有针对性地改革：以课堂教学有效性的改善为目标，进行国培计划的实施。今年就要求国培计划的专家当中，一线优秀教师和优秀教研员的主讲人要达到50%。而培训活动邀请的大学里面的专家要稍微减少一点，要选择接触教学实践的专家多一些，能够给基层美术教师解决课堂教学里的问题，让受训的教师能够得到更多的实惠。特别是让他们能从优秀教师身上获得“我如何去更好地施教”的经验。

从“国培计划”的管理角度讲，要更有效地设计培训课程内容，使培训课程对基层美术教师更有针对性，让教师能够更好地学习。

杨国昕：看来国培的针对性很强，是一个系统工程。我们再回到课程来看，美术教师的教育方法改变最明显的是什么？

李力加：最明显的首先是：基层教师在对“课的把握”本身，他已经改变很大。所谓“课的把握”体现在哪里呢？体现在基层美术教师已经把握“课”的基本的规范。过去几十年，这个规范不足。这个东西现在是比较规范，因为美术新课程改革后，已经在2001年、2004年、2007年、2010年连续有几届全国中小学美术公开课比赛，观摩这样的比赛以后，很多美术教师看到优秀美术教师在美术新课程改革当中做了很多新的课堂学教尝试，比方说“如何进行教学导入”“如何创设情境”“如何合作学习”“如何实施教学”，这些教育教学的方法如今都比较成套路了，全国的美术教师从中学到了很多的东西。这个方面我觉得是美术教师队伍中改变很大的。

现在我们走到基层很多学校的时候，能够看到相当多的教师在这方面都已经改变了。当然这些情况有的是表面上的改变。从本质上改变在哪里呢？他们对课程的认识，对教学的认识，已经发生变化。例如，现在很少有美术教师再

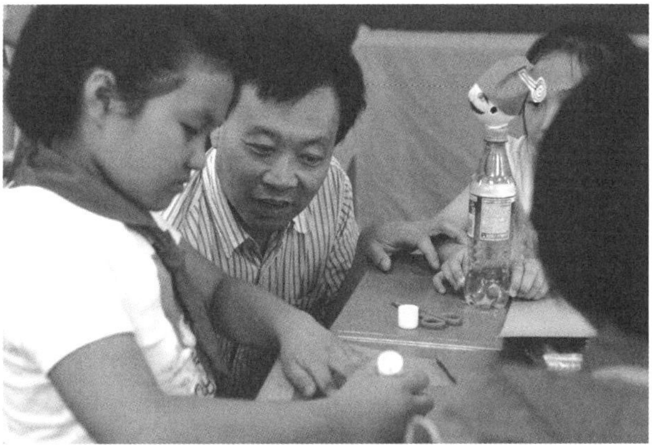

2012年6月李力加老师在福建泉州美术教师教学讲座研讨后，进行美术课堂教学观察，与孩子交流。

去实行“强行灌输”的教学方法，如果现在让他这样教，他自己都觉得有点别扭了。这是从美术教师专业成长角度看，他们发生的这个改变是很大的。从另一个角度讲，现在很多美术教师都能说出一套套的美术教育理论，这样的情况反映了美术教师群体这些年学到很多东西，美术新课程改革使他们在理论层面上有了很大的提高。暂且不说他们能否有真正学进去，但是最起码表面文章他已学会了，这就说明对美术教育理论的认识、对美术教学的认识美术教师群体已经有一个基本认识，这个基本认识对他们整个的教育方法都有改进作用。

杨国昕：美术教师在课堂中扮演的主要角色是什么？

李力加：美术新课程改革之后，关于教师（不限于美术教师）在课堂当中的角色，这个问题美术教师也要思考：你究竟是导演，是演员，还是合作者？我个人认为，既要是导演，又要是演员，更多的应是学生美术学习的“合作者”。这个“合作者”就是说，美术教师和学生要形成一个课堂教学和学习的共同体。如何理解“教学和学习的共同体”？从哪个角度讲呢？美术教师实际上有很多的思考，如：一位美术教师他想上好课，因为，上好课以后很多的直接利益就会来，比如说评职称啊、提工资啊，这些都会相应而来；这个时候他就会考虑他的角色转变，这个角色转变其实对他有一个很大的功利的诱惑作用。

讲一个例子。去年重庆江北区美术教研员请我去江北区做一个讲座和评课活动。这个活动要在5月举行，早早在3月的一天，我突然接到一个电话，对方说："李老师啊，我是重庆的一个老师。我们的教研员说了，在全区要选择一个非常、非常有心理承受力的老师来让你现场批（点评课堂教学），我就是那个人。"意思就是说"李老师来现场批我"，我说："不是这样的事儿。"她说："我们教研员就是这个意思：我要上一节课，要让你来批我。"然后她说"要我主动和你联系"。当她描述了自己准备上一节什么课之后，就把教案发给我，让我给她看看，让我给她修改，促进她的成长。这个时候我就给她修改，前前后后来回有若干个电邮。但是，作为基层老师，我就说道，她作为一个青年教师，虽然有近十年的教龄，但是她实际上对美术新课程的理解是有相当差距的，她实际上不太知道自己在课堂上应该是个什么样的角色。所以在修改教案的过程当中，我实际上也是在帮她转换自己的角色。也就是如何让你的教学更适合学生。其实这个角色就是要令教学更适合学生，那更适合学生实际上教师就应该是和学生共同探究问题的"合作者"。我帮她修改的教案是这样一个状态。

后来呢，是很有意思的。在我去重庆之前，由于已经帮她修改了教案，她的课就在区里提前上，而且越上越好，连续几次都是如此，结果重庆电视台还给她录了像，上了电视！然后，他们的教研员在我去重庆以后，又换了一位新教师，没有受过我指导的教师，进行现场点评与指导。这样一个过程实际上就是美术教师角色的转变过程，我帮她进行这个角色转变的时候，其实我是和她来共同学习，刺激她对问题的深入思考。所以说"教师角色的改变"这个问题，我认为是个多向的整合性学习，它还不光是个双向学习，还是多向的学习，要考虑很多因素。所以，就美术教师本身来说，你如果真正地对课程有一种深入的理解的时候，自己会思考得更深入。因此，这个美术教师角色转换的问题是很重要的。

我再讲一个很重要的问题。基层的美术教师其实是非常想进步的，但是由于我们国家的地域太广，很多美术教师还是没有机会来接受新课程的培训，我们的培训力度还是不够。

为什么我要插上这个问题呢？再举一个例子。2010年的时候，我在早上5点多打开电脑工作的时候，收到了贵州一个教师的邮件，她在信里有一个教案，这个教师叫汪珊珊，我至今没有见过她。她在邮件中说："李老师，听说专家对教师很好，我要参加遵义市的大市美术课教学比赛，我的设计发给你，你帮我改一改。"但是，我一看到她那个文本以后，就感觉她对美术新课程的理解、对教材的认识和理解，都有很大的问题，而且闹出很多的笑话。为什么叫很多的笑话呢？她用的是人民教育出版社编的教材，四年级有一课叫作"双胞胎"，编教材的人的目的，"双胞胎"是个隐喻的人文的主题，本课的学科要素主题其实就是一个对称表现的剪纸，教材把这个主题叫作"双胞胎"。但是我们美术教师理解这个课的时候就很粗浅与单纯，她在设计教学目标的时候，也不会从美术学科本位出发，直接写出了"如何让孩子能够认识双胞胎""如何表现双胞胎"等等。我就说："双胞胎"是生孩子，不是美术啊！

这里涉及美术学科知识"对称"，但该教师的教学设计里就没有这个"对称"的学科要素。所以我就一步一步地帮她去改这个教学设计文本，帮她改掉，这个时候让她去理解应该怎样设计教学。这个过程当中，我们美术教师是很想受到美术新课程教育思想恩惠的，很想得到滋养的。因为他们在这个大的社会背景下，一直走过来已经十多年，这个时候他们不能脱离这个时代。所以说，我们的教师培训，我们的教师成长，是随着时代前进而发展的，在这个过程当中，美术教师们是需要我们给他们带来新观念、新东西、新案例；但是，我们又不可能做这样全方位的辐射。这是一个非常典型的例子，我在美术教师培训当中，把她的PPT和电子文本打出来，听讲座的教师们就会哄堂大笑。但是我说"你们不要笑，这是一个非常真实的故事"。

所以说，我们的教育，我们美术学科的发展，它需要美术教师的成长，没有教师的成长，我们的孩子们就更惨了。这是很重要的事情。

杨国昕：*美术教师为贯彻新课标的理念，做了哪些教学实践？取得了哪些成果？*

李力加：美术新课程改革后这十几年来，一线教师的实践是伴随着他们的教学研究而成长的。我觉得美术教师这些年来最大的进步，一个是专题教育科研，一个是对课堂教学的研究。这两方面实际上是全国美术教师成长中最多、最大的成果。例如，我们有一本杂志叫作《中国美术教育》，这些年来杂志的办刊宗旨有些转向，所谓的转向实际上就是更转向了一线美术教师，现在我们一线美术教师能够在《中国美术教育》上发表文章的相当多了。他们的成果、科研还体现在很多一线美术教师都能够参与当地的、本省的，甚至教育部的美术课程的科研课题的试验，全国都有不少教师参加。比如，在浙江省，比较突出的有：温州的浙江省特级教师王五一老师，他承担教育部的教育科研课题。杭州的浙江省特级教师章献明带领下的团队，做教育部这样的省部级的课题已经有3个了。北京特级教师、教育部艺术教育委员会委员、著名特级教师侯令老师，他亲自带队做教育部课题，对全国的影响很大，极大地促进了全国美术教师的成长，广东省有中山的、深圳的、广州市的教师都参加了侯老师这个课题试验，他们都做了大量的美术教育教学课题的研究。侯老师的课题，是关于传统文化的课题，这样的课题研究是在对美术文化深入理解的基础上，促进美术教师的成长。侯老师还有一个课题是“城乡中小学美术欣赏教学研究”，浙江、深圳、四川、北京的美术教师都有参与做这样的课题试验，取得了很多公开课的教学成绩。在这个过程中，基层美术教师都普遍成长，这是非常让人感到欣慰的事情。

在这个过程当中，美术教师不但学会了自己去研究，而且还普遍地带动了很多新美术教师的成长。在中小学的学校教育中，音、体、美被列为“小三门”，但我觉得美术学科教师的水平比音乐和体育学科的教师水平都要高，美术教师的研究成果目前来说比音乐和体育学科的研究成果要多，且更有水平，研究抓得更扎实，思考更理性，问题更有前瞻性，思维更有创意。

所以，有教育良知的、有专业良知的美术教师，必须对不同的学生进行独立的思维教育引导，所谓的独立的思维，就是美术教师在想问题的时候需要从孩子（学生）角度出发来思考问题。而不能从特定时期的意识形态角度出发思考问题。因为，美术教师是儿童（学生）的研究者。站在这样的高度思考、认识问题，就能够发展和巩固美术新课程改革以来美术课堂教学改革的成果，就能够在促进学生美术素养发展的同时，美术教师自身得到进步和发展。

2010年10月，李力加老师参加艺术教育工程——“蒲公英行动”，在吉林省通化县湾湾川希望小学支教时与孩子们合影。（这是全校只有70位学生的希望小学）

周凤甫

受 访 者：周凤甫，教育部第七届艺术教育委员会委员，普通高中美术课程标准修订组核心成员，中国教育学会美术专业委员会副理事长，中国教育学会书法专业委员会常务理事，中国美术家协会少儿艺委会委员，广东省美术家协会少儿艺委会主任，广东工艺美术协会副会长，广东省教育研究院教研室体艺科主任、美术教研员。

访谈提要：新课程改革以来的十年是此次访谈的具体背景，广东的新课程实验则是具体的话题。访谈内容主要亮点有三：一是对在全国一马当先的广东普通高中美术新课程实验的介绍；二是肇始于广东后蔓延全国并在社会各层面影响颇大的中小学书法热潮；三是一些教研创新机制设置在直接推动广东美术课程改革中的经验；四是经历美术新课程实验后对美育核心价值观的思考和路径探索。

采 访 者：李于昆，广东外语外贸大学艺术学院院长，教授。

访谈地点：广东省教育研究院美术教研室

访谈时间：2014年12月21日

我与广东美术课改

周凤甫访谈

李于昆：广东自新课程改革以来，得风气之先。广东美术新课程改革取得的进步和成绩，与您的组织、指导等分不开，与广大师生的努力分不开。自您任职广东省美术教研员以来就与新课程同行，体会自然很深，我们希望分享您的感想与体会。

周凤甫：是的，的确有很多体会。我是2002年调入广东省教育厅教育教学研究室的，这一年也正是广东省义务教育新课程全面实验的开始之年。从调进的第一天起，“美术新课程”“美术新课标”几个字就嵌入了大脑，闪动于眼前，回响在耳畔，十多个365天，可以说一天也未曾停息过，为之动情，为之思虑，为之心动身劳，曾感到不可思议，“美术新课程”“美术新课标”不但与我近十年的职业生涯密不可分，而且还与我一生的专业学习和事业追求如此之契合，完全是瓜熟蒂落而水到渠成。

我1977年高中毕业参加工作，做了一年工人，后读了两年中师美术班，再教了三年初中美术课，又去大学美术系学习四年，再回到中师教美术三年，又去攻读了三年硕士研究生，之后做了两年记者，再到高校教书八年，一切仿佛是刻意设计的过程：1+2+3+4+3+3+2+8的结果自然成为为广东十年新课程做贡献的储备。

李于昆：如此巧夺天工的“数据”，真不知是您选择了新课程还是新课程选择了您。

周凤甫：的确，或许这就是缘分。当我们回过头审视自己的人生轨迹时，经常惊讶地发现人生的程序已预先设定好了，每一步都是上一步的果和下一步的因，仿佛在冥冥中被安排一般。一年印刷工人的经历养成一生坚守不懈的品格和讲究程序、规则的工作态度。两年的中师美术班点燃我内心艺术的激情，并燃烧终生。基础教育三年初中美术课教学经历让我对中国基层学校的教育有切身的体验和认识；我直到今天一直坚持一个理念：基础教育首先是个实践的问题，必须面对现实开展，这既是我国中小学的美术教育的起点，也是最终的落点。南京师范大学美术系四年的专业系统学习，让我不但如鱼得水般遨游在艺术海洋中，在享受着的同时也激发起我对艺术和艺术教育关系深层次的思考。再回到中师教美术师范生，不但从另一个层面思考艺术教育的意义及价值，更进一步探索和积累了相关的知识和经验。三年的硕士研究生攻读，跟随著名画家范扬先生，三年的耳提面命让我有缘不但进入至纯至精的艺术堂奥，更有了一览众山小的自信底气。

之后脱离教育行业做了两年报社专职记者，专跑社会新闻，手中的笔和第三只眼睛——相机，以及职业加专业的身份让我在冷眼扫描纷繁复杂的社会的同时，也培养了我的社会道义心和待人接物的圆融；1994年举家南迁，又回归教育系统，这次又是全新的挑战——参与一所高等师范院校的艺术系的筹建及其发展的全过程——高校管理的科学、严谨与学术世界的广阔深厚，让自己感觉到能力和心智的成长成熟，对艺术教育自主的思考和自我人生价值的追求似乎日益彰显了。

虽然一切说明这是个晚熟和无作为的半生经历，但令人欣慰的是，2002年中国大地上刮起了基础教育新课程实验的狂飙般的风暴，我也恰于此时正式调入广东省教育厅教研室——即今天的广东省教育研究院——如前曾说，从调进的第一天起就为“美术新课程”“美术新课标”的会议出差，一周后会议结束才想起还无法回家，家还远在湛江。从此，十二个年头，天天为美术新课程忙，忙得不亦乐乎，虽然期间也充满酸、甜、苦、辣，但觉得有新课程十年相伴，也是此生不枉的。

李于昆：这是一份不能复制的履历，难得的学习、生活和工作经历，也为您在新课程改革中发挥“正能量”奠定了坚实基础。

周凤甫：启动于21世纪初的新一轮的中国基础教育课程改革，是新中国成立以来的第八次基础教育课程改革。这一次基础教育课程改革有着不同寻常的时代背景，当前科学技术迅猛发展，知识更新的速度日益加快。面对挑战，迫切需要基础教育加快全面推进素质教育的步伐，努力培养具有创新精神和实践能力的德、智、体、美等全面发展的一代新人，为提高国民整体素质发挥作用。学校课程是把教育理想转化为教育现实的纽带，是全面推进素质教育的关键环节和核心内容，也是基础教育改革的核心内容。国务院《关于基础教育改革与发展的决定》将形成适应时代发展要求的新的基础教育课程体系作为素质教育取得明显成效的主要检验标准之一，要求“加快构建符合素质教育要求的新的基础教育课程体系”。

2003年教育部又颁布了《普通高中课程改革方案（实验）》，方案反映了时代对人才的素质需求，提出高中教育的价值功能定位是为学生具备进入学习化社会所必需各种能力打基础；为学生进一步接受高等教育打基础；为学生具备面对社会就业所需要的生存能力、实践能力和创造能力打基础。为学生提供更多选择和发展的机会。广东省、海南省、山东省和宁夏回族自治区是全国第一批开展实验的省级实验区。

李于昆：广东是如何落实这些理念和目标的？

周凤甫：教育部制订并颁布的基础教育新课程方案，提出了新理念和改革目标，为广东基础教育事业的发展提供了重要的发展契机。2002年1月31日广东省教育厅颁发了《广东省开展基础教育新课程实验推广工作的指导意见》（粤教基［2002］12号），正式启动省级基础教育新课程实验工作。广东省新课程实验的定位是“快一步，高一层”：进程比全国适度超前；改革目标比全国适当提高，力求在城乡均衡发展、转变学生学习方式、信息技术与新课程教学整合、开发有广东特色教学资源等方面有所突破。

同时，新课程实验也是广东基础教育美术学科加快发展的“突破口”和“工作抓手”，根据省教育厅的系统规划、整体推进、分类指导、分步达到目标的发展思路和广东省教育厅新课程实验工作安排，美术学科也制订了相应的工作目标和计划，在贯彻国家基础教育课程改革纲要的基本精神和落实我省课改实施意见的基础上，结合广东美术教育发展的实际情况，明确实验目的、要求、进程和保障措施，使实验工作规范化和科学化地进行。

经过十年的努力，广东省新课程在以下几个方面促进了中小学校美术教育教学的发展：新课程理念得到了广大中小学美术教师的普遍的肯定与认同，美术新课程实验推动促进了素质教育的实施，也促进了美术教育在学校教育中地位的提高；同时，新课程促进了广大美术教师的专业发展，一批批优秀美术教师脱颖而出；进一步完善了美术校本教研新机制，极大地促进了特色美术教学活动。

2001年9月，广东省第一个义务教育课程改革实验区深圳市南山区作为我国第一批实验区开始新课程实验。当时义务教育阶段起始年级开始了包括美术课程在内的新课程实验，象征着新一轮的基础教育课程改革序幕全面拉开。2002年9月，全省义务教育新课程实验区扩大到31个。2003年9月，全省义务教育新课程实验区扩大到76个。

2004年9月，全省128个县区全部进入普通高中新课程实验。广东成为全国最早进入新课程的四个实验区之一。广东省实验从2003年开始准备，参加实验的普通高中1012所（调整布局后为981所），参与实验的学生约150万人。经历了学习思考、策划培训、组织实施、调研分析、总结交流、修正完善和推广升华，到2014

周凤甫在中国美术馆举办的“全国中小学美术教师作品展”开幕式上代表全国中小学美术教师讲话。2011年12月。

年8月，已经完成了四轮。我省现有普通高中1020余所，在校生192万人左右。

期间广东十年新课程的特别的亮点：广东版义务教育实验教材《美术》和小学《艺术》通过教育部教材审查，成为全国第一批通过申报、立项和审查通过的义务教育美术新课程实验教科书。2003年广东版高中实验教材《美术》和《艺术》通过了教育部的立项申报和初审。基本建成完整的基础教育美术新课程实验教材体系。

在积极落实国家美术课程实验教学的同时，广东省积极推进地方课程资源开发工作，承传、弘扬岭南地方文化。如广东省教育厅发文颁布了《广东省乡土美术课程纲要》，从省级层面由教育行政部门对地方课程资源开发工作做具体要求，此举的政策和导向的意义及影响都甚大。还立项省中小学教学研究“十一五”规划课题“岭南民间美术课程资源开发研究”；我还主编了《广东地方美术》教材，并被选为广东省工艺美术协会副会长。2008年中国教育学会主办的“中国民间和乡土文化资源与美术教育研讨会”在广东开平市举行，中

周凤甫在全国政协礼堂做关于“中小学‘书法进课堂’的现实问题”的报告。2014年。

国教育学会郭永福副会长等八十多名来自全国各省的美术教育界的领导、专家、校长、教师出席了会议。岭南地方课程资源开发的强化，不但进一步深化了广东的美术新课程实验，还培养了学生热爱家乡、关注社会的情怀。

2006年起，为弘扬民族传统文化，由广东省政协、教育厅等六家单位发起并主办了广东省青少年书法大赛。连续几届活动都非常成功，在全国取得巨大的社会反响和关注，现任全国人大常委会委员长，时任广东省委书记张德江同志亦亲临赛场指导。2007年6月由我执笔起草的《关于加强中小学书法教育意见》由广东省教育厅下发，广东省在全国率先在中小学中开设书法课，此举在全国和社会各界反响强烈，《中国教育报》《北京青年报》《羊城晚报》《南方日报》《中国书法报》等数十家媒体报道此事。广东省还组织二十余位书法理论造诣深、书法创作水平高和教学经验丰富的教师编写了一套适用于广大中小学生使用的《书法》教材及教学挂图、写字帖等教辅材料，受到学校和社会的广泛赞扬。

2013年2月教育部关于印发《中小学书法教育指导纲要》的通知颁布后，中小学书法教育成为全国的社会热点，先行一步的广东中小学书法教育自然受到全国的关注，2013年5月、2014年1月，全国政协科教文卫体委员会两度举办的“教育部《中小学书法教育指导纲要》实施情况座谈会”，两次特邀我做会议主题发言："纲要实施中的窘困及对策——广东省《中小学书法教育指导纲要》实施情况"和"中小学'书法进课堂'的现实问题"，其中《中小学'书法进课堂'的现实问题》一文被刊登在《人民日报》上。

李于昆：有哪些具体做法？

周凤甫：广东省在新课程实验中特别注重落实的有效性，并通过一系列积极活动来促进新课程实验工作：

如通过举办系列连续的"广东省中小学美术课堂教学优质课例比赛""广东省中小学美术教师基本功比赛""广东省中小学美术教师优秀教学设计和教学案例评比"等活动，特别是已连续不断坚持了二十四届的"中南六省中小学美术教育协作交流会活动"，成为深受广大中小学美术教师欢迎、具有广泛影响力的活动，在全国范围内还绝无仅有，有力地促进了新课程实验的发展。

期间还编写并出版发行《普通高中新课程美术教学与评价指导》《普通高中新课程美术优秀教学设计与案例》《初中新课程美术优秀教学设计与案例》《小学新课程美术优秀教学设计与案例》等丛书。

特别要指出的是，2005年5月在深圳中学组织召开了"全国普通高中新课程美术实验教学研讨会"。这是2004年教育部开展高中新课程实验之后，普通高中15个实验学科中的第一个单项学科全国性会议，来自国家普通高中美术课程标准组全体核心成员及国内许多著名美术教育家，全国和全省各地200多名代表参加了会议，《中国教育报》作了报道。会上广东省提供高中美术新课程五个系列共计七节不同模块的现场课供与会领导和专家、教师们观摩、指导，有力地促进了广东省乃至全国普通高中美术新课程实验工作的深入开展。

为促进全省22个地级市和128个县区的普通高中新课程实验，由广东省督导室和广东省教育厅教研室牵头，在全省开展了"国家级示范高中评估验收和普通高中优秀教学质量评估"工作，制定了评估指标和实施方案。同时，广东省教育厅教研室还开展了"普通高中美术模块教学示范学校"申报，此举有力地推动了普通高中美术新课程的九个模块课堂教学实验工作的全面开展，受到国家课标组组长尹少淳教授的赞扬。2008年11月在中山市召开“全国普通高中新课程美术实验教学研讨会”时，我省中山市第一中学的美术九个模块的课堂教学展示获得来自全国各地会议代表的称赞，广东高中美术新课程实验的成果和经验，特别是高中美术新课程实验模块教学近70%的开课率受到中国教育学会美术专业委员会秘书长章瑞安先生的表扬。

2007年到2010年间，由教育部师范司、课程中心统一策划了“全国普通高中美术新课程远程培训”和“国培计划”，受国家普通高中美术课程标准组的委托，以广东美术教研员、美术骨干教师十多人为主组成的团队，陈卫和与我是主持人，以广东省普通高中新课程优秀案例为主要内容，每年拍摄长达20小时的六集普通高中美术新课程远程培训专题片。此套专题片被教育部列为2007年度到2010年度全国普通高中美术新课程培训主要内容，全国各省、市、自治区参加普通高中美术新课程实验的数万名高中美术教师观看此套专题片接受培训。此外，以我省为主的美术教研员、美术骨干教师十多人在北京通过网上在线形式对全国各地数万名高中美术教师作新课程培训，大家昼夜颠倒、夜以继日，不辞辛劳地奋战在网络上，成为一时间高中美术新课程的风云人物。

李于昆：广东对高中美术教学改革的贡献也很大啊。

周凤甫：2008、2009年度教育部体卫艺司对江西、浙江、甘肃、山西、湖北、吉林、陕西、四川、河南、天津等省市农村、城市学校艺术教育情况进行调研，我有幸成为教育部学校艺术教育调研专家组成员，还参加了2011年国家督导组教育部专家组对辽宁省体卫艺国防专项督查工作。

在教育部办公厅2011年3月14日公布的首批“国培计划”专家名单中，我和陈卫和、房尚昆等作为广东省的代表名列其中，我们还应邀承担全国许多省区如宁夏回族自治区、江西省、内蒙古自治区等教育部“国培计划”美术课程的培训者培训讲课，为兄弟省的新课程实验做出了贡献。

客观来说，广东省广大高中美术教师在新课程实验中的表现是非常优秀和突出的，许多富有创造性的经验和做法得到了专家、领导和兄弟省区的认同，成为样板和路标，他们为中国美术教育事业所做出的贡献是值得书写的。

李于昆：确实如此，广东不仅个体上表现优秀，群体的水平在全国也是走在前列的。

周凤甫：为深化中小学美术课程改革，切实提高教学质量。同时，也是针对中小学教师中普遍存在的职业倦怠问题，我们想了许多方法，其中以主动积极推动中小学校艺术教育特色创建工作为推手，开展多种多样的专项、专题活动是一条成功的经验。如与广东省教育厅体艺卫处一同完成了“广东省中小学第一届版画展及教学研讨会”“广东省中小学第一届、第二届陶艺展及教学研讨会”“广东省首届中小学师生水墨国画作品比赛及中小学水墨国画教学研讨会”。其他广东省中小学美术骨干教师培训工作，如开展“广东省中小学师生书法作品比赛及教学研讨会”“广东省首届中小学师生摄影作品比赛及中小学摄影教学研讨会”和“广东省中小学动漫教学研讨会”等。

鉴于校长在学校办学和落实艺术教育中的龙头作用，举办了“首届广东省中小学校长书画作品征集和评选”活动，给带头参加活动的校长发奖杯，请校长上主席台介绍艺术教育理念和方法，既展示了我省中小学校长先进的教育观念和多才多艺的精神魅力，又激励了校长对艺术教育的激情，效果非常好。

特别值得一提的是，“广东特色美术教学与创作基地”挂牌申报活动收到非常好的效果，目前已有绘画特色类的国画特色教学与创作实验基地、版画特色教学与创作实验基地、油画特色教学与创作实验基地、动漫画特色教学与创作实验基地、漆画特色教学与创作实验基地等，还有书法特色教学与创作实验基地、陶艺特色教学与创作实验基地、剪纸特色教学与创作实验基地、美术欣赏特色教学实验基地、摄影特色教学与创作实验基地、各版本美术实验教科书教学实验基地等。众多基地建设为促进教师的专业发展、学校艺术教育特色的创建和学生美术知识与技能的学习产生很大的作用。用名教师挂牌，发挥骨干引领、辐射作用，带动学校特色艺术教育活动的发展。

李于昆：您很好地总结了这十年来广东美术新课程实验的闪光点，真是可圈可点。这些工作的开展显然与您分不开，您是如何理解中小学美术教育的？想听听您个人在这方面的见解，这其实涉及理论与实践的问题。

周凤甫：我曾在《美术》杂志发表了一篇关于儿童美术教育的文章——《寻找中国少儿美术教育的GPS》，此文是应主编尚辉先生之约而写，我认为中国儿童美术及教育目前主要分为校内、校外两大块，但各有其不同的教学目标、教学内容和教学方法。各自应明确自己的发展方向——即必须有自己的定位系统。

我对中小学美术教育的理解是：第一，她首先是学校美育的重要部分，是一种完善、和谐人格的培养的具体实践过程，应该是全体国民的美术素养教育。我们现在学校的美术课程和课堂教育正在完成这项极其巨大、伟大而神圣的工作。第二，要重视发挥和开发美术学科本身重要的特有功能。人接收的信息有80%来自双眼，在社会杰出贡献的人物当中，美术对他们的智力与知识结构的形成与发展有着重要的不可替代的作用，在一定程度上影响着人的思考和创造。在一些特殊的人群中，视觉艺术的影响力和帮助有多大应有专门的研究。我曾在北京主持2012年度“中国中小学美术教育高峰论坛时”专门就这一论题开展讨论。

再一点是，当前世界经济一体化，世界文化多元化，我们的时代已经进入一种视觉文化的读图时代，世界这个“地球村”各种文化充斥在一起，我们面对新世界，不能保守，应该敞开自己的胸怀，理解和接纳这些文化的到来；另一方面我们又不能迷失自己。当今，我们美术教育既要有一种开放的态度，让学生接受多元文化，理解多元文化，也应该有一种自我文化身份的认定、认同。艺术教育一定要从小抓起，我曾在许多场合提出：“味蕾”不能被迷惑，“味蕾”是我们的味觉感受器，就“味蕾”发展与人的饮食习惯的关系看，如果我们让孩子从小养成一种饮食习惯，那么他们就可能终身喜欢与习惯这种饮

龙须凤尾（水墨），周凤甫，2014年。

食文化。作为审美素养的培养同样也具有这种特性。这里包含了两种概念，第一是“时间窗”问题，如果我们让民族的传统优秀文化从小就根植在孩子们的心田，那么，我们的孩子从小就能把握好自己民族精神的东西，就一定会有民族文化的认同感、自豪感，我们民族的传统就会如血脉般源远流长。错过这个时间窗，我们的审美教育就可能是事倍功半的效果。第二是在我们的生活当中相同的“味蕾”能形成一种自然的类聚，相同的审美趣味就能凝聚相同的人，这就是所谓的凝聚力、向心力，这种凝聚力、向心力也是一个国家的、民族的凝聚力。

因此，这几年我致力于中国优秀传统文化的传承和发展——中国书法和水墨画的推广。我认为中国书法和水墨画应是中国中小学学校教育中视觉文化审美的第一口母乳，应是当代中国国民教育的重要内容和形式，是事关千秋万代的大事。

冯恩旭

受 访 者：冯恩旭，四川省教育科学研究所艺体室副主任，美术、书法教研员，教育部城市艺术教育专家调研组成员，教育部艺术教师国培专家，中国美术家协会少儿美术艺术委员会委员，中国教育学会美术、书法教育专业委员会常务理事，四川省美术家协会理事，四川省美术家协会少儿美术教育专业委员会副主任兼秘书长，四川省教育学会美术、书法教育专业委员会副主任兼秘书长等。曾获联合国环境署颁发“优秀美术指导教师奖”“环保少儿美术作品大赛组织奖”，教育部颁发“全国学校艺术教育先进个人奖”和多次获“全国优秀指导教师奖”。

访谈提要：冯恩旭早年便与“教研”结下不解之缘，在30年辛勤耕耘中，积极推行课程改革（以下简称“课改”），对四川省的民族民间美术课程资源挖掘、开发和利用成效显著，协助省教育厅创建了近200所“四川省艺术教育特色学校”，同时善于将教研与艺术创作相结合。他的艺术教研员“四像四不像”的理论与实践，道出了中国艺术教研员的义务与责任、辛苦与快乐的职业教育特色。

采 访 者：文旭东，四川省双流县教育研究与教师培训中心美术教研员。

访谈地点：成都，冯恩旭怀雪堂工作室

访谈时间：2013年7月28日

我与教研三十年

冯恩旭谈录

文旭东：岁月如歌，您今年步入“知天命”之年，也正好是您从事美术教学和教研工作满30年，听说您工作经历很丰富，始终都和教研有缘，能介绍一下吗?

冯恩旭：是的，今年我的确年满50岁，工作满30年。恰逢广东岭南美术出版社提出的“国家美术课程改革访谈录”约稿，我可以将自己的工作进行一个梳理，对我来说也是一件幸事。

1983年，我于成都师范美术班毕业，分配工作时我就有教研缘。我们班共35人，我是分到成都西城区（现青羊区）的8人之一，其余7人都分到学校了，我却迟迟一个月未被分下去，据说是要将我安排到教研室。但因我的志愿填的是成都泡桐树小学，该校校长知道后就天天跑到教育局去要人，后教育局也无奈只得把我分回了学校。

由于在读师范时就受到成都市美术教研员王培秋老师的影响，我对美术教研工作一直很向往、很憧憬，心里一直有一个“教研梦”。通过5年的努力，工作小有成绩，青羊区教育局准备破格提我为团委副书记，我不情愿，毛遂自荐去当了教研员。在区教研室干了13年教研工作后，因局长抬爱，我被破格提为青羊区教育科科长，同时兼任美术教研员。因对美术教研工作情有独钟，两年后，我毅然辞去了科长职务，并放弃了马上晋升教育局副局长职务的机会，到四川省教科所去做一个普通的美术教研员，一直到今天。

文旭东：您几次放弃了很多人认为很重要的升官机会，却对您心仪的教研工作孜孜以求，是什么“诱惑”让您对教研工作如此痴迷？

冯恩旭：前面提到，我首先是受到成都市美术教研员王培秋老师的影响，我很崇敬他，我当时就认为能当上美术教研员是我的最好归宿，胜过当官。后来我具体做这个工作后，也感受到其中的乐趣，也很有成就感。我的体会主要有两点：

第一，这项工作促使我不断进步。我当上教研员不久，发现区里有两位教师的论文发表在《中国美术教育》杂志上，我有所触动。自己是教研员，照理说，理论修养也应该走在其他教师前面，而我还没有在国家级刊物上发表过文章。于是我下决心一定要在《中国美术教育》上发表文章。在经过数次失败后，我静下心来做学问、干实事，终于在1993年，我的论文《水墨人物画教学》发表了，我深受鼓舞。这个过程也让我懂得了远大的理想、追求与脚踏实地的工作是密不可分的。后来我又陆续发表了探索性文章《在线条中散发》等，1995年在“全国第一届美术教师论文评比”活动中，我的论文《论儿童画的现代感》获一等奖，全国仅有3篇文章获一等奖。我看到这则信息时不由喜极而泣。

教研员要让教师认可、服气，你必须要不断进取，各方面走在美术教师前面。

第二，这项工作可以让我帮助更多美术教师取得成功，让更多学校办出特色，教师和学校的成功就是我的成功，这也成就了我，让我一心一意想把教研工作搞好。

比如，现在金牛区的美术教研员周萍老师，原来在成都市一所小学做美术教师时参加优质课比赛。我看她是个苗子，就请了有经验的教师来帮助她，请了权威的专家去指导她，我也全身心协助她，为了她的那堂课，我曾多次到田野乡间去帮她搜集陶罐。在经过层层选拔、过关斩将后，她终于在“全国第一届中小学美术课评比”中获小学组一等奖第一名，很快成为全国有影响的美术教师，我也因此获得了国家级的指导教师奖。

2001年起，我在省教育厅的指导下，狠抓了“四川省艺术教育特色学校”的创建工作。现在我省已有近200所省级艺术教育特色学校，这项工作不仅提升了我省学校的艺术教育档次，也为美术骨干教师的锻炼提高起到了举足轻重的作用。

类似的例子还很多，我省不少美术教师后来成为单位的骨干，有的还当上了特级教师、学校领导（包括校长）、全国优秀教师、全国人大代表等，他们有今天的成绩，都很感激我。人一定要有梦想，尽管我暂时搁置了“画家梦”“书法家梦”，但我能辅助更多的美术教师走向成功，帮他们实现自己的梦想，在“为他人作嫁衣”的同时，也成就了我的“教研梦”，我也很有成就感，感到很欣慰。

文旭东：关于美术教研员的定位，您早年就有“四像四不像”之说，非常形象也很有意思，您怎样看待教研员在课程改革中的作用？

冯恩旭：我对教研员“四像四不像”的概括在同行中还是比较认可的，“像领导而不是领导，像艺术家而不是艺术家，像研究员而不是研究员，像教师而不是教师”（详见《中国美术教育》2007年第6期第22页），这里我就不赘述了。

教研员似乎有点边缘化，是一个比较特殊的岗位，但在课改中的作用却不容忽视。

作为基层教研员，首先是起到一个上传下达的作用。当前课改引进了很多先进的理念和经验，其中主要是在课堂上进行改革，把过去传统课堂的“满堂灌”“一言堂”变为民主的课堂。那么这些理念、精神如何落实到课堂中去，就需要教研员充分发挥自己的职能作用。还有如教育行政主管部门的文件、政策都要靠教研员去贯彻落实。前面我已提到的“四川省艺术教育特色学校”的创建工作，它和课改工作结合得十分紧密。其中有对教学条件的要求，我们就以创建特色学校为载体，不断地跟校长、教师交流，要求他们硬件设施必须达到什么标准，从而促成了学校艺术教育的快速提升。

其次，教研员在课改中能起到桥梁的作用。教研员必须先领会上面的精神，并了解学校、教师的现状和疾苦，然后有步骤、稳妥地推进课改，不可能“一夜春风”。

教研员的桥梁作用还体现在教师跟管理部门之间、教师跟领导之间、教师与教师之间的沟通交流，这一切都需要教研员在其中做大量的工作。

再次，教研员能起到检查、督促、指导的作用。通过一些优质课、论文评比、特色学校创建等工作，来检查、考核学校和教师是否践行了课改精神和理念，从而督促、提升学校和教师。

课改之初，我省推出了《小拖鞋》这一课，在这堂课中，我们把美术与生活紧密联系起来，注重学生素质培养，培养学生合作探究的学习能力，深受专家的好评。

四川美术课改稳步推进，整体上和全国课改同步，教师在课改中也尝到了甜头，教学方法的改革也提高了教学质量。

文旭东：课改十多年来，您主持的“四川地域文化与美术教育的本土与创新”（以下简称“本土与创新”）课题取得了显著成绩，您当初选这个课题是出于哪些方面的考虑呢?

冯恩旭：首先是得天独厚的地理优势。四川省民族众多，风光优美，文化深厚，2004年《中国地理》杂志以“中国最美的地方——四川”大篇幅介绍四川的人文风光。由此可见，在我省积极推行课程改革的同时，充分发挥我省的这些优势，积极挖掘、开发和利用民族民间美术课程资源也是十分必要的。

其次，任何国家的教育都离不开本国和本民族的文化。“愈是民族的就愈是世界的”。那么，我们在继承我省优秀本土文化的基础上，吸收当代和世界一切优秀文明成果，创造一个全新的有特色的现代美术教育体系是十分必要的。

再次，利用地域文化为资源的美术教育，可以传承优秀的民族文化，让师生在获得身心愉悦、心智发展的同时，产生民族自豪感，从而弘扬民族精神。所以，我经过反复调研，最终选定了这个课题。

2009年，冯恩旭领衔主研的“地域文化与美术教育的继承与创新”多次在全国重要会议交流并获好评。

“本土与创新”课题是中国教育学会“十一五”重点课题“地方文化资源的开发与利用”课题的子课题，也是四川省规划办2004年批准的省级教育科研项目之一，其目标是探索四川地域文化与美术教育的结合，探索一种城乡、少数民族地区可持续实施和推广的美术教育模式，以争取让更多的师生参与其中，获得美术教育带来的创新意识和快乐成就感，同时也使我省的民族民间多样性的文化得以延续和发展。这个课题也直接体现了新课标“要特别重视优秀的中国传统美术和民族、民间美术，弘扬优秀民族文化，体现中国特色”“积极开发地方美术课程资源”“突出地方美术教育特色”的精神。

文旭东：据说这个课题取得了令人瞩目的成绩，在全国产生了很大的影响?

冯恩旭：是的。首先，全省参与实验的单位有12个市（州）和59个单位，其中包括41所学校和8个校教育机构。参与面很广，个人的力量是有限的，这么多的单位参与、支持才是课题取得成果的保证。

在中国教育学会“十一五”重点课题“地方文化资源的开发与利用”的结题表彰会上，我们的课题研究成果得到专家和同行的首肯，我省教科所等12个单位获全国课题先进单位表彰，省教科所等5个单位获全国优秀子课题结题奖，我和30多位教师获全国课题先进个人表彰。

2007年，冯恩旭为藏区学校的孩子义务进行中国画教学。

2008年，冯恩旭为地震灾区羌族学校进行义务美术教学。

这一课题在广州、江苏南通等地作过全国性交流。《中国中小学美术》主编周殿宝老师知道这个课题的结题情况后，特别为四川“开绿灯”。近7年来，每一期设专栏刊登该课题的成果。这个杂志对我们的宣传很大，使我们在全国产生了广泛的影响。

《中国美术教育》也倾情四川，曾对我有专访。在四川汶川大地震后，“本土与创新”课题组及时进入灾区和当地师生一起利用“灾难、感恩、崛起”为主题作为地方文化资源。学生利用美术课及课外活动时间创作了一大批反映抗震救灾的美术作品。2008年第5期《中国美术教育》杂志以7个专版刊登了我省30多幅师生作品。在北川中学（绵阳长虹培训基地校区）绘制的大型壁画《还我山河》，达到了使人震撼的效果，这为灾区师生忘掉伤痛、走出阴影、看到希望、振奋精神，为重新崛起起到了很好的抚慰和振奋效果。

很多兄弟省市也请我去交流、展示此课题。组织学生美术作品在成都、北京、深圳、广州和天津等地举办展览，引发了社会和媒体对民族地区儿童美术教育的关注。特别是我省作品参加连续4届的“全国中小学生艺术节展演活动”，获一等奖数均为全国之首。

国外媒体和政府也很重视。2005年，中法文化年，名为“巴黎·成都·凉山”的展览见证并记录了跨国文化的交流和当地民族教育的发展。这次由法国图卢兹市政府邀请我去法国办的专题展影响很大。地方性文化也是世界性的。

文旭东：在近三届的全国美术优质课评比中，四川选手几乎都选上这个课题的内容，请问这个课题的成果是怎样转化为教学与课程资源的？

冯恩旭：按照美术新课标“积极开发地方教材和校本教材”的要求，我们把课题与国家基础课程改革结合起来，将本土文化引进学校主流教育，为课题的可持续发展争取和获得了有效的空间；通过对新课程资源的开发，结合人美社《美术》教材在我省大面积的使用为平台，组织教师编写地方及校本教材内容，把四川地域文化“本土与创新”课题成果转化为教材内容，增添于人美社《美术》教材之中（1—18册），每册4课，共72课。此举为民间美术进学校的探索提供了有力的依据。这个工作动用了四川的美术教师精英，课题中挖掘出的成果，我们马上转化成地方课程资源，编入教材中，教师也很感兴趣。

近十年的探索，我们感受到地方民族民间美术课程资源的开发，可以弥补国家美术课程的不足，发挥地方和学校的资源优势，满足不同地区学生学习美术的需求，使学生逐步形成珍惜、继承、发挥地方优秀美术与文化遗产的态度，弘扬学生个性，建立学习与发展的自信，并能培养学生热爱家乡的情感。这个做法，首先是学生高兴了，他们发现自己身边的耳熟能详的文化进入了课堂，很有自豪感。

正因为把地方内容编入教材，这几年我们在参加全国美术赛课，基本上都选用了这些内容，让全国的专家、教师、学生感到耳目一新。

2007年，成都市刘颖老师上的《老茶馆》一课获全国一等奖，当时，在全国引起很大的反响。听课教师纷纷到讲台上拍摄学生作品，差点把讲台压垮，这给尹少淳、侯令等专家评委留下了深刻的印象。

2011年，双流县的张梅老师执教的《我的家乡——古镇黄龙溪》也是挖掘本地文化，正好与我们的地方课例中的《四川古镇》结合起来，其课例成功地展示了四川古镇的特色和文化，获得了全国一等奖，随后还在深圳举行的“首届海峡两岸中小学美术教学研究交流大会”上，作为该会唯一一堂现场展示课在大会上进行交流，受到好评。

中学的《绵竹年画》和《油纸伞》两堂课都给观众留下了深刻印象，尤其是《油纸伞》这堂课在《中国美术教育》上刊载后，产生了持久的争鸣，作为一种探索、交流，也算是抛砖引玉吧。在课改中，我们通过这堂课来反思我们课改的理念，大家遇到的一些问题，碰撞出一些思想火花。

教材的编写试用已结束，经过实践检验，我们要重新编写其中部分章节。好的章节，好的课例我们要保留下来，正好也利用这次机会，我们把四川的本土美术资源再次梳理、提炼，对我省美术教育也是一种推动。对于参编教材的教师来说也是一个机遇，一名教师能参加教材编写，并由人民美术出版社出版，是非常荣幸的事，在学校的地位也大大提高。我们的优势在于不仅把地方资源转化到教材上，还指导学生用作品表现出来，这是比较难得的，学生的作品很好，且能举一反三，作业效果也是令人震撼的。这些也反映在这几届全国艺术展演比赛上，我省作品获一等奖也是全国最多的。

文旭东：看来这个课题的研究过程和成果对教师能力的提升效果明显，对学校文化建设、特色彰显意义重大。

冯恩旭：是的。我们在研究过程中跳出了课程限于学科教学的片面认识，挖掘民族民间传统艺术，形成学校艺术特色，学生得到发展，教师得到成长，并逐渐形成一支有教学研究能力的团队。

对新课程资源的开发和利用，造就了一批对民族民间艺术有强烈感情，能够进行科研和教学的骨干力量。同时在植根本土文化的美术学习过程中，实验点的儿童在基本的美术素养与美术学习的能力基础上，培养了创新的能力，增强了对本民族文化艺术的自豪感和热爱之情。还涌现了一批优秀教师，如胡琳老师一直从事彝族题材的表现，成为四川彝族文化美术教育第一人；黄勇老师执着地传承藏族文化，学生作品在国际国内各种展览中屡获大奖；特级教师刘文君老师把当地乡土题材、川西文化用泥塑来表现，对农村学校美术教学影响深远；特级教师朱浩把当地的农村文化、本地的乡土材料结合起来，成效显著，曾获“全国四连冠”，4次在全国中小学艺术展演活动中获一等奖，这在全国都是少有的，他指导的学生作品均取材于“赶场”“赶庙会”“娶新娘”等当地农村文化；邵红清老师的“三星堆文化”，用废纸盒、餐巾纸、废旧材料制作出很多仿青铜器作品，她所在的学校也因此办出了特色。

美术课程的介入使我们很多学校的办学特色都和美术有关，如草堂小学，该校美术教师把杜甫文化、诗歌文化作为元素，整个校园的打造、美化都以此为主题，以国画、水墨为载体，形成了鲜明的校园文化特色。现在尽管课题已结题，但工作远远没有结束，等待我和教师们去延续。

文旭东：在这个课题成果中，您觉得有哪些创新的亮点呢？

冯恩旭：主要是立足本土文化，开启师生智慧，强调美术精神，倡导创新意识，学生作品令人耳目一新。具体做法是对我省民族民间美术资源进行追根寻访，归类界定。我们对其中的“汉陶俑”“茶文化”“古镇文化”“民俗剪纸”“大邑泥塑”“绵竹年画”以及宗教美术、藏族文化、彝族文化、羌族文化等等，都进行了归类，然后组织学生实践考察、学习传承。

地域文化的美术教育也是不断演进的，在传承的基础上一定要注重选择和创新，加入适应时代的感悟与理解。创造是艺术之魂，培养学生的创造精神，应是该课题的终极目标。我们的创新体现在以下几个方面。这些内容都在《中国中小学美术》上有专版介绍。

一是创编题材。成都成华小学胡琳老师的“版画彝趣”，达州老师的“画棒棒军，塑棒棒魂”，攀枝花老师的“火红车间，钢铁精神”，我自己亲自教学的“历史留痕，古镇遗韵”，川大附小教师的“宽窄巷子，岁月如歌”，均是从题材上挖掘出新。

二是画种改革。我们对水墨画、彩塑、剪纸、青花都有适合学生的改良性、创新性成果。

三是材料创新。如胡琳老师的“麻绳彝情”，左志丹老师的“仿画像砖，观世间情”，杨俐玲老师的“点染青花，淡雅美丽”，邵红清老师的“青铜时代，远古回响”，均在特色材料方面有探索性创新。

四是展示创新。我们借鉴现代装置艺术，注重整体情境营造，追求视觉震撼效果，力求新颖别致，让观者耳目一新。

文旭东：在四川的美术老师很幸福，经常能聆听国家级专家的讲座、教诲。您在聘请专家来川讲学、交流这一块是怎么做的?

冯恩旭：办法当然有很多。比如通过项目实施，教师“国培计划”就是一个很好的平台，主要由大专院校来承担，我参与了制订计划、专家遴选等工作，参与“国培计划”较早的有四川师范大学、成都师范学院，现在有西华师大、乐山师院、宜宾师院、绵阳师院等。在这过程中，我和他们共同协作，整合资源，各尽其职，把工作搞好。

我最近被教育部聘为“国家级师培专家”，参与了全国许多大专院校的培训资质评估工作。我省也不例外，按要求，我们聘请的专家50%以上是全国知名专家，如我们经常请到的课标组组长尹少淳老师，他对我们的课改和培训进行了多次指导。此外如人美社美术教材主编欧京海老师，人教社美术教材副主编刘冬辉老师，上海特级教师陈寿鹏老师（已去世），北京特级教师侯令老师，深圳中学的房尚昆老师，广州美术学院陈卫和老师，浙江师范大学李力加老师等，他们对拓展四川美术教师的眼界，改变我们教师的观念起到了非常重要的作用。

文旭东：作为一名四川的美术教育工作者，我还感受到四川的培训形式也是多样化的。

冯恩旭：是的。我们力求以多样化的培训来提升我省的教师。

一是教材培训。前几年搞的义务教育阶段的教材培训，近几年搞的高中课改培训都是由人美社和人教社出资安排的面对面的培训。此外，我们还有网络远程培训，覆盖全省各个乡镇。二是借助一些活动搞培训。每年举办一个大的活动，如今年就是全省赛课活动，把最好的优质课展示出来，各地、市（州）分名额派教师到现场观摩、交流、听专家点评，达到培训提高目的。3年一次的美术教师技能大赛和全国接轨，相关的教师、教研员到现场观摩交流，相互取长补短，共同提高。三是送培训到基层。我经常到各地搞针对性的培训。去年我去了十几个地方，服务于基层，避免了教师到省城花费大、耗时长的弊端。四是以课题为载体的培训。一些省级课题，我们给骨干、优秀教师来承担。他们在开题、结题、成果展示时，我到现场，当地一些美术教师也要参加，利用课题为载体对教师实施针对性的培训。五是以名师工作室为载体的培训。仅成都我们就有邛崃“刘文君工作室”，成华区“邓乃斌工作室”，高新区“陈冠夫工作室”，双流县“阳成贵工作室”等，我通过指导名师工作室的导师，来发挥名师工作室的引领、辐射作用，带动一批教师提升、发展。

文旭东：四川作为盆地，其信息是相对闭塞的，视野是相对狭窄的，但实际上四川的很多美术教师却具有现代化、国际化视野，你在打开教师眼界方面有何高招？

冯恩旭：高招倒是没有。课改作为一种新的探索，大家必须要多交流。我主要采取的还是“走出去，请进来”的方式。

先说“请进来”，如前面提到的那么多的国家级专家到四川讲学，我就不再赘述了。

主要说说“走出去”。这几年在我的组织下，除了省内相互交流外，我们还与一些活动相结合，如全国技能赛、优质课赛、全国中小学艺术展演活动等，把教师们带出四川，广泛交流、学习。我们曾走了广州、江苏南通、深圳、香港、北京、上海、厦门等很多地方。让教师们能看看兄弟省份课改的经验，并在课件中加以运用。

去年，我省在台北“国立图书馆”办了一个儿童画展，引起了很好的反响，随即参加了在台湾举办的第42届世界儿童画展，由于与台湾是第一次接

2012年，冯恩旭带队赴台湾进行学术交流和办展活动。

触，为了谨慎起见。我们只交了3幅作品，就有两幅获金奖，1幅获银奖。台湾美术教育界对我们四川的少儿美术教育非常赞赏。

此前，2004年我省儿童画还在法国的图卢兹进行展出，也受到了当地政府和观者的喜爱，后来很多法国大学生和政府官员到四川来采风考察。

下一步，我还要让美术教师走出国门考察学习。我们已和美国肯特大学达成意向，该校负责人说“四川的地域文化，本土与创新的课题和学生作品非常棒，能代表中国特色，如果能到美国来，甚至和世界观者亮一亮相，是非常好的一件事”。

校外教育，成都青少年宫的美术学校左志丹校长和我的合作非常紧密，校外美术是课内的补充，也是和课改结合的一个点，左校长既是全国校外美术教育联合委员会的盟主，也是四川省少儿艺术委员会主任。今年8月将召开全国交流会。明年，校内以美国为主，校外以加拿大为主，走出亚洲，和世界顶尖的国家接轨，相互交流。

我们国家不仅要提高经济实力、文化实力，艺术教育也要争取跻身世界一流，我们必须要有国际化的视野。

文旭东：在有些省份，校内和校外是“老死不相往来”的，大学、中学是割裂的，文化部门和教育部门也缺乏这方面的沟通。但四川美术教育在您的主持下，通过您的智慧工作和人格魅力的感染，各方面资源有机整合，各种力量扭成一股绳，形成合力，这方面您有什么体会？

冯恩旭：我通过整合大中小学，校内与校外各种美术资源，协调省教育厅体卫艺处、省文化馆、省美术家协会和各地青少年宫，将其连成了统一战线，共同为美术教育服务，更好地发展。作为一个省教研员，这也算是我做的一个比较重要的工作。

我们省教育学会美术教育专业委员会主任就是由四川大学艺术学院院长黄宗贤担任，其他副主任都是师范院校美术系主任担任，我是副主任兼秘书长，主要负责联络、协调他们的工作。

我们省美术家协会少儿艺委会主任就是由成都青少年宫美术学校校长左志丹担任，我是副主任兼秘书长，主要负责联络、协调校内外的少儿美术教育工作。从这看得出，我起了一个桥梁和上下沟通作用。

2012年，冯恩旭应邀赴联合国环境署参加颁奖仪式，其所指导的学术作品获两枚国际金奖，其本人获组织优秀奖。并得到联合国副秘书长阿奇姆·施泰纳的亲切接见。

文旭东：前面提到您为了工作，曾经多年暂时搁置了“艺术家梦”，但近十年我们能看到您的绘画、书法、摄影作品不断面世，看来您还是一直在追求艺术创作的梦想，是这样的吗？

冯恩旭：是的。这个话题还是要

提到老教研员王培秋老师，他也是我的恩师。他曾告诫美术教师说，我们这一生中既要当好美术教师，也要争取当好美术家。我个人而言，也有这个追求。自己除了当好教师外，也一直有艺术家的梦想。我25岁由四川省给我举办了个人艺术作品展后，我就把主要精力放在了教研工作上，但这个梦一直没有停下来。每年寒暑假我都要到藏区、彝族地区、风景名胜地去拍照、写生、采风。这既是我工作的延续，也是对我紧张情绪的放松，更是对梦想的继续追求，这已经成为我的习惯。30年来几乎都是如此，有时独行，有时结伴而行，一边采风一边创作。我一直关注的是四川的地域文化，尤其是川西的民族文化。1988年我去布拖画了很多水墨速写，后来在成都市办了个“情惊布拖”画展，至今我已去了8次布拖，每一次去都有不同的感受和收获。

1996年，由台湾一家出版社为我出版了画册《梦回唐克》，是线描和版画相结合的一些作品，其中的部分作品后来参加了第十届全国美展的展出。去年我和四川省部分美术教师的作品进入了中国美术馆展出，《人民日报》在去年“六一”期间也登载了我的版画作品《彝乡风情》。

我很赞成陈逸飞提出的大美术观，现在的大美术包括了摄影、书法等，课改后的高中美术教材中也有摄影摄像这一模块，作为美术教师、美术教研员都应该去尝试、探索、钻研这一领域。我在摄影方面的研习几乎和画画是同时起步的。这么多年来，我拍的照片数以万计，题材界定在西部，它既是我过去情系高原的记载，也是优美风光的再现，同时也是独立的作品，是美术创作的素材。

我2008年出版了摄影集《神奇的土地》，影响很大。很多外省的朋友，看到我的画册后纷纷到四川采风。这既是对四川的宣传，也是对我过去摄影的一个小结。

书法也是课改后高中美术教材的模块之一，我对书法的研习也是和绘画同步的。我在我省书法名家何应辉、张景岳等教师的影响下，一直坚持着。作品也曾参加过国际、国内的一些重要展览，作品和名字编入了一些辞典、书籍。当前我还需再提高、再突破。

下一步我将通过各种渠道多筹办全省师生的美术、书法、摄影教育作品展，还想成立一个省教师书画院，让更多的美术教师圆自己的艺术之梦。

文旭东：不谦虚地说，咱们四川的美术教育走在了全国的前列，作为中国西部的农业大省实属不易，下一步如何“高位求进”，持续发展，您一定是胸有成竹吧？

冯恩旭：继续努力吧，下一步我主要考虑抓好这几项工作。

一、进一步抓好农村美术教育，我们绝大部分学校都在农村。

二、教研员的配备，目前各市（州）教研员还有些兼职的，争取逐步专职化。

三、建立一支专业型和理论型兼备的教师队伍，因很多教师可能画画得好，也许课也上得好，但写不出东西来，所以，要加强教师的论文写作培训。

四、向“既是教师又是艺术家”冲刺，多培养画得好，工作好，又能服务于当地美术教育的教师，让他们既能坚守学校教育，又能放飞自己的梦想，进一步安心工作。

五、课改10年，成绩可嘉，但我们还要吐故纳新，重编部分教材，引进新内容，建艺术特色学校、美术教育基地，让领导和教师感受到美术在学校的重要性和给学校带来的“正能量”。

六、更好地走出去，一是借鉴学习；二是看到差距，取长补短；三是把我省的美术教育成果推广出去。

人，除了物质、文化水平满足外，还要有信仰，要有自己的梦想。当然，不是要让所有的教师们都去信仰宗教，正如蔡元培老先生说的那样：“艺术可以代替宗教，让人达到美好的彼岸。”美术教师就应以艺术和艺术教育为信仰，坚信明天会更好。

感谢艺术，感谢艺术教研工作，它们给我的生活、工作带来很多快乐，让我能在生活、工作一体化中，朝着自己的梦想努力，充实且幸福。

汤小锋

受 访 者：汤小锋，深圳市福田区教育研究中心美术教研员，中学高级美术教师，福田区首席美术教师，广东省美术家协会会员，深圳市美术家协会理事，国家课程标准美术教科书（广东版初中部分）副主编，国家“普通高中新课程远程研修”美术课程团队核心组专家成员，广东省“强师工程”中小学美术骨干教师培训专家。出版《线描行迹——晓峰线描速写教程》等，发表论文多篇并长期坚持创作美术作品，多次组织教师参加国家、省、市艺术展演等活动并获得多项大奖。

访谈提要：通过对深圳市福田区“美术特色教师工作室”和“学校美术特色教育品牌”的创建、发展等过程的访谈，梳理、总结了自新课程改革以来福田区在课程建设、教师成长、教学研究和创新机制等方面的成绩，尤其对美术特色工作室的创建，具有开拓性和启迪性，为我们提供了新的视角和思考问题、解决问题的方法和途径。

采 访 者：李于昆，广东外语外贸大学艺术学院院长，教授。

访谈地点：深圳市福田区教育研究中心

访谈时间：2013年8月5日

凝聚特色　创新发展

——访谈深圳市福田区“美术特色教师工作室”

汤小锋访谈

李于昆：在我看来您是一位很全面的一线教研员，能画善写，有组织协调能力和领导能力，更重要的是在深圳这块地方，您始终保持着创新精神和创新勇气。在您近二十年的美术教研实践中，是如何组织、建设和引领福田区的美术教师队伍的？

汤小锋：谢谢！您的问题很直接，队伍建设是我在工作中一直需要思考的问题。大家都知道，深圳教育的发展很重要的一点就是得益于引进优秀、骨干教师的政策，让我们福田区较快地组建了一支德才兼备、善于思考、勇于创新并快速成长的教师队伍。随着我们国家社

汤小锋深入教学一线听课、研讨。

福田区“特色教师工作室”的成员们与学生们共同成长。

会、经济与世界接轨并飞速发展，新世纪国家“素质教育”“教育改革”“新课标”纲要的政策制定，都为基础美术教育开辟了新的跑道，因此，无论是经验丰富的高级教师，还是新近毕业的青年教师，都处在同一起跑线上，都需要接受新的理念、新的知识，转换新的视角，所以我和教师们都必须一起学习、一起探索、一起进步。

教师队伍的素质提升和业务进步始终离不开教育理论、专业培训和教学实践的磨砺，没有其他的捷径。我经历过1993年广东省沿海版美术教材和2004年后广东版新课标国家试验教材的编写以及使用，有机会直接、深入地学习领会教育新理念、教学新思路和教材新内容，特别珍惜新课标理念为我们基础美术教育的改革和创新发展带来的机遇。可以说在近二十年的教研实践中，我组织美术教师的培训、研修从未间断，其中有新课程、新教材培训，教学理论与实践培训，还包括版画、编织、书法、蜡染、陶艺、装饰工艺、简笔画、色彩写生的专业培训等。到2008年，我区美术教师参与的培训，无论是种类项目还是参与人数，包括培训学时都领先于其他学科。正是这样丰富多样化的培训，促使我区涌现了一大批科研型、特色型的中青年骨干美术教师。

李于昆：在教师理论与专业培训包括教学实践、促进教师成长方面，您做了大量工作，似乎这还是常规的工作，您是怎样思考和如何引导美术教师向科研型、特色型方向发展的？

汤小锋：培训是教师成长和教学实践的一个起点，都是基础工程，不能松懈，我们一直坚持。我在教研过程中发现两个问题，一是新教材内容丰富，涉及很多专业项目，如绘画、鉴赏、设计、版画、水墨画、剪纸、综合材料手工艺等，能够带领学生逐个体验完成这些项目的教师不多，现代中国大学里专业培养的青年师资更是做不到。二是各学校对美术教师的工作要求不够规范，或是“用途广泛”：校园文化设计、会场布置、各科示范课范图、班级版报、学校简报编排插图等等都要涉及；或是限于学科常规的教学，别无他用。这两个倾向都将美术教师的地位和作用边缘化。

我观察到一位美术教师在校地位，更多是靠“一技之长”的发挥所得。教师善于发挥自己的专业特长，就能够带动和建树学校的艺术特色。沿着这个思路，做课题研究、优化学科教学、辅导优秀绘画作品，让美术教师和美术学科得到应有的重视，回到学校整体素质教育和体验教育应有的地位和位置上。于是我开始关注每位教师在专业技能方面，在教学、教研、辅导学生方面的特点和优势所在，为他们寻找机会、创造条件。我与学校领导和美术教师沟通协调，为学校和个人的发展提出基本目标，达成基本共识，同时开凿实施渠道。比如我在学校的校舍改建、效绩评估时，说服领导，给美术教师更多的机会设计、创建其风格别致、特色凸显的校园文化面貌，包括用学生的美术作品装点校园等。再如提供讯息、创造机会让美术教师辅导的学生书画作品多多参赛，争取获奖。接下来我会鼓励教师坚持美术课堂的教学探究，争取打造、积累自己更多的探究课、优质课。许多教师在大学毕业后，都怀揣并坚守着自己的专业特长和艺术家梦想，希望成为国画家、书法家、油画家、陶艺家，这些都会是我们的美术教育、学校美术特色的创建和发展的无形的资源和机缘。我认识到，美术教研工作发展的出路首先是培养美术教师作为教育者敢于担当的责任心，挖掘、培养教师的专业、专项特色，让美术教师在个人素养、能力、专业技能、教学业务上得到发展的同时创建和完善学校的艺术特色的发展。当每个教师在自己的岗位上施展着才华、体现自身价值，当每个学生在充满艺术氛围的校园里快乐成长，作为一个学校的办学理想和艺术化的展现，就不仅仅是双赢了。

李于昆：这关乎美术教师在各个学科的包围、俯视中的定位和价值的体现，常说“有为才有位，有位更有为”，你的努力证实了这一点。我记得2013年6月举办了“凝聚特色——深圳市福田区美术特色工作室成果汇展暨特色工作室教学研讨会”活动，展览在深圳关山月美术馆举行，应邀观展的各地专家和教师对该活动给予了很高的评价，都说“深圳福田是放飞美术教育理想的地方”，尤其是“美术特色教师工作室”给大家留下了深刻印象。您是怎样确立特色发展是美术教育、教研教学的一个明晰方向和可行方式的？

汤小锋：美术教研工作是一项工程，首要任务是打造、培养教师和学生的健全人格、健全心智、健全艺术素养的整体成长，其次是探讨教学、教研规律和构建区域特色的美术学科教学模式。是帮助美术教师在教学育人过程中提高自身的专业、业务水平和实践能力，养成发现美、设计美、创造美的习惯，并很自然地传递到学生身上的一项细致而有益的工作。

这些年我归纳了“三位一体”的美术学科教研模式，首先是挖掘教师专业特长，创建学校艺术特色，其次是建立美术特色研究的校本课程，再就是开展学科课题研究，创建特色教学工作室。我们的教研工作及美术活动基本围绕这三个方面进行，这种看似平行实则递进的关系，为我们福田区美术学科的教学、教研明确了发展途径和具体指引。我鼓励美术教师转换视角，积极看待自己的专业、专长，确立自己的特色目标，发挥自己的创新思维和创造能力。我告诉他们，从一个合格的美术教师到一个优秀的美术教师，坚持做下去的就是这三件事，而这三件事做起来，就一件事：用不同的方式张扬和发挥你的专长、特长。机遇一定留给有准备的人，事实验证了我和教师们的努力，为福田区的美术教育特色发展带来了全新的面貌。截止到2013年，福田区美术学科的两位特级教师、1位校长、6位副校长、10位优秀园丁、3位广东省南粤优秀美术教师，包括今天的12位特色教师工作室主持人，都是在美术特色建设过程中，在“三位一体”的学科教研工作模式中成长起来的优秀美术老师。

2013年6月，我们在美术特色工作室成果汇展暨特色工作室教学研讨会活动中，全面展示了“版画”“少儿蜡染”“少儿漆画”“少儿油画”“软陶”“少儿水墨”“教学方式转变”等9个美术特色教师工作室的成果，同时也总结归纳了特色教师工作室的发展历程。

特级教师王鹏倾力打造少儿版画特色教育品牌，享誉中外。

2013年6月，尹少淳（后排左五）、周凤甫（后排左七）、李于昆（后排左四）、华年（后排左二）等专家在福田区特色教师工作室展览作品前合影。

8年前，福田区政府和教育局组建了5个“特级教师工作室”。第二年，在我的极力推荐下，王鹏老师的“园岭小学版画教学工作室”第一个被破格吸收到福田区仅有的“特级教师工作室”的行列中，命名为“王鹏特色（版画）教师工作室”，也因此开启了教育局领导创建具有更广泛积极意义的各学科“特色教师工作室”的思路。

福田区政府、区教育局支持的“特色教师工作室”推动计划中设定了严格的制度条例：“特色教师工作室”须经申报、审核、答辩、招募成员，最后确立并挂牌；3年为一个周期，每年拨8万元活动资金；3年里有1次中期绩效考评，1次终期绩效评估，1次经费运作审核；确保“特色教师工作室”有序、有效地发展。它的成员机制规定，主持人要选取助理1名，配置一定比例的操作津贴，招收本校和外校的10位教师为成员。工作室担负着培养中青年骨干教师、研究课题、优化教学、撰写论文等引领专业研究发展的任务。这几年福田区“美术特色教师工作室”之所以能够取得这样的好成绩，得以持续发展，非常关键的是得益于逐步完善的制度和健全的运行机制。

园岭小学版画特色教学是福田区最早的学校美术特色。1997年至今，王鹏老师和他的团队一直坚持“立足课堂、面向全体”，他们的特色教学目标是既要了解版画的历史、知识、种类、技法，同时又要探讨常规教学的适合内容与简易方法，包括对小社团中特别爱好绘画的学生持续的专业辅导。1997年由福田区教育局和园岭小学组办了首届“全国城市少儿版画教学研讨会”，其中“教学”两个字是我要求加上去的，这样更适合基础美术教育的活动性质，并且增加了课堂教学示范环节。2004年福田区园岭小学举办了“全国少儿版画教学研讨会”。“王鹏特色（版画）教师工作室”成为福田区美术特色教育的一面旗帜、一个品牌。之后成功申报广东省少儿版画教学与创作实验基地，全国少儿版画教学基地、省特色教师工作室。2011年“王鹏特色（版画）教师工作室”正式列入“王鹏特级教师工作室”，承担的全国教育科学“十五”规划重点课题“当代城市儿童美术教育与本土文化的传承”在广东美术馆结题。出版了校本教材《走进岭南民间实验教材——版画》（岭南美术出版社出版）。几年来，接待了来自美国、德国、加拿大、日本、韩国等国家，台、港、澳地区和江苏、黑龙江、湖南、四川等省的少儿版画教育考察团队20多次。2012年编印《走进本土文化，迈向教育国际——版画双语教学课例》。园岭小学由此被评为“全国百强特色学校”。

园岭小学双语美术教学指导，让国外小朋友兴致盎然。

2007年至2012年之间，我们美术学科凭借以往的工作基础和出色的成绩，相继申报并组建了九个特色教师工作室，曾占据福田区“特色教师工作室”的半壁江山。

“少儿漆画”特色就是引进了漆画专业教师陈锐后开辟的特色项目，让这项可能比书法、水墨画更古老的东方技艺融入小学的美术工艺教学中。“陈锐特色（漆画）教师工作室”承办了全区美术教师的漆艺培训，让我们的教师在系统的体验过程中制作出了精美的漆画作品。工作室主办了“深圳市少儿漆画展”“广深两地少儿漆画联展”，师生作品应邀参加了深圳国际文博会，受到国家漆画专家的赞誉，产生了广泛的影响。

漆画专家陈锐老师在工作室耐心传授中华传统漆艺。

“少儿蜡染”特色源于十多年前的培训，孟丹丹老师将这项爱好作为自己的事业，不断钻研、坚持至今。她很荣幸地搭上了福田区创办“特色教师工作室”的头班车，她的理想从此插上翅膀，一飞冲天，沿着探索蜡染课堂教学、综合性教学和蜡染技术的方向行进，一路辉煌。2008年参加深圳国际文博会，现场制作、自制蜡染服饰T台展演，成为文博会上一道亮丽的风景线。香港凤凰卫视及深圳各大媒体对少儿蜡染进行了独家采访与报道。2011年摸索出一套适用于小学课堂教学的“纸染”技术，被国家知识产权局授予“国家发明专利”。2011年《纸蜡染》校本教材，由人民美术出版社出版。2013年

“孟丹丹特色（蜡染）教师工作室”的学生们展示自己设计、制作的蜡染服装。

由孟老师和她的学生们设计、制作的少儿蜡染服装和编排的表演《龙凤呈祥》入选深圳卫视“首届校园春晚”节目，获创意一等奖。2014年组织承办了“首届福田区小学生合力创意工艺品展示大赛”活动。国家教育部授牌岗厦小学为“（少儿蜡染）全国中小学优秀文化艺术传承学校”。

“林影萍特色（软陶）教师工作室”制作的软陶工艺品形式新颖奇特，被赞誉为世界大运会赠送各国运动员礼品的最佳作品之一。被国家教育部礼宾司征集为出访礼品，成为福田区和深圳市教育国际化交流的艺术特色品牌。

荔园小学“温雯‘教与学方式转变’特色教师工作室”，组建成立于2012年，经过他们转“教学”为“学教”模式的探究，一改传统教学被动态势，将学生自主探究合作学习的习惯与能力激发起来，让学生以个人或小组的形式，带着自己收集整理的PPT资料、范画和“教学方案”走上讲台，尝试构建自己的快乐课堂。工作室九位成员有五位在市区探究课评比活动中获一等奖。他们的“学教”方式引起学科内外的讨论、热议，引起教育专家们的关注。

美国教育专家团访问“林影萍特色（软陶）教师工作室”。

福田区“安素惠特色（少儿油画）教师工作室”的学生作品以其独特的表现形式和效果引起了油画界的关注，专业核心刊物《中国油画》用十几个版面刊载师生作品，并进行了专题介绍。“王黎娟特色（水墨画）教师工作室”组织、承办了“福田区少儿水墨画教学研讨暨现场比赛活动”，开创了由特色学校工作室组织、承办全区教学研讨和比赛活动的先例。这些优秀的教师在工作室的平台上，认准了目标跨越着一个又一个高峰，释放着巨大的能量。

“温雯‘教与学方式转变’特色教师工作室”探究“生”“动”的课堂教学。

李于昆：福田区的“美术特色教学工作室”和具有创意的、成功的实践经验证明，对美术教师的专长、特长的挖掘、培育、激励是推进美术特色教育发展的重要抓手，是主渠道，一经打通就是一股喷泉，一股激情。

汤小锋：这里有一组2014年5月的数据：福田区参与“美术特色教师工作室”的成员有163人，除去其他学科教师9人和第二期重叠的教师20人之后为136人，占全区美术教师总人数（238人）的57.1%，美术特色工作室辐射全区54所中小学校，占全区中小学校总数（81所）的66.6%。以下表格能够部分体现美术特色工作室的凝聚力及示范效应。

“郭丽坤‘教与学方式转变’特色教师工作室”勇于教学改革实践，让学生站上讲台，参与“教”的活动。

安素惠老师和工作室成员们探讨油画教学。

“王黎娟‘水墨画’特色教师工作室”承办全区水墨画现场比赛，小画家们展示自己的作品。

福田区美术特色教师工作室基本情况表（2014年5月之前）

序	主持人与工作室名称	学校	成员	辐射学校
1	王鹏（版画）特级教师工作室	园岭小学	一期12人、二期15人	省市区内外20所
	突出成果：组办全国少儿版画教学研讨会，出版传承岭南文化的校本教材，开启双语教学研究，承担国家课题，为省内外培训10次、300人以上，指导创建学校版画特色工作室，本区8个，外地市区6个，国家、省市少儿版画教育基地挂牌等			
2	孟丹丹特色（蜡染）教师工作室	岗厦小学	一期7人、二期8人	区内5所
	突出成果：作品参加大运会、文博会，工作室参与省课题，出版校本教材，纸染技法申报国家专利，学生蜡染时装参加市春晚展演，“国家中小学优秀文化艺术传承学校”挂牌等			
3	陈锐特色（漆画）教师工作室	福南小学	一期6人、二期7人	区内7所
	突出成果：参加文博会，编写校本教材，承办全区教师漆画教学培训组办深圳市少儿漆画作品展、广深两地少儿漆画作品展等			
4	温廉特色（油画）教师工作室	益田小学	一期8人、二期8人	区内8所
	突出成果：编印校本课程，形成小学生小油画教学体系，组建深圳市写生群体与作品展览			
5	安素惠特色（少儿油画）教师工作室	南园小学	一期6人、二期10人	区内6所
	突出成果：小学生装饰色彩小油画形成独特风格与教学体系，师生小油画作品被《中国油画》隆重推介，尝试探究小油画双语教学			
6	林影萍特色（软陶）教师工作室	红岭中学	一期12人、二期13人	省市区内外15所
	突出成果：作品参加大运会，工作室承担省课题，研究现代材质工艺，编写出版国家空白型教材，软陶工艺独树一帜，为省内外培训5次、200人以上，指导创建学校软陶特色工作室，本区7个，外地市区3个			
7	王黎娟特色（水墨画）教师工作室	梅山小学	一期7人、二期7人	区内6所
	突出成果：承办市区“中小学国画教学研讨会”“中小学水墨画现场比赛”，承办全区教师水墨画教学培训			
8	温雯特色（教与学方式）教师工作室	荔园小学	本期12人	区内8所
	突出成果：主持人的教学论文发表于《中国美术教育》，探究课获得全国创新教学说课比赛一等奖，工作室承办全区“教与学方式转变”创新教学研讨会，成员参加深圳市优质课比赛，获三个一等奖，扶贫援教等			
9	郭丽坤特色（教与学方式）教师工作室	莲花中学	本期10人	区内7所
10	张健特色（微课程）教师工作室	景龙小学	本期10人	区内6所
11	林建庚特色（信息技术）教师工作室	福民小学	本期7人	区内5所
	突出成果：参与国家课题，在第二届国际STEM教育研讨会上做“电脑绘画教学实践与创新”英文介绍			
12	赵晓东特色（科技发明）教师工作室	福田中学	本期8人	区内7所
	突出成果：获得中学生科技小发明两项专利			

“温廉特色（油画）教师工作室”成员之一、青年画家李岳老师是孩子们无比敬仰的油画老师。

2014年美术教师申报成功的三个特色工作室转换到了边缘学科：信息技术、微课程、科技发明，为我们美术学科特色工作室的持续发展带来了一个跨学科特色整合以及多元创新、延伸发展的新思路。美术学科更广泛地渗透到日常生活和社会实际运用中，这在其他学科中得到同样的印证。

福田区现有12个“美术特色教师工作室”，在特色构建上，有具民族传统文化特征的“少儿版画”“少儿蜡染”“少儿漆画”项目，有新型工艺及材料、具时代特征的“软陶”“电脑绘画”项目，有以深圳大芬油画文化产业为背景的、具地方经济文化特征的“少儿油画”项目，有创新传统文化的当代“少儿水墨画”项目，有倡导、引领“教与学方式”转变、探索的项目，有跨学科教学尝试的“双语教学”“科技发明”“微课程”项目等。特色项目结构趋于系统与完善。

另外，福田区在“美术特色教师工作室”健全发展的过程中衍生出新的更具操作性的特色项目，就是福田区“创建学校美术特色项目”的推动工程，2013年建立了“手绘创意”“纸艺”“书法”“动漫”“数码美术”“美术双

“赵晓东‘科技发明’特色教师工作室”探索科技与艺术结合的教学模式。

语”等13个学校特色项目，每个项目年内拨放推动资金10万元，为福田区的美术特色教育发掘与持续提供了政策上、财力上的保证。2014年继续拓展“创建学校美术特色项目”11个。

李于昆：福田区的美术教研和美术特色发展平台，用“广阔”来形容一点不为过，可喜可贺！我为您和您的团队富有创意的美术教研工作所取得的突出成绩感到由衷的高兴。接下来还有怎样的构想？

汤小锋：教研员就是做开拓、搭建、引领这样的工作。我们建立“美术特色教师工作室”绝不是一时的偶然的想法，而是各级领导、专家切合实际、深思熟虑、达成共识的一项艺术教育工程。这里面包含了新课标、新课程的教育理念的指引，包含了福田区政府、教育局领导明确的策略和政策的出台，包含了区教研中心对教师的专业培训、专长发展、特色创建以及学生的知识教学、专长挖掘、能力培养目标的明确认识、精心策划、强力推进，包含了美术教师在“凝聚特色”理念的引领下数十年的不懈努力的结果。

在创建学校特色和组建特色工作室的过程中，我们教研中心的陈祥俊主任带领着区长、局长来到学校，满腔热情地介绍学校美术特色和“美术特色教师工作室”的每一个成绩，国家美术课标组组长尹少淳教授多次来到特色教师工作室考察、指导，广东省美术教研员周凤甫主任走遍了福田区每一个“特色教师工作室”，精心调研，激励着我们的每一步成长。他们每次的惊喜、赞叹、指导、推举，都让我们开启智能、增强信心、明确方向，继续前行。

我们组建了由“特色工作室”主持人、“课题研究”主持人、“创建学校美术特色项目”主持人为构架的学科核心组，共同探讨美术特色教育教学的具体措施和方式、方法，在“尊重、凝聚、优化、引领、创新、分享”的经验归纳、总结中，继续推动福田区基础美术教育及特色教育向更高的层次迈进。我们的目标是“创建特色、实践探索、专业引领、共同发展”，形成富有特色的艺术教育品牌，让我们美术教育的理想插上翅膀，飞得更高。

李于昆：“问渠那得清如许，为有源头活水来”。通过对您的访谈，让我们分享了在坚持美术教育改革和创新实践的过程中一位优秀美术教研员所付出的努力和获得的成果。感谢您，感谢您的优秀团队。

国家新课程专家尹少淳、李于昆参观特色教师工作室成果展示。

李东风

受 访 者：李东风，西华师范大学美术学院教授，硕士生导师，绘画系主任，中国艺术人类学学会理事，教育部“国培计划”教学指导专家，中央教育科学研究所艺术教育研究中心特聘专家，人民美术出版社教育专家委员会常务委员，《当代艺术》杂志主编。

访谈提要：美术课程标准对高等师范院校（以下简称“高师”）美术教学的影响主要表现在人才培养模式和课程设置上，高师美术教育从本科到研究生教学都要重视美术新课程观念的培养，提高适应基础美术教育工作的能力。高师美术教育有三个回归，回归师范教育的特性，回归美术教育技术的学习，回归人文素养和学科素质的结合。

采 访 者：李浥，西华师范大学美术学院教授

采访参与者：童翠、王培培、白雪、王静婷，西华师范大学美术学院2012级美术学科教学论研究生

访谈地点：四川西华师范大学美术学院

访谈时间：2013年9月16日

美术课程标准与高等师范美术教育

李东风访谈

李　浥：国家美术课程改革以来，您认为美术课程标准对我国现行的高等师范美术教育有哪些触动？

李东风：本次基础教育改革，最初有一个附加的目标就是以基础教育改革触动高等教育的改革，而基础教育和高等教育关系最直接的就是高等师范院校。高师作为教育的基地，应该首先研究基础教育改革，为以后培养师范学生奠定职前教育的坚实基础。刚才问的这个问题：基础教育课程标准和我们有什么样的关系？我们首先来研究这个标准，从2001年新课程标准颁布以后，国内很多大学，当然主要是师范大学的一些研究者订阅了这个标准，并且有许多大学的教师参加了课程培训，较早地把这个标准传达给自己的学生。2005年以后，教育部对高等师范有一个指导性的方案[①]，这个方案很有针对性，其出台的背景就是基础教育课程改革的推进对高等学校美术教育提出了新的更高的要求，而目前中小学校美术教师队伍在人文素养、教育观念、教学方法等方面的现状不能满足基础教育课程改革的需要。指导方案中明确提出“突出课程的师范性，立足于为提高国民文化素养和审美水平培养合格的基础教育美术教师

①《全国普通高等学校美术学（教师教育）本科专业课程设置指导方案（试行）》，教体艺［2005］2号。

和社会美术教育工作者”。在方案指导下，开设了一系列适应基础教育的必修课。2009年全国有39所大学参加了普通高等学校美术学（教师教育）本科专业课程试点，尤其是新开设的“美术教育实习”必修课程，就是针对基础教育所需，完全依据美术课程标准而设，其教学目标就是让学生了解中小学教育改革的方向与美术教学的现状，提高对中小学美术教育与教学的认识，奠定做一名合格的中小学美术教师必须具备的素质的基础。课程中还特别设置了开发当地美术资源和编写校本课程与教材能力培养的内容，这与美术课程标准的要求相一致，真正起到了“教育的母机”的作用。

在这方面，尽管我们西华师范大学没有完全开设起来，但是我们的课程教学论、美术教学法两门课程都会涉及课程标准的问题。从基础教育到高中美术教育的课程标准我们都曾经学习过，给学生做过简单的讲解。新的美术课程标准有一个突出的特点是学习的目标产生了变化，这个变化就是不仅仅是以学科为主线线索的学习目标，美术课程标准确立了美术课程是人文课程，就是美术课程的人文价值。人的基本的人文素养的要求或者是诉求，主要体现在四个方面：每个人都有交流的要求或情结，都会有传承的要求或者是继承的要求，每个人都会有批评的情结，都有创新的要求，希望自己做的和别人不一样。交流、传承、批评、创新这四个方面是人文素养的一些基本要求。那么在课程标准里面由于确定了课程的人文价值，所以在这些方面会有所强调。2005年的指导方案中有“美学、美术鉴赏与批评、现当代美术思潮等人文性课程”，随着基础教育课程改革的推进，美术课程标准经过试验，再次修订后的“标准”（2011版）强调视觉性、实践性、人文性和愉悦性，彼此之间的关系相对平衡，为此高等师范院校的课程也有所调整。教育部2009年8月印发了《全国普通高等学校美术学（教师教育）本科专业必修课程教学指导纲要》，列出了绘画基础、美术表现、设计基础、设计与制作、中国美术史、外国美术史、美术概论、美术鉴赏与批评、中小学美术教学论、美术教育实习、中国民间美术、

访谈现场左起：童翠、李浥、李东风、白雪。2013年9月，四川南充。

工艺基础等12门课程，这些美术教育本科专业的必修课程与美术课程标准相一致，可以说是基础美术教育的改革及深入带动了高师美术教育的发展。

现在，高师美术教师在美术教学法课程里面会涉及较多的关于美术课程标准的一些教学方式、学习方式，或者是课程标准的解读。这就直接影响到高师美术教育课程结构的变化，比如我们西华师范大学曾经培训过所有讲授本科教学教师的微型课程教学方式，这个微型课程的教学方法和基础教育改革就有直接的关系。在本科生实习之前，进行试讲训练，我们的方法是每个教师指导3～4名学生，学生试讲要用微格教室。这样，教师就必须得掌握微格教学的有关知识、技能，才能较为详细、深入地指导学生的试讲。而学生实习时面对的新课程改革后的教学，指导教师就必须了解美术课程标准，比如对探究性学习、自主性学习、合作性学习等方法的了解和应用。这样在高师美术教师中就增进了对美术课程标准的了解。

李　浥：美术课程标准的实施对高等师范教育所形成的正面的影响有哪几个方面？

李东风：第一，我们知道课程改革一开始在北京师范大学有了基础教育课程研究中心，其他六所教育部直属的师范大学也相继成立了基础教育课程研究中心，其他师范大学可能晚一些，但是陆续有了类似的机构。最近两年基本上所有的高等师范院校都有了教师教育研究中心，教师教育研究和课程有了直接的关系，目的就是培训在职教师。这是课程标准实施以来最直接的影响之一，促使高师建立起教师教育研究中心、研究所等机构。还有不少学校成立了美术教育研究所，或者基础美术教育研究中心等研究机构。这些研究机构，在课题申报、论文发表、教师培训等多方面服务于基础美术教育。

第二，高师美术教育，正在悄悄改变培养画家、设计师的观念，回归到培养美术教师的轨道上来了。在课程设施方面增强了美术教育相关的课程。如，中小学美术教学论、中小学美术教学法、美术课程标准解读、美术教育实习等。在教学中现在要做的，不仅仅是技法的传授，更注重人文价值的培养，这样学习方法会有所改变。我们把基础教育中的三种主要的学习方式，自主性学习、合作性学习和探究性学习运用到我们高师的美术教育中，尤其是渗透到美术教育课程论和教学法之中。前两年，我和陕西师范大学的高明老师以及另外几所师范大学的教师一起编了一本关于教育实习指导方面的书《中学美术教育实习行动策略》。这本书直接引导高师的学生毕业实习如何走进课堂，整本书的结构和指导方向用的就是课程标准里面所谈到的基本教学方法和学习方式。以行动研究为主，就是基础教育改革中谈到的一线教师如何进行教学研究的重要方法之一，副标题就是“以行动路线为主，走向美术课堂教学”。这就是从教学到研究，到实习等一系列举措的落实，是课程标准观念对高师美术教育的直接影响。

第三，影响到高师美术教育的科研动态。过去高师美术教师的研究课题，研究方向多是美术学理论或技法方面，现在研究美术教育的文章、课题多了起来，有新的拓展。在选题方面，如：高师美术课程的建设研究、高师美术教育与基础美术教育的关系、高师美术教学的研究等。我自己在2007年就申报完成了立项课题“高等师范美术教育应对基础美术教育的措施研究”，其中从高师美术教育的整合与转型、高师美术教育与基础美术教育的合作与对话这两个方面作为切入点和突破点，进行深入研究，对高师美术教育应对基础美术教育的发展提出具体的应对措施。

李　浥：民族民间美术在高校也得到了不同程度的重视，一些高等师范院校已经在通识课程当中开设非遗课程，请谈谈美术课程标准和非遗课程的关系，以及对高师教师的科研团队的建设有何影响。

李东风：美术课程标准中有一个组成部分就是课程资源的开发与利用，即地方美术资源的运用，如民间美术资源、博物馆资源等。民间美术中的非遗成分选择、析出服务于基础美术教育，就要研究美术课程标准的要求。在基础美术教育课程里面我们把它叫作校本课程的开发和研究，在高校里面其实也一样。当然在高校中更多的是组建科研团队，形成特色研究项目，有助于基础美术教育中非遗教学内容的落实。例如，我们学院成立了综合艺术教研室、民间美术与文化科研团队等，会开设民族民间美术的一些课程，还会开设具体技法材料和综合观念的培训等一系列课程。这个就和基础教育课程改革的三级课程管理国家课程、地方课程、校本课程有着直接的关系，而校本课程的特点在高校里面就可以搞成一个科研团队来完成任务，突出自己的特色，现在这种组合在高校里面是备受关注的。比如在玉溪师范学院专门有民间美术传习室，通化师范学院有满族剪纸的研究所，还有展览馆，等等。就是师专这一级，也有自己的非遗研究团队，比如定西师范高等专科学校就专门有民间美术陈列馆和民

2012年4月28日在延川县郭如林家中交流。右一：郭如林；右二：李东风。

间剪纸的研究团队。

美术课程标准提出地方课程和校本课程可以占到整个课程的百分之二十，也就是民族民间美术课程可以占百分之二十的比例。事实上，即使没有美术课程标准的出现，文化传承、非物质文化遗产研究也在高校已经展开并取得成果，而美术课程标准与高师非遗研究的关系，即对基础美术教育中地方课程和校本课程的落实起到打好基础的作用。说到对高师教师的科研团队的建设有何影响，也就是团队的建设目标更明确，研究任务更明晰，美术教育与非物质文化遗产联系得更密切。

王培培：高等师范院校承担“国培计划”的任务，是否可以理解为与基础教育的接轨？

李东风：课程改革以来，高师更多的是在观念上与基础教育发展的接轨，而推行“国培计划”不仅仅是接轨的问题，更是高等师范院校在培养对象的目标与人才培养模式上如何适应基础教育的发展。基础教育、高师人才培养模式的改革，反映了国家经济基础的变化与社会的需求等多方面的问题。

尽管承担“国培计划”的单位是各个高师或者教育科研单位，但实际上我们组织的专家是多层面的，承担高师美术教育这个过程中，我们自己也在充实、在成长。表面上我们在为别人做补充，实际上我们自己也获取了更多的信息。完善高等师范的人才培养模式，把教师教育作为今后高师教育的一块重要内容，这与国家教育部成立基础教育司相一致。但是，“国培计划”是通过竞争才能取得承担培训任务的资格，这就要求高师不断提高科研水平的同时，深入了解社会的需求，不能只停留在对美术课程标准的认识层面，要看到国家大的教育发展的动向。“国培计划”2010年全面实施，是提高中小学教师特别是农村教师队伍整体素质的重要举措，包括“中小学教师示范性培训项目”和“中西部农村骨干教师培训项目”两项内容。对于推进义务教育均衡发展、促进基础教育改革、提高教育质量具有重要意义。分类、分层、分岗、分科大规模组织教师培训是未来教师教育发展的大动向，高师应该全面提高教师队伍整体素质，能够胜任“国培计划”的任务，培训有素质、有水平的教师，为促进教育改革发展提供师资保障。从这个意义上讲就是接轨，而且是深层次的接轨。

李　浥：您觉得我们国家实行的这个新课程标准，特别是美术这一块的基础课程改革，强调的是全面素质的提升、国民观念的培养等等，相对而言之前的“天之骄子”模式，是不是也有它的不足？

李东风：20世纪90年代之前的高校秉承计划经济人才培养模式，2000年后，高等教育走向大众化，走向市场化，由此带来扩招、高校合并等，这是一个根本性的转变。其中很多打着师范教育的牌子，其实已经是徒有其名的“师范教育”，课程改革以来，正好为高师回归本质提供了新的发展契机。

基础教育首先承担的任务就是素质教育，而且是全民素质教育，不是专业性的教育，不是培养专家和专门人才的教育。举个例子，我们都是学过美术基础指南的。比如说，一张中期素描作品的完成，得花上一个星期的时间。一个星期在高校里面按过去的5天来上，20个课时，20个课时完成一幅素描，这个不算长期素描了。那么基础教育课时里面的美术课时，是一学期20周，上满，每周上两节课，刚好40个课时。如果我们拿专业要求来培养他，这个学生一个学期，最多画两张素描，这样看学生是完不成的，而且我们还要求在人文素养和文化上有所提高。所以美术的课程本身决定它是一种人文性课程，当然是以美术专业为基础的人文课程，不一定不学美术专业知识，但重点不是专业化的培养。上述的课时计算我们都看出来，不可能按照专业美术人才模式培养。现在的美术考生是怎么考上专业美术院校的，其实很重要的是通过大量的自学或者校外美术高考培训班培养出来的，并不是靠中小学基础教育来培养一个美术考生考上美术专业院校的。

就中国教育的整体性来讲，基础教育是整个教育体系的关键部分。正如万丈高楼平地起一样，没有良好的基础教育，不可能有优秀的高等教育。学生在基础教育阶段完成了基本的文化素养和学科基础知识的学习，在高等教育阶段则要选择专业，接受专业教育。基础美术教育不必承担高层次专业能力的培养，不能过分强调专业性，忽视对中学生美术能力的培养。美术高考的任务主要是由校外美术教育和职业高中的美术班来承担的，这样的专业性美术培训机构，有自己的专门课程计划和应试方案，专门针对美术高考进行培训，专业性极强。有别于基础美术教育，专业美术教育送进高校的美术人才就有部分是走向“艺术家”之路的。他们接受的教育即你所说的“天之骄子”模式，培养精英人才。但是扩招以后，高校规模的扩大也影响到了精英教育的模式。当然就专业化培养人才的角度看这个问题，现代的高校美术教育也有它不足的地方。如，美术教育资源的利用不足，或者说由于学生人数庞大没法做到较为深入的开发。不能充分实现打破学科限制，建立其他院系专业与美术教育专业的关联，校内自身的资源开发不够，更难以利用校外丰富的美术教育资源。

还有，高师美术教育缺乏与基础美术教育的紧密联系，高师美术院校在联系基础美术教育的同时，必须明确自己的培养目标，培养的不仅仅是艺术家，同时还要是一个教育者，一个能为基础美术教育事业添砖加瓦的合格的美术师资力量。总体来讲，高师美术教育培养的“天之骄子”不是艺术家，而是“艺术教师”。目前高等师范大学美术教育还是优点多于不足。

美术课程标准的实施和现在的“国培计划”要求高师美术教育的模式有所改变，高师美术教育有三个回归：回归师范教育的特性，回归美术教育技术的学习，回归人文素养和学科素质结合的模式。强调高师美术教育是培养未来的基础美术教育教师，要掌握基本的美术教育技术，不能单单地培养美术技能或只学美术理论，要两方面结合。创新教育模式，针对学生未来的需求研制课程方案，将院校的集中课程学习与中小学教育教学实践相结合，培养模式更具针对性和实效性。学生需要在高师打好岗前教育的基础。

王培培：*作为美术学科教学论的研究生，我们应该从哪些方面在有限的时间内来培养新课程改革的教育观念或者说教育意识？*

李东风：对曾经上过高师美术教育专业的学生，学过美术教学论和美术教学法之类的课程，再学习美术课程标准，了解新课程的观念就比较轻松。

而现在美术学科教学论的研究生来源有的是设计专业的，有的是绘画专业的，甚至还有跨专业的，根本没有学过美术教学论方面的知识，所以在这一块有所缺失。如果要去弥补，首先要弥补的就是美术课程与教学论。从全国范围来看，美术学科教学论的研究生来源成分复杂，他们在研究方向和论文写作方面或多或少都存在一些来自于课程与教学理论方面的问题。对课程与教学这些概念不是特别清楚，或者是在这方面的知识有所欠缺。拿课程而言，课程简单地来讲就是解决“是什么”的问题，像课程的性质、课程的价值、课程的目标、课程的管理模式、课程的评价方式、课程资源的开发等。这些问题，在美术课程标准里都有描述，但是，到了写毕业论文就有了问题。

教学是解决“怎么样”的问题，就是如何把课程落实下来。在课程与教学方面都可以做研究，学科教学论文更多的应该是涉及教学方面的问题，教学方面我们反复探索，简单一点就是我们对学习方式的研究，对课型的研究。像传统的课型：讲授课、访谈课、参观课、实验课、演示课等，类似这些课程的知识我们应该有所储备，按照这个方法去做。比如，这次课程改革的一个亮点就是强调了评价和反思，但是高师对教学的评价和课程的评价不是特别重视，尤其是课程，过去不是教务处或者管教育研究的部门不关心这个课程的问题，他们只关心教学方面的问题，不太注重评价。而新课程我们强调的是过程性评价和终结性评价的结合，我们将来弥补知识点或者这个知识体系的时候，要注重美术课程标准提出的评价问题。可以在这些方面做一些探讨，因为评价有好多方式。典型的常用的新课程评价方式，比如档案袋或者档案夹评价法，这是新课程评价提出来的一种评价方式。形成新课程的教育观念、教育意识，对评价的理解是一个突破点。近年来学者们的主要美术教育评价有几个方面：认为美术教育评价内容包括表达和认知两方面，不能顾此失彼；认为美术创作与评价是相辅相成的，评价是美术创作中非常重要的一环。作品品质的高下，关键在于思考品质的高下。应从表达、知识和技巧、概念之形成三方面制定美术创作评价标准。透过评价，让人们看到美术除了情感和技巧，同时也涉及思考活动，通过有效的评价培养学生的思考能力。美术教育评价应注意多样化，前面所说的档案袋评价方式是目前大家认可的一种评价方法。运用档案袋评价可以清晰地反映出每位学生的美术创作特色以及对特定美术作品的兴趣，这对于具有鲜明个性特征的美术学习无疑是最有效的评价方式之一。档案袋评价的方法不仅可以运用于美术创作活动，也可以运用于美术理论学习，以学生自选的学习内容以及采取的批评、反思、论文写作等形式进行的记录。这一评价方式的最大优势在于高效率。它可以清晰地显示学生的美术成长历程，并进行合理、系统的组织管理。

从这个例子中我们应该能看到，高师美术学科的研究生从课程标准的一个切入点进入具体的研究，即可逐渐形成新课程的教学理念。

王培培：新课程改革在师资方面，很好地建立起了基础教育与高师的联系，那么对于高师院校本身的各种美术课程资源是不是也提出了更高的要求呢？

李东风：有的。课程资源简单的划分方式过去就是学校资源和校外资源。学校资源包括教师资源、学生资源、校园文化资源等；那么校外资源包括社区文化资源、区域文化资源。美术课程标准对课程的资源的表述也与以往不同，比如学生资源，过去往往对学生的要求中没有把学生当成一个资源。举个例子，比如说我上课时有一个问题我不懂，我可以把这个皮球踢给我的学生，他有可能不懂可以去上网查找，那么这个资源就转化到由学生来提供；学生所获得的资源，他把这个资源在教室里给大家公布出来，这个资源就不是我们教材的资源了，是来自学生的资源。尤其是搞民族民间美术的研究，比如说少数民族美术，就可以让学生自己讲啊，比如讲到藏传佛教文化或者美术资源时，若有藏族的学生，就可以请他来讲："这边的索朗同学请你来讲一下藏传佛教造像的知识。"他可能讲得比我们教师还要清楚、生动，这也是学生资源了。

还有就是社区资源。我们过去可能与文化馆或者和社区没有什么联系，现在我们如果涉及一个研究性课题的课程教学，可以把文化馆的研究馆员请来让他讲。我们可以把民间艺人请进课堂来，这个就是社会资源了，不是我们过去一般意义上的图书馆资源、教师自身的资源和课程建设的资源，课程资源的范围更加宽泛了。

李　浥：在落实课程改革目标的过程当中，会不会遇到某些阻挠或者说某些无法实现的因素的干扰呢？

李东风：阻碍肯定是有的，而且不是一个两个的问题，尤其是我们高师应对基础教育过程中遇到许多直接的问题，比如我们要指导学生学会在以后的课堂中实现过程性评价与终结性评价，结果我们高师评价是终结性评价，高师不做过程性评价，那么我们只能口述给学生："要做过程性评价与终结性评价的结合。”但是学生没有体会。本来是潜移默化的影响作用更大，如果他们没有体会，未来做教师以后，在完成评价的过程中有可能就会做得不是特别好。假设我们在高师的评价里面把过程性评价和终结性评价结合起来，就会好一点。那么我在这个过程性评价里面有时候除了点名签到的评价之外，更多的是把平时作业收起来或者做一个记录，最后总结的时候即便是学校要求出题做标准答案，我依然会出上那么一个主观题，这个主观题也许学生回答的并不是很好，但是我可以把过程性评价的意见考虑进去，给学生加分。

再一个就是课程设置的方式，高师的课程主要分为教师教育课程和专业课程两大类；第二个层次的分类就是专业必修课、专业选修课两类；同时并行的有专业基础课和专业实践课两类。这种课程设置方式是有一定道理的，而且也实施了多年，但是，仔细研究就会发现在有限的课时内要有效地落实教学目标，难度很大。可以说这种分散式的课程设置，平均化分配，很难突出特点，在某种程度上也干扰了课程改革目标的落实。

李　浥：这个恐怕很难落实了。

李东风：这就是你说的问题所在了，是高师落实与基础美术教育接轨的干扰因素。

李　浥：从高师扩招以来，美术学生数量增加，美术专业素质下降，您怎么看这个问题？

李东风：历史上的“革命”，唯有革自己的命最难。我原来端的这个饭碗，现在把这个饭碗打掉，当然不愿意这么做，原来习惯的一种程序，现在改变新程序，肯定很有难度，课程改革具体落到一线教师身上，也是一种自己思想上的斗争，高师如何应对基础教育改革，也存在着这种观念的斗争，和我们这个饭碗的斗争。我曾经和一个教师说过，他说要培养技能型教师什么的，我说在高师我们培养的对象是未来的教师，不是未来的画家，但是我们很多教师情愿把他培养成一个画家，而不愿培养成一个美术教师，这就是一个观念的斗争。但是我觉得这几年很大程度上有所改变，比方说在我身边人们已经或多或少地关注基础教育课程改革。如果不能够针对性地培养高师的学生，重视未来回笼的教师培训，那么我们未来的收入都会受到直接影响。从“国培计划”到“省培计划”“地方培训计划”看，高师应该要成立教师教育学院。教师教育是未来发展很重要的一块，师范大学要保住所谓的最基本的特点，除去招师范本科学生之外，很重要的一点是教师教育的培训。举个例子：我们学校有10个教师，有5个教师反复地参与教师培训，他的生存环境就有所改变，这是非常实在的。基础教育对于高师教师教育生存状态的影响，认识改变了，对专业素质的界定就变了，形成系统化影响。

前面就说过，高师不是培养专门的艺术家，而是要树立学生做一个美术教育工作者的理想，故你所说的美术专业素质下降，这个问题不可怕。高师美术教育的目标是培养未来的基础美术教育的教师。确立了这个培养目标后，高师美术院校可以从以下几方面入手着重培养：把由专业分类的方式转变为按知识结构分类，从整体上更新现代美术教育目标，要使学生树立正确的师范观念，突出其师范特色。

面对着基础美术教育的需求，高师美术院校还要善于总结自身存在的问题。面临的问题有：对于培养目标的不明确，美术教育理论课程所占比重偏低，陈旧的教学方法和教学手段束缚住了教师和学生的思维等。高师美术院校普遍存在着重理论教学和技能教学的特点。在一些高师美术院校中还存在着教师紧跟现代艺术潮流的问题，高师美术教育院校的教师不够深入了解中小学基础美术教育。要抓住高师美术教育学生的专业素质就是掌握美术教育技能。

王静婷：美术教育专业的学生毕业后在小学有可能教语文、英语等学科，高师如何培养出适应基础教育的师范生？

李东风：在教师教育培训中就有很多小学教师一个人教好几门课程，但是他又按照美术教师来的身份接受培训，这个问题具有现实性。首先基础教育改革，有个共同的改革目标和观念：培养学生获取新知识的能力，培养学生收集资料、获取信息的能力，培养学生交流与合作的能力，培养学生创新的能力这四个方面。那么这四个能力完全可以套用到任何一种学科背景下去完成这个目标。我用美术去完成不仅仅是培养学生从美术方面来获取新知识的能力，那么我们用数学也可以，物理也可以。最重要的是什么呢，这个教师他知道新课改的一些概念，并没有从骨子里理解新课程改革所要培养的这四种能力。我们举个例子，比方说我们要教这个孩子美术，人天生都是能画几笔画的，都能够教好，那个技术教起来也不是很难。我上周的一节课，就是我随意点到一个数学系和中文系的学生在黑板上画画，画完以后还像那么回事，这是教学方法的问题。我再举一个例子：我有一个课排了四个教师来上，我专门找了来自最乡下的中学、城乡结合的中学、城镇中学、城市中学的四位教师上同样的课。我们找那个农村中学的教师上的一节课就叫《线的艺术》，在他们农村那里找的唯一一个电子产品，就是那种老式的放磁带的录音机。我们要讲这节课，我给他设计的就是用音乐来导入，他说那个录音机他自己也没有，我就说让他去借，他说那我去求求人家，最后他借来了。我说其实你不借来也没关系，你不会唱歌，你至少会哼哼。只要你哼哼肯定有节奏，节奏不相同的时候，随着哼出来的节奏变化，画出来的线条肯定也是不相同的。让学生去找图片，只要是几何图案、图片就行。找来以后，再找磁带，尽可能找那种差距比较大的，如秦腔戏啊、流行歌曲啊、儿童歌曲啊来播放。用录音机放出音乐后，说“好，同学们请站起来，在墙上面图片上去画钩，你认为这个音乐和哪个画面的构图色彩节奏变化是相统一的，你就在上面画个钩。”学生就去画去了，你会发现这些学生非常的聪明，画的图和情感不相吻合的很少。因此我们说，即使你再多么偏僻的农村，你想当个好教师，只要有观念，就能教好，就会对学生有启发。

那么这个观念可以落实到绘画手法、标志设计方面。其实哪一课都能教，关键就是观念没转过来。不要简单地以为要给学生教个什么重要的知识，应该是引导、渗透，在活动中学习知识。

我们讲课堂教学的三大革命就是：课堂教学的生命性、课堂教学的生成性、课堂教学的生活性。这个观点在高师里面我上课经常会讲道："你的生命在课堂上就是实实在在的，你活着就可以和我们交流，课堂上的活动就是你生命的体现。你回忆一下，从小学到现在你好多课都忘记了，哪节课你能记住？比如说，哪一天有哪个老师把你拧了一下，因为你生命有了体验了，你终生难忘。"所以过去教师上课拿着戒尺，听不听，不听就敲两下，"疼了"就难忘了。"生活性"就是举例子和生活密切相关的，就会对学生未来的发展有好处，就可以生成新的东西，也就是心理学里面讲到的"学习的迁移"，学的知识可以迁移到别的地方去，这就成了"生成性"。所以可以看到我们在高师也在贯彻这三大革命：生命性、生成性、生活性。

理解了这些观念，就会把它渗透、应用到不同的教学活动中，乃至应用到不同学科的教学中。

李　浥：新课程标准从出台到今天已经有十多年的时间了，您现在对高等师范院校相关专业的从事者，这些年轻教师有什么寄语和要求？

李东风：我曾经做过一个"高师美术教育应对基础美术教育的措施"的课题，在课题中提出：一要进行高师美术教育功能的调整。我国高师美术教育一直以来有一种倾向，所培养的学生在专业方面向美术院校靠近，而在职业培养方面离师范性质较远。当社会发展对美术教师要求不断提高时，如，美术课程标准中的教学目标产生了根本性的变化，过去大纲的要求是以传授美术基础知识和基本技能为主要目标，而新课程标准的要求是：了解基本美术语言的表达方式和方法，表达自己的情感和思想，美化环境与生活；在美术学习过程中激发创造精神，发展美术实践能力，形成基本的美术素养，陶冶高尚的审美情操，完善人格。通过对比，我们不难理解，对美术教师基本素质的要求也应产生变化。新一轮的基础教育改革要求高等师范学生有一定的综合素质，有职前的师范技能的培养和训练，当然，这种技能不单单指计算机手段的使用和对教育学、心理学的学习。要求师范生进入基础教育领域就能直接胜任美术教师这一职业。高师美术教育和基础美术教育应进行功能的整合和转型，为高师美术教师的专业化拓展空间、提供舞台。

首先，应实现美术教师教育体系一体化。其次，要进行高师美术教育的职责调整。高师美术教育工作者应深入了解和积极参与基础美术教育改革实践，与中小学教育实践工作者真诚合作、平等对话、相互促进，用教育实践的源头活水来丰富和发展教育理论。在此基础上，着力进行美术教育学科的课程改革，加强学科教育学和教学策略等应用性课程的开发建设，培养师范生和教师与基础教育改革相适应的角色意识、教育理念及相应的教学方式、策略和能力。再就是确立高师美术教育应对基础美术教育的措施。如，加速高师美术教育师资队伍的建设，根据基础教育的需要，积极改革美术师范教育，提高办学效益；积极开展美术教育科学研究，进行学校美术教育和教学的改革实验；合理调整美术师范教育的层次和规模等措施。

我也写过高师如何应对基础美术教育的一些文章，专门来探讨高师如何应对基础美术教育。基本上我们从教育学的规律来看，要应对的首先是师资的培训，没有教师是没法去培训的。其次是课程的设置，然后是教学方法的改革、课程资源的开发，还有就是课程评价，这五个方面是缺一不可的。

师范教育向来被誉为“群学之基”“教师摇篮”，但从产生起就一直受到教育理论与教育实践脱离、学与用脱节的困扰。师范生和教师在师范院校或在职培训中系统学习的教育理论到实践中往往运用不灵、操作乏术，面临严峻的“生存危机”和现实冲突。教育专业课程常常是减之又减，成为师范教育的象征性点缀；教师理论工作者与实践工作者也因此而相互隔膜和疏离。这样的现象在美术教育中更为严重，学生往往把自己看成是未来的画家，而不是美术教育工作者。这严重降低了高师美术教育在教师专业化中的应有作用，使教育理论课程总是处于“重头不重脚”的境地。从课程设置方面就显得尤为欠缺，更谈不上适应基础教育课程改革的课程资源开发和评价了。

高师美术教育总是通过具体的美术技法、日常的课堂教学和教师系统传授，使学生从中直接获得一套指导教育实践的原理知识和操作技术，教育实习被作为这种理论学习和技能训练的检验和应用环节。这使学生和教师在师范院校和在职培训中获得的只是有关教育的系统、正规和概括化的显性知识而相应的缄默知识严重匮缺。相反，熟练教师尤其是专家教师的专业行为凭借的，并不是那些可以直接告知和获得的显性知识，而恰恰是在教育实践中运用教育原理和策略知识进行反思和探究，所形成的“实践性知识”。如教师的写生、创造等实践活动中所传达的艺术观察方法、艺术想象能力、艺术创造能力等，并不具有很高的概括性、公共性和普适性，多是一种个体性、可意会而难以言传的缄默知识。对缄默知识和主体性实践的关注预示着教师养成方式将发生结构重心的移易。即在充分发挥高师教育主导作用的同时，凸现教育实践环节和教育实践工作者在养成上不可替代和忽缺的重要功能，进而在高师美术教育与基础美术教育之间形成一种伙伴合作关系，为师范生和教师的主体性实践创造条件、搭建桥梁。对高师课程的评价应适当倾向于是否适应基础美术教育，能否胜任教育美术教育工作。

高师美术教育怎么样具体地应对基础美术教育，或者是如何倡导我们的青年教师能够真正和基础美术教育结合起来。我认为首先应该是每个新进的教师，研究一下基础课程的标准和国家课程标准在讲什么，集中进行学习、探索和了解。其次是教师可以每隔一年或者半年到中小学校中进行实习或支教，亲临一线，了解基础教育和我们之间的关系是什么。还有从观念上来讲，高师的教师的主要身份是培养未来教师，我们要在美术教育学上面下些功夫，了解一下基本的美术教育思想，这个是很重要的，要不我们就会陷入单一技法教学里面。我们对教师的培养首先要培养教师对基础教育改革的认识，我们要认识到基础教育和未来的国家文化的发展和美术教育的前景之间的方向。再一个就是，年轻教师的知识的结构体系里面要包含美术教育学和教学法这个层面的一些知识。

还有就是我们的教师现在的这个生存状态是什么，高师基本上绝大部分美术教师是以绘画和设计为主的，我们这个职业生存发展的空缺，很重要的是所教授的美术专业课程和自己未来长久的研究关系，这就造成在高师里面所生存的空间就是专一的限制到某一个课程或者某一个课程群里面。我们教学的生活和基础教育，和基础教育倡导的教师是学生学习的指导者，教师是课程标准的研究者，教师是课程标准的实践者、探索者，教师同时在课程标准的贯彻和落实中获得了益处。当然我们高师教师的生存状态，往往反映在教学的工作关系上，和我们生存的关系不是很大，我们没有认识到，我们的生存状态其实更多和国家的发展、教育的改革息息相关，甚至可以说是终身发展和职业规划是完全一致的。

再一个就是教师合作文化的建立，在基础教育课程改革中，课程的综合是其中亮点之一，例如，在九年义务教育七年级湘版《美术》教材下册有《门》这一课，属于“综合·探索”领域的内容。在教学中首先要了解有关“门”的各种资料，这“门”拓展开来看，有有形之门，也有无形之门。如，“敲响命运之门”就该了解一下贝多芬的命运交响曲，这就涉及音乐的问题。再要拓展到“门风”“门第”等又涉及更深的传统文化问题。把“门”的文化内涵延展开来与宗教、科学、历史、地理等学科也有联系。由这个例子就能看到综合探索模块所要掌握或了解的知识范围更宽，需要有合作意识才能完成。这种跨域的课程开发，和另外一个教师进行合作，那么我们高师过去研究的时候团队提的很少，科研团队是近两年的事，在提团队之前我们根本没有合作意识和合作精神，在基础教育改革以后进行，形成高师美术教师队伍的一种团队合作文化，我们在教育教学活动和自己生存状态里面要有合作的意识和合作精神，最后把合作形成一种常规性的东西，形成一种真正的高师美术教育的合作文化。

总之，在高师从事美术教育的青年教师应关注基础教育，立足本职工作，拓展研究途径，全面提高自己的专业素质，将学科素养和人文素质结合起来，做一个优秀的高师美术教育工作者。

李　浥：您的讲述和阐释让我们深入了解基础课程改革对高师的影响，对高师的教研、教师培训等各方面提供了一个清晰的答案。谢谢您！

房尚昆

受 访 者：房尚昆，中学高级教师（教授级）、中学特级教师，教育部首批“国培计划”美术学科专家和教育部高中美术新课程远程培训专家团队核心成员，人民美术出版社、人民教育出版社、湖南出版控股集团特聘美术实验教材培训主讲专家，《中国中小学美术》杂志社编委；广东省基础教育指导委员会专家组成员，广东省学校艺术教育指导委员会委员，广东省教学水平评估专家组成员，广东省首批中小学教师工作室主持人；深圳市美术学科带头人。

访谈提要：访谈话题从2004年教育部在广州华泰宾馆召开的“普通高中新课程实验改革会议”谈起，围绕高中美术课程改革十年来的变化，通过对深圳中学美术课堂教学等具体案例的以点带面的叙述，总结归纳出学校美术教育在教育观念、课堂构成、师资队伍、教学模式以及教学行为等方面的五大变化，从理论和实践上肯定了课程改革的意义，同时对存在的问题也实事求是地提出了看法，对未来美术教育的发展进行了理想而现实的展望。

采 访 者：李于昆，广东外语外贸大学艺术学院院长，教授。

访谈地点：广州华泰宾馆

访谈时间：2014年9月8日

一路走来话课改

房尚昆访谈

李于昆：房老师好！十年前教育部正是在这里举行了“普通高中课程改革实验工作会议”，向全国公布了普通高中新课程改革方案，拉开了全国普通高中课程改革序幕。十年后，我们再次相聚此地，在这个场景中回顾十年高中课改显得特别有意义。在这场课改中您作为高中课程改革的亲历者与见证人，我们在这里一起聊聊这个话题，听听您的想法。

房尚昆：十年前，我有幸在这里参加了教育部关于《全国普通高中课程改革方案》的公布与座谈会，当我第一次看到这个新课程改革方案很激动也很感动。国家对普通高中美术课程的认可与课时调整等，让我看到了艺术教育的希

李于昆在广州华泰宾馆访谈房尚昆，2014年9月8日。

望。当时我在会场想了很多，也坚定了进一步改革的信念。十年的课程改革我作为经历者、参与者与实践者，一路走来，百感交集，我高兴地看到一个全新的、充满活力的教育理念和教育方式已发生了前所未有的改变。我国中小学课程改革不只是简单地对旧有教育模式的扬弃，而是一次推动我国现代化建设和社会未来发展，具有战略意义的重大决策。

十年来我国中小学美术课程的改革也随着国家新课程改革的浪潮发生着巨大的变化，新课程改革给我们中小学美术学科从教育理念、美术课堂构成与美术教师教育理念等带来了转变与突破。它将引导我们重新认识美术课程的教学价值和重要的育人功能。

在中小学美术课程的改革浪潮中，为了适应教育的改革与变化，我们的美术教师不断进行着自我教育观念的更新和学科知识的扩充，不断进行着新教学方法的研究与现代教学手段的灵活运用。同时，我们的学生在课程改革中，通过教师的引导不断地改变着自己的学习方式，力求自主发展和自觉培养创新精神，不断增强适应社会未来发展要求的必备品格、知识、能力以及综合素质。

李于昆：深圳中学2002年就率先在全国进行美术课程改革，记得尹少淳老师还为你们出版的第一套展示高中美术课程模块成果的画册作序，肯定了你们的改革实验，也期待你们不断创造更多成绩，成为全国美术课改的领头羊与排头兵。您能谈谈当时的想法与做法吗？

房尚昆：2002年我校新到任的王铮校长在学校组织进行了如何开展教学改革的大讨论，学校要开展的实验改革给了我一个实现在内地做美术教研员时就怀有的那种美术教育梦想的机会，我在学校大会上向学校领导提出了自己的艺术教育改革主张与设想，我提议由于艺术教育没有高考的包袱，能否胆子更大、步子更快，让我们先行进行改革实验。我当时提出了学校艺术课程改革设想，就是将学校艺术课堂教学方式改变成为“导师指导下的艺术工作室制”的模式，我们打破原有班级制，提供更多模块让学生来选择他们喜欢的艺术课

房尚昆与深圳中学高中部的学生在美术工作室。2007年。

程，通过让学生自主选课，以“走课制”进行课堂教学等方式学习艺术课程，方案得到了王校长的肯定与支持。我们所进行的教学模式以及所取得的成果与后来2004年国家公布的新课程实验方案以及美术课程标准设计的模块不谋而合，被尹老师称之为“一拍即合，皆大欢喜”。

为了及时推广深圳中学的美术教学模式，肯定深圳中学在美术课程改革中的有效探索，国家美术课程标准研制组2005年5月在深圳中学召开了“全国普通高中美术新课程改革实验现场研讨会”。来自全国各地的300多位专家和美术教师一起观摩深圳中学的课堂教学，参观艺术工作室，对深圳中学美术教学改革所取得的成就以及课程改革给予了充分肯定。《中国教育报》为此撰文予以介绍和宣传。此次会议是全国实施新课程以来第一次学科新课程研讨会，这个会议及其成果在全国范围内产生了一定影响。这些年我们接待了数以万计全国各地的领导、美术教师的参观学习，大家戏称深圳中学艺术教育是全国的“一面红旗”。

深圳中学“画室制”美术课堂教学。2009年。

李于昆：感谢你们为高中美术课改所做出的探索与努力。您觉得十年来美术课程的改革给我们带来的最大变化是哪些？

房尚昆：我的体会有五大变化。首先是美术学科本体回归，课程价值重新被人所重视。就高中美术课程改革来讲，2003年3月教育部颁发的《普通高中课程方案（实验）》中，首次确定了“艺术”作为学校课程体系中的八大学习领域之一，使其在课程改革中扮演着重要的角色，美术教育在这轮课程改革中经历了一次难得的发展“机遇”，有了“华丽”转变。同时颁布的《普通高中美术课程标准（实验）》对课程目标的意义与作用，以及实施方式等进行了全面阐述。美术课程标准中提出的课程理念：拓宽美术视野，尊重世界多元文化；强调创新精神，培养解决问题的能力；体现基础性、多样性和选择性，满足发展的需要。对于我们认识美术课程的性质与课程的价值以及美术教育在新时期发展方向与追寻目标都具有深刻的意义。

其次，美术课堂构成的改变，教学创新成为教师的新追求，在课堂教学模式、方法、生成上做了很多有意义的探索，在实践中我们感悟到了新课程给我们美术教学带来的可喜变化。新课程的教学理念始终强调：课堂不是教师表演的舞台，而是师生之间交往、互动的舞台；课堂不是对学生进行训练的场所，而是引导学生发展的场所；课堂不只是传授知识的场所，而且更应该是探究知识的场所；课堂不是教师教学行为模式化运作的场所，而是教师教育智慧充分展现的场所。课程的改革最后归集到一点就是我们的课堂。课堂里美术教学方法的选择应该根据教学内容、教学对象、教学资源来确定。我国现有的美术课堂教学模式发生着很大的改变，目前美术课堂教学基本形态大致有三种：

一、导师指导下的美术工作室制的教学模式（如深圳中学、中山一中、北京第十九中学等）。导师指导下的美术工作室制是以教师的专业能力与特长为核心而建立的美术模块教学模式。学生通过选课与走课方式来学习美术课程，教师与教室是固定的，美术教室中教学设施配备合理、专业。美术教师在这种模式下能进行专业性比较强的学科教学，学生能比较感兴趣地深入学习美术技能，因而学生在课堂中表现出很高的学习热情，实践证明这种模式能取得显著有效的教学效果。

二、固定专业美术教室的教学模式（这是目前比较多的学校普遍选择的一种模式）。这种模式是学校根据自己的教学条件以及相关文件的要求，相对固定美术专业教室，教室中教学设施比较完善。在课堂教学中，美术教师可以根据不同课时几人共用一间专业教室，学生一般按照行政班来学习美术课程，教师能比较顺畅地进行专业教学，学生美术技能学习也相对方便。这种教学模式保证了美术课程能有效地实施，能取得较好的教学效果。

三、以普通文化课教室为场所的教学模式（一些边远地区和条件较差的学校所选用的美术教学模式）。以普通文化课教室为场所实施美术教学是一些学校由于条件限制没有建立专业美术教室，美术课基本上与文化课一样，教师走进普通行政班教室上课。这种模式在一些经济条件差，校长对美术教育意义认识水平较低的学校中普遍存在。在这种模式下教师完成教学任务比较艰难，很多美术内容不能有效开展，学生学习效果也比较差。美术教师往往也因教学材料、教学场地的限制而有选择地进行美术课程学习，美术课程标准与模块教学要求难以实现。

房尚昆和外国来访校长在深圳中学。2010年。

美术教育需要一定的教学条件辅助，一个好的美术教育环境对美术课程的学习以及课程价值的实现具有重要作用。应该说在国家课程改革过程中，我们的美术教育有了很大的发展机会，因此，在一些有远见卓识的领导支持下，在一些有智慧的美术教师努力下，我们的美术教学条件在新课程的改革实践中得到了一定的改善，很多学校倾注一定投资，让学校美术教学环境成为学校一道令人羡慕的风景线。应该说，在全国各地几乎每个经济条件较好的城市中都有美术教学条件非常优越的学校。但是，全国的美术教育发展是非常不平衡的，我们很多地方的美术学习环境还处于相当落后的地步，近期教育部将要颁布的艺术教学设备配置的基本要求会进一步促进我们美术教学条件的改善，我们充满着期待。

李于昆：十年间，我们美术课堂确实发生着很大的改变，教学创新也逐渐成为美术教师的新追求。

房尚昆：是的。第三个变化就是美术教师队伍的重构，自觉成长成为教师的新行为。美术教师是实现课程改革的核心，关注教师成长是课程改革关键，教师队伍的构成，教学思想、教学能力与专业能力水平决定着我们的教学质量。实施新课程以来，各级教育行政部门开展了如“国培计划”“强师工程”“教师全员职务培训”“远程培训”等多途径多方式多时段的教师专业培训。通过这种多形式的美术培训与继续教育的再学习，很多美术教师从思想观念上、教学技能上有了质的转变与提高，具备一专多能，有效适应美术新课程多模块的教学要求。同时，教师队伍也形成了多样化梯度性变化。我们欣喜地看到全国各地涌现出一大批有追求、有成就的美术教师，他们成为课改的践行者、探索者与创新者。

在课改十年后的今天我们认真分析美术教师队伍的现状，我认为目前我们的美术教师可分为能教书、教好书、教活书三种类型。

第一类是能教书（生存型）。这类教师只是知识的搬运工，他们具有一般教师职业的基本能力和专业水平，能按照学校教学要求与教学基本规律，进行美术技能的传授，基本完成教学任务。这类教师属于生存型美术教师，生存是他们工作的主要目标。第二类是能教好书（享受型）。这类教师具有一定教师职业精神和专业技能，他们享受教师职业的快乐，有教学思想，有教学热情，他们努力钻研教材，教学有想法，很生动，教学效果好，在一定的框架下能努力和出色地完成教学任务。第三类是教活书（发展型）。这类教师具有探索精神，已经形成自己较独特而成熟的教学思想、教学理念和教学风格，他们专业知识扎实，对国内外美术教育及其课程价值有比较深入的研究与理解，他们的课堂教学生动鲜活，驾驭能力特别强，教学中对学生不只是关注技能的学习，而是始终贯穿对学生一种思想、意识、创新能力的培养，他的课堂能充分体现美术课程价值，这类教师已经成为我们的主流队伍。在十年的课程改革中，产生出一大批优秀的美术教师，这些教师具有爱岗敬业的精神，不断创新的职业素养，乐于探索的教育智慧。

在我的长期观察中，我认为一个优秀教师的成长一般需要经历这样的过程：1. 好教师是悟出来的。教师成长需要时间与感悟，需要有一定知识积累与文化修养。教师综合能力与素养的增长，必须要通过赛课、反思、培训与读书等过程来体验与感悟，这是一个自觉行为，只有经历这样的过程你才能不断提高自己、塑造自己。2. 好教师是磨出来的。美术教师要从一个普通的教师成长为一个优秀的教师，需要有一个阶段的打磨过程，“只要功夫深，铁棒磨成针”，你只有“业精于勤”地研究，勤于实践与探索才能提高自己。几乎所有的优秀的美术教师都具有独立的人格魅力和个性特征，他们始终善于思考，不断努力探索，励精图治，他们用心地在各类活动中努力进行专业与职业的提升。没有长期磨炼与积累，没有勇于参与就不能让自己铸就成一个优秀的教师。3. 好教师是累出来的。优秀教师的成长需要有一定时间进行自我修炼与提高，他必须要关注自己的教学能力与专业素养的综合提高。他还必须为自己创造一定的情境，去思考与实践，因此，他需要付出比别人更多的精力。一个优秀的美术教师如果没有坚持长时间的修炼是难以“得道成仙”“修成正果”的。作为优秀的美术教师他一定是勤于工作、善于思考的人，一定是一个具有智慧的人，是一个舍得花时间去经营的人。他们一般都比较辛苦与勤劳。

优秀的教师一定会智慧地选择，他们善于反思，善于学习，善于总结。他们会调整自己的教学方式，捕捉自己的闪光点与教学感觉。同时，他们具有付出的准备和付出的勇气，他们在课堂中享受着职业的乐趣与幸福感。

李于昆：非常赞赏您的观点与分析，在我看来这也是您自己的亲身体会。

房尚昆：谢谢。第四个变化是美术教学内容的多元化。课程改革以来，教学内容本着时代性、基础性与选择性等发生很大变化，教材有了更加适应性与多元性的改变。目前全国各地在国家“一纲多本”政策下，全国中小学美术教材的编写形成了既遵循核心要求又各具地方特色的景象。同时，校本教材也脱颖而出。中小学校和美术教师在教学内容选择上最基本方式有三种：1．以教材为核心的学校美术课程模式；2．以教材为重心，以校本教材为辅助的美术课程模式；3．以教师个人专业、能力为核心，自行选择美术教学内容的学校美术课程模式。

以教材为核心的学校美术课程模式。这种教学模式是学校严格而规范地按照教材所规定的教学内容与课程节次的顺序来进行美术教学。目前，国家有审定通过的九年义务教育阶段的美术教材。人教社、人美社、湖南出版集团、山东与广东教育出版社等都相继编写了普通高中美术教材，这些教材被各地普通高中学生所选用。课改新编教材与原教材相比，发生了较大的变化。重新审视了教科书在课程变革中的重要作用。以教材为核心是全国大多数中小学美术课程教学的选择，它对教学质量的管控，美术教学任务的实现有着重要的作用。

以教材为重心，以校本教材为辅助的学校美术课程模式。这种教学模式被很多学校和美术教师所采用，其教学内容能灵活安排，也能有效地结合当地民间资源，让教师有一定的选择与发挥空间，同时也增强了学生学习的乐趣。这种教学模式需要美术教师对教学内容与教学方式有正确的选择，处理得法，也需要教师对地方美术资源有深入了解与研究。

以教师个人专业、能力为中心，自行选择美术教学内容的学校美术课程模式。这种教学模式是教师根据自身专业特长以及当地美术资源的特征而选择的一种美术教学模式。这种模式的教学内容选择要符合课程标准的要求，也需要教师对课程标准有深刻理解，还需要教师有一定专业能力，具有教学内容组织与编排的能力以及责任感。

无论怎样选择教学内容，我们都应该认真贯彻课程标准对教学内容提出的要求，即：以个人或集体合作的方式参与美术学习活动，进一步学习美术知识与技能，运用直觉、想象、思维以及美术的方法进行艺术创造活动，探索表现技巧；学会分析、评价美术作品及美术现象，形成健康的审美情趣和审美观念；理解美术与其他学科之间的联系，并将美术语言运用于研究性学习之中；养成对美术终身爱好的情感，提高美术素养，热爱祖国优秀的文化，尊重世界多元文化。

美术教学内容的多元性，对于更好地实现美术学科的价值，充分发挥教师的创造性，形成有美术特色的学校多元美术教育体系具有一定的意义。美术学科从某种意义上来说应该更具探索性与实验性，我们应该敢于创新，乐于探索，我们就能找到顺应时代要求、实现学科价值的最好的教学内容与途径。

李于昆：对美术教学内容的变化，您进行了归纳、总结，其实也表明脱离教学内容的课堂改革是没有意义的改革。

房尚昆：对。第五个变化是美术教学方法的改革，以人为本激发潜能求创新。教学方法是教师和学生为了实现共同的教学目标和教学任务，在教学过程中运用的方式与手段的总称。课程改革对教学方法的要求更为灵活与严格，课程改革倡导我们的教师在教学中运用系统论和因材施教的原则来选用教学方法，力求使教学过程得以最优化，实现教学的有效性与最佳整体功能的开发，使每个学生都能得到关注与尊重，潜力能得到激发，让学生有所选择地实现自主发展。新课程改革以来，我们的课堂在教学方法的探索中取得了前所未有的变化，各种尊重学生发展规律、促进学生全面发展、因材施教的教学方式在实践的探索中不断被创造与实现。仅就普通高中美术鉴赏教学为例，全国各地的美术教师就创造出很多有意义而富有个性的教学方法。在新课程教学理念的引导下，我们广大教师在美术鉴赏课程的教学实践中根据各地教学实际情况，进行了大胆的课程改革和有效的教学尝试，美术鉴赏课程教学呈现出百花齐放、百家争鸣的教学景象。美术鉴赏目前可以分为两类教学模式：第一，以知识传授为主的传统模式讲述法学习模式；第二，以学生为中心进行自主合作探究性的学习模式。

美术教学方法的选择是多元的。什么是好课与成功的课？我们把中国课堂与西方一些国家的课堂进行比较，就会发现最大的差异在于我们的教学是不遗余力地把设定目标、完成目标作为我们的唯一核心，我们的一些课堂太在乎一节课的完整性。而西方美术课堂，我觉得值得我们赞赏与借鉴的是，不预设结果，他们重视对问题的探索与解答。他们一节课往往是带着问题来，在讨论与实践中让学生去解决问题，同时，还让课堂又不断生成新的问题。我们的一些教师一直让自己生活在一个巨大的阴影中——就是师承。师承不是最好的教学方式，师承其实存在着很多弊端，师承与创新结合，与时俱进地进行教学方法的研究，才能使我们的教学更具个性，更加鲜活。希望我们的课堂是引导学生“会学”而不是简单地“学会”的课堂。希望我们的课堂是有个性、有探索的课堂。

李于昆：您对十年新课改的美术教育，尤其是高中美术课程所发生的变化做了深入的分析与思考，您所进行的教育教学实践探索取得了很多成绩，博得了大家的赞许。新课程改革进程不是一帆风顺的，也遇到了一定的困难与阻碍，需要解决的问题还很多。您认为课改中美术教育面临的最大困难是什么？

房尚昆：我们也发现其中存在的一些问题，需要及时给予解决，主要体现在：1．新课程方案的制定在某些地方脱离了我国的现存教育实际。新课程改革强调课程的时代性、基础性与选择性，强调师生双方的互动性、合作性、创造性、探究性及现代化教学媒体对教学的支持。这能在一定程度上改变我国传统课程的不足，有利于促进素质教育的顺利开展。但是，我国是一个教育发展极度不平衡的大国，某些落后地区现代化教学媒体、实验设备的缺乏，难以完成新课程规定的要求，一些美术模块教学活动因受到当地客观条件的限制也难以开展。2．一些学校的领导没有真正解放思想，深刻认识课改的意义，在高考的压力下，学校领导对于艺术课程的存在价值还是认识不足，多数学校不能保证开齐、开足美术课程，学校的美术课程还是处于可有可无的状态。3．新课程改革使得一些美术教师无所适从，难以适应。由于部分教师的知识储备不足，认识不到位，他们的专业精神、专业知识、专业技能还不能有效应对新课程，这使得教师难以把握新课程的内涵和外延，产生迷惑，难以适应。存在着“穿新鞋走老路”的局面，很多学校的美术课堂教学模式单一，缺乏创新与探索精神，新课程要求以及新的教学理念得不到真正有效的贯彻执行。4. 如何科学确定美术教学内容尚需进一步探讨。我国地域辽阔，艺术形式与内容具有很强的地方性，建议要制定好规定动作与自选动作相结合的美术教学内容体系，切实解决好美术课堂里的“教什么”与“怎么教”的问题。新课程改革是一个系统工程，需要勇气也需要智慧，还需要齐心发力，“欲速则不达”，这些都值得我们思考。

李于昆：美术课程改革将伴随着国家和社会的变革、时代的步伐而进步、发展。最后，想听听您对美术课程改革目标的预期。

房尚昆：我们未来的美术教育应该如何追求与发展？值得思考。艺术教育的根本目的是让所有的学生均能感受美的存在，欣赏美的魅力，同时要让艺术真正内化为学生的情感、气质与境界，从而促使每一名学生不断提高审美情趣，学会创造美。我认为，作为一所学校艺术教育的发展应该进行具有个性和前瞻性的设计，有充满活力的美术教育体系，形成具有中国美术教育特色与个性的学校创新型教学模式。应该有一支具有结构层次化、专业合理化、发展可持续化的艺术教师团队。还应该完善教学条件，建设具有前瞻性、条件比较优越、功能完备的美术功能室，满足于学生美术创新性的课程教学与美术专业多方面发展的、有特色的学科教学场所。最后应该注重提升校园审美建设和校园文化建设，拓展美术教育新领域，探索美术人才培养新途径，不断提升美术教师的个人专业水平和教学能力，学校的美术教育与活动能体现一切为了学生发展，一切为学生需要。让学生学会毕生能用美术素养与能力服务于社会、服务于家庭、服务于个人。让每一位学生人格健全、文质兼美、艺术生活。

美术教育发展到今天，以国际文化视野看待美术教育，我以为未来的美术

房尚昆在新疆师范大学国培讲课课间和新疆老师起舞，2013年11月。

课堂应该有新高度的追求，这种追求概括起来，我以为应该是作业作品化、课堂作坊化、教学师徒化、模式多样化、课程学术化、活动课堂化的新型的教学模式，让美术教育发挥其真正的课程价值，实现育人功能。

我有着自己的理想与追求，有着自己的美术教育的情怀，这就是：我要在我的舞台上承载着教育者的责任，实现美术学科的课程价值以及它深层次的作用，我要让我的学生在我有效的教育下一生能有情感、有好习惯地在审美中生活。我要为美术学科寻找它的意义与作用。同时，要让美术学科和美术教师能有尊严地在学校中存在与发展。

回顾十年课改，我们一路走来，思绪万千！新课改让我成长，新课改让我改变。我坚信未来美术教育的发展将在我们美术教师与时俱进的努力探索与创新中，取得更加丰硕的成果。我们的美术教师一定能以高度的责任感与创新精神，让美术学科之花绽放出更加鲜艳的花朵，美术教育的明天会更加美好！

李于昆：在我们的交流中，我能感觉到您作为一个一线美术教师对美术新课程改革有自己的思考与独到的认识，也能感到您的用心与责任感、使命感，也非常敬佩您在新课程改革中的勇气与奉献。谢谢您！

白彬华

受 访 者：白彬华，女，北京市特级教师，北京市西城区原美术教研员，中国书法家协会会员，北京书法家协会青少年工作委员会副主任，人民美术出版社《美术》教材副主编，北京市美术教育研究会常务理事。

访谈提要：美术教研员是思想播种者，教研“助推器”，专业引路人。作为一名教研员在新课程改革中坚守本职工作，通过专业引领和积极培养骨干教师等，有效开展教育教学活动，成就教师的教育理想，诠释着教研员的职能和理想。

采 访 者：李于昆，广东外语外贸大学艺术学院院长，教授。

李健军，广东岭南美术出版社社长。

访谈地点：北京市西城区教育研修学院

访谈时间：2013年8月11日

我做教研员的体会

白彬华访谈

李健军：*白老师，您作为教研员是如何带领一线教师开展新课程改革活动的？*

白彬华：课改十多年了，从《美术课程标准（实验稿）》颁布的时候，大家对于课标的理解还是比较粗浅的。我做教研员推进课标是下了一番功夫。比如说三个维度，那时第一版还没把三个维度写入课标，但新的理念强调要把握好三个维度，老师们一开始对三个维度的理解是认识不足的。

我到兰州去进行教材培训，现场互动说到三个维度，老师们说40分钟的课堂要搞知识技能，要过程方法，还要情感、态度、价值观，我们忙不过来。这代表当时很多一线老师的想法，实际上对于三个维度怎样有机整合是不理解的。

新课标提倡从过去的讲授式到多样的教学方式，比如合作、探究、体验等等。怎样体现在课堂教学中？当时有一些老师就提出来是不是不要讲了，就光是体验探究了，怎样给它有机整合在一起呢？老师还是有一些误区。其实有一些老师从低年级开始就一起进行合作、探究，但是一节课毕竟是有限的，用了那么多时间去合作、去探究，可能就影响实际教学进度，也有一些在合作、探究的时候，比如说在半分钟的时间提出了三个问题，给学生半分钟的时间小组合作、探究，实际上都流于形式了。

现在课改已经十多年了，我觉得老师们的观念已经转变。十年之后我们再来看课堂，老师在一些课堂教学方式上会更加灵活，有机整合得更好。我们确实也看到了老师们通过设计合作，探究问题，在教学中确实有了一些效果。

同时从教学方法上老师们也比较灵活，因为方式与方法本身还不是一个概念。比如说从现在的课堂上引导学生进行对比，给学生一些体验空间，让学生观察、感悟，如一些游戏法、观察法、体验法等。现在这些新的教学方法，特别是与信息技术的整合，与十多年前相比，在课堂教学当中确实起到很大效果，有很大作用。

现在课件比过去发挥更大作用，老师们经常利用课件教学。比如说需要观察植物的叶子，它的这种前后关系，不同的角度可以再做一些处理，有的是正面，有的是侧面，有的是不同角度的引导。如此引导就是视觉传达，视觉传达更有效，更有导向性，现在信息技术拓宽了教材资源，对教学资源的进一步开发，在课堂教学当中能够起到一些作用。

最近几年不仅仅是课件，还有视频都进入课堂。我们要体现文化的学习，比如先给他们创造一个情境，让他们观察和体验，这是以前的教材不具备的。老师利用这样一些视觉影像引导学生观察和理解。

李于昆：教研员是中国教育行政管理中的一个特色职位，在其他国家似乎没有。通常教研员既代表教育行政部门行使贯彻国家教育方针、政策等，又要帮助、指导老师们去进行教学教研。您在工作中是如何开展工作的，担任这个角色有什么困惑？

白彬华：教研员确实是中国特色。有一次美国一个大学的教授来到我们单位交流考察，他觉得教研员的作用非常之大，他了解到我们这里有这样一个机构，有这样的教研员，应该说在课堂教学当中，在引领教师方面确实很有作用。他有一次就跟我们说你们这是怎样一个工作方式？他觉得在美国应该也有这样一个机构。所以说这是中国特色。

访谈现场左起：李健军、白彬华、李于昆。2013年8月，北京。

我觉得教研员在学科教学当中确实起到了很大作用。从课改来说，教研员在这里面首先应该是教师指导者。为什么？正常情况下，教研员是学在、走在老师们的前面。课改初期老师们对于课标理解不够，甚至有的老师没有认真研读课标，只是听一听，随意看一看，看和研读还不是一个概念。说实在的现在老师们负担也很重，特别像我们北京，美术老师几乎每周都有二十多节课，而且还要搞一些课后管理班，还要在学校做美工以及很多其他事情，还要搞科研，不管什么水平的老师都要搞科研，搞课题，带课题，研究课题。

后来我就想，其实你说必须都要这样吗？但这就是学校要求，还要比赛，各式各样的比赛，老师比赛，学生比赛。学生比赛有时候一个月有三四个比赛，有时候10—11月这个阶段会有三四个比赛，所以老师们的压力很大。不是老师们不愿意学习，老师也有家，还要照顾孩子，照顾老人，我们要客观理解老师。你真正要让老师认真研读，可能对于有一些老师来说很难，作为教研员你的职责就是这个。我不客气地说，像一些大专家，他研究高层次理论，老师们是实践经验，如何把老师的实践经验与专家之间架一个桥梁，教研员就起到桥梁的作用，有时候那种纯理论的报告，老师们是不大爱听的。

当然，这也要具体分析。一是有时候他可能听不懂，二是专家讲的可能离教学比较远，一线老师觉得不实际，回去用不上。但是有水平的教研员的讲座，老师们非常欢迎。我给北京市老师们讲座，我虽然是西城区的教研员，但特别受欢迎，为什么？我觉得教研员就是把专家研究的理论和老师的一些经验有机整合在一起，理论和实践融合在一起，架一个桥梁，老师们就容易理解。你光说理论，比如讲建构主义理论，说抛锚式、支架式，大家不懂，可能就睡着了：什么建构不建构，这跟我上课有什么关系？但你把建构主义理论怎么以学生为中心来建构，就像我们盖大楼建脚手架一样，你形象化了，再举一些例子，教研员深入浅出地分析一下，这个理论支撑在课堂教学当中体现出这种支架式、抛锚式，老师们就明白了。

您刚才说教研员起到什么作用，我觉得应该就是起到这样的作用，但实际上对教研员客观上要求比较高，教研员的水平影响老师们的教学水平，好的教研员一定是能力很强，有一定理论水平而且又有实践经验，能够指导一线老师。

但有一些区的教学真的不行。真的不行有几种情况，有一些属于教研员精力在别处。比如说他喜欢画画，他主要精力就是画画，人家觉得搞教研是耽误时间；有的他喜欢书法，重点搞书法去了，教研员这个工作差不多就可以了。因为人的精力有限，他不愿意在这上面投入那么多精力，这也是一种情况。但是有一些是属于研究得不够，或者把精力用在其他方面了，肯定这个区整个课堂呈现的教学质量是受影响的。

所以说对教研员的要求应该是更高的，教研员应该不断去提升自己。我了解到全国各地的教研员基本上都有一线的实践经验；当然也有从大学、研究生毕业直接过来，这是最近几年的事情。但教研员怎么从理论上去提升，我觉得这也是一个很重要的课题。

现在从北京市来说也在抓教研员的提升问题，通过搞一些培训，带着教研员搞一些课题研究等。前一段时间研究了课堂教学的策略，研究后北京市搞了一个小学美术课堂教学实效性研究，编了一个册子，把研究成果呈现出来。我觉得教研员的提升实际上是需要多方面的，一个从教育理论层面提升，当然很多教研员是学过教育理论，比如说他从师范大学毕业，有一定的教育理论基础，但从现在来看不仅仅要了解教育学、心理学，还应该了解现在常常说的视觉传达，传播学的理论。

实际上现在的课堂教学是一种视觉传达，你用什么媒介去传达呢？如何引导学生，这需要认真研究，可能这是边缘学科，传播学是最近几年从国外影响过来的，现在有一些传媒专业是跨学科领域。但我认为这些对教研员指导课堂教学是有一些作用的，就像刚才我所说的，同样是PPT课件制作，你怎样传达给学生，需要认真研究，这里面要学习传播学理论。

此外，我们也应该不断去提升自己的美术专业理论和技能，虽然是小学、中学美术，但涵盖的内容很广泛。有一些东西确实需要教研员不断学习。比如说装置艺术，你对装置艺术有什么认识和了解，如何指导老师等。对于一些美术现象，国内外的都需要及时去了解、去捕捉。还有跟美术相关的跨学科知识等，只有具备相关知识才能去指导老师，教研员要不断学习这方面知识。我曾经看过有一些教研员没有这种专业背景，指导起来就很困难，只能说一些皮毛，教学和课堂组织等就很难深入指导。

如果你有坚实的美术学科专业背景，可能你指导起来就很深入。比如说指导老师的国画教学就需要专业支撑：比如说线描，怎么画；京剧人物怎么画；画京剧人物很难，小学五六年级就画京剧人物，还画水墨画，这线条怎么画。画不了，你怎么去指导？这些需要什么？需要自己的专业背景。

如果自己没有画过，不懂，你就很难深入去给老师一些比较有效的方法，教研员听一节课，说不行很容易，都会说。但这节课怎么改才能有实效性，怎么改课堂教学才有节奏，这可不是谁都能说的，你要有理论支撑，还要有专业背景。

一个好的教研员确实需要多方面的能力，多方面的素养，所以要求教研员要不断提升自身水平。

李于昆：北京领课程改革风气之先，身处北京西城区这样一个位置的教研员，在改革中有哪些特色、亮点跟我们分享？

白彬华：您客气了。西城区在北京市总体来说反映还不错，大家对西城区的美术教育都是充分肯定的，曾经北京市教委和西城区教委都在西城区搞过现场会。现场会什么概念我们都明白，就是宣传西城区美术教育方面的特色。

我们搞过骨干教师培养现场会，北京市教委和教研部门联合搞的，西城区也搞过。作为一个教研员你除了指导全区的课堂教学，还要培养一支骨干教师队伍，这也是教研员的职责，因为有了这样一支队伍，才能进一步推进全区的课堂教学，提升老师的整体水平。毕竟教研员的时间、精力有限，应该带起一支队伍来，在这方面我也做了一些努力。

同行觉得西城区的队伍很强。举一个例子，曾经在全国教学论文评选中，北京市有一年获得四个一等奖，西城区占三个；第二届又是论文评选，北京市这一次有两个，西城区就占两个；还有一次协会搞的活动，全北京可能就一个一等奖，也花落西城区。大约2000年，北京市举行教师基本功展示，实际上就是大赛，赛理论，赛专业，赛教学设计，赛讲课等。在一次比赛当中我们西城区选派了四个选手，获得四个一等奖。尽管这些只是从一个侧面反映了我们教师队伍的实力，但体现出骨干教师是有一定水平的。平时我比较注意引导这些骨干老师从理论上去学习提升，我觉得我的成长和我的学习是紧密联系在一起的，所以我要求这些老师们做一个不是经验型的教师，我提出来要做一个研究型的教师，同时给骨干教师提出要有特色意识，要往研究型教师发展。

提出要求后就引导他们学习。我每个学期都给他们一些建议，比如读书方面，我读了什么书，我觉得很好，就推荐给大家，大家也互相推荐。我读了尹少淳老师的《美术教育：理想与现实中的徜徉》，看完以后觉得很有意思，很有收获，因为一般来说教育理论层面的书读起来会枯燥些，但尹老师这本书写得很有意思，让你爱看，不单调，所以我推荐给他们，他们看完以后也很有收获。还有常锐伦先生写的一些美术教育方面的书，我读后很有收获，我也推荐给他们，包括艺术家写的一些书，当然和教学可能不完全吻合，但想要成为研究型的教师，想要提升自己的水平，提高自己的综合素养，我觉得应该广泛去涉猎。总之，每个学期推荐一些书籍让他们去学习。

在指导教师科研方面，我同样尽量给他们一些具体指导。比如说搞全国科协的教育规划课题，这是我带他们搞的第一个课题，一开始他们也不知道怎么做，也没有什么研究过程，写论文到网上东找西找，一拼凑就成为论文了。我带着这些老师搞研究，我们搞了几个课题，包括“创新性艺术教育的研究”“小学美术课堂教育实践能力培养”“教学策略的研究”等，充分利用网络、图书和课堂教学实践等各种渠道提高教师研究能力。在研究方法上，我们把课题分成一个个小课题、子课题，每个人承担一个子课题，然后进行研究。你找你的理论，你在课堂上进行实践，然后积累一些数据，对数据进行分析，再从研究过程当中进行提炼，提炼出一些模式、方法，然后再实践，在实践中检验。这样写出来的论文就和过去不一样。我们有一个小学老师，在两届论文比赛当中他都获得一等奖，北京市那么大的城市，那一年就只有两个一等奖，他就是其中一个，很难得。

为什么这位老师会获得这样的成绩呢？有一次媒体采访他，他说我过去根本不懂什么叫作科研课题，自从跟白老师搞课题研究以后逐步明白了。因为一线老师的研究重在解决教学当中的实际问题，他们的论文写完之后我真的是一字一句修改，包括他们得奖的论文有些反复帮助改三四遍。

在课堂教学研究方面，组织老师搞全区研究课，这是教研员都要搞的，我让他们在这里面也起到很大作用。比如说从备课开始，把握备课过程，然后试讲，然后让普通老师、骨干教师一齐参与研究，这一节课到底应该怎样上，我们一起研究，同时还给他们创造一些机会，如市里面的赛课以及各种比赛等。

教师的自我反思能力也值得关注。有一些老师哪怕头发都白了，但课上得仍然是一塌糊涂；有位老师马上要退休了，课还是上得糟糕，为什么？我觉得他就是缺少反思能力。比如说造型表现、设计应用这些课，学生作业就是一面镜子，学生作业不行，效果差，说明老师施教有问题。教得怎样，你要通过学生这面镜子照一照，到底你这节课问题出在哪里？难点没有解决，为什么没有解决？所以我通过这一次次的机会，和老师一起研究，让老师来反思，这样久而久之老师就不断提升了自己这方面的能力。

再一个就是这些骨干教师的水平提高了，我引导他们尽量让自己的教学形成一些特色。我们在区里面搞一些学科现场会，展示骨干教师的特色，这个特色不是说展示一节课，包括有经验性的总结、论文、配合学生作业展览等一系列的特色展示等，当然有课堂教学。在这样的引导下有一些教师逐渐向研究型教师发展，带着课题边上课边研究，进而培养成为研究型的教师。

在这样的引导下，骨干教师自身水平提高了，我再让这些骨干教师发挥引领作用，让他们带校际组。我们有些学校就一两个美术老师，带校际组一个人带着十几个人，这些校际组的老师都是自己去，我信任你，我就参加你这个组，我信任他，我就参加他的组，不是我来分的。为什么我不分？我觉得要让老师自己选择，给他们自己更大空间。对于这些骨干教师也有一个要求，因为你要有能力，你要有一些成果，你能吸引这些老师，这是双向的。我想这也是给他们一些压力，我觉得人还是要有一些压力，压力可以成为动力。

骨干教师水平提升了，就带动了全区教师整体水平的提升，这样就由点到面，也容易提高。还有利用教学研究网，我们网上网下相结合，这是双向研究模式，网下以刚刚所说的校际组里面和学校的调研组进行研究；网上我们有讨论区，我们经常提出一些话题，大家一起讨论，我们上完一节区里面的研究课，我们即刻在上面发表话题，大家一起研究。

李健军：这有时间范围吗？

白彬华：时间不限。随时都可以发言，在教学研究网有“教学诊室”，原来我们都在网上让老师们发一些教案、课件和一些学生的作业，因为我们有这样的网络平台，老师们可以往上发一些课件相关的东西。久而久之资源多了，但也出现一些问题，有些老师上去下载后就用，教案不用写，课件不用做了。这里面也有一些问题，人家的教案是符合人家学校学生，你的学生和另一个学校的学生肯定不一样。比如实验二小的学生经常出国，跟着家长全国各地旅游，孩子的眼界肯定不一样。我们区有一些打工者子弟的学校，他们没有这个条件，孩子视野就不一样。你面对学生的群体不一样，教学方法不能一样，你如果把实验二小的教学资源下载下来直接就使用，肯定是不行的。

对于这些问题，我通过听课去发现、解决，所以我们让他们在网上搞“教学诊室”。这个“诊室”对于其他老师发的教案也好，课件也好，要求你要善于发现问题，你下载下来之后，你分析你在课堂教学中应该如何使用，使用完了你看看还有什么问题，给它进行诊断。而这个诊断可以是个人，可以是小组，可以是校内调研组，也可以是校际的协作组。研究诊断之后进行修改，然后再在课堂教学中进行实践，实践以后再把这个成果上传上去，这是一个循环的过程，由此我们这个研究网也活起来了，不是一潭死水，在这个过程当中也提升了全区老师的反思能力。

李于昆：教研员是不是每一所学校都要走到，都去听课？

白彬华：对。

李于昆：这是一个制度？

白彬华：对，我们区里面有四十多所小学，几个学期就可以走遍，除了区里面安排我们走访调研以外，我们自己也去，有一些属于自己想去了解情况。

比如说一些新教师刚刚入职，这需要我们去关注他。这个时候我在半年之内要把新教师的课都要听到，都要谈一次话，听听他们的课，看看他们的教案，跟他们聊一聊，便于发现他们的特点，还要发现他们一些问题，最主要是给他们鼓鼓劲。

说实话美术老师在学校的位置很边缘，说我们是一个小学科，学校工资调整的时候，有一些老师永远在边缘位置上，不太容易受领导关注。我想教研员干什么用？除了刚才我们所说的培养骨干教师，指导他们的课，我觉得还有一个就是要关注这些老师，要让他感觉到，一个是有人给他支撑，一个是要不断地给他这种力量，不断让他去学习，去提升，不断鼓励他、激励他，有这样一个作用。

我一般对新任职的老师都要及时听听他们的课，跟他们谈一谈。从进学校的校门到入职有一个转变，他可能一开始不适应这个地方，就跟他谈谈，激励一下，老师就很顺畅走上岗位，也能够不断地研究，不断地提升自己，因为他觉得有人关注，有人在不断激励他。同时刚才说到教研员的作用，我也能在他和学校领导之间起到桥梁作用。有时候可能学校领导不理解，我要跟他们领导谈谈，我谈了以后领导可能逐渐关注了。为什么学校领导非常支持我们这些骨干教师？因为我不断给领导做工作，不断让他在领导这里占有一席之地，所以他们就慢慢评了中高，评了区级骨干、市级骨干，让他在学校当中从没有地位，到逐渐有地位。

作为教研员要关心老师的发展。刚刚谈到关心新入职的老师，骨干老师同样需要我去关注他们，指导他们，帮助他们，带他们一起研究。你要关注他的发展，这个发展不仅仅是课堂教学这一块，我觉得还要关心老师的整体发展。

我从2012年开始做教研员，与课改同行。我觉得教研员要从方方面面去关心老师，这样他就拿你当朋友，不觉得你是教研员，很多老师有什么心里话，有什么问题都愿意跟我说一说，我尽力去给他排忧解难，可以说是他们的“大姐姐”。

李健军：您是北京市特级教师，取得很多成绩，是什么原因让您选择这个岗位或者说这个岗位为什么选择了您？

白彬华：我原来在黄边小学，1992年评为中高，1998年评为特级，评到特级我也参加比赛。十年前参加北京市的一个基本功比赛，获得北京市一等奖，也是赛很多项，赛理论，赛教案，赛专业，如果你这些都过了，然后就是赛现场教学，这叫四项全能。我当时得了北京市四项全能一等奖，第一名。

全国录像课也得了一等奖，我又是特级教师，这个时候不是我选择这个岗位，而是这个岗位选择了我。因为我的前任生病了，也该退休了，当时教研中心跟我谈，希望我到这里来。我恰巧那个时候参加了教育部在首师大办的美术教师园丁班，后来园丁班学习完之后就来这里了，所以还是岗位选择了我，当然我也觉得我做这个工作比较适合。

当时在黄边小学的时候，我一边当美术老师，一边当着主管教学的主任，还兼做区里的美术教研员，我来到这里的时候已经做了好几十年的兼职教研员，当时也是帮着专业教研员做过很多工作，又做了几年的行政管理，因为教研员还是需要一些组织能力，这些我都具备。

教研员需要具备研究能力，我也喜欢研究。所以我欣然同意做这个工作，因为喜欢学习，我希望研究，我觉得让我搞区里面的工作比较顺畅，随着课改步伐我就走上了教研员的岗位。后来我一边做教研员，一边做区里面的事情，还帮助市教研员做了很多工作，比如教材培训等，当时市里面每一个学期都要给老师搞几次培训，我就不断帮市里面搞教材培训，教研员培训，一直到各个区县的培训，还帮助人美社搞各地的培训，所以接触各地区教研员比较多。

李于昆：美术教研员就要有美好快乐的心态，看到每天升起的太阳都是新的。

白彬华：是啊，快乐工作，我工作有成就感，也受到激励，因为这些成绩也在激励我，老师们的成长也在鞭策我，所以我看到这些成绩，我肯定是乐在其中。

赵紫峰

受 访 者：赵紫峰，太原第二外国语学校校长助理，正高级教师，山西省特级教师，教育部“国培计划”美术教育专家，中国美术家协会会员，香港海峡两岸文化艺术交流协会顾问，海南师范大学美术学院客座教授，山西省首批学科带头人，太原市委、市政府特聘专家。参与编写《初中美术新课程教学论》、中小学《美术》教科书（人教版、人美版、湖南版）和高中《美术》教科书（山东版）。美术作品多次参加国内外大展并获奖，作品还被中共中央办公厅、毛主席纪念堂、周恩来纪念馆、全国政协等地及海内外人士收藏。

访谈提要：访谈以案例的形式叙述了美术课堂教学“法无定法”的本质规律，呈现了教师教学的个性方法和对美术教学灵活多变、贯穿生活、关注学生的不可复制性的课程观，这一实践是建立在赵紫峰长期坚持在一线教学阵地，尊重美术常态教学，但又不画地为圈，敢于探索、创新和变法走自己的路，历经日积月累而水到渠成自成一家，其案例与教学方法、手段等，对美术教学的生活化有很好的启示作用。

采 访 者：李于昆，广东外语外贸大学艺术学院院长，教授。

孙潇巍，太原市迎泽区郝庄初级中学美术教师。

访谈地点：山西太原“赵紫峰工作室”

访谈时间：2014年7月27日

雪地飞龙　画意人生

赵紫峰访谈

访谈现场左起：赵紫峰、李于昆。2014年7月，山西太原。

李于昆：早闻赵老师有写美术教学笔记的习惯，2004年高等教育出版社出版的《中小学美术教育案例丛书》就收入了您在这方面的成果《雪地飞龙》，它在全国中小学美术教师中反响强烈、影响很大，您长期坚持记录美术教学随记、感想缘于何因？

赵紫峰：我从教38年，对美术教育和美术教学有着自己的独特理解和追求。平时，我就有写"美术教学随记"的习惯。《雪地飞龙》其实就是我"美术教学随记"的课堂教学实录的一部分。我选择真实的记录课堂教学随记这种形式，就是把自己教育教学中的点滴做法、体验、反思和感悟等及时记录下来，一方面积累经验资料，另一方面作为鞭策自己的手段和促进自己专业成长的途径，使自己的美术教学理念经常更新，教学水平不断提高。

中小学美术教育案例丛书《雪地飞龙》，赵紫峰著。

《雪地飞龙》这本课堂教学实录之所以能在全国中小学美术教师中产生很大的反响，是因为这些课例都是我平常课堂上有价值的真实片段和发自内心的感受，它和我们老师的教学实践相近，容易被美术老师接受、借鉴和操作。

该丛书主编陈卫和教授在《雪地飞龙》后记中写道："赵老师的案例充满教学机智和艺术情趣，面对矛盾他不是回避，而是迎上去'非常美术化'地处理和解决，赵老师的案例给人们带来的思考远胜过那些所谓精雕细刻、千锤百炼的'公开课'。"陈教授的评价对我是一种激励，但我也看到，只要老师能改变观念、尊重学生、热爱学生、和学生交朋友，学生就会喜欢老师，喜欢这门课。老师应注重培养学生的自主学习能力，教会学生学习方法，课自然就好上了。在基础教育课改的大背景下，作为一线教师，我们都应去反思如何转变自己的教育观念，应具备怎样的心理素质。面对课改，我大胆地先走了一步，并且一直在努力做一名受学生欢迎的老师。我希望《雪地飞龙》里的美术教学案例能启发老师们进行更多的思考，起到抛砖引玉的作用，我也会在这方面继续探索下去。

李于昆：您很注重教学与生活的关系，常常从生活中发现教学素材，信手拈来皆成华章。

赵紫峰：我经常在课堂上给同学们举一些生活中常见的例子，体现生活中的美术。如我们所穿的衣服，所看的课本、杂志的封面，奥运会上奥运金牌等，都需要美术设计。可以说小到一枚邮票，大到一个城市都离不开美术。就连诺贝尔奖的获得者杨振宁、莫言的获奖证书都是由主办方根据他们的专业特点为他们量身定制的。我有时把课堂搬到室外，如让学生到室外写生自行车；有时

“雪地飞龙”一课的即兴预设手稿。

把学生丢弃的废弃物即时利用，让学生创作成一件件作品，如用泡沫塑料制成的“和平鸽”等。

孙潇巍：难怪许多学生说上您的美术课是一种享受，您如何激发学生的美术兴趣？

赵紫峰：我希望每个学生对美术都感兴趣，以培养他们的审美能力。我在教学中往往会想办法，“办法总比困难多”，鼓励和帮助每一个学生从思想和情感上走进美术。

例如：有一次我原本计划讲《线条组合》一课，但适逢入冬后的第一场雪，室外银装素裹，一上课发现学生们心不在焉。忽然，一个念头涌上心头，我随手在黑板上即兴画了一个教学预设“雪地飞龙”。“走，今天我们到操场上课！”我跳下讲台，走出教室，学生们先是愣了一下，然后便欢呼着涌出了教室。我顺手捡起篮球场边的一根木条做笔，在雪地里画了起来。随着木条上下左右移动，线条上下翻飞，从南到北，宽阔粗犷的线条舞动在雪地上。“这画的是什么啊？”学生们争相发问。我扔下木条，说：“同学们注意安全，我们上楼，上教学楼顶去看！”登上教学楼顶，俯视下去，学生们欢呼起来：“是龙，是龙！”不错，那是龙。雪地里翻飞着一条正欲腾飞的龙，那高昂的龙头和朝天舞动的龙爪，巨龙似乎要挣脱雪地的羁绊飞向高空。学生们凝神屏气地望着雪地，确切地说是“雪地飞龙”吸引了他们，更确切地说是线条飞舞出来的形式感吸引了他们。我指着雪地上的“飞龙”说：“同学们，今天我们来回忆前几节课学过的用线条生动地描绘物象……就是要大胆地用肯定、流畅的线条去表现物象。首先要注意平常的观察，通过分析比较基本形状、比例，把握对物象的感受和印象，始终保持鲜明的整体感受，这样才能生动地描绘物象。走，下楼去，让我们到雪地上用线条描绘身边美好的事物吧！”雪还在下，同学们笔下生动的线条散布在深深浅浅的雪地里……

在另一次美术课《纸浮雕》的巡回辅导过程中，我发现有位同学趴在桌上睡觉。我走过去，轻轻推醒他——那是王鹏。

我问他：“你为什么不做作业？”“不会。”他看也不看我，回答道。

“那你会什么？”“什么也不会，美—术—课，跟我就没缘！”他摇了摇头。

我递给他一张纸：“你会撕纸不？”“那谁不会？”他朝我翻了一眼。

“你随便撕给老师看看。”他抓起纸，三下两下撕起来，然后又把纸从桌上抛到地下。

我说：“你随便拾一张你撕的纸块给老师，老师有用。”

他想也不想，弯腰从地上拾起一张纸丢在桌上。

我把纸块在桌上摊平，问他：“你看这纸块像什么，能看出来吗？”好一会儿，王鹏说话了：“像什么？像……像长江吧。”

“好，太好了。你很有艺术细胞嘛，怎么能说和美术无缘呢？”

同学们都围了上来。我向前面的同学要了张蓝色卡纸，递给王鹏，“把你撕的纸块贴在这张蓝色卡纸上。”王鹏很快完成了。

“你能把长江经过的省、市标在纸上吗？”“能。”这次他答得很干脆，随后，他找出地理书，工工整整地标上了长江流经的各省、市名称。一张“长江图”完成了。

我把这幅作品展示给同学们看，大家都赞叹不已：有意思，太有意思了！

学校“迎新年第十届美术作品展”，我展出了王鹏的“长江图”。地理老师告诉我，王鹏后来很偏爱地理课。以后又听说，初三毕业王鹏考入了北京铁路局太原铁路学校，现在是一名优秀的火车司机。或许这个倔强的孩子把艺术细胞同他严谨的职业道德融于一体了。

我将该课的情况告诉尹少淳教授，他说，你用自己高度的责任心和教育智慧，鼓励和帮助一个学生从情感上加入到美术学习的行列中。尽管这样的“教学”似乎有些离经叛道，不正统，太随意，但是正统的方法能解决这一问题吗？遇到这样的情况，一些美术老师可能采取的态度是呵斥、批评、惩罚、冷嘲热讽，或者干脆置若罔闻、置之不理，前一种态度可能造成的是更为强烈的抵触情绪，后一种态度则放弃了一个美术教师应有的责任，放弃了一种尝试，放弃了一种可能性。

孙潇巍：在教学中，您怎样评价和鼓励学生？

赵紫峰：我主要是鼓励学生张扬个性，允许学生在教室里画坏了重画，画得不理想重画，何况美术还没有标准答案。鼓励他们创新，美术评价采用综合评价办法，例如：“用画来说话”“为语文课画插图”“为英语单词画插图”“画成语故事”“画漫画”“画回家路线图”“画逃生路线图”“用形象去说话”等等，鼓励学生参与。我经常用“这幅画很好”“非常贴近生活实际”“构图饱满”“色彩明亮”“线条生动”“构思新颖”“富有诗意”“富有想象”“我很喜欢”“吸引眼球”等这些术语来表扬、鼓励学生，而忌讳用“好漂亮”“你真棒”等俗气的语言或用贴红花、画红旗、奖励小礼物等不利于鼓励学生追求完美的方法。

赵紫峰在首都师范大学为国家级骨干美术教师讲学。

李于昆：“小校园，大文化”，这是您为学校构建的特色文化，您是如何将专业与校园文化有机结合起来的？

赵紫峰：我觉得作为一个美术教师，是传播美的使者，有责任用自己的美术专长创建校园文化，美化校园。图文并茂的视觉冲击，让每一个学生置身于文化艺术的氛围里，接受文化艺术的熏陶，感受文化艺术的魅力，自然地呼吸着文化艺术气息。环境造就人，为了达到环境育人的教育效果，我一直注重将美术专业融入到校园文化建设中去。我还组建了“啄木鸟漫画社”。我为学校设计了校徽、校旗、校刊、总课程表、校史展、孟步云雕塑、石萍梅雕塑等。我用5年的时间收集了大量珍贵的资料和图片，创造性地编辑、创意、设计并主编了“阳光二外”“二外百年纪念”校庆画册。我撰写了二外（太原第二外国语学校）百年纪念文，总结了二外的历史，又亲自去选石、刻石铭记，昼夜连续工作，将两米多高的纪念石坐落在国师校园。从设计、版面、内容、颜色、制作等，我都充分地将美术专业与校园文化有机地结合起来。我在学校的教学楼走廊内创意编辑设计了“反腐倡廉漫画展”、“法制教育漫画展”、“校园生活漫画展”、“永远的丰碑”主题展、“百科知识展”、“中外名人成才故事”、“高考绿色通道”、“高考信息指南”、“专家讲座海报”珍藏回顾展、“课桌文化”、“走进中外大学名校”等，版面图文并茂，深深地吸引了学生的眼球。哈佛、牛津、清华、北大等中外名校直观、立体地呈现在高三学子面前，激励他们树立远大的目标，奋发进取，拼搏向上。

在太原第二外国语学校及我帮扶的太原第六十三中学的公共活动区域，我构思设立了初、高中学生“你说，我说”课外交流站，让学生在课外相互交流、不耻下问，养成了不懂就问的学习习惯，在学校形成了良好的学习氛围。学习交流站内，我在学生所用的课桌上设计制作了桌面文化，桌面上的“求知十大秘诀”和“阅读常规十步”“读书十忌”“读书五步法”等，既提高了学生的学习能力，又丰富了学生的课外知识，精美的画面以及丰富的内容，使新颖的桌面文化成了学校里一道学习交流的风景线。在学校的长廊内，随处可见我专门为学生设计制作的关于习惯养成的精美展板，语句经典，让每一个学生受益匪浅。在校园里，我设计制作了大型展示架，内容是为高三学生设立的高考指南，让学生树立目标，从而更加勤奋学习。美术课程与校园文化的有机结合，构建了学校“小校园，大文化”的特色，营造了良好的育人环境，让学生在潜移默化中健康成长，起到了良好的教育效果。

李于昆：您是山西美术教育界的领军人物，以您现在的资历和年龄，肯定指导了不少青年教师。您的教学风格对青年教师有影响吗？

赵紫峰：我并不希望我辅导的青年教师模仿我的思路和风格去上课，而是更注重引导他们形成自己的教学方法、教学风格和教学特色。我要求青年教师上好平常课，注意激发学生的兴趣；在教学中真正做到传道、授业、解惑；要因材施教；教给学生举一反三、温故知新的学习方法。让每个学生都喜欢上你的美术课就是成功的美术课。

多年来，我指导了很多青年教师，他们都成长为合格的美术教师。其中，有的青年教师获得了教育部，省、市教育部门的教学竞赛一、二等奖或“教学能手”“学科带头人”等称号。

孙潇巍：您怎样指导青年教师利用教材以外的教学资源和课程资源进行美术教学?

赵紫峰：我一贯主张教师要“吃透”教材，要及时更新、补充教材，要充分开发教材资源和教材价值。我注重培养青年教师的教学能力，让他们知道去挖掘更多的社会课堂素材，在生活中发现美、追求美，提高自身的艺术修养和综合素质，并将这一切都贯穿于教学中，使课堂变得更加丰富有趣，这也是教材上没有的必修课。2002年以来，我为太原市美术教师高级职称考核命题时，我就有意识地更加注重教材以外的课程资源。例如：我省的地上文化在全国占70%，这是一个巨大的课程资源，于是我就出了题目：“1．举例说出10个山西地上文化的标志性建筑？2．山西博物院的镇馆之宝是哪件出土文物？”用这些题目引导青年教师在平时要更多地去了解山西的文物资源，答题的过程，就是一个学习和提高的过程。

2014年3月，太原市教科研中心的美术教研员冯春燕老师和我说，现在的老师都不积极参加教研或听课活动。为了破解教师教研活动积极性不高这个难题，我给她提建议，创设太原市美术教师“校外大课堂”，将教学研究活动拓展到立交桥、公园、博物院、名胜古迹、农村等。山西博物院浓缩着山西博大精深的文化，老师们知道教研活动在山西博物院进行时都争先恐后地按时参加，由被动转为主动参与。在这里，我们上了一堂别开生面的教学活动课。这次活动的参与人数是有始以来最多的。此后，很多老师又陆续组织学生走出学校，走进博物院。太原第六十三中学的16名初中学生手绘了山西博物院的“鸟尊”及博物院的全貌图和路线图等元素，并写了感受，然后自编成册——《走进山西博物院》，原稿被山西博物院收藏，有的学生还受聘为山西博物院的讲解员。从这以后，美术教研活动变得丰富多彩。

李于昆：有些农村教师反映新教材适合于城市学校，不适合农村学校，您参加过多套国家课标教材的编写，对此有什么看法？

赵紫峰：的确，我参加过人教社、人美社和湘美社等教材编写。在编写过程中，我和其他编者深入城市和农村的许多学校，进行教改实验。我们是在充分调研的基础上编写教材的。我认为这些版本的教材编得都很生动，很贴近学生生活，教师可操作性强，学生可读性强。它既适合于城市学校，也适合于农村学校。

例如，在2006年5月，我们太原第二外国语学校100多人去山东杜郎口中学进行参观、学习。在此期间，该校的美术教师得知我是人教版教材的编写者，向我反映新教材适合城市学校，但不适合当地农村学校。他们请我在杜郎口中学为他们上一节示范课，我欣然同意。

在学校的安排下，我随意选择了一个班进去上课。当时这个班准备上语文课，学生都没带美术课本。我随机应变，决定上一节语文美术课。我拿起粉笔在黑板上画了一个仙鹤，又在仙鹤底下画了一群小鸡，让大家看图说一个成语。话音刚落，同学们就异口同声地回答："鹤立鸡群。"我接着问："同学们，你们能不能把语文课本上所学的成语和你所知道的成语画出来呢？"同学们立即涌向四周的黑板。"闻鸡起舞""画蛇添足""狐假虎威""守株待兔""龙凤呈祥"……一个个成语图跃然于黑板上。讲台上的同学们画着图，讲台下的同学们呼应地说出成语，整个课堂沸腾了……孩子们快乐的学习气氛感染着听课的老师们，师生的脸上都洋溢着微笑。下课了，杜郎口中学的许多美术老师和学生都围了过来，要求和我合影，我们第二外国语学校的张校长帮我们定格了这个难忘的瞬间。课后，杜郎口中学的美术教师都由衷地说："赵老师，我们明白了，不是教材不适合我们的孩子，而是我们老师的教育理念与教育方法急需要改变。"教材只是一个范例，把教材看作面粉，不要把教材看作面包。因此，我认为新教材既适合于城市学校，也同样适合于农村学校。

偏远农村的美术教师常常是兼职的，一个老师教很多门课。其实，这很好，这更体现了一个“全科”教师的综合素质。语文老师教美术那才叫棒呢，更有诗情画意。

李于昆：听说您平常的课和在全国各地的示范课都是“即兴课”，大家都觉得不可思议，您是如何即兴上课的？

赵紫峰：我只要一进教室见到学生，就特别激动，特别有激情。在黑板上我用大量的板书、板画，直观地贴近学生生活实际，和全体学生交流，调动学生的学习兴趣，深受每一位同学的喜爱。

2004年我应邀在河北石家庄六中大礼堂为石家庄市美术教师上一节公开课。当同学们整整齐齐地就坐在大礼堂的舞台上准备上课时，我问舞台下的老师们：“现在实验区用三种不同的版本，人教版、人美版、湘美版，你们说上哪一个版本我就上哪一个版本！”台下响起了热烈的掌声。“上河北版！”老师们异口同声地说。“好，上河北版。”紧接着我又问：“上哪一节课？把教材拿上来。”“上《收藏天地》”，老师们说，同时一个老师把教材给我递了上来。“上课！”我问学生：“你们是哪个学校几年级几班的？班里有多少学生？”同学们回答：“我们是石家庄十七中学初一12班的，我们班有57人。”我惊奇地问：“那舞台上怎么只有这么少的学生？”同学们自豪地说：“我们是前20名才有资格来这个舞台上美术课。”我问：“还有37名同学呢？”同学们指了指舞台上的窗外，我顺着学生所指的方向，发现一群学生正趴着窗户往里看我们上美术课。这时我心里有一种酸楚、不公平的感觉。我当即拿起麦克风急切而又大声地说：“请初一12班外面的同学回到舞台上课！”礼堂的大门推开了，一群学生涌了进来。当他们一看到这么多的美术老师，有点害怕，又立即调转身子往外跑。我继续讲：“请同学们闪亮登场，回到你们的班里。”这时在老师们的协助下，孩子们又一个个高兴地登上了舞台。

孩子们上了舞台后又悄悄地畏缩在一侧。这时我又请这些同学们就地而坐，坐在讲台和前20名同学之间。开始讲课了，我紧紧围绕“收藏天地”的内容提问学生，同学们积极踊跃地参与到课堂中来。集邮、集烟盒、集糖纸、集玩具……同学们的收藏各种各样、丰富多彩，有的同学还讲了收藏背后的小故事。当我讲到《清明上河图》时，问“这个作品是哪个朝代，哪个人所作？”很多同学回答：“清朝。”我摇摇头。同学们不好意思地吐了吐舌头。我再问道：“同学们，到底是哪个朝代？何人所作？”孩子们看书后回答：“北宋，张择端。”我说：“今天大家可能紧张说错了，不过，没关系，学校允许学生说错话做错事，今天的错是为了明天的不错，这是美丽的错误……”一下课，在最前面席地而坐的一名学生，走到我面前含着泪说：“老师，因为我学习差，我从来没有坐过第一排，今天我坐在第一排听了您的一堂课，感受到了一种温暖和尊重，我这一生都忘不了您。”

课结束了，孩子们迟迟不愿下舞台。舞台下，听课的老师们的掌声久久不能平息……一周后，我收到了石家庄十七中学初一12班57个学生的来信，他们希望我再为他们上一堂美术课。我想，这样的即兴课才是真实、有效、宽容、平等、幸福的美术课，是真正有意义、有价值的课堂。

孙潇巍：您在学校给初中年级的学生开设了美术心理学课程，这门课程对青少年的成长有何意义？

赵紫峰：美术心理学是我在学校新开设的一门校本课程，对我校学生很有必要。在当今应试教育的形势下，有的青少年自私自利、不合群、不关心别人；有的自理能力差，缺乏责任感，随意、任性、懒散；有的没理想、没主见，耐挫感差；有的青少年甚至在升学压力下，不堪重负，长期压抑，最后选择了自杀。这些心理问题不仅影响了青少年的身心健康发展，而且严重影响到家庭和社会的稳定。

我认为美术教育是促进心理健康的有效途径。美术课无严格的考试要求，没有标准答案，教师可以在轻松愉快的教学环境下给学生提供较多的成功机会，减轻学生的心理压力和过重负担，形成稳定、积极、愉快的情感。青少年通过参加美术创作教学活动与美术鉴赏教学活动产生了各种良好的体验，培养了自尊心、自信心，提高了与人交往的能力及适应环境的能力，拥有了更多的成就感。同时，美术教育让青少年学会了热爱生命，热爱大自然，热爱生活，热爱父母。总之，美术心理学有助于青少年身心健康的发展。

记得有一年初三年级某班毕业合影结束后，同学们欢笑着离开场地。学生王祥走到我面前，欲言又止。我看着他局促的样子，问他有什么事。王祥低着头，小声说："赵老师，我想跟你照一张合影，可以吗？"我说："当然可以。"于是转过头去找摄影师，周围只剩下几个搬凳子的学生，摄影师已经走了。王祥失望地看了我一眼，转身离开了。望着他的背影，很多淡忘的往事竟清晰地涌上心头。

3年前，我带王祥所在的班的美术课，他给我留下深刻印象的不是他脸上可怕的烧痕，而是流露在他脸上的与这个年龄极不相符的深深的孤独。班里的同学告诉我，在王祥7岁时，离他家不远的一家商店起火，而王祥恰好这时在商店里。不幸的他遇上了这场灾难，大火在他脸上留下了可怕的痕迹，烧伤的脸使他从小便饱受周围同伴的嘲笑、攻击，上中学后，这种情况也并没有好转。教师的职责使我做出"帮他一把"的决定。我把王祥叫到办公室，鼓励他自强自立，做社会的有用之人，用自己的努力证实自己的价值，证明自己同别人一样的优秀，一样的出众。在班里上课，我有意识地从美术课审美的角度，让同学们分辨真、善、美与假、恶、丑，讲《巴黎圣母院》的敲钟人——那外表丑陋而内心善良的卡西莫多……并告诉学生，每个人都有长处：每次我们班的桌椅坏了，王祥便会拿去修理；地上弄脏了，又是王祥同学用墩布擦干净。王祥的勤劳、善良、关心集体，乐于助人是很多同学身上缺少的，正因为如此，我们更没有理由歧视王祥。

渐渐的，周围同学同他的交往多了，交流也多了，王祥的笑声也多了。在

赵紫峰现场教学。

我的美术课上也开始变得活跃起来。同周围同学一样，他不仅能认真完成美术作业，还常常发挥自己的想象，创作一些作品给我看。我认真为他评改指导，并借此鼓励他，努力学会一技之长，为自己走上社会自主、自立创造条件。少言寡语的王祥变得更发奋了，从小毫无美术功底的他，经过3年努力，竟考上了太原市服装美术中专学校。

有一天，我正在太原十五中学为太原市语文导师团的导师们拍集体照，准备搞“市教育局教师继续教育”的画册及展览。我想到王祥，立刻给他打了传呼，王祥很快回了电话，并急着说马上想见到我，和我一起合影。当王祥骑着自行车来到太原十五中学，站在我面前时，他和我都很激动。王祥长高了，成熟了。虽然脸上的伤疤依旧，但从前那深深的自卑与孤独已无影无踪。我请武老师为我们拍了一张合影，王祥高兴极了，当时，我心中也洋溢起暖暖的愉悦和踏实。

后来，王祥考入广播电影电视管理干部学院，我亲自送他入学报到。大学毕业后他通过考试，正式成为太原市邮政局的一名平面设计师，这几年不断收到他给我寄来的贺卡，为我展示了他的优秀设计成果。因此，学校开设美术心理学很有必要。

孙潇巍：我听老师们说，有些领导突然来听您的课，您都自然应对，上得非常成功。尤其是很出名的“一节推门课”。

赵紫峰：时任山西省教科院的温彭年院长，省语委孙晋燕同志等早就说过要听我一节美术课。那天他们在市里开会后突然来到太原第十九中要求听课。恰巧上午没有我的课，教导处的张主任匆匆忙忙地在大课表上搜寻临时调课，最后决定把上午第四节音乐课改上美术课。

学校张秀峰校长陪同温院长一行手提椅子走进教室。教室里空荡荡的，学生还在音乐教室没下来，听课的领导们就先在后排坐好了。班主任急匆匆地跑到5楼音乐教室叫回学生，学生们陆续走进教室坐好。

我空手走上讲台。讲台下的学生高兴了：“啊，这节课上美术课呀，太好了。”有几个同学着急地叫起来：“我们没带美术课本，工具也没带，怎么办呀？”

我摆手向学生们说：“这节课是临时调的，没带美术课本、没带工具都没关系。”同学们吃惊地望着我。

我走下讲台，随手关上教室门，从门把手上摘下锁，举起来给大家看：“这是什么？”“门锁。”

“对，是门锁，大家都不陌生。我们每天见它、开它、锁它，今天，我们就来画一画门锁。会画吗？”

“会——”学生们异口同声地说。

“好，那我们先请第一排的7位同学到黑板上画。”7位同学毫不犹豫地画完走下讲台。

“画得怎么样？”我问。

“不好……”“不像……”

“好像不是锁。”同学们纷纷发表自己的看法。

“不错，”我评价道，“虽然有的画得像书包，有的歪歪扭扭，不够理想。但能大胆在黑板上画，勇气可嘉，应该受到表扬。”

“同学们为什么出现这些毛病呢？原因只有一个，那就是缺少观察，虽然我们每天拿锁、用锁，但由于没有认真去观察，所以会出现造型不准的现象。”这时我把门锁举起来请同学们认真观察，然后把门锁交给第二排的学生，请他们传递着仔细看。这次，同学们一个个手捧门锁非常认真地观察。观察后，我请第二排同学上黑板画，画完，显然第二排同学进步很大。

我要求同学们对两排学生画的门锁进行比较，分析优劣，然后要求学生回忆我们上学期学过的基本形体：六面体、圆柱体、圆锥体、圆球体……

我向学生提问道：“门锁是由哪些基本形体组合而成的？”

“扁六面体、圆柱体……”

“是由扁六面体、圆柱体两个基本形体按一定关系组合而成……”

“讲得太好了！”我边赞叹边向学生演示门锁的透视关系的画法。“我们作画一定要用线条大胆、肯定、果断、流畅地去表现物体……”

我又把门锁传给同学们，请他们在理解的基础上认真观察。

第三排同学上黑板，画好走下讲台，同学们都拍手称好。

学生们已经开始用自己的眼光进行观察、比较。他们不停地谈论着，争议着。第四排、第五排、第六排同学争着上黑板画锁，第一排、第二排的同学也抢着上黑板修改自己画的锁，画得好的同学积极主动去帮助第一排的同学修改。门锁激发了同学们参与的热情，锁住了他们努力画好的决心。黑板上画满了大大小小的锁，那一把把锁比例准确，线条生动。

下课铃响了，当班里的那把门锁又传回我手中时，那把锁早变得汗津津、热乎乎的……

课后，省教科院领导和同学们交流，同学们纷纷说：赵老师上的美术课是一种艺术享受，是收获美的课，我们喜欢上赵老师的美术课。

面对突发事件和难以预见的种种困难和挫折，我总能突发奇思妙想，峰回路转，创意教学，给人以新鲜感。这种灵活应变，使我在教学中转变一切不利因素为有利因素。这要靠经验，还要靠胆识，靠锐意创新的教学观念。

孙潇巍：听武汉的美术老师说，您在当地大礼堂舞台上即兴讲课前，学生不愿意上这样的公开课。您是怎样成功扭转局面、调动学生积极性的？

赵紫峰：2004年年底，尹少淳教授推荐我去湖北为武汉市的美术教师上一节公开课。当时，武汉市美术特级教师王竹先生给我打电话说："赵老师，您的课程安排在元旦前一天，您能不能在上公开课的前一天到？我们给您事先安排学生，让您和学生一起熟悉熟悉，演练演练。"我当即回答不用这样安排，我当天到课堂立即讲课，不用提前见学生。

公开课是在元旦前一天的9点整，我下飞机后打车直奔上课地点武汉市一所中学的大礼堂。当我到大礼堂门口时，就看到一个校长模样的人在和学生们训话："咱们代表的是武汉市中学的学生，上课要大胆发言，要和老师积极配合，表现不好的话……"孩子们一个个无精打采地低着头，很不情愿的样子。王竹先生告诉我："听您的安排，这是当天随意抽的一个班的学生来上这节公开课，学生们事前并不知道。"上课时间已到，舞台下武汉市全体美术教师已经就座。我带领学生们一起到大礼堂的舞台上上课。我问同学们："你们是哪个年级哪个班的学生？"同学们都不作声。"你们班有多少名同学？"同学们仍然保持沉默。学生们这样的反应是我没料到的。停留片刻后，我问："大家愿意在这儿上公开课吗？""不愿意！不愿意！"同学们强烈不满浮现在脸上，厌烦的情绪终于释放了。台下的老师们都怔怔地望着台上。我说："赵老师也不愿意在这个舞台上上课。"这时台下的老师们都愣住了，而同学们却感觉到我和他们站在了同一个立场上，情绪稍稍稳定了一些。我接着说："但是，同学们，你们看看台下武汉市的美术老师们，他们远道而来听我们的课，我们的教室能不能坐得下这么多老师？"同学们看了看台下这么多老师，都摇

“残缺的圆凳”课堂教学情境，2013年。

了摇头。我继续说：“所以，我们的课只能选择在这儿上。这次公开课实际上是我与武汉美术教师在教学实践上的交流与探讨，是为了让我们今后的美术课上得更有意义，更有趣味。大家愿意配合我上好这节课吗？”同学们听了我的话后欣然回答：“愿意！”

同学们的情绪开始积极起来。我说：“赵老师来自山西，这是我们山西的版图形状。”接着，我在黑板上画出一个平行四边形。我说：“我们山西有许多名胜古迹：北有应县木塔、五台山，南有黄河、壶口瀑布、乔家大院、平遥古城。赵老师这是第二次来湖北，对这儿不熟悉，同学们能不能用方言讲讲湖北有哪些著名景区呢？”同学们抢着用方言回答：“湖北长江大桥！黄鹤楼！三峡大坝！神农架！……”我接着要求道：“请同学们把你们所喜欢的家乡风景画出来。”于是，同学们都埋下头，拿着纸和笔兴致盎然地画了起来。十几分钟后，一张张风景画完成了，亭台楼阁、青山绿树、小桥流水……我说：“请同学们举起你的画来，让台下的老师们欣赏欣赏。”孩子们骄傲地举起了自己画的风景画，但是下面的老师们却说："看不清！"我即刻说："同学们，把你们的画折成纸飞机，飞给老师们！"同学们立即开心地叠起了纸飞机。等他们叠好后，我下令道："One，Two，Three！飞——"唰，唰，唰，一架架纸飞机轻盈地飞向了台下的老师们。接到飞机后的老师们也都非常兴奋，他们迫不及待地展开了纸飞机。我示意同学们到台下和老师们进行交流，同学们雀跃般地跳下台去。一下子，老师们和同学们融为一体。同学们认真地聆听着老师们对同学们的作业指导，并不时地点着头……

交流完后，同学们又回到舞台上。我问："同学们，明天就是元旦了，新的一年即将开始，你们想对老师们说些什么呢？"同学们望着台下的老师们异口同声地说："祝老师们新年快乐！万事如意！"伴着孩子们的祝福，老师们的耳畔仿佛响起了新年的钟声……

李于昆：去年在《中国教师报》上看到您的"残缺的圆凳"教学案例，很多老师从中很受启发，引起了大家的关注。

赵紫峰：这个案例也很偶然。那天我在学校备课，11班班主任樊老师急匆匆走进来对我说："赵老师，我们班好几个圆凳都被学生损坏了，不能坐了，影响上课。学生们都喜欢上您的美术课，特别崇拜您，您帮我管管吧。"然后转身急匆匆上课去了。

第二天，我上他们班的美术课，一推门，就有个破凳子倒在我面前。灵感不期而至——来一次特殊的"期末美术考试"，以引起同学们的重视。我提起破凳子，高高举起，全班学生鸦雀无声，所有的视线都盯着我举起的凳子。我把破凳子放在讲台上，转身在黑板上书写"美术期末考试题——写生《残缺的圆凳》"，学生们的紧张感扑面而来，我说："同学们，断臂维纳斯美不美？"大家高声回答："美！"这时，我举起残缺的圆凳，"同学们，这个断腿的圆凳美不美？"学生们异口同声地说："不美！""同学们，你们家里的凳子能坐成这样吗？"同学们大笑："不能。""那怎么办？"这时一名学生跑上来，从地上捡起残缺圆凳的另一部分——残凳面，用胶带纸把它们粘了起来。“赵老师，粘好了！”“能不能坐？”啪！又断裂开了。这时，班长站起来说：“谁弄坏的？”学生你看看我，我看看你，谁也不承认。我转身在黑板上继续写考试要求，边写边说：“今天写生，考试要求：一、准确如实地用线条表现圆凳，线条要求肯定、果断、流畅。二、画完后，写一段100字以内对残缺圆凳现象的感受。三、下课交卷。”

教室里安静下来。我巡视着，学生们很快地手绘出残缺的圆凳。有的学生在感受中这样写道：“亲爱的圆凳，你好可怜啊，此时此刻你一定很疼。虽然现在我们做手术也已经晚了，但是我们现在知道了今后应该更好地保护你、爱护你，你才能更好地为我们服务。”还有同学写道：“维纳斯是断臂美，你是残缺的不美。我想看看有没有万能胶把你粘住，补救一下。”这时班长跑到讲台上激动地说：“赵老师，我们全班每个人出点钱，赔偿几个凳子。”学生们异口同声地说：“好！”大家抬头看着我，我没有表态，我只是微笑地暗示他们赶快画、赶快写。

铃声响了，学生们安静、有序地交了卷子。他们似乎在反思，经过破凳子时还要摸一摸、看一看。我想：学生还小，应该允许他们犯错误。关键在于教师如何引导他们认识错误、改正错误。此时，是谁损坏了圆凳已经显得不是很重要了，从每一个学生的眼神中，我感到他们突然长大了，懂事了。看来这个特殊的“美术期末考试”起了作用。

第二天早晨，我刚走出办公室，看到一个家长领着学生，拿着一个蓝色的凳子送进了教室。我也跟着走进了11班的教室。樊老师站在讲台上，看到我进来了，便走过来悄悄地说：“学生拿来好几个凳子。”我为学生们有损坏公物要赔偿的意识而感到高兴。

课后，我把倒在地上的几个残破的圆凳让几个学生送到我办公室，学生们惊奇地问：“赵老师，您要这几个破凳子有什么用？”我自豪地说：“我要收

“学会看”“学会观察”“学会手绘表达”。

藏这几个破凳子，这是我上美术课最好的教具。”学生们望着我说：“哇！赵老师真牛！”

太原教育学院院长杨国杰教授评价说：“这个案例充分说明了教师人格魅力的巨大促进力的作用。为什么班主任找赵紫峰老师呢？为什么他没有批评训斥和说教，只通过一节考试课就解决了问题呢？是他的人格魅力发挥了巨大的正能量，拷问了学生的灵魂和良知，引起学生向美向善的自律，才化解了矛盾。如果教师平素没有威信，这样的效果是难以达到的。”

李于昆：一般情况下，人们都把美术课看作是副课，您是怎样看待这个问题的？

赵紫峰：我在给学生上第一节美术课时，首先引导学生对美术课的认识，纠正他们对美术课长期以来的误解和偏见。一上课，我就问学生：“美术课是主课还是副课？”学生们往往会异口同声地回答：“副课。”我会摇摇头，在黑板上改成了一个大大的“富”字，然后说：“同学们你们理解错了，美术课不是副课，而是富课，是富有文化内涵的美术课。”接着我用许多生活中的案例论证生活中任何事物都离不开美术。我说：“同学们，小到一枚邮票，大到一座城市；你们课本的封面设计、我们身上服装的设计，还有学校教学楼的设计等等，我们生活的方方面面都离不开美术。”这样就能让学生认识美术，关注美术，走进美术，热爱美术。

孙潇巍：您认为什么课才是真正的好课？

赵紫峰：我认为，不靠谱的作秀课和开了课后进不了状态，照本宣科的课都不是好课。课堂真实、高效、有意义，全体学生自主、合作、真正地投入，师生情绪饱满、师生才智得到充分体现，具有生成性的常态下完成的平常课和有待完善的课才是真正的好课。

李于昆：您显示了美术教学的灵活与机智，感觉您已经进入到一种教无定法、出神入化的境界，您是如何达到这个境界的？

赵紫峰：其实我只是一名38年坚持在教学一线的普通老师，也经历过多次的挫折和失败，也不是每堂课都成功。我热爱教育，更爱学生，这是我教育生命的不竭动力。我努力学习，不懈追求，不断超越自己。我认真学习教育教学理论，不断学习并运用系统论、控制论、信息加工理论、协同教学理论、建构主义理论和新课程理念指导自己的教学实践。我把每节课都当成新的探索和实践，在吃透教材的基础上，根据学生的实际开发重组教材，创设适宜的教学情境。我坚持课前反思预设，精心建构每一节课的框架，我力求每节课都让学生充满生命的活力；我在课中融入学生，根据课堂的学习实际及时反思、调整教学环节和内容，尊重学生，信任学生，鼓励学生，力求让每个学生都绽放生命的火花；我在课后及时反思教学得失，分析教学片段或写教学随笔，力求从理论的角度分析教学亮点或存在问题，重构下一次“重教”的教学预设。

教学即生活。通过多年的教学探索和积淀，课堂教学已经融为我生命的一部分，我始终在构建充满生命的美术课堂，它是我生命的延续。我感觉教学确实有法，要遵循教育教学规律、学生的认知规律和个性特点，但是课堂教学又确无定法，当一个优秀的教师教无定法时已为上法，已经达到一个很了不起的境界，我感觉自己还需要努力，以达到真正的出神入化的境界。我不断向同事、徒弟学习，创造机会向专家、学者学习，经常向学生学习，真诚地感谢他们，是他们成就了我。

李于昆：作为一线老师，您在全国美术老师中影响很大，最后请您给我们分享一下您的教师观。

赵紫峰：我生长在美术教师家庭，深受父母的熏陶和影响，从小就憧憬长大后当一名教师。在我的成长过程中，对我影响最大的是我国丰子恺先生的《少年美术音乐故事》《艺术与人生》《绘画与文学·绘画概说》《艺术趣味》《艺术修养基础》和意大利教育家埃·德·阿米琪的《爱的教育》、苏霍姆林斯基《怎样培养真正的人》《给教师的建议》等十多部著作，这些书籍促使我立志要当一名好老师。

我积极致力于课程改革，在教学中不断探索创新，追求教学理念新颖，教学方法独特，课堂教学幽默风趣，充分调动学生的积极性。在多年的教学实践过程中，我逐步形成了“跳过教材讲美术”“生活美术化、美术生活化”的教学理念。我的教学从学生的生活入手，身边的事和物都是我引导学生进入美术殿堂的素材。下雪了，大地为纸、木板为笔，我们创作了“雪地飞龙”；学生把蛇带到教室了，我了解到是一条无毒的蛇后，就引导他们观蛇、画蛇、写生，然后成为“一堂别开生面的图案课”（案例发表于1999年6月28日《中国教育报》）；白墙上染上了墨渍，我和学生为它“锦上添花”；废旧自行车在我们的手底下变成了“七彩车”；一块旧泡沫板在我手里三切两割成了“和平鸽”；一只被学生损坏的圆凳，成为我的一件美术教具——“残缺的圆凳”。

我认为，作为一个优秀的美术教师，除了具备扎实的专业功底、精湛的教学艺术、高尚的人格魅力，还必须要有较丰富的社会科学、自然科学和人文科学知识。美学是其他学科的基础，真、善、美是人类追求的最高境界。如自然科学的学习就是让学生在感受美、欣赏美、接受美的过程中，知识和技能不断提高，情感态度得到升华。所以，我不断学习各学科知识，收集了中小学各学段、各学科的教科书，购买了《数学的奥秘》《趣味物理学》《化学的秘密》《科学的1000个瞬间》《自然的故事》《科学与艺术》《哲学与艺术》以及唐诗宋词等几百本书籍，博览群书、完善自己。我经常深入到其他学科老师的课堂听课、交流，体会其他学科的教学规律和方法，吸收其他老师的长处。

2014年4月9日，《中国教师报》为鼓励全国教师“与教育相遇，做更好的自己”，创立《教师成长周刊》。中国教育报刊社基于对我在专业成长所取得的成绩的肯定及对教师同行的示范作用，特邀我为《教师成长周刊》题写刊头，并在创刊号上以《雪地飞龙》介绍了我38年教育生涯中专业成长所取得的成就。当我看到自己题写的“教师成长周刊”刊头同中国教育学会会长顾明远教授题写的“区域教育专刊”、国家教育部副总督学郭振有主任题写的“现代课堂周刊”等同时出现在《中国教师报》上，我感到非常高兴和骄傲，更加坚定了我终身学习、不断创新、为教育事业奋斗一生的信心和决心。

刘清峨

受 访 者：刘清峨，湖南长沙麓山国际实验学校中学高级教师。2003年以来，先后出版个人美术教育专著，并参与多部学术著作的写作，参与新课程美术实验教材研究，同时应邀到全国各地讲课。先后赴中央美院、首都师大、华南师大、华中师大和湖南师大等学校进行示范授课和讲座。作为人教版、湘美版教材培训老师，先后赴浙江、安徽、福建、江西、云南、黑龙江、天津、重庆等省（市）进行骨干教师培训和专题讲座。

访谈提要：访谈从一线教师成长的视角，回顾和叙述了教师专业成长、培训模式、教材建设等方面的体验与感受，对立足课堂教学，关注学生学习，以研究者的态度做好教学工作作了有价值的讨论，提出在新课程背景下，美术教师群体的精神自觉是一种巨大的力量，带给每个老师精神的觉醒和行动支持。

采 访 者：李于昆，广东外语外贸大学艺术学院院长，教授。

访谈地点：长沙望月湖

访谈时间：2012年11月

在成长的路上

刘清峨访谈

李于昆：刘老师，您分别担当过小学、初中和高中的美术教学，还为师范大学的教学实习讲过课；还听说您在山东讲座期间，有几位老师跟着您的培训行程走……作为一线教师，您最大的感触是什么？在您的成长路上，对您影响最大或者说最多的是什么？

刘清峨：回顾这10年走过的历程，心里有感动，却一下子很难说清楚，好比一个幸福婴儿，真诚地，无法表述地啼哭或欢笑。10年来，新课程伴随我们成长，是的，我要强调“我们”，而不是“我”，一直都不是一个人在工作，也不是一个人在思考，而是一群人，一群有理想、有追求的美术老师们在共同进步。我们在教学中与学生对话，我们在教学之余思考教学策略，我们也在一次次培训现场碰撞、交流。

教学是一场对话。在这场对话中，不论是提问还是诠释，都没有标准答案，都带着不确定中的行动烙印和痕迹，带着对课程的思考。

新课程给了我们全新的教学理念，美术老师对课程有了更清晰的认识，更主动参与到教学中，在教材实验、教学方式上积极探索。我们集体感受到最大的实惠——《美术课程标准》（以下简称《标准》）给了我们行动上的支持。

刘清峨在课堂教学中。

在《标准》的引领下，老师们获取了宝贵的教学理念和行动研究的指引，在实际教学中感受到新课程理念带给我们的支持和指导意义。

工作原因，我有机会到各地做教材培训，接触到全国不同地方的同行们。我们说起在新课程中的点滴，很多美术老师表示，新课程以前，大家没有机会参与教学培训和研讨，没有人在意你一个美术老师的教学行为和思考，没有人在意美术教育具有的不可替代的作用，很多老师觉得自己是“孤魂野鬼”。所以，委屈、埋怨、消极所产生的负面作用使教学效率低下，大家难以带着研究的态度做好本职工作。但是现在，新课程给了我们新的环境，有了新的机遇和挑战，最关键的是美术老师这个团队有了对话的空间和平台！我们重新拥有教学热情，带着新课程的理念积极工作和探索，在参与培训和研讨中真诚共享彼此的教学成绩，提出问题和大家一起思考。这种被关注、被带着走的感觉很新鲜，很积极，很暖人。

李于昆：您从复数“我们”的角度来谈，有高度，也很概括。

刘清峨：是的，这种力量来自一个群体的精神觉醒。这其中是《标准》无声的给予，其中有关心美术教育的专家学者，还有一线美术老师带给我的帮助和支持。为什么要强调“一线”，因为在教学现场这样的语境中，你我都能感觉到真实的力量。

李于昆：赞同您的观点。在由陈卫和主编的《中小学美术教育案例丛书》中，您的《快乐的心》列为丛书中的第一本，这本书也是新课程以来我国基础美术教育案例研究的第一本专著。您能谈谈这本书的出炉过程吗？

刘清峨：2001年暑假，我应邀参加高等教育出版社牵头策划和组织的一个会议，由时任高教社（高等教育出版社）的张华副社长和袁舫编辑组织，以广州美术学院陈卫和教授、华中师范大学杨建滨教授牵头主持，筹划《美术新课程教学论》的组稿和研讨。会议地点在武汉华中师范大学。杨建滨教授英年早逝，但是他承担组织的这次活动，给我们留下永远的记忆。2001年7月底，天气异常炎热，华中师大集中了十多位来自全国不同地方的中小学美术老师和教研员：陈玉萍、周正强、朱国华、赵紫峰等，大家都有很高的热情，就连用餐的时间也在讲教学，谈方法，谈理念……会议氛围很好，给人印象深刻。我有幸与会，并在会议间隙，聆听了老师们精彩的发言，尤其是山西赵紫峰老师讲述案例，我听得入迷。因为《中国美术教育》杂志曾刊登过赵老师的教学案例，再次聆听作者本人讲述，无疑是鲜活的记忆。这为后来我和赵紫峰、朱国华、魏瑞江三位老师的《中小学美术教育案例丛书》的出版打下基础。

一线老师有太多有趣的教学故事，若有心把这些真实的记忆还原成教学现场，是一件很有意思的事情。当时，案例教学研究还是一个空白，陈卫和教授正着手研究案例教学，尹少淳教授给予极大的支持和推荐。值得肯定的是，在《美术新课程教学论》的研讨和撰写过程中，陈教授指导我们在写作中要以案例为抓手，突出可操作性和指导性原则，让每个老师拿到这本书，就能真正用到教学中，指导老师们的教学。

当时，我负责撰写第四章“美术新课程与教学评价的发展”，从教材、课堂、学生、教师等四个方面准备材料，从“满足学生发展需求和教师教学的选择、渗透教学过程与方法的并行原则、质性评价与多元评价、在监控与反思中寻求新的路径”进行组织。陈主编给我提供了他平常收集的部分教学随笔，这些教学随笔主要来自深圳的各学校，都是一线老师的教学事件，文字还原教学现场，每个案例都带着一个问题，看后深受启发。他希望我从这些案例中找合适的文字，来诠释教学观点。读的过程其实就是学习与思辨的过程，这也为后来我顺利地撰写出个人专著《快乐的心》积累了宝贵的经验。

然后就是整理与记录。至今回忆起，还是觉得过程非常清晰。当时没有想到《快乐的心》会出版发行，一名普通的一线老师，出书是自儿时就拥有的个人最崇高的梦想。在完成《美术新课程教学论》过程中，所有的教学案例，每个篇章，都在教学工作中，一边工作，一边记录，一边研讨。所有的教学行为和行动轨迹，迫切需要得到专家的指点和提升；在不断“做”的过程中，教学行为有了理论的支撑；在指导中，教学中的“散”逐渐集中，“感性”中带着“理性”的行动；反过来，一线的教学又丰富了教学理论的建设，让关心美术教育的专家学者有“眼前一亮”的感觉，印证了教学理论。这些环节，确实是一件很有趣的事情。

尤其是高等教育出版社的编辑袁舫关注教学，这位北京师范大学毕业的高才生，她的想法与陈主编的点子不谋而合，工作顺风顺水。现在，我和大家都成了很好的朋友，感谢新课程，源自一起工作而积累的情谊。

李于昆：专家的指导、引领固然分不开，与您个人的学识和养成也分不开。通常一线老师可以上好课、画好画等，但能将感性经验提炼、归纳和总结为理性认识并进行提升的还不多，这是一种能力。

刘清峨：《快乐的心》的出版，让我收获了很多意想不到的惊喜，来自全国各地的很多老师读到这本书，从很远的地方给我写信，与我分享他们读书的乐趣，和我说起他们的教学案例，我们共享了很多教学经验。

我非常感谢新课程给我们带来温暖的成长环境！感谢陈教授的亲切指导，感激高等教育出版社袁舫编辑的鼎力支持，没有新课程的大环境，怎么会有《中小学美术教育案例丛书》的结集出版呢？！

教学案例丛书的出版，促使一线美术教师认识到课堂教学的价值，认识到自己在教学现场的意义。丛书的出版促使老师们更重视课堂教学，并且带着研究意识，把新课程理念融合到教学情境中去。

李于昆：教师成长的环境需要适宜的条件来支持，能结合您的成长环境谈谈吗?

刘清峨：教师成长有个大、小环境问题。“大环境”是每个人都能感受到的，就是你所生活的环境。比如我工作在湖南，“湖南”就是一个大环境。“湖南人是有精神的。”我一直记得在一次讲座中听过的话：“中国近现代史，就是湖南人的历史。”很多这样掷地有声的关于湖南人的语录，在《湖南人的精神》这本书中有列举。

湖南人喜欢吃辣椒，霸得蛮，吃得苦。这里我列举部分与美术教育有关的“霸蛮人”：尹少淳教授是从湖南师范大学走出去的，他至今还喜欢吃辣椒炒河虾。大家公认的，尹教授最大的特点就是把最深刻的学术观点和理论，用最通俗的方式表达出来，给我们最贴切的指导，尹教授亲和力超级强，各路人马集于他的麾下，其乐融融……陈卫和教授是从湖南美术出版社走出去的，他曾经被湖南美术圈的“堂客们”戏称为美术教育中的“帅哥”，有“拼命三郎”的美誉。他做事追求完美，不过跟他做事比较辛苦，催稿好像“催命”一样。他身在广东心系湖南，关心湖南的教材建设，关注湖南的美术教育，对家乡更是有诸多提携……黎丹社长是湘版教材的“爹爹泰斗”级人物，对湘版教材的忠诚令人动容，俗称“手机控”，对美术老师的信息必回，这是很多人难以做到的。黎老师看重美术老师的教学，对美术老师尤其抬爱有加。朱小林老师是湖南美术教育的“教头”，做事雷厉风行，唯才是用。在讲评老师的课堂教学中，丝毫不忘记鞭策的时候的鼓舞，指导力和执行力叫大家都领教过，哈哈！只要端起小酒杯，酒香里满满的“美术教育经”，他的身边，集中了一群实干型男，比如邓宏等。宋子正老师是湘版教材的执行副主编，做事逻辑性强，导师式风格，常常以带研究生的条件来要求普通美术老师。强调细节，看起来很理性，却在生活中非常感性……

说到湖南的前辈，也很有亲切感：胡茂林老师是原省美术教研员，他原来编写的《美术教师学习资料》，我们期期必读，指导力超强。胡老师对美术老师很照顾，很提携，总是温和倾听，不紧不慢的，美术老师都喜欢他。魏家范老师已经不在了，但是他的著作还在，他的精神和热情还在……

湖南的湘军出版，风风火火的“闯九州”，豪迈与实力都在，呵呵。

李于昆：很有“辣味”的湖南美术教育群芳谱啊……

刘清峨：是啊！当然，湖南人也不都是优点，缺点这里不说。

“大环境”重要，更多还是靠我们自己。在“大环境”中滋生出温暖的土壤，但是机会是给有准备的人的，注重行动研究的老师，“遇见”《标准》，在理念的逼视下，会有一个本能的反应：“我做得怎么样？还可以怎么做才能改进？需要得到怎样的指导？需要如何调整？……”所以在这个语境中对话，“行动大于言语”。这一点，很多老师都有共识。

李于昆：我接触到一些老师，他们表示自己的成长环境不理想，比如抱怨校长不支持，感叹美术课不被重视之类的“小环境”。

刘清峨：成长是一次孤独的旅行。我和所有的美术老师一样对现实中的很多现象深有体会。是的，很多美术老师提出“工作环境很差，不被理解和未受到重视”“巧妇难为无米之炊”……工作环境至关重要，但现实往往不是理想中的样子。策略是心态。教师的心态尤其重要：一方面要认识自己，另一方面要了解他人，两方面都要顾及就好。

我所在的学校是一所12年一贯制的寄宿制学校，由于小学、初中、高中都在一个校园，好比农民有了“实验田”，我有足够的教学“实验场”，能跟随孩子们的成长，了解美术教育在孩子成长过程中所承载的爱与责任。每个孩子是不一样的，在美术教育的宽泛的环境中，学生有多种选择的空间，是的，我是说选择性。为学生提供选择的可能，是以课程拓展的形式带动的。

我在工作中很幸运地遇到了两位好校长：一位是老校长陈绪常老先生，一位是现任李素洁校长。我和我的同事在认真工作之余，感受到了校长在物质、精神上的双重支持。

老校长有很高的艺术修为，虽然是数学专业出身，但是极为看重艺术教育在学校教育中不可替代的重要作用。他的同学中，有黄铁山、朱辉等赫赫有名的画家，画家们常常被请进校园，为我们现场表演绘画，加深学生对艺术的认知和了解，使美术活动课程丰富多彩。在贯彻新课程教学理念，在教学改革的路上，陈校长的狂热与标头尹少淳教授同样属于“疯狂实干型”的学者。主要体现在：

一、课程设置。刚开始学校是寄宿制，属于“国有民办”性质，在课程管理上有足够的自主空间：每周 4 节美术常规课：1+1连堂，每周 2 次；除此之外，每周 6 课时的学生美术活动课程，分 3 个文体活动时间展开，并责成教导处专人进行教学管理。评价方式以每学期的学生班级美术展形式进行。

二、教师培养。陈校长每年拨专项资金，以“请进来、走出去”的形式培养教师队伍。比如请省、市美术教研员辅导美术老师的课堂教学、写论文；请画家们来校现场书画交流，笔会等。或以赞助的形式，牵头组织教研活动，考察其他地方的美术教育情况等。

三、课程资金。校长在资金支持方面大度慷慨，他了解美术教育绝对不是“无产阶级”的事情，需要材料的介入。当时学校的第一任美术组组长夏红专老师，带领我们做了很多有意思的事情，赛课、论文评优、摄影比赛、面具舞会、现场才艺展……夏老师调走后，我接手美术教研组组长，每学期从我手上过的美术用品材料，至少2万元。这是一个什么概念呢？十多年前的2万元，可以买不少材料了：学生课堂作业用具、教师示范工具、美术活动开展所需等所有的材料都由学校统一提供。当时我们拥有陶艺教室，仅拉坯机，我们就一次性购置了16台；书法课、手工课、水粉课、国画课、烹饪课等等可以同时在一栋楼层开设。

四、团队意识。在陈校长时代学校的美术老师11人：夏红专、王建湘、阳冬青、李湘滨、王丹、王月、邓剑英、周启跃、胡全纯、易建军、伍育强等都是专业教师，这其中包括1名书法教师。很多来参观的老师说，你们这里的师资相当于人家一个区的骨干。

个人的力量毕竟有限，团队的力量优先，我和我的同事们注意保持团结务实的工作氛围。一起“磨”课，一起画画，一起设计和开展学生美术活动，大家有资源共享的意识，提出问题的同时，也一起思考和行动。我非常感谢夏红专组长，那个时候，他所带领的学校美术教研队伍是非常有实力的。不过风水轮流转。后来，学校在“强强联手”“名校带民校”的思路下，组建了长郡教育集团，实行资源共享的同时，与前面的校长思路和课程情况略有不同，学校办学的侧重点也发生了变化。

现任李校长，原是长郡中学教科室主任，对教研尤其看重和热爱。她深刻感受到新课程改革必须从课堂教学抓起，从教师自身抓起，从每堂课抓起，应该强调有效教学，并且细化到评价体系中，每个学科都要有自己的学习方式研究和评价细则。

李校长自2002年引进EEPO有效教育课题，她自己带头上课，尝试运用新的教学方式做培训，在学习方式、评价方式上带领全校老师开展课程研究和课堂教学改革。我当时在李校长的支持下做了一个中学美术创作课的有效教学评价细则，李校长觉得很好，在反复修订的过程中，把美术学科的标准评价表印制了30份，以我做的课程范式培训其他学科的备课组长。在李校长时代，学校由于抓课程建设，从教师的专业成长入手，以学习方式和评价方式为抓手强调有效教学，学校的升学率也有了平稳进步和发展，培养了一个扎实肯干的团队，取得了骄人的业绩……

我有时想，人与人之间有缘分。要想遇到“懂得自己”的领导，与其说看人家，不如说靠自己。很多时候，我们在观望他人，人家也在掂量我们的轻重，因为我们是“做人”，人家是“用人”，他们也许会想：我用这个人，他有什么价值？他的教学观念新吗？他懂《标准》吗？这个美术老师管得住学生吗？这个老师上课效果怎样？培训学生能力怎样？学生能不能出作品？能不能参赛？升学率怎样？美术老师的“手头功夫”怎样？自己画得怎么样？美术老师对校园文化建设有没有想法？有没有为学校建设出力的责任感？……往往就是这样，你在要求得到待遇之前，先要有点作为。现实就是如此。

2012年学校中学美术课程开放展示活动，学生点评作品的一个场景。

我真实地感受到，人在工作中，就是一场“华山论剑”，需要兢兢业业，实现自我的专业价值。我和同事在工作中，以课堂教学为阵地，以一年一度的“师生美术作品展”为抓手，以务实的工作态度为形象代言，似乎自然而然地得到了大家的尊重和支持。

李于昆：从照片看，你们学校每年都在组织这样大型的美术教学展示活动吗？

刘清峨：是的，学校已经把美术活动以校园文化艺术节的形式纳入学校工作计划，每年都要定期开展。每次展览，学生都是热情参与，当然，所有的展览初衷还是为了学生，校长更是默默关注。我们发现有趣的是，领导们的态度是会变的，从“铁公鸡一毛不拔”，到后来的全力支持，从旁观到直接参与，我能够感受到明显的变化。

其实不要问“校长不支持怎么办？”我们左右不了校长的思想，只能通过自己的行为找到答案，在这样的教学环境中，行动大于言语。还有什么比“学生作业展”“美术拓展课程汇报展示活动”更有说服力的事实来为自己“说话”呢？千言万语，抵不上学生的收获更有说服力，参展面、展览规模、作品质量，都一一在眼前呈现，对教学成果、对学生的美术创作能力是一次“阅兵”。当然，在展览之余，我们要不断总结，不断学习，争取为校园文化建设多做点什么。

在学生管理这块，还一直在用心去抓美术生管理，成建制地带好美术专业生队伍，在高考升学率上比较“好看”，出作品也非常简单。这样下来，美术老师就不必感叹“巧妇难为无米之炊”了。大家都是当家长的，有几个家长不支持自己的孩子呢？其实家长也是“灵泛”的，他们看到孩子运用美术的方式表现自我，寻求一种成长的路径，怎么会不支持？毕竟美术不是“无产阶级”的事情，必需的材料，也是在“有价值”的基础上自发贡献出来的。

我想到的也就这么多。其实，人要有机会沟通，彼此借鉴吧。事实上，我们美术老师有一个特点，就是不太愿意说话，也不善于表达。那么就不要用语言表达，直接用行动吧。

李于昆：作为一线老师，您又是人教版和湘美版的教材培训专家，经常到各地做教材培训，很多地方多次邀请您去讲教学案例。教师培训、教师成长方面有什么经验可以分享？

刘清峨：很荣幸有机会参与到教材建设和教材培训中来，有机会到处行走。我感觉到行走的好处，思维在不断更新，眼界也开阔了，影响我对事情的态度。我曾经写过系列文章，感动于新课程以来很多东西都在悄然改变，如其中一篇《一个群体的精神自觉》，是人的觉醒和行动，给我深刻印象。冥冥中有一种力量在推动大家思考，引领大家前行，在彼此交流和探索中，形成了教师团体的精神自觉。我很清楚这种感觉，是新课程带来的推动力。

还有一种力量，是来自我们自己内心的积极求上进的力量。人是有精神追求的，在新课程推进的过程中，各级领导、教研部门都给予了支持，“忽如一夜春风来”，领导们提供了很多活动，比如责令教研部门组织赛课、广泛开展论文评优、学生作业现场展示和作品展览、骨干教师培训。而教研部门又和出版方积极配合，做教材建设，出版社的介入，给了教研部门很多支持。活动多了，激励美术老师以教学案例设计的形式做编写教材的准备，同时衍生出与教材建设有关的赛课、录像评选、讲座等。

以往，美术老师难有机会得到重视。突然之间，翻身当家做主人，居然也有学习机会了，“弱势”群体的亢奋于是产生惊人力量。从小学、初中、高中，所有的美术老师都已经“找到组织”，在行动，在思考。我讲座时一般以教学案例的形式和同行们探讨，而同行们给我积极的回应。我现在工作的案头，摆了好几大袋子老师们的提问和教学案例，这些宝贵的资料来自每次培训现场的互动和交流。我常常翻阅，帮助我思考。

当我们带着问题进行课堂教学和现场培训交流的时候，意义得到实现，我们的思路开阔了许多。有时，教学培训以老师们提出的问题为线索展开，得到与会者的欢迎，感觉到“接地气”。10年来，走过一些地方，感受到各地域的老师的思考，同时也感觉到各地发展的不均衡。比如说，2004年5月，我应邀到中央美术学院讲课，这次活动由中央美术学院人文学院的陈卫和教授、陈淑霞教授主持，郑勤砚、马菁如、孟沛欣3位博士组织，这次活动还邀请了深圳中学的房尚昆、陈健晖等老师一起研讨。我有幸接触到大家的经验分享，接触到来自江浙、东北等地骨干教师和教研员代表，从反馈的问题，发现不同地域的老师，思维方式有诸多不同。同年7月，应邀去浙江省高中骨干教师培训现场做高中模块的教学讲座。同年8月，应邀到黑龙江、辽宁参加骨干教师培训讲座，再次印证“地域差异会导致我们思考问题的点不同，处理方式也不一样”。后来，我把老师们的提问做了对比，看看地域差异的不同会导致什么。

2004年9月，在安徽省安庆市，安徽省的高中骨干教师培训现场，我请教尹少淳教授。我说：“美术教师的专业成长不均衡，南北差异很大。”尹教授说：“你所说的不均衡，是集中在哪些方面的不均衡？需要继续关注。”尹老师有强烈的责任意识，他对美术老师群体很是尊重和关注，希望以一己之力，来做有利于教师专业成长的工作。而我的感触只是片段的、碎片的，只是一种感受。只有再次与什么问题“遇见”、强化的同时，会有更清晰的思考，做实质性的比对和研究。

其实在多年的教学和行走中，我提出问题——实践——解决问题，而到最后，才发现美术教学其实没有标准答案，只有在一次次发现问题的时候去做更好的调整和补充，更弹性，更包容，这也是美术教育的魅力所在。思考和践行的过程能帮助老师成长。

于我来说更多还是在一个思考的层面，在不断的教学实践和思考中，逐渐会思考“这样做是不是合适”，既然教学是劳动的过程，又有反思的习惯，于是这种“理性”的思辨过程，就似乎靠近了一种有意义的层面，对教学有促进作用，于是逐渐有了一点自己的教学“思想”。每个人都有自己的行为方式，有自己的情感态度，也有自己的做事方法。这其中就体现了自己的教学思想。

调研发现，在实际教学中，一线美术老师往往面临长期的心理压力。这种压力随着工作开始慢慢形成的，越努力，就越深刻。因为个人的理想与实际生活中的情况相差太远，理想与现实的距离，冲击了美术老师群体的价值取向。这种压力不仅仅困扰了一线老师，也使很多关注美术教育的专家学者不好回答，不便“插手”。压力下的教师群体，有很多不同的表现方式，我这里谈的是一个定位，一个思考问题的角度。

一直以来，我思考得更多的，也是我的孩子促使我思考的一个问题。

孩子读小学的时候，他对我说：“妈妈，不要对我的同学说你是美术老师。你可以说自己是数学老师，或者语文老师。”我问：“为什么？”孩子说：“美术老师没有文化。唉，我们美术老师管不好学生，课堂乱糟糟的。”

初中的时候，孩子说：“妈妈，要是您教主课就好了，您连题目都已经不会做了。”我无语。

高中的时候，孩子问：“妈妈您这样投入地工作，有价值吗？您没有看到很多学生都在用美术、音乐课做卷子或者背单词吗？”

是啊。我在逐渐思考美术课程的学科价值。社会上普遍的看法是“美术不是主课”“没有太多用，除非考专业”“美术老师务虚”……校长们也许不在意你丰富的内心世界，没有时间倾听你对教学的看法，也不看好你的学科价值，所有的人都在关注一个“结果”。

现实中，人们在意一个结果，或者说与前程相关的东西，在意“这个东西有没有用”。

什么是“有用”的东西？我询问，也曾经探索：现实中有用的东西，是什么？有人说：“升学率代表了广大学生家长的切身利益。”

实际上，有用的东西，也许不这么狭隘。

呵呵。

你刚一开口，就会在现实中沉默。你有什么可说的呢？

“美术教育，在理想与现实中徜徉。”分水岭就在这里。可要做好准备了，你要有强大的内心，要能准确地看待自己和他人。“你怎么看待自己？”

有用和无用，我们怎么选择？带高考的话，升学率、话语权等，都随之而来，你的调子会高一点。选择无用也好，你就继续做好常规教学，服务于学生必不可少的“没用的”精神世界——因为没有用，你自由了。

是的，因为没有用，所以自由了！在自由的精神世界，我们的教学将会无拘无束，由于没有标准答案，因为这种不确定性，所以工作起来很有意思。我们将更“彻底”地服务于学生的精神追求和表达，将收获更有趣的课堂教学，对于美术老师来说，也许那才是真实的幸福。

李于昆：您谈了自己，包括群体与新课程一路成长的体会，让我们对美术老师有了更深的认识。在美术教师专业成长过程中受到哪些因素的影响？

刘清峨：影响美术教师专业成长的因素有很多，能感受到并且能说清楚的有以下几点：

首先是目标管理能力。我们要知道自己在做什么？这样做的意义是什么？可以分阶段给自己定一些目标，按照这个计划做一些事情。比如定期解决什么教学问题，与哪些不同教学观点的同行做什么主题的沟通，读什么书，画几幅画，等等。

良好的目标管理有利于自己比较清醒地活着。呵呵。作为一名教师，自己的定位也很重要。我常常反思自己的教学风格，考虑自己的教学行为与学生的对应关系，同时从课堂教学和学生培训上突出特色，形成经验和方法。要抓住时机，积极的努力工作，展示自己教学的特色。

教师的专业成长，离不开强烈的问题意识。带着问题工作，效率与平常状态迥然不同。你思考到哪里，就能提出怎样的问题，也就是说成长到哪个层面了。这里选择一段2013年5月的远程现场答疑，听讲座的老师们提出的问题：

浙江省湖州市安吉县丁伟民：现在美术课的内容太丰富了，基本包括了美术的各个形式，对于乡村的学生来说，无法准备齐全材料。教师个人的研究方向也不同，不可能做到面面俱到，怎么解决这个问题？

陆映文：刘老师您好！上次我上了一节做泥塑的手工课，可是一节课才30分钟根本没办法做完，结果只能借了3节课时间学生才能完成，面对这样的问题该怎样解决？

guoruilan：有的学生只关注自己作业本上的评语，对自己是否掌握技能和知识不太注重，应该怎样引导？

teacher0135：进入初中的孩子们正处在青春期，叛逆、自闭，又同时具有强烈的需要被家长和学校所认可的自我意识。据我观察初中的孩子，大部分受家长和应试教育的影响，对美术这门课程兴趣不大。初中美术老师在课堂中处境挺尴尬，不知道刘老师怎么看待？

林云平：现在我们的美术课要针对地方的一些风俗及民间艺术融入教学，如何更好地引入，上好一节课真的好难哟。

guoruilan：老师您好！教师的示范以多少为宜？现在多媒体广泛地应用，教师的示范是否不重要了？怎么样才能有效地提问？经常有老师说“提的问题要有效”，但自己不知道自己提的问题是不是有效怎么办？

朱晓波：现在山东那边倡导学案的教学模式，但是这个模式能用到美术上面来吗？

张　萍：教师的语言很重要也很有魅力，美术老师的缺点是语言表达不够精彩，怎么提高自己的语言表达能力呢？

史盈丽：参赛作品怎么样才能在众多作品中脱颖而出？

……

从老师们的提问，可以看到大家积极地思考，从中发现很多值得关注的问题。很多问题都是相通的，不妨多交流，提出解决方案。

李于昆：教师的专业成长，内因是关键。从老师的提问中，看到老师们的思考。所有的提问都来自真实的教学现场，有的问题在很多老师看来不是问题，但是对某种条件下的老师们来说却是大问题。

刘清峨：我也面临着很多教学困惑。学习是一个不断去伪存真的过程，有时向老师请教，有时查找资料，更多的时候是选择阅读。长期坚持阅读，也许可以帮助我们解惑。

书对人的影响力是无法估算的。由于阅读的时间难以保证，所以书目选择很重要。我尤其看重专家推荐的书目，全部买回来，一本本读，再运用到教学中，发现问题的同时进行教学反思，对自己有实际的帮助。记得新课程伊始，2001年北京师范大学出版社出版的《走近新课程》系列丛书，薄薄的每一本都很好读。《新课程中教师角色的转变》《新课程中的教学评价》，这两本书给我很大的影响。《美术教育：理想与现实中的徜徉》这本书，由于是尹少淳教授亲自签名，送我一本，如获珍宝；读了很多遍，做了读书笔记，也查看了很多其他同行写的读书笔记，受益匪浅！在书中，我们可以了解与思考从“T”形结构看不同层次的美术教育，了解走马观花的义务教育阶段的美术教育和“下马观花”的普通高中阶段的美术教育，从美术课程体系的建构和改革要点了解多元智能理论对课程体系建构的启示，在各个阶段的美术课程的改革要点中反思自己的教学。所以再忙，也需要定期地安排时间静下心来，好好读几本书。

同时，也比较关注课程专家或美术教师同行们撰写的博文。一方面这样的文章不长，大多都是有感而发，读起来很轻松，另一方面可以对应自己的教学，对自己有很重要的指导和参考意义。

当读书和创作已经成为生活中的一部分，也许就没有刻意而为的那种辛苦了。现代社会，我们的工作和生活压力很大。平常最辛苦的时候，我就会拿起画笔画画。松节油和油画颜料的味道混合在一起，笔在画布上感受弹性，唉！一下子就不觉得辛苦了。呵呵。

我的油画老师是陈和西老师，他是一个安静的人，绘画和教学都很棒。今年春节期间，我带着孩子去画室看望老师，孩子请教他一个很尖锐的问题：“画画对我们有什么用？”

老师沉思很久，说：“画画是一个很好的事情。一方面培养我们做事追求完美，要注意整体，要注意细节，是吧？还有一个方面，就是培养我们的创新思维。画画就是要有新的东西，才有生命力。”

在教学之余画画，已经成为我的生活习惯。有时也不吝啬时间和精力，到各地看展览。其实画画没有别的想法，而是画一种感觉，这是我喜欢的一种生活方式。我在教室的前台拐角摆放画架，在家里也摆了。所有走到哪里，都可以画。

学生画，我也画。学生对老师的专业信心（崇拜）来自美术老师专业上的技能技巧，真的很有意思。我常常在画的时候，学生在旁边“打杂”，给我裁剪擦笔的报纸什么的。他们对油画这个行头，也了解了一些。我做底子，也是不背着他们的。学生有时戴着手套给我调松节油和颜料，搅拌，搅拌……很有意思。

从另外一个方面来说，老师专业上的熟练程度，对自己的教学有很好的帮助，能传递出很多信息，通过自己的经验，能把一些东西讲清楚。

画得多了，自己也自信，气质都不一样。教学中要阐释什么，可以少说很多“废话”。示范到了，学生也就清楚了。

李于昆：美术教师的教学示范是一个值得探讨的问题，现在很多教学现场，老师使用多媒体比较多，课堂示范就少了。

刘清峨：美术课堂教学是一个复杂的系统工程，从目标管理、时间管理、问题梯度控制与管理、学生学情的管理、教学方式研究、学生作品展示等课程管理细节中要有效率。

当美术老师不容易。“身怀绝技”还不够，还要“会沟通”。偏偏学美术教育的人都是“老实人”“实在人”，不屑于言语，更不愿意多说。还好这10年来，有新课程“撑腰”，有《标准》“引路”，有培训“充电”，大家都能种好自己的“一亩三分地”，还到处跑跑看看其他人在做什么，有交流和拓展自己知识视野的可能。

在我看来，选择了美术老师这个事业，就好像修行一样，要耐得住寂寞。内心“波涛汹涌”也没有用，实际的务实的工作，才能感受到真实的幸福。只会“打杂”（各种宣传和美术设计）是不行的，还要通晓中外美术史，对现代艺术形态等诸多信息了然于心；仅仅了解多元智能还不行，还要知道皮亚杰；只会苦干是不行的，还要有教学策略；只会画油画是不行的，还要熟练地掌握“造型·表现”“欣赏·评述”“设计·应用”“综合·探索”四个学习领域相关的“十八般武艺”，比如画、粘、剪、撕、捏、卷、贴、刻、搓、雕等方式；站好讲台还不算，还要带美术专业生队伍，出成绩，上好大学。在一个个带着强烈的不确定因素的命题中，不断地在教学中印证自己的思考，苦苦寻找自己的学科价值。幸运的是，新课程给了大家一个追求自我价值的平台。

学无止境。不断学习，拓展学习的渠道，可以向专家请教，可以向同行学习，可以通过媒体了解信息。同时我们要多向学生学习，通过课程建设的渠道与学生沟通，让学生充分展示才艺。学生是最好的教学资源，很多学生的信息量大，在不同的领域都是“小行家”。

在长期的教学实践中，在边“做”边“想”的过程中，在“技术”意识和精神追求的过程中，在教学实践与借鉴、沟通的过程中思考和实践，服务于学生的学习。

最后，我想借这个难得的机会表达内心的感激。感谢新课程给我和同行们一个资源共享、交流互动的平台；感谢《美术课程标准》赋予我们先进的教学理念；在成长的路上，感谢所有关注美术教育的专家和学者给我们一线教学的指导；感谢提供学习机会的老师和同行们，是你们无私的分享带给我思考，由于你们的支持，我才能在美术教育的路上不孤单、不气馁，积极向前。让我们互相影响、相互推动、相互扶助，共同努力，携手向前！

孙　飒

受 访 者：孙飒，杭州市西湖小学教育集团美术专职教师、集团科研师训中心主任，教育部美术学科远程培训“特约评论员”，“国培计划”、省美术教师“领雁工程”主讲教师，全国、浙江省“优秀指导教师”，浙江省“教改之星”金奖、杭州市“教改之星”金奖获得者，杭州市教坛新秀，杭州市基础教育课程改革优秀教师，杭州市学校心理健康教育先进工作者，杭州市第二层次学科带头人。参与人民美术出版社美术新教材修订，参与《小学美术新课程教学法》等12本美术教材、教学专著等编写。

访谈提要：访谈对美术课程的价值，美术教师的观念，实施开放式教学以及与新课程共同成长，创造新型的师生关系等，从一线教师的角度进行了叙述和总结，具有启示作用。

采 访 者：姜哲娴，浙江师范大学2011级美术教育研究生。

文本整理：魏智子，浙江师范大学2012级美术教育研究生。

访谈地点：杭州市西湖小学

访谈时间：2013年9月26日

美术新课程改革与一线教师成长

孙飒访谈

姜哲娴：作为一线教师，您伴随着新课程一起成长起来，在课程改革的背景下，您是如何理解美术课程、美术教学的？

孙 飒：美术学科是提升学生素质的重要途径，基础教育阶段的美术课并不是培养所有人成为艺术家，主要是希望通过美术课让孩子们具有一定的美术素养。在我看来，主要让孩子们拥有一双善于发现美的眼睛和美的心灵，假如孩子们在此基础上又能用双手创造出美，并通过这样的美术学习能发现、感受到生活当中的美，我认为对孩子们的生活和整个成长是非常有用的。

姜哲娴：作为东部发达地区大城市的美术老师，您觉得课程改革在美术教学方面的变化有哪些？

孙 飒：杭州这个城市的美术教学相对于农村小学来说，比如课改从最初到现在已经有十多年的历程，在这个历程中，农村和城市有很大的区别。首先是课程资源不同，杭州作为省会城市，并处于比较发达的地区，拥有良好的美术资源，比如各种各样的美术馆和画展，这些资源在早些年和学生的美术学习相距是非常远的。但在美术课程改革后，美术老师也开始有了开放意识，将这些城市当中的美术资源逐步运用到我们的美术教学中来。举例来说，我们组织学生有各种各样的方式，像假日小队，由美术老师发布展览信息，孩子叫上父母去看画展，开阔视野。再比如说，我们西湖小学所处的位置是有优势的。中国美术学院院长许江评价说，“你们西湖小学位置不是一般的位置。在现代画史上真正称得上大师的人不多，但是在你们西湖小学就有两位。比如西面植物园这里是林风眠故居，林风眠是一位大师。东面是黄宾虹故居，黄宾虹又是一位大师。”像这些画家的故居，包括我们学校不远处的西湖博物馆、西湖美术馆也在我们学校附近。学校孩子也会有与之相关的很多活动，比如带孩子去林风眠故居参观或写生。我们附近还有一些名胜古迹，如让孩子去隔壁岳飞庙画塑像并进行展览。这些对于他们的美术学习来说，从原先封闭或局限于校园，逐渐形成与社会融合的大美术学习状态。这样的开放是十多年前大家所料想不到的，以前感觉美术教学就是课堂上的事情，事实上现在的美术教学越来越与整个社会的环境、背景以及我们的生活联系在一起了，这个是感受特别深的一点。

姜哲娴：您作为长期坚守在美术教学岗位的一线教师，美术新课程、美术教学对您个人成长产生何种影响？

孙　飒：我可以说是老教师了，我1989年从事美术教学到现在已经24年了，回想我的美术教学生涯，事实上我对新课改以前的十多年美术教学，很少留下印象，我能想到的只有新课改以后的一些记忆。我在想这是什么原因呢？后来我自己也找到了原因。2002年我开始接触到美术新课程，当时我以非常大的热情投入到美术新课改的教学当中。那时也有一个现状，学校美术老师编制不足，前些年低学段美术课是兼职老师教，专职老师教三年级以上。那年新课改开始，我们就去跟校长申请要当一年级的美术老师，也得到了学校的支持。我印象特别深刻的是，那时我能沉下心来，用心去感受每一节课，在每节课中我都有非常多的发现。从那时开始，我去享受每一节美术课，不光在课堂当中令我有享受课堂的感觉，晚上回到家忙完家务之后，我还经常会回想在课堂上发生的有趣的、有意义的，包括值得反思的事情，我会把它们一一写下来，这对我来说是很享受的过程。从2002年开始我就写下了几十万字的教学随笔，在

姜哲娴采访孙飒，2013年，杭州。

记录教学随笔的过程中，我在不断感悟新课程和我的美术教学。我认为新课程是引发我美术教学的转折点，从此之后，美术教学的点点滴滴都变成了有意义的教学故事。有人曾经说我是一个“最有故事的美术老师”，因为我写了很多教学随笔，有些老师也阅读了。实际上，这些故事都是非常微小的，在别的美术老师的课堂中也会经常发生。我的课堂在新课改之前也有很多这样的故事，但当时没有去留意，更没有想过记录下来去反思，这个是完全不同的。通过深入地去感悟、去体验、去记录、去反思的这样一个过程，对我后面的成长有相当大的作用。

姜哲娴：您不仅将美术教育当作一份职业，更是用心投入将其当作一份事业在做。课程改革影响着很多一线美术教师，请谈谈美术新课程改革对一线美术教师在常规美术教学中产生的影响。

孙　飒：其实这个影响应该说是一个循序渐进的过程，不是说新课程一来，大家就改变了，这个改变不是一朝一夕的事情。从我自身和周围老师当中我看到，新课改带给我们很大的改变。首先这个改变是观念上的改变，蔡元培曾说：缺乏美术教育，会抑制人的情感的发展，使人导致迂腐、僵化和缺乏创造性，更缺乏情感活动。我当时在想，为什么我们从小就有美术课，经历过美术教育，但是思维仍然是僵化的？这跟我们以前或传统的美术观念有关，很多美术老师将美术课当作纯知识技能学习，甚至说美术课就是纯图画课，然后就跟大家一起学画个什么，或者说是工匠式的，就像师傅带徒弟：我画什么，你就画什么。包括现在许多人教水墨画也是这样，几步下来就画一只虾。现在纯知识技能的美术观念逐渐被摒弃了，知识技能只是一方面，更倾向于关注学生的美术学习的过程和方法，关注学生的情感态度和价值观，这是美术课程的三维目标。这些都是新课程里面比较核心的观念，这些观念已经逐步深入到每一个美术老师的心中。除了观念之外，更重要的是行动，怎么把理论上的东西落实到行动上，事实上我觉得行动体现在许多方面。首先师生交往的改变，传统教学老师是绝对权威，地位居高临下，但在新课程理念指引下，大家都觉得师生之间的关系不应该是这样的关系，而是一种平等民主的关系。老师在课堂上跟孩子的交流，包括老师在课后和孩子们的交往，也都是一种比较开放、平等的态度。在这个当中，老师就有了很大的变化。以前老师站在讲台上讲课，后来很多学校把讲台都撤走了，老师就走入学生之间讲课。班级的座位也有了很大变化，美术学习中用到小组讨论，包括四人小组、六人小组，马蹄形等，便于孩子们进行合作讨论。还有组织形式、老师站的位置，课堂上老师的用语、姿态等。

姜哲娴：确实，在课改中美术教师的各方面都发生了变化，我相信不仅是教师，在美术学习中学生的收获更多。那如何通过美术课堂教学形成学生的美术素养？

孙　飒：刚才讲到师生关系，在师生的交流方面，课堂上教学方式的变化也很重要。以前是老师讲、学生听，接着是学生画。新课程要求学生通过自主合作探究进行学习，这让课堂产生很大改变。学生在课堂上不是被动接受知识，可以自主发表观点，同学们通过合作一起来探讨、研究、学习，甚至分享感受以及合作完成一个作品。这样的课堂让他们更快乐，所以我现在经常提到"幸福的美术课"，让学生在课堂当中感受愉悦感和幸福感。课堂其实是一个师生的双边活动，孩子们感到幸福，老师也会感到幸福。我一回想美术课就有很多幸福的场景留在我脑海里。比如人美版有一课表演《电视》，孩子们合作画一个场景，像电视一样放映过去。孩子们做的道具各种各样，有人做了纸箱子，让画像胶片一样放映，两个孩子拿着纸箱子，一个孩子拉过去，另一个孩子旁白，就这么一组一组表演，当时在教室里大家都觉得非常开心。还有一课《手》，我们用颜料直接画在手上，根据手臂造型做出各种动作、各种姿态，几个小组进行手的表演。我们搭了很简易的台，用两支竿子，拉了一块桌布，看起来像舞台的幕布一样，孩子们排练好躲在桌布后面，把手伸出来表演配旁白。有一个组我印象特别深，起初看不懂他们画的是什么，然后孩子告诉我表演的是《洗澡》。先是一只涂红色的手伸出来，说是太阳，旁白说今天阳光很猛，天气真热啊；另一只灰灰的手伸出来了，旁白说出了一身汗，该洗澡了，原来是一个脏小孩；又有一只蓝色的手伸出来了，手往下伸，说哗哗哗，水来了、水来了；最后伸出来一只白手，旁白说擦上了沐浴露，擦擦擦，原来是洗澡的一个过程。大家都笑得前俯后仰。课程改革后的课堂跟以前的课堂不同了，这是低学段的。比如高学段的浙美版也有一课《舞台的设计》，孩子们合作做了舞台、道具和服装，并进行表演。我们那节课是在学校风雨操场的大舞台进行表演，整节课用摄像机拍了下来。学生们像准备毕业晚会一样认真，无论是课内还是课外都很积极排练，那一天给了大家很大的惊喜，无论是服装还是整体的呈现。服装都是由一些废旧用品做成，挺有意思。其中有一组表演

《三国演义》，他们用塑料袋、废旧报纸做成武士服装、帽子。他们不仅做得很精细，效果很好，最重要的是融入了孩子们的表演，把各种艺术综合在一起进行展现。对于孩子们来说，这种体验是以前的美术课没有的。另外是教学评价，以往我们给学生打一个成绩就算是评价。课程改革之后评价方式发生很大改变，一是评价对象不只是老师评价，学生自己也可以进行自我评价，还可以学生之间互相评价。我们有很多种评价方法，可以让学生自己给自己写评语，比如自己的一幅画、一节课等感想都可以写下来，半个学期、一个学期对于自己的美术学习优势、收获和不足也可以用自我评价的方式进行尝试。我这个学期刚接了一个六年级的班，之前都是兼课老师教，班级的情况我不太了解，所以我给他们出了一份始业问卷。我设计的问题是：你心中的美术课是怎么样的？分两块：1．你心目中幸福的美术课是什么样的？2．你最不喜欢的美术课是什么样的？学生说最幸福的美术课是老师亲切、时间充足、有趣味、每一节都可以画画。其实我觉得都说出了他们自己的一个内心想法。最不喜欢的美术课是老师凶巴巴、没有色彩、乏味。我通过这样的形式了解学生是如何想的。如你心中的自我美术学习情况：1．对自己美术学习知识能力的评价；2．对自己美术学习情感态度的评价。我发现这个年级学生对自我美术学习评价能力总体不高，评价自己优秀的同学在整个年级不到30%；情感态度方面略微好一些。针对这一点，专门对提升他们美术学习的自信心进行了心理辅导。还有一些问题比如你对于自己今后美术学习的期待，以及新的学期你觉得自己在美术学习方面有什么需要改进的地方，孩子都把自己内心的想法写出来了。最后一栏，在这三个问题以外的，我设计的问题是有什么想跟老师说的话都可以说。有学生说希望老师每次都带来快乐的美术课，我看了非常感动。我会在学期初、学期中、学期后以这样的方式让孩子对自己的美术学习进行自我评价。我也通过这样的方式和他们进行沟通，对他们有更多的了解，也希望他们像教师反思课堂一样，并能对美术学习有一定的期待。

姜哲娴：您在美术新课程改革中取得了很多成绩，主要是对现代教育技术即网络美术教学、美术课堂、开放式美术教学等三个方面产生影响。请您具体谈谈网络美术教学新方式、现代教育技术在美术教学中的应用。

孙　飒：我在这方面做了一些研究和实践，因为时代在进步，现在和十多年前的社会是完全不同的，信息化时代的网络运用深入到每个人的生活当中。如果教学还停留在原地，就不能做到与时俱进。我在很多年前，就在考虑一方面如何将信息化资源运用到美术课堂，另一方面是运用网络学习的方式让学生的美术课堂真正发生有意义的变化。网络教研也是基于我们学校网络的优势，西湖小学是全国现代教育技术实验学校，我们的校园网是全国100强之一，学校代表浙江省参加了全国的现代教育技术展演。对于我们学校来说，本身就有着技术、硬件优势。当然我们能够获得教育部认可为现代教育技术实验学校，只有硬件设备的话，是不够的，我们在实际运用上有措施，网络教研在我们学校很早就实施了。学校是集团式学校，平时三所学校的老师很难碰面进行交流，一周一次也难实现。我们通过网络开发了一个平台，即联合备课网，现更名为耘网（全校征集的名字），我们把自己的教案全部发上去，大家共享。通过这个平台对同组老师的教案进行点评，直接在下面进行回复、评论，互相进行交流，这是一个非常好的平台。还有一个论文交流系统，美术的论文、随笔或教案都可以进行共享交流，这个是不分学科的。美术教师还成立了美术教研组博客，博客比一般的网站优势在于交流更方便，博客上会经常更新一些活动新闻，公开课的公告，教案等。同时我们在课堂上还进行现场评课。在上课时，老师们可以即时将评论发送到网上，可以从电子屏上看到其他老师的评论，包括其他学校老师来听课，哪怕不能马上加入我们现场网络互动，也可以马上看到大家的评论。这样的调研方式很便捷、快速，效率高，打破了时空观，包括有些老师没有来观摩课堂，也可以通过评论，或者我们录播系统做的录像来感受、了解课堂。这样的平台和渠道的开拓，给我们的教研增添了活力，让我们的调研开展得更深入。

事实上，师、生、家长三方的网络互动是我当时做的一个课题。我发现尤其城市低年级的家长非常关注和重视美术学习，他们跟老师、美术教学距离很远，他们渴望了解美术老师，却苦于没有这样的渠道。据此，我从2005年开始做调查，调查结果显示我所教的年级80%的同学家里有电脑可以上网，其中一个调查是“您是否希望和美术老师更多交流”“是否希望更多了解孩子的美术需求”，结果比例是比较高的。基于家长需求和实际条件，我们校内很多老师一起开发了很多网络平台，比如校园网专门有一模块专题网站，我们制作了很多美术学习网站，比如泥塑网站，这里面有很多泥塑的欣赏、制作泥塑的方法。孩子们在家里看着校园网就可以进行泥塑学习，还有戏剧脸谱等。我有一次上装置艺术课，就把装置艺术做成了一个网站，像涂鸦艺术则做了电子杂志。像这些专题网站或网络资源我们将其放置在校园网上，孩子们课内课外都可以进行学习。另外还有专门的“花仙子网校”，其中的“七彩小画手”是专门发布孩子们的美术作品，家长能够通过这个平台欣赏到孩子的作品。后来我们逐渐开发出了更多的平台，比如班级博客，发学生的优秀作品，家长更愿意关注，平台本身是对孩子进行鼓励，同学之间互相进行评论，家长也能够对孩子以及班级其他孩子的作品进行评论。语文老师、数学老师也可以进行评论，这样的互动不仅仅局限于老师和学生，而是把多个老师、家长，不同年级的学生都联系起来。班级博客上的三方互动做得是最好的。后来我们也有很多其他渠道，比如教师博客、孩子们的博客，都有很多美术方面的互动。还有很多互动的策略和方法，包括课内或课外。我们通过孩子课后看画展，把课外学习的资源发到网站上，包括拍到的照片以及他们课外学习的感想等。有次省美术馆展览时，有个有心的孩子把一些美术知识的题目抄回来，在班级网站上与同学们共享，对没去的孩子也有了跟原先不一样的学习途径。三方互动给家长更多了解孩子美术学习的渠道，把美术学习从校园小圈子发展到校园外，我称之为“走出围墙的美术学习”。不仅融入社会，而且打破时空，这在早些年是不能想象的。像这样的研究也一直在持续，开始我更多的是发布作品，后来是发表学生们的感受。我现在也会把美术欣赏的内容，包括画家的作品、现代艺术的内容发布，让孩子们的眼界更开阔。家长也在网站上留言，谈起自己小时候很喜欢美术，可是没有学习条件，现在孩子回家讲波洛克、达利，刚开始家长都不知道。因为我在课堂上介绍过，家长们会在网上搜索，有些热心家长甚至把介绍分享到网站上，大家又在课后继续学习，家长之间也互相分享，家长们说如今是和孩子们共同成长。

姜哲娴：您是杭州市“学校心理健康教育先进工作者”，“幸福的美术课”课题的研究与实践者，在美术教学中您是如何关注学生心灵成长的？

孙　飒：这也是我目前正在研究的课题，“幸福的美术课”我觉得除了把美术课上得有趣，吸引孩子，让孩子觉得愉悦以外，在美术课上运用一些心理学的知识对孩子成长也是非常有用的，尤其引导孩子们多关注自己的内心。我们在上美术课的时候，让他们多去表达。我现在不仅是让孩子去创作自己的作品，也会让他们去说一说、写一写。事实上，小学生的美术作品，我们大人去看可能看不懂，只有他们去阐述我们才能真正地理解。上一次在浙江省美术研讨活动中我上了一堂公开课。其中一个环节是用点、线，运用比较抽象的方式来表达自己的想法。有个孩子反应非常快，几笔纵横交错的线条，颜色也很简单就完成了作品，拿上来进行展示。我们都没看懂是什么意思，我说你这是什么意思呢？他当时是这样说的：“这就是我的生活，竖线条代表日子，星期一、星期二、星期三、星期四、星期五。横线条代表学校和家里，我现在的日子就像画板上的线条一样，每天过着重复的生活，上学回家回家上学，只有非常偶尔的节假日才有可能产生一点色彩的变化，我急切地想要打破这份重复，我想要每天不一样的生活。”他一说完全场500多个老师都给予了热烈的掌声，这幅作品虽然其貌不扬，但是孩子们通过美术语言表达自己的想法，对他来说是很有意义的。作为我们美术老师，在课堂上能够引导孩子通过美术把想法表达出来，无论画出来、写出来、说出来都好，让孩子在美术课堂上抒发自己的情感、表达自己的想法。另外还要能够引导孩子去关注自己的内心，能够自己去想一想究竟是怎么样，他希望怎么样，他还能怎么样。美术和别的学科不同，本身有作品可以呈现，他在欣赏别人作品当中，怎么样带着自己的情感欣赏，怎样理解作者的情感，这是深入到美术欣赏内部的问题。这是一种意识，无论是欣赏评述、综合探索、造型表现，都要有这样的意识去引导孩子，让孩子去表达自己的情感，我觉得这非常重要。还有一节课让我印象很深，上的是女画家《卡罗》，她一生创作了很多自画像，我问他们看了之后有什么感受？他们看后很惊讶，他们问："卡罗为什么不会笑"。当时，他们对她还不了解，后来我就讲述了卡罗的经历，她从小常患病，后来又出了车祸，经常动手术，躺在病床上。孩子们就开始理解了，接着我们再深入欣赏她的作品，她有一幅作品一面是阳光灿烂，一面是灰蒙蒙，我问："你们对这幅画有什么想法？"有个学生说："为什么告诉自己要坚强的那里是灰蒙蒙的，而躺在病床上的一面却是阳光灿烂，我觉得应该倒过来。"我当时没有回答他，我就问："其他同学有什么想法？"就有同学说："我是这样想的，卡罗经常要动手术，这是她的现状，所以她这边是明亮的，因为是现实，而这一面是她内心的想法告诉自己要坚强，所以是灰灰的。"我当时很佩服孩子，学生们一旦投入情感去理解作品时，他们往往会有我们老师意想不到的敏捷思维，我当时想我可能也答不出像孩子们这么精彩的答案。就是在这样的课堂中，我觉得我和孩子们在一起成长。

姜哲娴：在您的身上让我们看到了"幸福的美术课"，也体会到您的教学观和教学方法以及开放式教学带来的收获。

孙　飒：是的，我前期参加了很多美术老师的培训，比如"领雁工程""国培计划"等。"国培计划"到了安徽、重庆以及本省等，跟这些老师接触比较多，也会跟他们有书面或网络交流。于农村的美术老师来说，他们对于美术教学的幸福感可能不是那么强，当然这不只存在于农村学校，相对于其他学科来说，美术可能没有其他的学科受到的重视多，有些老师会对地位不高，他会对工作不是很有热情。首先我认为这与自己的观念有关，你要喜爱美术教学本身，要带着积极、热情的态度来进行美术教学。美术教学就像人与人一样，你热爱它了，它会给你更多的回报，会让你有更多的愉悦和享受。当时有人称我为“美术教育的发烧友”。之前学校里的家长会，去开家长会的老师大多为英语老师、数学老师等重点学科的老师，可是我每次都抢着去巡讲美术学习。我觉得美术学习很重要，也希望家长能够对美术学习多一些了解，同时把美术学习上的新观念带给家长。我发现一部分家长是对美术学习有兴趣的，但他们不知道怎样去辅导孩子，美术学习的观念也存在问题。对于家长来说，他们也急需提高对美术学习的认识和美术评价的素养。通过我的宣讲，包括在博客与家长进行交流，让家长很受用。我觉得当好一名美术老师很难，一点也不比当好语文、数学老师容易，甚至更难。但是一个美术老师，首先自己要热爱这份工作，用心去做好这份工作，就会想出很多办法来。贯穿好家长和孩子两头，真正让我们的美术学习带给孩子愉悦，让孩子觉得幸福，同时也让自己觉得幸福。

龙俊甲

受 访 者：龙俊甲，苗族。湖南湘西凤凰县腊尔山希望小学特级美术教师，湘西土家族苗族自治州美术学科带头人，曾获教育部、中国美协颁发的“学术贡献奖”，2013年“《美术报》年度人物”，湘西土家族苗族自治州先进工作者、优秀教师、“五四青年奖章”、“十佳教研之星”获得者。中西部农村中小学教师远程培训市级美术辅导教师。

访谈提要：乡村美术教师的成长与收获，乡村美术教育的现状与发展变化，地方课程资源开发的方法与途径，以及乡村美术教师的困境与解决之道。

采 访 者：谷炽辉，湖南第一师范学院美术系教师，“蒲公英行动”项目助理。

陈卫和，广州美术学院美术教育研究所所长、研究员。

访谈地点：湘西土家族苗族自治州凤凰县腊尔山希望小学

访谈时间：2014年9月12日

我的乡村美术教学之路

龙俊甲访谈

陈卫和：龙老师您好！先请您介绍一下自己成为乡村小学美术教师的经历。

龙俊甲：1995年我从本县进修学校毕业，当时很多乡镇缺老师，经教育局推荐，我到本县山江学区任教，由此迎来我人生第一份工作——代课教师。当时的心情用欣喜若狂来形容一点不过分，我想我不但可以靠自食其力来供养自

龙俊甲与学生在一起。

己和减轻家人负担，而且还可以实现我的理想。班里的伙伴知道我任教的消息也都为我高兴。可我高兴之余，不禁又担心起来，我将要成为一名人民教师，第一次由学生向教师转变，心中的激动无法形容。然而，我却有点怀疑自己是否能讲好课？担心学生会不会听话？我能胜任吗？带着这种兴奋与忐忑不安的心绪，我背起行囊，怀揣着梦想走进那个神奇的小寨子——得胜坡村。这是全乡最贫穷又最偏僻的地方，火柴盒一般的房子拥簇在大山的阴影中，一样的破烂不堪，一样的阴暗潮湿。成群的“的那”（男孩）、“的妹”（女孩），拖着尺把长的“猪油”（鼻涕）、脏裤管在狭窄的“小巷”中穿梭嬉笑。他们见我一个陌生人立即停止了一切活动，瞪着一双双好奇的目光看着我。这些八九岁的孩子应该在美丽的校园生活，在宁静的教室就读。可是，眼前的这一切不能不引起我的思考和不安。老实憨厚的老村主任接待了我，把一张写着不同年级的三十几个学生的名册交给我，把我带到了学校。呈现在你眼前的是一间破烂的摇摇欲坠的房子，用石头和土砌的墙，一块凹凸不平、点点星星的黑板，坑坑洼洼的地面，到处是斗架的公鸡、觅食的猪、放牧的羊……无论如何你都不会相信那是一所学校！村主任介绍说：没有电灯点煤油灯，没有板凳各人自备。但是条件再差也得用，因为那是生产队的旧仓库，是全寨子唯一最宽的空房子。全校就你一个老师，既当校长又当班主任兼任课教师和保姆，两个班只坐一个教室。一年级18名、二年级16名，还有学生带来几个弟妹。上级说，那叫“复式班”。寨子人说这样好，娃们坐一堆热闹，照看也容易。你的单身卧室便是那木板铺的“二楼”，一伸手就可以碰到屋顶。

第二天我便进入了我的正常教学，两个年级挤在一间教室里，我轮流着给他们上课，常常是我要给那个年级的孩子上课。而这个年级的孩子们要做作业，有的学生先做完，就会问：“老师，我的作业做完了，现在又要做什么呀？”讲着课的我又要停下来给他们布置好学习任务。这要有足够的耐心，我就像个陀螺不停地旋转，好像总是没有停下来的时候。我从小喜欢美术，在那里美术特长毫无用武之地。我坚持用竹竿在学校的土操场上画，用铅笔画风景、动物，课余带喜欢美术的孩子画点画。为了不让学生对我的课产生厌烦，我经常想办法变换花样给学生上课。没有教具，我就自己动手做。上体育课没有广播，我就自己念。学校的草坪上总有我和孩子们一起做操，一起游戏的身影。望着一个个天真、无邪、渴求知识的孩子们，我暗暗为他们感到庆幸，因为还有好多同龄人因没钱而不能上学。他们自己也深知这一点，所以尽管有时空着肚子也要按时上课，尽管他们需要付出比城里孩子多千倍万倍的努力，尽管上大学是一个遥远的梦，但是这些孩子都以巨大的热情学习、探索，有一个信念支配着他们：走出大山、跳出农门……

而点煤油灯，自己挑水喝这些都不算什么，最让我尴尬的是每月106元的代课费。对于都市里的教师是难以想象，这106元钱不仅无法解决自己的生活，而且还要从这106元钱中挤出一部分用于帮助贫困孩子，怎么办？于是我每月都回家背米来吃。临寨子20多公里外有一个圩场，逢圩场日，我不必买柴火和菜，早早就有家长来学校叮叮当当敲门，当你以惊讶的面孔面对这些家长时，他们会高兴但木讷地说这些山货是送给你的。逢年过节讲台上总是摆满了货物，其热情使你不知所措，其真诚不容你拒绝，其善良让你深深感动。每当逢圩场日哪家卖出一胞猪仔或遇上节庆、红白喜事什么的，硬是拉着我和他们一起喝个痛快，因为在寨子里也只有寨老和老师是最受他们尊敬和欢迎的。

代课3年期间，许多同学纷纷外出打工，朋友劝我放弃这又累又贴钱的临时工作。可是，每每看到孩子们那渴求知识的目光和寨子里家长们信任的目光，我更加坚定了我的教学之路！我想都没想就回绝了。我的愿望是：能在这个讲台上给大山注入文化与知识的生机，改变众多山里孩子的命运，我所做的一切就值。“山里的孩子需要我啊！”时隔19年，我回忆起父亲这句话时心情还是激动。而1998年随着代课教师的精简，这样的日子也没了。

我热爱教育事业，能够为乡村的教育事业贡献自己的微薄之力，我感到无比自豪。可作为一名代课教师随时都要面临告别自己酷爱的三尺讲台，要面临告别山里可爱的孩子，我舍不得我热爱的这份职业，更舍不得乡村的孩子。为了让孩子们踏上求学之路，也为了我的教书梦可以延续，我不断努力充实自己。那3年里，我边教书边复习参加高考，最终考上吉首大学师范学院美术专业。在那里我度过了虽清贫但是很有意义的3年。得知我要走的消息，那群孩子和家长们倚在教室门口看着我。我边收拾东西，边含着眼泪向他们挥手，都不敢转身，不敢再望他们。我最后告诉他们：如果可以，我会回来。家人非常理解我想当老师的心愿，所以尽全力送我去吉大师范学院学习。我也抱着对美术的爱好，珍惜着这来之不易的学习机会。在校期间，我深知我是一个出生农村的学生，不能和很多富家子弟相比，只是一心扑在学业上。然而入学以后的情形，完全是我始料未及的。我当时感到心灰意冷，甚至有点自卑。看到其他同学都有很好的基础，并且都是学过美术的，我却是半路出家仅仅是对美术爱好而已。人家都是十七八岁的年轻人，而我已年近30，显然不在同一个年龄档次。如此的学习态势，不用别人说什么，我自己的心理就很不平衡，当时我真想打退堂鼓。但一想到这是为工作而学习，我就又来了精神，暗中发誓一定要以最好的成绩来证明自己。功夫不负有心人，我的学习成绩提升很快。中午、放学、周末我都不敢休息仍然待在画室里练习。在两年中的120多个双休日里，我都是这样度过的。同学们都被我刻苦好学的精神所感动。尽管辛苦，但我的心情是轻松的，因为每次都能学到新知识。我自信地告诉自己“我相信、我能行、我成功”。在我学习期间，家里节衣缩食，母亲常年积劳成疾，父亲也患了严重的坐骨神经痛，不痛到奄奄一息，不到最危险的时刻，他们是不会去医院的。记得有次我回家取生活费，看到母亲在床上痛苦地呻吟着，父亲叫她到县里去住院，她就是不去，只是喊来村里的赤脚医生打几针，她说“这个病，死不了，忍忍就过去了，留下钱给老三交学费”。听了母亲的话，我抑制不住心中的愧疚，一阵酸楚。是啊，父亲那时的工资都给我交了学费，每个学期

4000多元，一年的学业费高达万元。对我们这个收入并不高的家庭来讲是个很大负担。家人的理解和支持，给了我压力和动力，我感到责任重大，我只有努力学习，才能对得起家人的关心和支持。母亲用泪水和微笑浇灌着曾经的生活，她身处困境的乐观令我动容，母亲在逆境中那饱含的善良令我珍惜，所以善良和乐观的心境是我一路走来的动力。而父亲没有泪水也很少欢笑，他历经生活磨难而不屈的态度，他教书育人那认真的执着，都是我骨子里那不屈的见证。两年艰辛历程，我终于在2000年以优异成绩毕业于吉首大学师范学院美术班。这时两林乡一带缺老师的消息传来，我当时的想法是“能够当老师就最好了，即便回到农村，我也不计较什么条件”。于是收拾好东西又回到乡下，成为教育系统正式的美术老师，工资也涨到250元。我对新工作挺满意，一心想好好做一个美术老师。可报到时，却让我的心凉了半截，因老师缺乏，学校的办法就是不管你是啥专业，对不对口，首先得满足语文、数学科目的教学。我最终被安排上语文课兼班主任还有其他一些科目，成了一个实实在在的“万金油”。即使这样我在那里还是拼命干了两年，随后带着不少困惑和遗憾离开两林学区，调到了腊尔山希望小学。

谷炽辉：您刚到腊尔山希望小学时，那里的美术教学是一个怎样的情况？

龙俊甲：腊尔山，是凤凰县的“西伯利亚”，一个条件十分艰苦且很难留住教师的地方。但是为了能够教美术，我很高兴地选择了这里。腊尔山希望小学是湘西凤凰县的一所少数民族寄宿制重点小学，位于腊尔山镇中心，具有100多年的办学历史。全校现有教职工56人，96%是苗族；共有22个教学班，学生1000余人，98%是苗族。我2002年到腊尔山希望小学任专职美术教师时，这个边远高寒山区的希望小学才第一次有了专职美术教师。我本以为专业对口了，终于可以在农村美术教育中好好大干一番，实现我的理想，但这时我却发现自己没法上美术课了，因为腊尔山山高路险，交通闭塞，气候恶劣，是湘西自治州苗族集聚的一个极其贫困的地区。由于经济落后带来了教育的落后，美术教学是学校教育中最薄弱的学科之一。受工具材料限制，美术课在这里很难开展。许多学生因家庭困难无钱购置绘画工具，除了学校发的国家统编课本和一本薄薄的练习册及同学们自己的一支铅笔之外别无他物。按照统编美术教材内容上课，大多数学生只得眼睁睁地看其他个别有美术材料的同学完成作业，干巴巴地坐等下课。我这个美术老师不得不给这些贫困生“放羊”，久而久之部分贫困生由爱上美术课而发展到害怕上美术课，他们幼小的心灵产生了巨大的压力，自尊心受到了极大的伤害。美术教学遭遇的尴尬，作为美术老师的我心里很痛苦。难道边远贫困山区的孩子不能上美术课了吗？他们没有享受美的权利吗？这对义务教育阶段的山里孩子是多么不公平啊！为了解决这些困难，我无数次自掏腰包给贫困生购置美术材料。但都无法长远地解决问题，贫困生太多，我的工资有限，这只能是杯水车薪啊！面对渴望的大眼睛，我苦苦思索……为了让每个孩子都能上美术课，享受美育的快乐，我尝试将泥塑内容引进课堂，带领学生走到田间地头，玩起了泥巴，但家长和学校都不理解，不能接受那种开放式的玩泥巴现象。一次上课，我带领学生挽起衣袖和裤脚，正在田里淘泥巴，被几位干农活的家长看见了，他们指着我的鼻子破口大骂：“你这叫什么老师？不好好上课，却带孩子们出来玩泥巴！”后来，我又尝试将民间美术引进课堂，把苗族背裙、苗族绣片、苗族花带等带到课堂来上课，还邀请民间艺人来讲故事、传技艺。一些老师不知我在玩什么名堂，认为我想偷懒不上课，背地里把我告到校长那里去。面对学校、家长、社会的不理解，我苦恼了。课本很多内容不能用于实际教学，课外的素材又进不了课堂，我该怎么办呢？我不仅在教学中到处碰壁，在主观上还显得那么束手无策——农村学校条件差，师资力量薄弱，像美术这样冷门的学科更是不被重视，渐渐地越来越不能得到家长和同行们的支持。

这时自己也对这个专业产生了怀疑，甚至产生了向其他学科转变的意念。正当我左右为难陷入困惑时，湘西自治州教科所前美术教研员刘宇新老师来到我校指导美术教学工作，在他的热情关心指导下，我得到了很大的启发。

陈卫和：您如何得以认识这些美术教育专家和老师？

龙俊甲：自2002年秋季，我调进腊尔山希望小学后有幸与湘西土家族苗族自治州教科院美术教研员刘宇新老师结缘。记得那是秋末冬初的一个下午，刘宇新老师来到我校指导美术教学工作。我把上美术课遭遇的尴尬和苦恼对他讲，于是他给我讲了一些开发农村美术教学资源的路子，后来在他多次热情关心指导下，我得到了很大的启发。

2003年7月，儿童美术教育专家谢丽芳老师携手刘宇新老师，为争取让更多儿童获得美术教育机会，同时使我们民族多样性的文化得以延续，作为教育部艺术教育委员会和中国美术家协会少儿艺术委员会主办的“成就未来——少儿课外美术教育工程”的一个组成部分，我校在刘宇新老师的力荐下有幸被选定为由美国福特基金会资助的“蒲公英行动”美术教育课题实验学校。我也由此参加了“蒲公英行动”课题实验教师培训。通过培训，先后有幸结识了一些有影响力的美术教育专家、画家等。如：何韵兰、尹少淳、侯令、朱凡、何进、魏瑞江，包括陈老师您在内的一批专家、教师，还有凤凰县教育局教研室主任田仁俊以及课题组的专家、朋友们，得到了他们的热情帮助与指导，使我更新了教育观念，提高了认识，充满了信心，也终于找到了贫困山区上美术课的突破口，找到了开发农村美术教学资源的路子，开始了探索之路。

陈卫和：请您谈谈对自己美术教学影响最大的人以及与他们的交往。

龙俊甲：我觉得刘宇新老师和谢丽芳老师对我的美术教学影响最大，他们一直是我的人生榜样，与他们相识已将近十多年了，他们那种对年轻人、对山村教师的关爱、鼓励、赞赏，常常使我多少次在逆境中前行倍增了勇气和力量。他们对美术教育事业的执着与信念，时刻鞭策着我对美术教育事业的追求。

陈卫和：您记忆最深的美术课是怎样一种情景？

龙俊甲：使我记忆最深的一节课是这样来的：有一天我吃过晚饭在校园中

散步，刚走到食堂附近，突然有个学生举着一块奇形怪状准备当柴烧的废树皮给我看："老师，你看这块树皮多有趣啊，像人的一张脸，这是嘴巴，您看这眼睛多有意思。"一下子围了好多学生来看热闹，都说很好看，同学们也相继争先找到有特点的树皮："老师，我这块也很像人的脸哦！""老师您看我这块树皮可漂亮啦！""老师我这块的鼻子可长啦！""我的还有毛咧！"同学们可开心啦，一个个那得意的样子，就像过年似的。我顿时想，何不利用这废弃的树皮给孩子们上一堂美术课呢，《面具——变、变、变》就这样应运而生。在学习这一课的同时我顺理成章地引进了当地的傩面具传说故事，了解苗族历史渊源，让孩子们领略民间美术的独特魅力。在2009年全州美术赛课中我上了这一课，取得了较好的成绩，后又被拿到省城上了，产生了一定反响。

陈卫和：看来您很善于利用身边触手可及的材料来进行美术教学，您能否谈谈美术课上印象最深的学生?

龙俊甲：给我印象最深的学生有很多，我在这里简单介绍几个。第一个是正在辽宁师大美术学院就读的隆翠同学，原是美术兴趣小组的学生。记得她刚参加兴趣小组时，在上稻草编织时，她总是编不好。于是，大家都议论纷纷，说她是不是有问题，别人一节课都能学会，而她一个星期都不会。隆翠听了非常失落，向我提出退出兴趣小组。我想了想，从另外一堆稻草中拿出一把稻草给她说；"不是你编不好，而是你不会选这稻草。来换上这把试试看，你肯定行的。"我的几句短短的鼓励话，使她备受鼓舞，她再也不去理会别人的讥讽，认真反复练习。果然不出所料，她的编织技术越来越好，成为一名优秀学员。其实是同样的稻草，只不过是我的鼓励让她激发出奋发前进的力量——自信，使其不断走向成功。

其次是现在在湖南师大美术学院就读的吴啸云同学。父母离异，小学时经常逃学、和别人打架，老师、学生经常告状，都很讨厌他。他感到很自卑，打算不读书了。我知道后发现他有一定的美术特长，于是我让他加入了美术小组。开始他还不信，以为我拿他开心，后来知道是真的高兴得不得了。我鼓励他说："其实你有很多优点，你的思维非常活跃，每次作业都有自己的想法和创意，而且接受能力强，多想想自己的优点，你一定行。"他听了，非常感动，从此他不再自卑，也放弃了不读书的念头。在美术小组上我常常鼓励他，常拿他的作品当范例，让他在美术活动课中找到了自信，有了成就感。后来他在班上成绩也慢慢好了起来，对其他科目也相对感兴趣了，老师、同学也开始接受他了，后来还考上了县城的一所重点中学，进了大学。在一个教师节里我收到了他给我发来的一个信息："老师您好，我是您的学生啸云，还记得吗？感谢小学时您让我参加了美术兴趣小组，在小学时您对我的关心与帮助，我终生难忘，要不是您我也许走不到大学殿堂，是您、是美术让我重拾我学习的信心。"

还有正在凤凰县城读高中的学生龙照芳，每次回来碰到我就说："老师，回忆起前几年在腊尔山希望小学读书上美术课的情景，真是觉得有那么一份亲切感。"她还说："上美术课时，有时候您带领大家一起到田里去挖泥巴，不一会便和大家一起加工成一件泥塑品，那时候真好玩。我永远也忘不了。"

最后一位是在浙江打工的学生龙金世，每年回来都要来我这儿看看，时常对我说："老师你以前给我们上课传授的不光是美术知识和动手能力，还有那些做人、做事的道理；面对困难，要积极思考，穷则思变、思则变通，学会用自己的智慧去改变命运的困境。以前似懂非懂，现在长大了到外面才领会您的话。"而现今的龙金世已是一名在中外合资企业工作的车间组长。

现回想起来，孩子们在我的眼前一个个出现，就像放电影一样，我相信，孩子们的话是真的，情也是真的，因为孩子们的心是最真挚的！想起孩子们的话，我的心已经被他们感动了，感动着他们的感动！

谷炽辉：您刚刚提到了编稻草和挖泥巴，这些都是您所在学校的地方美术课程资源，除此之外，这些年您还开发了哪些地方美术课程资源来作为校本课程呢？

龙俊甲：我们有着丰富的民间文化资源（如剪纸、刺绣等）和自然资源（如稻草、树叶、竹枝、芭茅秆、石头、树皮等），这些农村随处可拾、触手可及的材料我们都引进了美术课堂。通过对新课程资源开发过程，让所有儿童获得参与美术活动的快乐，实现真正的教育公平。这些年我和学校课题组的老师们将当地一些民间美术引入教学中，开发了以下一些校本课程资源：苗绣进课堂《刺绣》，剪纸、绘画进课堂《蝴蝶妈妈》，这些课程让孩子们了解苗族历史的起源、传说故事、图腾崇拜……鼓励他们在节假日回到家时学习民族民间美术，促进他们对本土文化的热爱，使民间美术进课堂发挥了更大的文化教育作用。还有稻草进课堂《稻草编制》，树叶进课堂《树叶粘贴画》，树皮进课堂《面具——变变变》等。苗年是具有浓郁苗族风情的传统节日，节日里人们载歌载舞，用各种形式举行欢庆活动，抒发对幸福生活的激情和热爱。教学中以情景教学方式把欢庆苗年民俗活动引进课堂，他们用稻草和旧布头，通过捆扎、编织等简单方法制作玩偶和玩具，当形态各异的小玩偶出现在欢庆美丽苗年的节日里，立即引来村民们好奇和关注的目光。这种具有本民族特色的教学形式，能使学生在民俗风情的教学情境中，在尽情地“做”和“玩”的学习活动中，感受本土文化的魅力，体验美术创作的乐趣。即使没有统编美术教材中所规定的易拉罐、吹塑纸、泡沫板和水彩颜料，孩子们也能上美术课。

谷炽辉：*您是如何将这些民间文化资源引入课堂的？*

龙俊甲：农村民间文化资源非常丰富，我们有组织地在当地进行调查、了解，分类整理，充分加以利用，让农村孩子都能享受到美的教育。

一、把民间美术引进课堂。首先我从培养孩子的兴趣入手，利用节假日组织学生参观就近的民间艺人作坊，带领学生到民间去调查、收集资料，深入了解湘西艺术的文化历史背景。如苗族历史的起源，传说故事，图腾崇拜……鼓励他们在节假日回到家时临摹一些传统刺绣、雕刻图案。鼓励他们去发现和感受本民族和乡土的文化气息。然后把我们所观察到、听到、收集到、学到的民

抽烟的老人（泥塑）四年级学生，2014年。

间美术引进课堂。通过那些散发泥土味儿的苗家姑娘的传统手工绣花、雕刻、剪纸、竹编、草编，还有用家中旧布缝制充满儿童趣味的布娃娃，让学生体验来自民族、民间的艺术，让他们在动手的过程中增添对民族文化的了解，激发他们热爱民族文化的情感，使他们逐渐形成基本的美术素养与美术学习能力。这样的教学既传承民族民间艺术又充分发挥学生的观察力、想象力、表现力。但与此同时我们也遇到了种种阻力。如民间的草扎、布艺、泥塑以及卵石画的绘制等，本是一种很好的技艺，可在我们这个苗族聚居区里的风俗习惯中却被叫作“扎阿揪齐”（意为“放蛊”制造替身），很多家长怕自己的子女背上“蛊女”这个臭名，而不愿意让他们参加学习。因这些东西是“苗老司”或“巫婆”在做法事时所用，即使常人摆弄也被认为是触犯神灵的行为，那将会遭到天谴或以后定会遇到不幸的兆头。因此教这些的老师同样也受到部分家长和同行们的白眼，觉得他不务正业，好好的书不去教，专搞这些乱七八糟的东西。这种观念使得这些优秀的民间艺术拘在少数“苗老司”“巫婆”等手上，世代不能广传。但为了更好地挖掘这些民族艺术，我充分利用学校这块教育阵地对同行、学生和家长进行“信奉科学，破除迷信”教育，冲破这世代禁区，大胆深入到民间进行挖掘，把它们引进课堂并取得很好的教学效果。

二、请民间艺人走进课堂。为了艺人乐教，学生乐学的目的，学校领导决定派教导主任吴周群老师和我一同前往禾库镇排云村请吴香英老艺人来校授课，她曾以一把剪刀漂洋过海到日本表演剪纸技艺。但为了生计她已“封剪”多年。在我们三番五次的邀请下，老艺人最后决定来校给学生们传经送宝，为学生们表演，并手把手地给大家讲解制作过程。同时我们还请来了苗族银匠吴玉章老艺人及苗绣能手石玉妹、草编艺人麻老二等来学校为学生传授民间美术绝活。

三、带领学生走出课堂。我经常利用节假日适当地进行一些原生材质运用及民间美术竞赛、汇报表演，请民间艺人做评委、传授技艺。奖励部分优秀作品，让学生学到更多民间艺术，也让这些老艺人觉得自己的技艺能在教育这块平台上大放异彩而感到无比自豪，从而更好地调动他们乐教、愿教的积极性。同时，在兴趣小组中注意培养发现“小师傅”，从班级中挑选民间艺人子女或亲属参加兴趣小组，并让他们充当兴趣小组的“小师傅”。这样既促使他们向长辈学到更多的东西，又可以进一步深入挖掘民间艺术。

四、充分利用原生态资源，保证每一位学生都能上好美术课。在没有易拉罐、泡沫板、水彩笔、蜡笔、颜料、画纸的情况下，我带学生到田里去玩泥塑，找一些树叶、木棍、竹子、茅秆、石头、废弃的树皮……带进课堂进行有机组合、简化，用刻、切、镂等基本方法进行制作。还教他们怎样添加、装饰，又教他们怎样利用自然物的肌理、纹路形状进行刻画。学生将自家的稻草带到课堂中来进行编扎，利用一些触手可及的原生态材质解决了上美术课的难题，也使每一位学生都能上好美术课，几乎是在玩的过程中完成作业。正如一

采摘当地生长的植物进行美术教学，2011年。

位专家来我校参观考察时问一群正在上美术课的孩子。“你们在做什么？”孩子们毫不含糊地回答：“我们在玩！”这样的答话使专家们激动不已。这分明是孩子用自己的心灵讴歌童真、童趣，这样美术课又成了他们最爱上的课了。

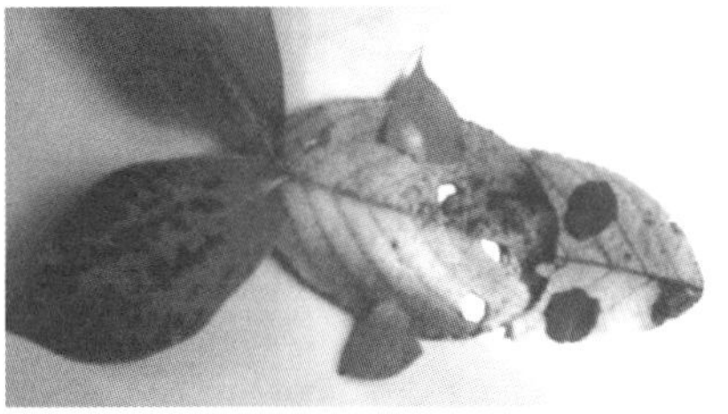

金鱼（树叶）学生作品（二年级）2013年。

谷炽辉：现在学生、家长对校本课程有什么看法？

龙俊甲：学生、家长对此基本上还是满意的，那些散发泥土味儿的传统手工绣花、雕刻、剪纸、竹编、草编，还有用家中旧布缝制充满儿童趣味的布娃娃，学生们会体验到一种来自民族民间艺术的情感流动，使他们逐渐形成基本的美术素养与美术学习能力。这样的教学既传承民族民间艺术又充分发挥了学生的观察力、想象力、表现力。每一位学生都能上美术课，每一位学生都能在课堂上轻松愉快地完成作业，每一位学生

猫头鹰（树皮）学生作品（三年级）2015年。

都享受到公平教育的权利，“贵族教育”平民化了。

谷炽辉：学校领导对校本课程如何评价？

龙俊甲：学校领导、教研员认为把乡土民间文化、自然资源引入农村美术教育的理念，与新课标的精神是一致的，这种探索通过完善和改进能成为贫困地区上美术课的突破口。美术课堂有了很大变化，孩子们动手、动脑，兴趣十分浓厚。真真实实地上了美术课，又没有增加家长的经济负担，并且通过教育的方式传承了苗族文化，提高了学生的民族自信心。因为就地取材，美术教学有特色，反过来全国知名专家到校考察、指导又提高了学校特色办学的社会影响，带动了全校师生并影响了周边学校来校取经。全国各大院校老师、学生、美术教研员等还专程来我校考察如何有效开展农村美术教育。

谷炽辉：有这么丰富的校本美术课程资源，美术教材中的内容您还上吗？

龙俊甲：上，但要看本校的实际情况，像有一些材料学生无法找到的话我就用自编的校本教材上，对使用的美术教材进行一定的增删。如田里的泥巴可以用在《有趣的彩泥》和《陶泥的世界》。有些课如《鸟语花香》和《水墨画——动物》受到材料工具限制，无法上就只好删掉，但还是会简单给学生介绍中国画的一些基本材料和基本技法。

谷炽辉：您和您的同事是如何看待校本课程的开发？有哪些需要加强和改进的方面？

龙俊甲：我们认为校本课程的开发工作直接影响到校本课程的实施。目前我校校本课程开发存在的主要问题有：学校校本课程开发结构失衡，投入资金不足，缺乏统筹性、连贯性，教育行政部门对我校开发校本课程缺少必要的指导和培训。校本课程开发作为一项系统工程不仅仅是学校自身的工作，更需要政府、社会的参与和支持。

陈卫和：您觉得农村孩子学习美术有什么用途？

龙俊甲：在农村教小学美术十多年来，有不少家长都曾困惑地问，孩子学习美术有什么用途？有没有发展前途？也见到很多兴高采烈的孩子让爸爸妈妈看自己的得意作品，却被一句无心的“搞什么呀，一点也不好看”而弄得笑容全无。我心痛自己的学生，也理解望子成龙的父母。

我觉得不管是城市的还是农村的孩子，美术课首先应该是孩子距离客观世界最近、最直接的活动之一。画画的孩子对不同事物进行有目的的观察与描述，如此日积月累，孩子就会更加完整、细致地观察身边的事物，孩子的感觉就会越来越敏锐。换句话说，就是孩子的感知能力越来越强，也就是越来越聪明。其次，学美术可以增长孩子的知识。创作一幅作品，孩子不仅仅要准确观察对象的形状与颜色，更要认真了解事物的构造与特征，分析其外在特征的形成原因，并大胆设想其可能出现的变化，只有这样才能画出成功的作品来。最后，美术课也许是唯一一个不会枯燥重复、不会出现固定法则的课。美术永远有新的课题、新的内容、新的方法，永远需要不断去尝试、不断去感受、不断寻求与众不同的表现方法，这种创造性习惯，应该从小养成。

谷炽辉：腊尔山希望小学美术教学近10年来最大的变化在哪些方面？

龙俊甲：我们腊尔山希望小学美术教育近10年来变化挺大的，因为上级领导的高度重视，教学条件在不断改进。学校在教室非常紧张的情况下还腾出两间教室让我开展美术兴趣班：一间当美术展览室，一间是教室兼展览室。县教育局领导给在职的每位教师都配备了一台笔记本电脑。现在学生使用的是免费教材，还有各种优惠政策，给他们发放营养餐。2010年凤凰县有史以来第一个考取清华大学的学生龙明先，小学就是在我校就读，曾经也是我们兴趣小组的一员。考上清华大学后教育局还特意奖励了3万元奖学金，以此鼓励我校全体师生。我在美术教学中，也开始认识到如何把新课程的理念运用于教学实践中，如何把美术课上得有声有色，兴趣盎然，充满快乐美感，将美术课程与其他艺术课程相结合，拓展学生的审美空间和艺术视野，拓宽课堂教学领域。特别是2003年，为力求争取让更多儿童获得美术教育机会，也为了使我们民族多样性的文化得以延续，在我校开展了“蒲公英行动”课题实验。作为国家教育部艺术教育委员会和中国美术家协会少儿艺术委员会主办的“成就未来——少儿课外美术教育工程”的一个组成部分，我校被选定为由美国福特基金会资助的“蒲公英行动”美术教育课题实验学校，我也多次参加了“蒲公英行动”美术教育课题实验教师培训。通过培训，我找到了贫困山区上美术课的突破口。在国家新一轮基础教育课程改革背景下，我们探索出一种儿童美术与民间美术结合，在边远少数民族地区小学美术教育中可持续、可推广的教学模式。这种模式充分利用当地的民间文化资源和自然资源开展美术教学，让所有儿童享有美术教育权利，实现真正的教育公平。在向民间美术学习的过程中，我们老师就是桥梁，我们在努力帮助孩子缩短远古的记忆和现代思维的距离。这一探索引起了相关领导、社会各界有关人士的重视和专家们的关注，以及新闻媒体的采访和报道。

谷炽辉：您对教材的循环使用有什么建议？

龙俊甲：现在在课前将循环教材发放给学生、课后收回集中保存，这种办法最大的弊端在于每节课上课前要发书、下课前要收书，在没有专用美术教室的情况下，要将书在各班之间传递，这样收书、发书，清点书，一节40分钟的课就缩水成了35分钟，大大影响了课程进度。再加上由于书在学生手上，无法监管，学生在书上标注勾画的现象普遍存在，有时一节课下来，有的课本就已经散页、掉页，甚至丢失。还由于涂画、破损、掉页等，大部分很难再循环使用；而上级如果没有及时补发教材，下一届学生将拿不到完整的课本。为此我们很苦恼。很多家长对循环使用教材也表示难以接受。他们不仅认为自己孩子使用别人已经用过的教材很不公平，而且普遍对旧课本的消毒和由此可能带来的卫生问题表示担忧。我个人认为，教材循环使用应慎行。

谷炽辉：您觉得作为一名农村美术教师的收获是什么？

龙俊甲：作为一名在最基层的农村美术教师，我的收获是：痛并快乐着。在推进教育均衡化发展的道路上有一群可爱的学生陪伴着我，我并不感到寂寞、孤单。一路前进一路歌，我将用我的耐心、专心、责任心来引导他们，把美传递给每位学生，让他们发现美、感受美。

回想自己的成长经历，这十多年来，我把所有课余时间用于教学研究，探索农村美术教育改革；我把全部精力和心血倾注在山里孩子们的身上，力图让他们和城里孩子一样享受美的教育。

值得提出的是，“蒲公英行动”课题在湘西实验了十多年，我从一个最基层的小学美术老师慢慢成长起来，其中顺境、逆境都有不少。印象最深刻的还是从教十多年来，教诲、帮助、关心、支持过我的父母、恩师、益友、领导、同事们……他们抚育着我的成长。谢丽芳老师和刘宇新老师培养了我，给予我机会和自我发挥的空间！与“蒲公英行动”课题组一起走过了十多年的风风雨雨，品尝到了工作的辛苦与快乐！没有“蒲公英行动”课题组这个大家庭的关心、帮助，就没有我在美术教学研究方面取得的成果，更没有我自己各方面的成长。这就是十多年来作为一个农村美术教师的收获。

陈卫和：您目前开展美术教学的工作困难有哪些？

龙俊甲：第一，美术课程资源缺乏。偏远山区农村的经济发展远远落后于经济发达城区，导致农村学校美术教育在教学设施和课程资源上难以跟上全国课程改革步伐。由于教育经费投入不足，学校的办学经费缺乏，美术课程实施所需要的材料、设备、环境、场地等课程资源都难以保障，无法满足教育的需要。

第二，多重压力，美术教师进退两难。传统的教育教学观念在农村依然存在，大多数人眼里都明显有“主”“副”课之分。学校和家长看重的是学生的学习成绩和学校的升学率，统考成绩成为检验一所学校教学质量、评价一个教师业绩功过的唯一标准。而升学考试中很少注重美术成绩，使得美术课程变成了可有可无的东西，美术教师自然也不被重视。农村中小学大多数学校没有专业美术教师，只是把美术课作为“搭配”课，由喜欢美术或略懂美术的老师兼任。这样的老师本来美术功底有限，再加上不能像专职美术教师那样全心全意地投入美术教学工作，对传播美育必然产生不良影响。教师缺乏培训，农村教师大多家在农村，参加在城区举办的培训班，食宿要自理，几百、上千元的学习费用，对于工资不能足额发放的农村教师来说是一笔不小的开销，学习提高的机会往往被放弃。

第三，学生知识断层，学具短缺。农村学生掌握的美术知识少得可怜：明暗调子不清楚，透视规律不知道，颜料色彩几乎没用过。农村学生出去得少，所见、所闻自然不如城市孩子多，对高楼大厦、立交桥等学生也无从感受，这些都直接影响了学生对美术的理解程度和欣赏水平，许多有意义的美术创作活动，学生都深感茫然，无从下手，无法将自己的想法表现出来，创作反倒成了学生的负担。

多数农村家长因认识不够或经济状况限制，难以满足孩子学习美术的需求，为学生准备的学具除了一支铅笔外，什么都没有。极少数家庭条件好一点的学生，也只能买一盒廉价的蜡笔或水彩笔。这样无论教师怎样设置情境，想法有多好，学生的学习也只能是单调枯燥的听、讲、看而已，学生没有学具去尝试，又怎能提高美术创作能力呢？课堂效果可想而知，更重要的是学生的美术学习兴趣将慢慢消退。

陈卫和：*作为一名优秀的农村美术教师您会感觉有压力吗？*

龙俊甲：说优秀，其实谈不上优秀，我只是做了自己该做的事而已。说到压力，其实我个人觉得压力就是动力。自加入“蒲公英行动”课题组后，本人自知学识根底浅，因此对学习、进修，始终怀有强烈的进取心，凭着农家孩子那一股执着与不怕苦的意志，不放弃的毅力，踏上了我的乡村美术教学研究之路。其中让我记忆犹新的是2009年我被选为湘西土家族苗族自治州美术学科带头人，被县里选拔到州里参加美术课竞赛，得到这个通知后我心里凉了半截，我把这个消息告诉了刘宇新老师，他说是好事，说“不要紧多练几下没问题，有压力才有动力，上好公开课你会终身受益”。我深深知道我这人嘴笨

大地是我们的课堂，2014年9月。

人更笨，要想上好州一级的美术公开课谈何容易！为此，为了那节课我付出了很多，但那节课我上得很成功，获得了优秀。同时也真的应验了刘老师的那句话，如今，我被邀请到其他地方讲课，也变得有自信了。缺什么，学什么；应该对不足、缺点，闻短则喜，欣然改正。人要不断发现自己的不足，对于实践中的困惑保持探索的兴趣，就有提高、进步的空间，感到生活充满希望。

陈卫和：您对今后的美术教学有什么计划和想法？

龙俊甲：继续加强与“蒲公英行动”课题组专家的合作，听取他们对教学实验的意见，并邀请他们来校继续指导工作，把这项实验工作深入下去。扩大实验普及面，提高社会效益，把所取得的成果向乡小、片小、村小进行推广。让美的种子在大山里撒播，把这项实验向凤凰县广大学校推广，向全社会广泛宣传湘西民间美术，让全社会都来保护和传承人类非物质文化遗产。将课题项目与地方经济建设（勤工俭学）结合，学校可以办一个民族工艺厂，一方面为学生提供了一个学习观摩实践的平台，另一方面学生设计创作出的优秀作品可以进入市场，以市场经济带动苗族工艺品的传承与发展。

王文裹

受 访 者：王文裹，甘肃省教育科学研究所美术教研员，甘肃省教育学会艺术委员会副秘书长，《中国美术教育》编委。主持“甘肃省地方艺术文化资源的开发和利用”项目获第七届甘肃省基础教育科研成果奖一等奖，全国第五届美术现场课比赛优秀指导教师奖。

访谈提要：宏观概述了甘肃省在新课程改革以来美术教育教学发生的积极变化和取得的新成果，对美术课程改革发展过程中的不足也实事求是进行了分析，并提出了美术课程改革、师资队伍建设今后发展中要解决和注意的问题。

采 访 者：尤伟晓，甘肃省美术骨干教师，兰州市城关区教学名师。

访谈地点：甘肃省教育科学研究所义务教育研究室

访谈时间：2014年9月8日

不断开拓中的甘肃美术教育

王文寰访谈

尤伟晓：王老师，您作为一名甘肃省的美术教研员，课程改革以来，您是怎样组织开展工作的？

王文寰：甘肃省地处中国西部地区，含14个市、州。甘肃是个多民族聚居的省份，全国56个民族中，甘肃就有45个；除汉族外，人口较多的有回族、藏族、蒙古族、土家族、东乡族、保安族、裕固族、撒拉族和满族等。其中，东乡族、保安族、裕固族是甘肃特有的三个少数民族。各民族文化特色鲜明，民俗风情浓郁，在饮食、服饰、婚丧、节日庆典方面均有自己的特色，如藏族的香浪节、浴佛节，回族的花儿会，裕固族的婚礼、陇东的香包节等。兰州的牛肉面更是享誉全国。但是，目前甘肃教育仍处在以“两基”攻坚为重中之重的教育发展主方向中。2009年才基本上完成“两基”。美术教育发展不均衡，相应的教学资源欠缺。最主要是师资配备不全，除了市属中小学有专职美术教师，县、区、乡学校多以兼职美术教师为主。我想，这也是西部地区普遍面临的美术教育教学现状。甘肃省义务教育阶段自2000年进入国家课程改革，从两个国家级实验区逐级推进，也有14个年头。高中从2011年进入课程改革。纵观改革的数十载历程，我认为课程改革是成功的，带来的变化也是巨大的。课程改革带来的不仅仅是课程的变化，而是从根本上明确了教育功能。课程标准的颁布，明确了学科目标。特别是新的美术课程标准的颁布，明确了美术学科性质，为美术教育指明了方向。师资培训，也是课改一大亮点。我省也根据省情制定了不同层面的培训。除了每年省、市级层面，各个出版社的教材培训，还有网络研修培训、国培计划，不同区域的交流互动式培训以及“影子”培训计划等。培训覆盖了我省14个地州的84个县区。培训内容丰富、形式多样。一线老师和全国知名学科专家和教材编者面对面交流，和不同领域的专家学者交流，开阔了视野，拓展了教育教学范围。

尤伟晓：课程改革后，甘肃省美术教育教学有哪些明显的变化？

王文寰：甘肃地处西部，作为一名西部地区省级美术教研员，我每年都会组织省级学科大型活动，搭建一个交流、学习的平台，使全省学科教师能有机会在一起展示交流。组织骨干教师与周边兄弟省区如陕西、宁夏回族自治区的交流学习及教科研活动。但是，自2000年进入课程改革后，教研活动交流已经不仅仅停留在本省或者西部片区，而是在课程改革中的各项活动带动下，走出西部，学习好的做法，将困惑和难题，和不同区域的专家老师携手一起去探讨、研究，解决问题。教研活动也朝着更加深入和宽广的领域延伸。比如：美术特色学校的交流，名师工作室的互动，数字化美术多媒体的学术研讨，地方艺术文化的交流和学习等。多样化的交流平台和活动带来了新气息，打开了美术教学的门窗，给教师全新的视野和空间。这些活动从不同层面潜移默化，带动西部美术教育教学纵深发展。比如：课改刚开始培训，还没开始讲，老师们就提出各种问题：“教研员，能不能给我们校长说一下，把我的职称解决一下？”“能不能首先给我把教参配齐？”“教研员，我工作十几年了，从来没有出去过，能不能领我们出去一趟！”我们首先看到的是不受重视的薄弱学科老师的一种求上进状态！更让我看到西部美术教育环境的真实状况。课标培训时，美术老师提出最多的质疑是：美术课不教给孩子技能那还怎么上美术课？如今，老师更专注学生学习美术的兴趣，学生对美术活动的需求。以前，美术老师一本教材，一支粉笔。如今，美术老师积极参与到各种活动当中，教学不仅仅是上课40分钟，教学延伸到了课堂外，社区内。

课改以来，国家出台了相应的各项政策性文件，保障了美术教学、教师培训顺利实施。比如：美术教学配套资料、美术教师培训。现在，甘肃省市属学校基本上都有多媒体教室，校校联网。课程改革，国家投入大量的资金进行教师培训，帮助教师快速成长。教师培训带来的最大变化是教师教学思想和教学行为的转变。老师从刚开始的观望到成为实践的参与者，从最初的“我不行”到主动提出问题，积极反思。这种变化，对相对而言信息比较闭塞，经济比较落后的西部地区的美术教师来说，变化尤为明显，教师从原来的被动接受转变为真正参与其中。

我记得课改前组织教研活动，听完课以后，让老师们谈自己对课的看法和想法，绝大部分老师都低下头，唯恐让自己发言。课改以后，听完课，往往是老师们争相发言，提出质疑，甚至相互辩论。等到活动结束，老师们还会主动找我，说出自己的想法，给我提出宝贵建议。以前，美术老师很少写教学论文、课后反思，就算看到少有的几篇，也往往是东拼西凑，言之无物。现在，老师们的教学论文立足课堂，都是自己宝贵的教学经验的积累和教学反思，有针对性，有理论的支撑，有教学中的大胆尝试和创新。以前，进行课题研究对美术老师来说，是非常遥远的事，现在基本上美术老师都有自己的课题，有的是参与，有的是自己主持，这已经是非常平常的一件事。就拿兰州市中小学美术专业教师队伍来说，近3年来在全国教育类杂志上发表的专业论文达40余篇，由美术教师主持开展并结题的省、市级课题有20多项，《美术课堂中的课堂常规管理之浅见》《课改背景下构建小学美术高效课堂的实践研究》等5项课题还获得不同级别的奖项。高质量的教研使课堂最为受益，近几年来，全国连续两届美术现场课观摩比赛中，甘肃取得了中、小学组共3个一等奖的骄人成绩，这些成绩的取得，正是课改以来我们扎实推进教学研究的具体体现。在甘肃省的教师培训方面，针对我省美术兼职教师较多这一现状，我们建立了一批专职骨干教师网络。在培训方面，不管哪个层面的培训，首先必须保障这些专职骨干教师参加。经过固定、长期、反复的培训，这些骨干教师都成长为本地区的学科带头人，骨干教师再对本地区、本学区的美术教学起到（辐射）引领和带动作用。这种做法缓解或部分解决了甘肃省美术教师流动性大、培训效果不明显的问题。在我们甘肃张掖地区的一个县区，美术兼职教师达到92%，教师队伍的整体发展一直停滞不前。几年前，我们下县区时发现了三四名素质好、专业强的专职美术教师，建议当地教研部门采用多种培养方式，如拜全国知名专家为师、举办美术教师画展、送出去学习观摩、与外地教研员交流等。一段时间下来，这几位教师快速成长为本学科的中坚力量，大量的教研活动使他们开阔了眼界、提高了认识、增加了动力、消除了迷惑，上课的质量有了明显提高。接下来我们在观摩研讨活动中，让这几位骨干教师给其他教师汇报学习成果，收到很好的效果。这几位教师在当地建立了美术学科QQ群，又带动影响了其他教师的学科发展。

课程改革以来，西部的美术教育环境发生了变化，教师的面貌发生了变化，美术课堂也发生了变化。这些变化，在日积月累之中，在悄无声息之中。如果今天我们走进校园，走进课堂，我们就会感受到这种变化，从教师的精神面貌中，从孩子的笑脸当中，从学生丰富的美术作品当中感受到，从多样的社团活动、校园文化中感受到。

尤伟晓：*地处西部的甘肃省在美术教育教学上存在的问题主要有哪些？*

王文寰：我认为，西部地区目前存在的最突出问题是美术专职教师师资队伍建设。在甘肃，市属学校基本上都有专职美术教师，但是在城乡结合、农村偏僻地方，基本上没有专职美术教师，教师流动性较大，这就导致各级各类培训效果不能得到巩固，造成教育培训资源效果弱化。兼职美术教师由于学科专业起点低，往往不能很好地实施教材，开展其他的美术研究以及各项美术活动。

此外还需要进一步加强美术教师的教学质量评价。由于美术学科量化评价较少，导致美术教师的教学质量一直无法进行监测。因此，在这方面，要加强研究，从多个层面对美术教师教学质量进行评估。这样也可以将美术教学纳入学校的整体公平评价，促进教师专业发展的积极性，解决美术学科评价长期不公平的现状。教育行政部门还应该在教师的课时、待遇、考评等方面，出台相应文件，从制度上保障美术教师的合理利益，增强美术教师的职业荣誉感。

尤伟晓：请您谈谈对西部美术教育的展望，以及您给美术教师的建议。

王文寰：西部美术教育借着课程改革的契机正在朝着好的方向发展，从甘肃省美术教师课题研究内容、美术教师参与活动的积极性和范围，以及取得的成果看，能够清晰感受到西部美术教育环境是积极、动态、充满活力的。美术教师逐步立足本地区，深入挖掘身边的艺术文化资源，把课程理念真正落实到课堂教学、教学行为中，逐渐在课堂的时效性上进行着积极的探索和大胆尝试。

西部地区由于受诸多方面原因的影响，在美术教育发展的速度上肯定无法和发达省份相提并论。因此，美术教育首先要从教育行政部门重视，真正落实国家相关的政策文件，建立完善的督导机制开始。其次，应该整合有限的教育资源，提高教育资源的利用。巩固已有的好的教育成果，积极推广成熟的经验和做法，加强各个层面的交流，营造一个开放、健康的美术教育发展环境。

从教师方面看，无论创造多好的条件和环境，如果老师缺乏自身主动发展、提高的积极性，那么，这些外在条件都是没用的。所以，西部地区的美术教师在感叹差距的同时，首先自己应该先动起来，做起来。多看、多交流。以教育理念指导教育研究，以课题研究带动教学实践，才能真正地去提高和发展。

欧京海

受 访 者：欧京海，中国美术出版总社和人民美术出版社副总编辑、编审；中国美术家协会会员，奥地利美术家协会会员；著名伟人肖像画家。国家美术课程标准研制组核心成员，义务教育美术教材（人美版）主编。

访谈提要：访谈梳理了中国20世纪80年代以来在基础美术教育发展中做出重要贡献的中国美术教育家的行动轨迹，阐述了新课程改革的继承与发展关系，特别从前瞻性的角度指出要重视设计教育。设计教育在促进设计发展的同时，将影响和改变人们对待生活、认识世界、解决问题的方式，对未来美术课程、美术教材编写等提出了建设性的意见和有价值的判断。

采 访 者：李于昆，广东外语外贸大学艺术学院院长，教授。
李健军，广东岭南美术出版社社长。

访谈地点：北京，人民美术出版社

访谈时间：2013年8月12日

立足当下　放眼未来

欧京海访谈

李于昆：如果论及美术书刊对我们这代人的影响，首推人民美术出版社（以下简称“人美”），包括各类美术教材。20世纪80年代人美就已编辑出版中小学美术教材。课程改革以来，人美又编了新教材，您本人是课标组的核心成员，又是人美版教材主编，我们来北京前尹少淳就推荐我们对您做一个访谈。

欧京海：我认识尹师是很多年前了，他刚刚调到北京来，我第一次见到他的时候，记得是在教育部对面一个小房子里面，当时在场的还有国家教委的杨力处长，杨力也是我们这次课程改革的主要负责人。

我现在想中国的美术教育发展到今天，抚今追昔，应该别忘了那些老前辈。中国美术教育首先还是在他们研究的基础上走过来的。我们在30年前做的教材，是姚今迈老师一手抓出来的；杨景芝老师是姚老师的得力助手，她也做出了重大的贡献。杨景芝、李绵璐，包括上海的张文祺先生（现在在深圳）、已故的上海的柴庆翔老师等。我是属于一个承上启下的人。承上的是柴庆祥、张文祺、姚今迈等老师，他们都是新中国成立以后我国美术教育界的前辈。还包括北京的李绵璐教授、杨东藩特级教师、金玉峰特级教师、侯令特级教师等这些人物。我觉得我们能够有今天的成绩，其实是在他们的帮助和指导下，所以我跟在老一辈的人堆里面，我是最年轻的。

还应包括上海已故的在手工设计领域贡献最大的陈寿鹏特级教师，南京的奚传绩教授和陈通顺教授等，是他们做出了很多贡献才有了今天的成就，应该还是先回忆和感谢他们，实际上我们是在他们的基础上又做了一点事情。

李于昆：对，历史总有个继承和发展的问题。这次我们从南京、上海到北京，采访就包括您刚才提到的部分前辈和专家。

欧京海：南京的奚传绩教授和上海的钱初熹教授，他们是目前我国美术教育界的领军人物，真的做了很多贡献。你看这本《美术鉴赏》是奚老师写的，这本书上市很多年，培养了许多年轻的美术教育工作者。现在当然是有些不适合了，比如当年是黑白版，今天要彩色了。我们已经修订改版，还是会有人认这本书。这是《中国中小学美术》杂志，中国目前跟美术教育有关的办得最好的期刊之一，这个刊物已经有20多年了。

我觉得他们这代人研究的主要成果，一是绘画部分，主要人物有：柴庆翔、李绵璐、姚今迈、张文祺、钟维国、陈通顺等，基本上奠定了中国美术教育的绘画基础和实施。开始是柴庆翔，然后传到杨景芝这一代，在绘画部分应该做得还是不错。二是欣赏部分，主要是奚传绩和北京的李绵璐，奚老师我们前面说了，李老师主要是在设计的欣赏部分有他的独到见解和思想。常瑞伦教授在美术欣赏的基础上研究发展出《欣赏基础》，钱初熹教授是在美术史的基础上研究发展出《美术鉴赏及其教学》，特别是在介绍国外美术欣赏和指导她的研究生进行美术欣赏教学实践方面成绩斐然。

我觉得从美术领域方面看，在设计（含手工制作）领域上还是有些薄弱，研究中小学设计的人员也很不够。20多年前在设计这方面主要由中央工艺美术学院的李泓教授做这方面的研究，现在有中央美术学院的许平教授带领着他的研究生和博士生们在做这方面的研究及其实践。在后者进入以后，这几年在这方面有了长足的进步，也带动了理论的研究。手工制作方面主要是20世纪上海的陈寿鹏先生，他简易美观的制作影响了当时的中师生，培养了一批热爱手工制作的新人。

访谈现场左起：欧京海、李于昆。2013年8月，北京。

现在我们回顾这30年以来的进步，第一是我们的绘画部分做得比较有声有色，这要得益于宋文治、魏紫熙、赵梅生、孙其峰等老一辈艺术家，因为大多数参与美术教育工作的人都是学绘画出身。

在欣赏部分，由于理论和知识总的由奚老师把握，应该也是不错的，方法也有了，尤其是这10年来，我们更加进步了。在教育部的《美术课程标准》倡导下，我们10年前就运用建构主义理论，推出了系列的欣赏教学方法，而今天，应该说我们是更加理论化，理论的水平又比以前提高了。以前我们是“朴素的唯物主义”者，包括我个人也是凭着感觉讲。

这一轮我们更加注意理论。就是说在原来的基础上，欣赏课上更加注意理论。我们主要将钱初熹的《美术鉴赏及其教学》中介绍的方法和侯令推荐的在欣赏课教学中的“五种能力的培养”相结合，用以指导现在的中小学美术欣赏课教学。应该说我们从理论和教学实践中汲取了许多养分，然后把它用于教学指导。

但综合评述领域是弱项，综合部分还没有人去研究。

李于昆：之所以是薄弱环节，正因为有一些新的东西需要去认识、探索。

欧京海：对，新的东西，可能还需要一个过程。在欣赏和设计部分，我觉得由于人美10多年前开始推动设计部分的研究，使其在这一领域有了长足的进步。我们可以看看其他版本的教材，对设计的理解还是有些欠缺，甚至对设计的基础知识还没搞清。客观来说，包括我们课程标准组里，真正研究设计的也没几个。所以也是没有办法的，我也能理解。为什么大家对这个课程标准里面的设计部分不满意？我觉得你们应该去采访一下许平教授，他是搞设计的，在南京就编过教材，他对教材的编写很有感觉。他提出很多新的观念，最后也没能写进课标中。

因为我们国家对于设计概念的理解研究得不多，所以我们在这次修订课标之前，做了一些功课。比如做得比较成功的课有杯子、笔、书包、牙刷的设计等，其实已经贯穿了一些理念，但是这些理念老了，是在20世纪60年代左右的，距今差50年。那个时代的西方人，他们已经在这块做了深入的研究，引领实践。

在修订课程标准时，我和许老师真是认真研究，在写理论时，怕他们接受不了，还写低了一些，也就是到70年代吧，有些他们都不能接受。他们把设计和绘画混同了，其实设计只是运用到绘画表现的一些方法（草图）。因为设计可能考虑得更多的是为谁服务，怎么把科技引入为人的生活服务，尤其是绿色设计理念的普及，我社新编的美术教材（北京版）把这个弄出来了，就是关于绿色设计概念问题。现在是该考虑环保问题的时候了，人们不该还在造物上原地踏步。

李于昆：这使我想起在英国曼彻斯特看到的BBC总部大楼，外墙用玻璃幕墙建成，它的周边是20世纪五六十年代甚至更早些时候留下的建筑，对比之下BBC大楼最后被市民评为2011年度曼城“最丑陋的建筑”，其中就关涉到环保的概念。

欧京海：当然不用玻璃幕墙也是可以的，但是现在国内建高楼动不动就用玻璃幕墙，建也可以，玻璃幕墙是否可以吸收一下热能量，然后怎么储存这个热能量，怎么调节和怎样用光等。不是说玻璃幕墙一概不能用，比如说你怎么把自然光引进来，有很多的办公大楼，中间是没有光的，全部都要用灯光照明，那就不环保。我们怎么把自然光用好。再比如说雨水，我们怎么收集和利用好雨水等？

就说我们社新建的大楼吧。那天，要让我来看，我说第一是你们想到环保了么？你没有环保理念。假如我是总负责人，我不会同意你们的建筑方案，为什么？都已经是21世纪了，还没有环保理念。他说："雨水来，我们考虑怎样排了。"我说这个观念太老了，你应该研究怎样来储存雨水和利用它。我去年跟尹老师去安徽讲课的时候，北京淹了，这说明了什么？说明修建这一条条路的时候没有环保理念，为什么被淹？为什么不能够把雨水储存起来再利用呢？

我们常讲日本人坏到什么程度？他卖给中国人的产品是不环保的，他卖给欧洲的东西都是环保的！这个可能你们不知道。在设计制造这些产品时他们就已经分清楚产品的去向，卖给中国的产品便宜，我们认为是档次低，其实不然，是因为此类产品不是按环保理念设计制造的。这个他们是不会告诉我们的。所以我们是该讲环保理念的时候了。

李健军：这是一种思想和观念的问题。

欧京海：所以我觉得我们的课标落后了，我觉得首先最大的落后是涉及环保的问题。其次是欣赏理论的落后，因为钱老师不负责欣赏部分，所以她没能把她的一些研究成果搁进去。我觉得中国最缺少的是从理论方面提高，实话实说，现在我们的美术教育界是青黄不接。20世纪末不论是北京、南京还是上海是有些人在做这方面研究的，但是现在人少了，只剩下尹师，他不编教材，但是他真懂。问题还是设计方面懂的人不多，所以我把许平拉进来，因为他又会编教材，又懂得设计。我们接下来就是要研究如何把许平老师的理论和想法使它能接地气，落实到课上来。两年前他的博士生就给我们提供了约20个课题，一线老师那里还有部分课题没能做成课。

现在是设计意识不足，是一个比较大的弱项，而你看全国的教材，对于设计的概念介入还是少，环保设计方面更少。很多教材都是以玩，以制作作为设计，除了人美版教材里面有些有深度的设计意识的介绍，其他根本没有把设计的概念弄进去。

我觉得编教材它是一个事业，因为我们这批人马上要退休了，我们不可能还管这些事情。说实话，这个问题，如果我们国家不重视，师范大学等不重视的话，真不行。这还包括教育心理学的问题，我们现在很多搞教材的老师都没学过心理学课程，他们不了解心理学是什么，其实美术教育还是教育人，还是要有教育背景的，这个很重要。

李健军：这个问题点得好。

欧京海：就全国版教材而言，因为我们十年以前在设计方面就做了一批研究，这一次严格来说没有什么进步。为什么？因为没有新人来研究。我这几年主要是忙于与许平老师沟通和研究如何把他的方案落实，成课后大家没有提出什么意见，但是我知道里面还是有没解决的问题，包括编课人都没有提出问题的能力，问题意识还十分薄弱。

我社要搞一个美术教育研究所，下一步专门研究这个问题，如果我们没有研究所研究这个问题是不行的。没有理论研究，全部都是盲目实现，操作是不行的。

李于昆：就《中国中小学美术》来说，也必须有些理论性的文章来支持。

欧京海：所以我们马上要开几个栏目，我希望你也琢磨一下，你能够开什么栏目，你也开。我觉得我们走过一段感性阶段，该是上升到理性阶段了。感性是很重要，也是需要的，但是理性也是需要的。我跟刊物的主编谈了，邀请有能力的老师操刀，开一个理论联系实际的栏目，讲一些读者能够用上的理论。

我总体觉得我们在理论的研究上还是不够，需要加大，再有一个就是无论是绘画、设计还是欣赏，要弄清一些根本的东西。我觉得这个课上完了，你要解决什么问题？你用什么方法去解决？这个方法要对路。还要跟学生能对得上，还要跟老师的能力对得上，和整套教材这个点还要对得上，所以这个还真的比较麻烦。我们国家现在真正研究这一方面的人真的很少。比如说过去的柴庆翔研究绘画部分，张文祺也是研究绘画的，但是他们做得还是非常不错的。而姚今迈的欣赏也是有方法和办法的，但是理论不够，这是时代的问题，切不可苛求。上海现在还有几个人在做理论研究，湖南这方面，基本上还是属于重实践。我觉得一套好的教材，首先有一个整体，然后每一个点都要点到实处。为什么跟齐白石学画画，就比和一般画花鸟的人好呢，为什么好呢？要找到一个关键的点，这个关键点很重要，是有规律可循的，也是学生学习的重点。

李于昆：假设召集这次通过的12套教材的主编开一个研讨大会，可能吗？

欧京海：这个富有想象力。我感觉这个研讨会难搞。比如我肯定是不敢讲，为什么？你好不容易研究点东西，会上讲了人家都学会了，毕竟这还不是简单的学术问题。我觉得我们为什么搞研究所？搞研究所让大家能够细心研究课程，比如说这一节课程这里是否合适，这一节课程他要解决什么样的问题，怎么去解决问题。

李健军：这个研究所设在您这里最合适。

欧京海：我觉得在我们这里如果好好研究10年，再推出来一个教材，基本说得上是掷地有声。我举一个例子，毕加索的东西好不好？好！那我们从毕加索那里学到什么？一、二、三，你要告诉我。但是不只是这个好啊！大师作品加学生作业，现在我们的教材就是这样，有上、有下，没中间，中间是什么？学的东西是什么？教材没有按学生的需求总结出来，就这一段是空的。我给他们去做范例，就研究毕加索，专门给他们写明本课的关键点，写完了以后，他们一看都明白了。所以我现在感到绘画也是这样，中国画教学很多，比如说教画鸟，有那么多的方法，但是怎么样能够介绍出适合这一年龄段孩子的方法？现在从理论上看还没有，还没有人去做这个研究，都是师傅传徒弟，老师传学生。我觉得我们缺少的是教孩子学画中国画的研究。比如画梅花，有墨骨和勾点法，谁都知道，但是你到底怎么样去做？它适合一年级，这个梅花在一年级也是可以画，同样初中、高中也可以画，它的不同在哪？没有人去认真研究这个问题。还包括中国画画树，什么点叶法、夹叶法等，这些都是传统的东西，放进教材没有？问题是搁在哪里？教什么东西？怎样教？怎样呈现？若不研究好我们知道肯定会有问题。总得要说清楚；都虚着写，你虚，老师也虚，那么上课肯定都是虚的。起码老师能够明白的东西，才能够讲清楚，让孩子能够理解。我现在感觉到我们有很多误区，就说技法吧，当然教的是没有错，但是适不适合这个年龄和地区的学生，总的来说只要你没教错就行了。实际上我们已经做了一轮研究，就是10年前，我和常锐伦老师专门研究过，你们有没有采访他？

李于昆：昨天晚上采访了常先生。

欧京海：常先生对基础教育研究是有贡献的，比如说他最突出的贡献是"关于公民素养的问题"研究，即：普通公民的美术素养体现在三个方面：一是能美化自己和美化环境；二是能理解和享受人类创造的美术文化；三是能以基本的美术语言进行表达。全国没有人能够提出来，他提出来了。当然我们课标也谈到公民素质。就公民素质而言，他提出这样一个观点是有意义的，为什么？比如说学生要在生活中去解决造型问题、色彩问题等，他提出解决的基础是手绘线图和色彩搭配，这是有道理的。在这庞大的美术世界里，我们是不能把大学的课程减搁到高中，再减搁到初中，再减放到小学里，这样是不科学的。所以他从研究的理论高度，把这个概括为两点，我觉得是有贡献的，所以我们的教材是一直沿用他的这个观点。在这个问题上有些人刚开始有异议，因为他们没有总结出学生学习的基础是什么。他们基本上还是沿用传统的一些东西，没有自己的研究。

所以我觉得这个基础还是有效的，这个贡献是很大的。从这个角度来谈，其他的东西还是需要理论化，让它更加适合学生的学习。因为毕竟课时太少，而且毕竟是一门副科，这是不能否认的客观现实。现在来看是没有问题，经过10多年的试验，全国都是能够接受的，也包括其他版本的模仿，这是好事。

模仿就证明大家现在认可他，包括这一次审查，没有人提这个问题。上一次还有人提出些异议，所以我还作了压缩，因为当时研究得还不够完善，现在我们认真修补后，就比较完整了。我给大家介绍时说：这一学习内容是对孩子终身有用的，比如这个家具是怎样去安装，他一看家具组装图，他就能装好它，做对它，这就证明是有用的。

我觉得现在的问题是由常老师的研究往下延伸。比如说手绘线图的问题，我们怎么样把他能够做得更加科学，更加适合学生，更加生动有趣。

比如说我到长沙了，我下火车怎么走？事前你给我画好一个图，这图可用“手绘线图”的方法完成，有路和主要建筑的示意，怎么走还是问题吗？这不是素描课所能完成的，何况，我们也没有这么多课时。一般素描一个内容，你没有20个小时是不可能完成的。所以常教授的这个学习方法我们觉得还是很好，现阶段还是够用。由常教授的这个学习方法思考开来，我们想到的其他领域仍较薄弱，比如说欣赏方面，我们到底用什么？之前我觉得没有人研究，我们只能自己尝试去研究，目前看有了一些方法。设计方面也做了一些研究，但是现在来看，我觉得还是理论化不够。就目前来看，我们只不过是有一些好的课程和一些好的构想去指导学生美术实践，给学生一些帮助，但是真正能提到理论上的不多。

色彩教学方面，我们有一个课程叫作“色彩搭配”，它是由“向包装设计学习、向民间玩具学习”等组成，因为这些都跟孩子的生活有关，包括向广告、海报之类的学习，谈色彩，这个也是有一个完整构想，但是要把它上升到理论还是不够，只是我们觉得这些内容适合学生，他们能够理解，但是对此的总结还是不够。如果总结好了，真的能够拿出这样一套理论来，杨景芝再指导去编教材，可能会更加好。目前，我倒是觉得不一定是由官方机构来，但是要有这么一个部门，有一批人好好研究，不然的话，10年以后，我们都退休了，这事还是没人做。

李于昆：我们采访章瑞安先生，他也跟您这个观点一样，他希望能够找10来个人对这个事情好好研究一下，下一步怎样走。

欧京海：对，因为我们现在是站在前人的肩膀上。说一句实话，现在咱们所有的编委里，没有一个人能够画得过柴庆翔的，柴庆翔的水彩你看一看，现在没有人能够画得过他，广州有个水彩画家画鱼的叫作什么？

李于昆：胡钜湛。

欧京海：现在有谁能够画得过胡钜湛？没有人能够超过他，因为我是画画的，我知道我现在的眼睛和10年前的眼睛不一样。你能够理解美术绘画，比如说画油画、色彩，那些微妙的色彩感觉；我现在能够感觉到，你要是没有深入研究，你真感觉不到，你只是人云亦云，那谁都会。马蒂斯也好，毕加索也罢，你能够理解他吗？我为什么能够把马蒂斯的东西写出来，就因为我真是认真的研究过。由于我这几十年没有荒废，我认真研究绘画，所以我能够理解马蒂斯。我觉得我们搞美术理论、美术教育也好，不会画画是不行的。

李于昆：就像朱光潜先生说的“不通一艺莫谈艺，实践实感是真凭”。

欧京海：是的，你看前辈们当年就能拿出有关中小学教学的内容和观点，我现在回想，他们是真的懂，对当今的教学还是有指导意义。比如说他们提初中画水彩，我们现在实际上没有画水彩，但是画水彩是有道理的。中央工艺美术学院原来是主张画水彩，后来由于水粉画和油画占了上风，以后就不画水彩，直接画油画，实际上直接画油画会有弊端。现在来看，我用水彩的一些方法来画油画，老百姓容易接受，但好不好，我们不去争论它。后来我们在20年前，把画水彩改称画淡彩，为什么？因为考虑水彩在中学教学中难度大，我们改成淡彩，先是拿铅笔画一下，然后上颜色，最后把形状勾出来，我们的初中是这样做的。现在我们又改了，改成扩画。扩画，又是一种方法，用一张照片，一个局部贴在纸上，然后在周边加一些与照片有关系的东西，把画面画完整。

李健军：扩画？

欧京海：对，我们现在用这个方法加强学生学习绘画的表现能力和创造能力的培养。你可以异想天开地画，因为美术在某一种程度上，它不是1+1=2，这个也是一个优点。但是怎么样把握好教学？这个是难题，我们不能把学习者的异想天开和创作思路磨灭掉，同时还要加强学生学习绘画的表现能力，所以这个我觉得也是有一定的难度。现在看来，我觉得真的还是需要继续研究。我跟北京呼吁，但是现在没有人啊！我们需要培养人了。现在没有人能够担当起来，你说怎么样弄？幸好我们还有北师大中文系的专家和首师大的师生帮改文章，要是没有的话，美术老师写出来的东西是不好用的。

李健军：北京也是如此？

欧京海：哪里都一样，客观地说，现在基本上没了，没有人去研究东西，你拿不出新课来。

李于昆：要真正沉下心来，投身于这个领域。

欧京海：我知道湖南谁比较强，已故的那位。

李于昆：李小夫。

欧京海：这个人有水平，可是后来意外离世了。他在贴纸方面的研究，他跟我讲过，我一听这个就觉得这人真是专家。

李于昆：他是脑溢血，他在医院里跟我通电话，讲话不是很清楚的状态下，还跟我讨论教学问题。

欧京海：这个人有一点像上海的陈寿鹏。他也是自学成才，有思想，有技法。你问陈寿鹏先生，他讲不出许多大道理来，但他就是拿起纸来，三下五除二地一弄，一件纸立体雕塑就呈现出来了。后来我学习研究了他的方法，而且把它进行了总结，再后来我因为没有时间再推广了；也许我讲多了，会让人家感觉有剽窃人家的想法，不合适，所以我没有再往后搞了。其实我已经总结出来了理论，因为我做大量的剪纸研究，就是用陈老师剪的方法来做的。

研究问题，关键是要能沉下心来研究，包括课也是一样，到底知识点是什么？很多老师都会说知识点，说完了你听吧都对都不对，或者都是虚的。上海的初中部分的教材是王大根老师编写的，把知识点说得很明确，这个也是不容易，因为我们很多课程的知识点都是虚的。所以我觉得这个是教学上的一个大问题。美国教材的知识点就很明确，主标题是虚的，副标题就是知识点，所以我们高中教材基本上沿用了这种方式，把知识点说明了。但是在初中，不一定在课题上说明白就好，但是要在主题文中点清楚，教学过程和教学方法上一定要按照知识点设计教学。

李于昆：说到这里，比如说把这12套通过审定的教材，按照你的眼光，能否挑出你认为最合适的课，然后把它组合成为一本全国的综合教材？

欧京海：原来教育部有过这个想法，就是编一套好教材。但可能性不大，因为它有几个主要原因。第一比如说主编，就跟中国的足球队一样，省队广东队也不错，山东队也不错，天津队也不错，北京队踢得好的时候也还行，但是把他们搁在一起就不行。也许这就是答案。

第二是原来那些教材怎么办，比如说广东教材怎么办，你不让别人出？你凭什么不让别人出？我是通过了？你不能全国就一套教材呀！所以这个问题是难以去办的，实际操作有问题。主编是谁？听谁的？也是问题呀。投标，就能够准确吗？投标恰恰会出现很多问题，尤其是人际关系，也许是假行家投中了，这是有可能的。

第三说句实话，你对人家的教材到底理解有多少？这也是一个问题。还有一个问题，我觉得现在关键问题是，我觉得美国的思路值得借鉴。比如说有一个基金会出一笔钱支撑这个研究。每一节课都要研究出子丑寅卯来，这才行。比如说现在全国公认的小学第一节课是人美版的最好。我们的第一课《让大家认识我》，每一个孩子来到学校，上美术课了，开始让同学们认识自己，怎么认识？他是通过画画来让大家认识的。课的最后是老师做一棵树，把自己的名字爱好都贴到树上，大家公认这是一节成功的课，最好的课，这节课我们是在广东做的。广东是我们的根据地，教育部给我们在荔湾区试验，广州最有文化底蕴的老区。

我们编教材，其实难度还是很大。经济上的问题，人力上的问题。我们老是要人，可难了，找不到，我们现在用大量的研究生、博士生来提高教材质量。

因为北京教委聘我来做北京版的教材主编，因为我已经是全国版的教材主编，我就拉上杨力书记出来，我们做双主编。现在我是全国版和北京版的主编。

说实话，编北京教材最大的问题是教材要和全国版不一样，现在看来北京版有一些新意，有些地方解决得比全国版要好，但是研究还不够，都很仓促。比如有一节课，我现在印象特别深。由于地震以后，我们就出现了“逃生”的问题，怎么用美术来让孩子重视这个安全问题呢？安全如何通过美术来学习？我们怎么来描述、表现？这种用图说话的课，对我们编者来说也是全新的课题。学习这一内容对于学生来讲也是学到了一种能力，他们以后长大可能做了任何一级官员，也可能做了老师，都可能用到这个能力，这个是有用的东西。我们还是要按照手绘线图的思路，我觉得这个表现能力对于孩子是有用的，所以我们在各种课程里面都贯彻这个东西，但是这种课程，说实话是研究得不够。这课原来是许平教授带着他的研究生队伍研究，对这个课题的研究我们进行了多次推翻，为什么？还是深入研究得不够，实施不了，不能成为学习的课程。经过反复研究和实际教学，最后呈现出来了。许平教授他们还有很多很好的课题内容创意，但是最后还是没有时间研究了，只好放弃。其中有一节课就很好，就是学校的桌椅板凳到底该怎么摆放？怎么摆放最有利于什么课程？老师是不是一定要站在前面，还是站在中间？这些想法都是很好的，但是我们又想到小学生也许搬不动桌椅（高年级可以），目前实施还有一定的困难。当下的教室面积有限，你如果想搬可以，你有20多个学生可以搬，如果在湖北的重点学校，一个班级里面有七八十个学生，而且每一个学生面前都是摞着满满的书本，你的老家郴州也是这样。这种课程怎么样去实施？没有办法，只能是用纸板做一些桌椅，然后设想一下就算了。但是随着未来教育的发展，部分地方实现小班制教学，就有可能了。他主要是解决一个空间摆放与教学需求的问题，说明学生对教师的需求与课业的关系问题，目的还是提高孩子们的研究意识和创新意识。

尹少淳的博士生也帮我们做，现在都是依靠他们。严格来说，中小学老师可能会想出一些好的点子和方法，研究生们在理论上有较扎实的基础，但是他们缺少操作经验，所以我们把他们结合起来，让他们共同推出课题，然后分工合作完成研究课题。没有别的办法，因为目前我国没有研究机构，我们社准备成立一个专门研究课程的机构，每年研究出多少节课来，然后几年后拿出来，这样我们的课程将会都是新课程。

李于昆：这个设想好。

欧京海：我们编教材走了20多年，如果我们再不坐下来研究这些问题，下一轮的教材还真是会存在问题。

李健军：要组织人马上搞。

欧京海：在编写教材上目前我们国家还缺乏有效的管理体制，我的意思是必须要有专家组，要审查教材编写的观点。我们北京版教材刚开始也出了点问题，我带着专家组审查、提意见，边做边完善。所以我觉得编教材，不但要有好的主编，一支好的队伍，还要有一个审查的专家组。

现在北京有一批老师，也是40岁上下，他们比较懂理论，他们编制的东西相对来说是不错的，但是仅限于绘画和手工制作，我觉得我们还要加强其他领域的学习与研究。

李于昆：如果有人把这些问题好好研究一下，整合优质资源，对于下一轮教材修订会少走些弯路。

欧京海：这是肯定的，我觉得还有一个问题，要是真的要做研究，你说的这个是一个启发，比如说好好研究别人的教材是一个，实际上我们要拿出一个新的思路来。为什么？再过5年以后，我们国家的发展会怎么样？世界的发展会怎么样？这要有个前瞻性的眼光。我为什么要提常瑞伦的教材编写思想是适合21世纪初叶的中国？到了中叶——现在是2013年——要是到了2040年的时候，肯定人类的发展是巨大的，就不一定合适了。

李于昆：接下来是"互联网+"的世界。

欧京海：就是这个问题，可能年轻人知道PSP（掌上游戏机），我是什么时候知道？两年前我才知道。我女儿过生日，我不知道给她买什么，我一朋友的公司员工说"欧总你甭管了，我给你买了"，第二天就买了，第三天给孩子，孩子高兴极了。这个时候孩子说，她自己早就想要了。

咱们不知道的还有很多东西，所以说信息技术的时代急需我们有前瞻的意识。我们下面要去做什么？应该有一个整体的研究，如果仅仅把现在的教材重新整合出一套教材，那是绝对不能用的。为什么？它不符合未来10年的需求。举一个例子，20年前，我们编制教材，在里面搁了一个浴缸，有人说不行，最后李绵璐老师坚持要上，后来审查通过了。因为那个时候我们家里还没有这东西，洗澡我们都是上澡堂子，那个时候家里也没有洗澡的空间。这个浴缸10年不到，在城里家家都有了，我们再看这个照片就觉得老了，后来就把他撤掉了。为什么？因为它真的已经落后了。再比如，当时连三大构成我们都没敢搁、不敢说，我们只是介绍一下。我们编教材应当有前瞻性和创新意识。

李于昆：这说明教材的前瞻性很重要，也说明教材的使用有周期性，教材编写要与时俱进。

欧京海：要前瞻。所以我在北京版教材里面，从小学一年级下学期开始进入电脑课程，因为我是主编，所以我要求他们在小学就编了11节电脑课。为什么？孩子都会了啊。

现在家家恨不得都有好几部iPad。所以你要弄一个这有什么难的？尹少淳很支持，我们的编委也是他的学生，我指导他去编，审查全部通过了。当然我们的电脑课还是有问题的，还要修改，但是思路是对的。我们还在中学教材中加入了像LED（发光二级管）和激光等知识介绍。我觉得我们下面编制的教材，首先是你要判断未来10年是怎样的？你前瞻的是什么？这是我们要去考虑的。

李于昆：实际上美术教材最具有这种与时俱进的特质。我记得有个观点说视觉艺术在历次社会变革中都充当了先锋号角。美术是视觉，它不像地理、数学等。

欧京海：我在教育部就提出这观点了。我说你们应该重视我们的学科，我们是形象思维，这对于培养孩子很有作用，要真正重视美术。这一次教育部做得还是不错的，以前美术是没有教辅的，这一次可能美术会有教辅，还让我们美术学科到会发言。

李于昆：美术表现出来的首先就是视觉性。

欧京海：对，你看现在苹果这个界面，很漂亮。乔布斯他特别讲究界面效果，苹果的界面设计是最好的，包括这个界面，一点触效果就出来了。包括他使用了一些最人性化的技术，如充电器是吸附的，你只要轻轻一碰线就脱掉了，这样就不容易摔伤机器。所以他为使用者想了很多，我们称之为“好用”。

李于昆：这就是设计，包括了对触觉的设计。

欧京海：对，我们在研究未来的设计，我要学习它，据乔布斯讲，他们是几年前就研究好了的东西，只是适时拿出来了，它是一代一代往外推出的，他们是在引导消费。由此，我又想到环保，就说现在的孩子，初中生就懂得环保理念，那么在10年以后，中国的新建筑全都是环保的，这个是肯定的。没有理由让他们不懂啊！

李健军：实际上美术课程的作用非常大。

欧京海：非常大，比如说北京，北京的环保问题就亟待解决。城市的美一定要有科学在里面，美术课不去讲，还有谁去讲？这些孩子中未来肯定是会有省长、市长的人。比如说湖南郴州市市长还不到50岁，我一个朋友在那里当组织部部长，才40出头，现在的班子里全部都是年轻的，都是40多岁，但是他们都没有学过这些东西。所以我们现在的城市不太好，关键在领导，为什么？他没有学过这些知识，我们要为将来的领导宣讲这些知识和意识，一定要让他们会，祖国的将来也一定会更美好！

李健军：这样看今天的美术功能已经远远超越过去传统的定义了。

欧京海：我觉得我们的课标组对当今的设计研究得还是不足，在我们这个课标组背景是学习设计的人不多。所以我和许平老师在奚传绩教授的指导下，重点修改了原课标中只重视手工制作而忽视设计意识的培养问题。

实际上现在的设计课，在未来可能占课程的比例要大得多。要让孩子早些进入设计的教育中，未来的公民是需要设计这门功课知识的。

李于昆：高校专业设置中，设计专业不断扩大，美术造型这一块缩小。

欧京海：对，这个是时代的变化和需求，没有办法。

李于昆：这也是这个时代的一个特征。

欧京海：现在需要研究设计课程，我也是希望你们今后写有关教育的文章的时候能够重视设计课程。

李于昆：我们通过对您的访谈，把这个观点摆出来，引起大家更多的关注。

欧京海：我觉得特别要重视设计，未来中国是需要设计的。你看广东在很多领域之所以发展得快于全国，还是由于设计方面领先得结果，无论是平面设计还是立体设计，你不都是领跑人？就是这几年被人家学了去。现在大家都一样了，这也是信息化的特点吧。

李于昆：设计也是一种生产力。

欧京海：没错，设计就是生产力，广东人理解得早，所以改革开放初期广东就进步，上海现在进步很快，因为它本来基础就好。

就设计课，我觉得在未来我们可能要对设计这一模块要有所加强，因为我们在绘画的研究应该说没有什么大的问题，因为我们这一群人都是学画画的。

我觉得利用现有的资料和资源会来得更加快一点，因为电脑这东西出来了就大不一样。过去我们什么都是手画的，现在很多时候用不上手画，你只要把要求打在电脑上，相关的资料和图纸就会调出来。包括动画也是一样的，很容易，你只要画出几个形象，电脑就会帮你完成动作的衔接，所以说不需要一个个去画，但对现在的科学技术我们必须去学，还要宣传。

李健军：比如说介绍科技？

欧京海：对，要介绍科技。我们北京版在这一方面也是有所研究的但还是没有深入研究，这是一个全新的问题。从教学的方面来看你的目标是什么？我们目前的认识还不是很明确。

李于昆：看到你们的教材，展开就有“美术”的感觉。

欧京海：封面原来的“美术”是用周恩来的题字，这次审查他们一定要我们改用电脑标准字，没办法。

李于昆：还是用原来的字好。

欧总：当然啦，“美术”，周总理写的字多漂亮啊！

刘冬辉

受 访 者：刘冬辉，人民教育出版社美术室主任，中国教育学会美术教育专业委员会秘书长，人教版美术课标教科书副主编，国家美术课程标准研制组核心成员，《中华人民共和国教育史/学校艺术教育卷》撰稿人。

访谈提要：探究、建构与发展。

采 访 者：李于昆，广东外语外贸大学艺术学院院长，教授。

李健军，广东岭南美术出版社社长。

访谈地点：北京，人民教育出版社

访谈时间：2013年8月12日

美术课程改革漫谈

刘冬辉访谈

李于昆：我们做这个访谈录时，尹少淳老师向我们推荐了三家出版社，分别是人民教育出版社（以下简称“人教社”）、人民美术出版社（以下简称“人美社”）和湖南美术出版社（以下简称“湘美社”）。如果说人美社和湘美社更倾向于专业美术出版社的视角，您所在的人教社则是不折不扣的“教育”型大社，在推进课程改革，教材建设等方面都产生了重要的影响和积极的作用。您本人担任人教社美术室主任，兼任中国教育学会美术教育专业委员会秘书长，组织学会定期举行全国性的美术教师教学专业技能比赛评比活动等，与美术、与教育的联系实在太紧密了，所以我们来北京没有理由不对您做一个采访。

刘冬辉：首先感谢你们的采访。借这个机会我也想谈谈自己关于这次课程改革的一些感受和认识。对于国家这次课程改革，我们都是亲历者，我也有幸成为其中的建设者。当然这个过程还没有结束，我们这次谈话就作为行路人的一次聊天吧。

课改开始，在教育部领导下成立了各学科课标研制组。当时由教育部体育卫生与艺术教育司筹划组建美术课标组。这个课标研制组的构成是这样的：一

访谈现场左起：李于昆、刘冬辉、杨国昕。2013年8月，北京。

边是北京的一部分专家，一边是上海的钱初熹老师等一部分专家，后来两边合在一起。当时定的组长是尹少淳，是章瑞安处长和杨力副司长推荐的，考虑到少淳老师在年龄、学术各方面都很合适，年富力强。中间在北京、南京开了几次课标组全体会议，像陈通顺老师等都参与了，还有已去世的李小夫、杨建滨，这都是课标组最早的成员，这些网上都可以查到。我作为课改和课标研制、教材编写与实验的亲历者，感到课改总体来说是一件好事，还是要进行课改。当时的理念放到现在来看，已经过去十几年了，我们的认识也有一个逐渐深入理解、消化、反思、探索的过程。这是通过这次课标修订，包括我们主持、参与教材编写和修订工作的一个很深的感触。这十多年来我们确确实实对课改的理念有一个深化的过程，是一个调整的过程。对我们来讲，我觉得这次课标修订和教材修订在很大程度上是一种调整。

课改初期，我们接受教育教学理念的转变，能够理解、领会它的价值和作用，大家都是饱含热情地迎接课程改革。随着课改的推行，在具体教学中我们也都发现了一些问题，比如章瑞安处长就反复谈到，不能忽视学科本体。通过十几年的实验，我们也发现问题就出在这里。那个时候，我们重视了情感、态度、价值观，重视了学习过程，注重了情感体验，注重了教育理念的转变。针对过去的那种美术教学来讲，可以说这是一个进步。但是我们做事情，往往忽左忽右，这次也不例外。从教材就可以看得出来，我们过去的教材都是按着大纲来编写，学科本体性突出，学科逻辑性强，"双基"体现得也很清晰，过去是这样一个特点。课改以后，教育部要求人教社、人美社和湘美社这三家出版社先编写教材。当时时间很紧，赶出来了。现在回过头来看，第一版的教材还是有一些问题。这些问题和当时的编写理念有关系，我们把情感、态度、价值观、学习方式的转变放在首位，而对于学科基础知识和基本技能，则弱化得很厉害，这一点我们在当时的教材里面就可以看出来。当然了，作为人教版编写班子成员，我们在意识里面还是有这个东西。所以我们是搞两条线：我们把情感、态度、价值观、学习方式方法和过程作为明线，而把"双基"作为隐线来处理。我们认为这样处理兼顾性比较好，现在也是保持这种结构。我始终认为，我们做美术教育的人，不同于美术家和教育理论家的地方就是要厘清美术和教育这两者的关系，建构出美术教育自己的体系。这是基点。

现在回过头来看，由于学科本体弱化，带来诸多问题。包括我们去学校实验的时候，搞活动也好，评课也好，进行教材培训也好，看到了很多华而不实的东西。当时的理念对老师们的影响很大，从他们那里我们得到很多反馈。有部分老师很兴奋，觉得老师的教学空间大了，他们的主动性得到了发挥。但是通过很多课，我们发现当时的美术课堂教学很花哨，认真想一想，学生的感受流于表面，探究流于形式，认知的东西也很少，这也是大家普遍感到困惑的。

现在这个修订后的课标在表述上，对于知识技能这方面有了明确的阶段要求，这是一个很大的变化。这也是基于课改实验以来，我们的专家深入思考、修正的一个过程。像您刚才提到的学会组织举办的几项固定活动，论文评比、优质课和现场课的交流、教师基本功大赛等，在全国的影响确实很大，促进了教师专业和教学能力的成长。我们在现场课的评比就明显地看出来，教师的热情很高。通过这几年搞的几次活动，我们发现它也经历了一个变化过程。刚开始课改的时候，我们看到来参加全国评比的课，教师绞尽脑汁，教学过程是生动、活泼了，但最后学生获得的实在一点的东西，比如对美术的认识和美术能力就非常少。记得在后来一届的现场课，应该是在无锡，当时参会的老师都要求，希望专家能现场进行点评。评委有针对性地谈了这个问题。

我觉得大家现在取得了共识，现在的理念兼顾性比较好。你要想再回到过去那种教学也不可能，大家也不接受了，关键问题是怎么把两方面结合好？我们也在这个过程中，逐渐完善我们的思路。

李健军：人教社作为国家级教育类出版社，在全面推动美术课程改革这方面，主要做了哪些事情？

刘冬辉：人教社还是做了不少事情。人教社从新中国成立初期成立以来，一直承担着国家课程、教材的研究与编写任务，是一个有几亿读者的出版社。在课改以来，我们有几个国家级的课题同时在做，一个是课改以来各学科各版本教材的比较研究，另外还有中小学学生学科学业评价标准的研制，都是国家“十一五”规划课题。中间还有一个“十二五”国家规划课题，是关于新中国成立以来中小学各学科教材的整理和研究，这几个课题同时在做。这些课题都是围绕着课改进行的，有的已经结题了。其中我们也收入了你们广东岭南版美术教材，其他几套国家审定通过的几个版本的教材基本上都涉及了。把几个版本的美术教材做了比较研究，当然这个比较不是评判优劣，而是提炼出各自的特点以便研究之用。另外对于学会搞的一些活动，人教社提供了很多支持。人教社还有一个牌子是“课程教材研究所”，我们一直在做教育教学研究、服务等事情，不仅仅是编教材。

李于昆：人教社实际上是集出版、教材编写和课程、课题研究为一体，从美术学科来看，专业委员会秘书处设在您这里，这构架是区别于其他出版社的一个特点。

刘冬辉：是的，这是由人教社的性质决定的。明年学会和人教社还想搞一个活动，是关于学业评价的。我们以前的活动都是现场课的展示，教学论文的评比，加上教学基本功比赛。我觉得要把一堂美术课真正上好，还缺少一个基本标准，因为我们发现很多老师在课堂教学的设计，尤其在评价环节是没有标准的，或者说目标模糊。如何评价这个课上得好不好，很多老师心里也没数，或者说见仁见智。我想从学业评价入手，或者先搞一个相关的培训，这样就逐渐地、全方位地促进整个美术教学的发展。我们想先做这件事。

李健军：学会这些活动跟课程改革的结合是很紧密的。

刘冬辉：是比较紧密。学会准备成立一个学术中心，然后选一些学术骨干，把美术教育这个圈子里有志于做这个事情的同仁集合起来，以学术服务于全国的美术教育。这也是中国教育学会的目标要求。作为一个分支机构，我们确实也想做这个事情，以学术立会，以服务求发展。因为一线的学校、老师需要我们的学术支持。这是我们工作的持久性所在。

李健军：人教社美术教材的编写思路和架构，跟其他教材比较有什么特色？

刘冬辉：应该有一些不同。从根本上来说，我觉得我们首先还是应该肯定这次课改的基本理念，在这个基础上，我们现在基本做的是，怎样才能把这个理念同我们学科本体找到一个良好的结合点，使教材形成一个体系。比如说从现在的人教版课标教材来看，在初中阶段体现得比较明显，就是我们采用社会人文单元的方式来编课，再通过美术学习来实现，这是我们的特色。这个教材体系是指编写内容不是按美术学科本体来设计的，比如说从学生的生活角度和情感、态度的角度来设计单元。在这个单元里面，设计相应的美术内容。我觉得这应该是一个特色，也体现了我们当时的一种思考。

当时在三套教材里面，可以说各有特点。而我们想走一条既体现课改理念，同时又不放弃学科母体的这样一条路子。这也算是我们的一个探索。

从这几年的实验反馈来看，基本得到了肯定。当然作为一种探索，刚开始必定会有一些不足的地方。比如说学科“双基”的体现，有的结合得不是很好，也容易出现难易倒置的情况。这次教材修订，基本把这个问题比较合理地解决了，把它处理得相对自然，而且美术知识技能的呈现，较之以前相对要完善了一些。

李于昆：我们这次在上海的时候想采访胡知凡老师，结果得知他在你们社里做一个关于“百年中国中小学美术教材建设与发展”的国家课题。

刘冬辉：最近这段时间，他在我们社里做这个课题。这是一个国家重点课题，是从清末到现在，对一个世纪的教材的梳理与研究。这个工作量很大，而且资料不好找。但是这个课题做出来还是很有用的，这是一个基础性的工作。结题出版后，可以给想做这方面研究的人提供相关的史料和考据，要不然这个东西很分散。目前来看，有的教材也不完整，有的版本可能就几本。现在回过头来看，确实觉得中国这100多年来的美术教育变化很大。

李于昆：我们在南京采访陈通顺老师的时候，他把这个过程大致回顾了一遍。他认为这次课改变化很大，但与此前又不是割裂的，相互之间是有关联的。陈老师还认为基础美术教育和课程改革的发展与各时期政府制定的相关政策文件、课程大纲等有很大关系，有的甚至是起到决定性的作用。就目前来看，这次课改，无疑是历次课改里面动作最大、影响最深、受众面最广的一次。

刘冬辉：这次课程改革，政府投入的力度很大，影响面也广。确实，中国的美术教育之路虽然曲折，但还是有脉络可循。远的不说，从新中国成立以后，开始受苏联的影响。那个时候我们自己的教材不多，翻译了一些苏联的教科书和教学参考书，内容和体系基本都是按照苏联的来。再后来，经历了“文革”、改革开放等不同历史时期，我们现在回过头来看当时的教育，每个时代都有不同的特点。

这次课改如您所说，动作大、影响深、受众面广。现在来讲，因为我们不可能接触到所有的老师，只能接触到某几种类型的老师。有些类型的老师，还是按着自己的习惯来讲课，这是一种类型；另外还有一些喜欢动脑筋的有热情的老师，占相当一部分，他们很愿意接受新理念，他们在上课的时候很积极地去设计，这也是一种类型。

我觉得，从学会的角度来讲，要把服务的面再扩大，所以说现在学会积极发展会员，会员在逐年扩大。学会就是要为会员提供学术服务，引领大家走在构建中国美术教育的路上。在这一点上，希望我们的老师能保持热情，理性思考，能够比较辩证地去看问题。这样的话，可能我们美术教育走的路就会比较客观，比较科学。

目前来看，我们的美术教育，就教育理念和教材来讲，还能看到一些国外的痕迹，当然从发展过程来看，这也正常。着眼未来，以后最好是我们自己的痕迹要逐渐加强，最终构建出我们自己的美术教育体系。我们这么一个有着众多人口的有着深厚文化传统的大国，也是个教育大国，为什么不能有自己的道路？当然这需要一个过程。

李于昆：建立中国气派的，有中国特色体系的美术教材，是一个很大的话题，需要大家的努力，但这确是一个不能忽视的问题，更是一个我们要主动去做的事情。我觉得首先要寻求美术课程的内涵发展，建构符合中国现代化发展的美术教育体系，必须加强以“视觉素养”培养为核心的教育教学实践研究，即以重视民族视觉文化审美，弘扬民族传统文化为基础，尊重多元文化，形成学生的美术素养和人文素养，同时严肃科学地对待我国传统美术文化与外来美术文化，并进行去粗存精、去伪存真的教育资源分析、梳理与选择。在保留中华文化之根的基础上，吸取多元文化的精华，转化为现代的中国特色文化，才是理想的途径。

刘冬辉：这是一个理想的状态，需要过程来实现。确实需要做很多事情，需要很多真正有热情、有能力的人来做。

李于昆：这次课程改革里面，给你印象最深的事是什么？你自己体会最深的是什么？

刘冬辉：我体会最深的，就像一次航海旅行，经历了一个波澜起伏的阶段，虽然中间有些曲折，但还是望到了彼岸。刚课改时，大家都很有热情，对不同的层面的人来说，都有一种兴奋感。那个时候，大家都绞尽脑汁。编教材的人绞尽脑汁，上课的老师也绞尽脑汁，都想出新，都想要突破。从创造性的角度来看，它确实能激发出你很多想法，很多亮点也会出现，也确实出现了很多好课。这是个好事，但随之而来的问题是，我们难免忽左忽右。我觉得由兴奋那样一个高潮，现在逐渐归于一种相对理性的状态，这是一个逐渐成熟的过程。只有在平静时才能找到真正的答案，从而登上彼岸。从目前来说，我们还在路上，这个是我体会最深的。具体的细节当然有很多，难以一一尽数。

李健军：中国美术教育研究会秘书处主要有哪些工作？

刘冬辉：秘书处要做的事情很多，今年马上就有论文评比，明年又有基本功比赛。办了这么多年，大家还都认可这几项活动，这也是给大家提供一个平台，尤其是给一线老师一个展示的平台。

李于昆：的确，很多老师就是通过你们开展的这些活动展示了自己的风采，成为当地的骨干教师和带头人。

刘冬辉：成长了一批老师。

李健军：如果学会不组织这些活动，老师们就得不到这样的机会，一些老师很可能就默默无闻了。

刘冬辉：据我了解，有当时评一等奖的老师，现在都带徒弟了，他带的徒弟也有获奖的。产生了一个连环作用。

李健军：也提升了美术学科的影响力。据说该活动以前是由教育行政部门主办，现在改为学会主办了。

刘冬辉：最早是由教育部体育卫生与艺术教育司主办，后来由学会和《中国美术教育》杂志社主办。

从提升美术学科影响力的角度来讲，我们从各学校的参与态度可以看出一些端倪，尤其是评现场课，有的是校长带队，给上课的老师配服务人员，你看得出来学校有多重视。他们还是认可这个活动的。

李健军：组织活动的经费是怎么解决的？

刘冬辉：经费就是学会自筹。参会人员食宿自理，适当收取会务费，用于支付相关费用。我们做的是一个公益性活动。

李于昆：老师们对活动很重视，活动都成为一个品牌了，影响也日益扩大。这与你们的组织工作分不开。下一个阶段，学会有什么新的发展计划？

刘冬辉：肯定是要发展的。现在这几个活动，如您所说，也是一个品牌了，得到了大家的认可，肯定还会保持下去。我们也听到一些理事的反映，他们希望活动是不是能再多一些？现在实际上是每年都不少于一项大型活动，理事以上的活动还多些。如果太密集了，也有问题，大家能不能参加都是个问题。我想应该是在原有活动的基础上，适当加强培训类的服务。

李健军：活动搞了多少届了？

刘冬辉：到现在应该是第七届。我接手学会比较晚，以前是章瑞安处长做秘书长。

李健军：各大区也组织类似的赛事，比如说中南六省（区）美术优质课大赛等活动。

刘冬辉：对，有几个省也都在搞，像中南六省（区）、东北三省。

李于昆：这些活动跟学会是什么关系呢？

刘冬辉：没有太直接关系，基本上是省际交流，有时请我们去支持一下。我觉得省与省之间这样的活动好处在于，参与的老师会更多，在全国范围搞活动，毕竟要限定人数。人数太多，会场都不好解决，还有安全等一系列问题。进不了会场，一些老师还会有意见，但确实没办法。所以学会考虑下一步分阶段、分地区搞一些活动。

李健军：这从另一个角度反映了老师们的关注度、参与度很大。

刘冬辉：对。看得出来老师们都有这种要求。

李健军：您现在作为学会新一任的秘书长有什么打算？

刘冬辉：要想把这件事情做好，压力还是很大，还需要大家群策群力。我想应该是在继承原有工作的基础上，按中国教育学会事业发展规划的要求，加强学术服务，使学会工作立体化、系统化。

李于昆：前面您提到选择尹少淳老师做课标组长的事，当初是出于什么原因？

刘冬辉：一是他年富力强。在这个圈子里面，他是合适的。另外他有这种学术能力，他的思辨能力很强，需要这样一个人。

刘冬辉：您现在的学校有美术教育专业吗？

李于昆：我们学院没有美术教育专业。现设有艺术设计、音乐表演、舞蹈和艺术管理四个专业。

我是出于对这个事情的热爱来做这个事（本《访谈录》的编写），后来我跟岭南社李健军社长一说，他很支持。说：行啊！你来做！我说，应该是一起做。这不是一个人能做成的，这是一个集体合作项目。我再将这个设想与少淳一谈，他很支持。我们说，你就是我们的顾问，并请他撰写《访谈录》的序言，他欣然应允。我们这次来京找人访谈就是少淳协调的结果，所以他这个顾问是实名制的。

刘冬辉：这个确实是个好事，是需要回顾、整理一下，承前启后。

李于昆：《访谈录》还准备收入几个附录，其中有段鹏博士做的一个年表，暂定为“美术课程改革以来大事记年表”。另一个是钱初熹老师指导其研究生做的一个“美术课程改革以来重要著述目录”。我们希望这本书做得有一些文献性，也有些史料价值。将来大家回过头来看，觉得“值得看”，这本书就不错了。

刘冬辉：有价值。

李于昆：我们采用口述的形式，不是论文、报告的形式，这样可以拉近读者阅读的距离。把每个嘉宾的观点、看法集中呈现给读者，强调差异性，甚至有不同的意见和声音都可以。如果大家说的是一种声音，一样的话，就没意思了。

刘冬辉：那就相当于一个人在说。

李于昆：对啊，一个人在说，一种声音。平时对你们的报道，你们的发言，你们的讲话，出版社出了书，网上都有。我们希望做得有点新意，有点创意。

刘冬辉：确实如此。

李于昆：如果不是这次课程改革，也不会聚集这样一批人，我们也不会想到来做这件事。

刘冬辉：确实需要好好整理一下，在这基础上需要深入思考。对于将来，对于我们美术教育的发展，将会产生什么作用，这是它真正的意义所在。

李于昆：期望如此！

黎　丹

受 访 者：黎丹，国家美术课程标准高中《美术》教科书（湘版）执行副主编，全日制义务教育美术课程标准《美术》教科书（湘版）执行副主编。曾任湖南美术出版社副社长，湖南美术教育出版“湘军”品牌的实践者。2011年度中国新闻出版系统国家劳动模范。

访谈提要：黎丹作为一位出身于一线教师，又在出版社主要从事美术教材编撰等工作的学人，以其40余载的言行努力实践美术教育的惠风和畅的目标。自新课程改革前后以来，他历经了湖南美术教材建设的发展过程，是湘版美术教材历史的建设者和见证人。他娓娓道来的湘版美术教材编制历程、美术教育的育人之道、美术教材的未来分析都具有时间沉淀的醇厚滋味……

采 访 者：肖弋，湖南第一师范学院美术系副教授。

访谈地点：长沙，湖南美术出版社美仑茶馆

访谈时间：2014年5月11日

惠风和畅　“美”育湖湘

黎丹访谈

肖　弋：您为人低调而备受业内外尊崇，大家认为是因为您具有湖南美术教育出版人的特性：专业领域敢为人先，为人如水包容性强，具有实力与人格美感。您能谈谈这些年来参加湖南美术教材编制的情况吗？

黎　丹：过奖了。我只是众多湖南美术教育出版人中的普通一员，做好教材建设是我们共同的心愿。

湖南美术出版社一直注重美术教育图书的编辑出版，在1987年组织了第一套义务教育美术教科书的编写和出版。1991年，由时任湖南美术出版社社长郑小娟主持，副社长郭天民老师带领彭本人、刘勉怡、左汉中、徐中敏等社内编辑，与省教科所胡茂林老师，湖南师大的尹少淳、黄效武、谢雱等老师，以及长沙市的一批中小学、校外机构的一线老师一道编写小学、初中美术课本。我当时在长沙市少年宫，也被邀请参加教材编写。1994年6月，湘版九年义务教育中小学《美术》教材最后通过了国家教委中小学教材审定委员会审定，评为一级一类教材，向全国推荐使用。1995年，社里组织编写出版了高中美术欣赏教材，1997年经教育部教材审定委员会审查通过，向全国推荐使用。2000年又根据教育部美术教学大纲对义务教育阶段美术教科书进行了修订。2001年社里第

访谈现场左起：肖弋、黎丹。2014年5月，湖南长沙。

一批通过教育部对新课标义务教育美术实验教科书编写的立项和审批，进入各地实验区学校进行实验。之后，湘版高中国家课程标准美术实验教科书也通过教育部审批，进入各地实验区。我有幸亲历了这些教材的孕育、诞生和推广。

肖　弋：您在进入出版社前做过一线老师？

黎　丹：是的。1987年，作为一名已有15年教龄的中学美术教师，我受邀初涉教材编写。1988年我从中学调到长沙市少年宫带美术高考班。在当时的环境下，我不想做高考应试，想尝试教教小朋友。于是一年后选择了儿童美术班教学，以便于在教学实境中观察儿童与美术教育的关系。课余，我在少年宫教学楼走道上同时抱着3个4岁多的小娃娃嬉笑玩耍时，突然悟到：这才是教育！当带完幼儿、小学阶段的儿童美术课程，再回首思考中学阶段的教学，才发现自己曾过多地局限在教材的知识范围内，没有充分考虑学生的需求和美术学科的真正价值所在。也因为这个认识上的变化，使我对当时的师范美术教育产生了怀疑：一味注重客观造型的专业教育思路能否培养出好的儿童美术教育师资？

这种实践中的思考为我参与1991年教科书编写，提供了“教材应当源于孩子生活的‘现场’”的思路。在其后一年多的教科书编写过程中，我试图体现在少年宫教学中坚持的“尽可能地使教学与孩子贴近、再贴近”的理念，做到每一课都应该“给孩子留有表达余地”的编写思路，让孩子体验“我想做！我能做！我还能做得更好！”的成就感。我编的很多课在少年宫的课堂上进行现场反复试验，当时的小学教科书主编是胡茂林老师和陈卫和老师，他们的宽容也给了我很大的自主空间，出现了不少一直到现在的新课程教科书中仍保留的优秀课目。

1992年时做教科书的工作条件虽然很简陋，但大家工作的积极性却很高，工作质量毫不马虎。我们几乎整整一年都住在市内招待所一间十分简陋、闷热的房间做教科书。当时还是用手工剪贴的方式制作版式，再加上自己一台普通的理光135照相机拍照片。所有的图稿都是自己绘制或进行实验教学后由学生手绘的。通过编写这套教科书，出版社内有了教材编写和研究的基础，也有了打造美术教育出版产业品牌的意向。几年内，美术出版社为深入持续地建设教材，将当时还是一线美术教师的陈卫和老师和我分别调入了出版社任编辑。

从郑小娟社长开始，湖南美术出版社的各届领导都十分重视教科书建设。萧沛苍社长积极引进一线教师，支持创建“陶艺大教室”，成立“现代美术教育研究所”，建设“中国美术教育信息网”。汪华社长大力支持我们参与和组织国内各项大大小小的美术教研活动，建立美术教材实验基地，出版相关美术教育研究文集。这些工作在国内出版界或属于首创，或参与力度最大，也使我社在基础美术教育界建立了良好的形象，受到教育部领导多次赞扬。1995年到2001年之间，我参与了出版社面向义务教育阶段的“陶艺大教室”“现代美术教育研究所”和“中国美术教育信息网”网站的建设，这些工作都为教材编写团队创设了教学实境的真实研究体验。同时，也开始和长沙市美术教研员宋子正老师一起在长沙本地组建年轻的编写团队，经常自发研讨美术教学，有针对性地进行教学实验，为即将来临的课程改革做好准备。1999年1月，我受宋子正老师邀请，组织长沙市10余名青年骨干教师自费聚集到浏阳市乡下的东门镇，考察农村学校的美术教育，在简陋的旅馆抱着烤火手炉，认真研讨美国的《艺术教育国家标准》①，为即将进行的课程改革做好教材编写班子的思想准备。这个群体也就成了以后美术教材编写的核心队伍。

2000年，随着国家教学大纲的修订，出版社组织国家教学大纲教科书修订的编写。我担任了社里教材编写不挂名的副主编工作，与主编一起把控整体质量，组织课序。不到一年，这个编写班子很好地完成了教科书修订工作。这个平均年龄只有30余岁的班子经受了一次具有极大工作强度的编写考验。在2001年义务教育阶段新课程实验教科书的编写中，这个充满活力的队伍再次发挥了效率，使湖南美术出版社的这套实验教科书顺利通过了教育部审查，推广进入教育部的新课程实验区。在此期间，我们进一步完善了编辑进课堂的学习制度，将参与国内各项美术教育活动变成一项常规化工作，同时组织教材建设的国内高端学术研讨。到了2011年，随着美术课程标准正式定稿，湖南美术出版社的教材编写积累也趋于成熟，社里稳定的教材编写班子、专家资源网络、培训团队和教材实验基地都具备了为未来的教材建设规划提供坚实基础的能力。当然，要做好教材建设，后续的路还很长，很艰难！

肖　弋：您的编辑经历叙述就是一次湖南美术教材的时间表，浓缩的是您全心付出的深情。这些年里，您对教材编写最深刻的感受是什么？

黎　丹：责任，教材编写是历史赋予我们的责任。教材是要有灵魂的，有思想的，尽管它还不成熟，但总会成长。同时，教材应当具有学科教育理念的

① 美国《艺术教育国家标准》是美国学校艺术教育有史以来第一套在联邦政府直接干预下，由四门艺术教育的全国性组织研制的（视觉艺术、听觉艺术、戏剧艺术和舞蹈艺术）。这套文件的研制工作从1992年开始，1993年曾分别公布四门艺术学科标准的初稿和讨论稿，最后于1994年定稿并出版。

黎丹（右一）和教材编委老师一起讨论教材（2012年4月）。

时代典型性，且影响面广，因此，教材编写是一项慎之又慎的工程。新的课程理念形成需要一个过程，教材体系的创新和形成以及具体课目的打造都需要磨合，大家比喻为“戴着脚镣手铐跳舞的过程”。所以，这个过程十分艰辛，甚至很痛苦。

教育部要求编写班子要相对稳定，这就需要有一个与出版社教材编辑部门保持持续、有效联系的核心团队。义务教育阶段教科书的编写班子是在执行副主编宋子正老师的具体管理下，经过人员的反复筛选后，以长沙市优秀青年教师和骨干教师为主体，适当纳入省内外的骨干教师组成的一个工作效率很高的团队。作为教材执行副主编，需要去引领每位团队成员清醒认识这一点，才能为共同的目标提炼大家不同见解的精华，不断完善教材建设。

教材编写需要反复试验，不断修正文本内容、表述方式、结构、材料、课目。有时为了某个课中一句话的表述准确，大家集中琢磨几天才定下来，为了集中解决某个要点几个通宵不眠地持续工作也是教材编写的常态。在邀请的编写教师中，由于他们既需要兼顾自己学校的教学任务和保证教材编写实验教学质量，又需快速学习并熟练应用新的电脑软件，有的老师甚至累得晕倒在课堂上。而教师在编写研讨磨合中由于自己编写的课被再三否定，容易造成情绪波动，还需要主编引导老师调节情绪。出版社的编辑也直接参与教材编写，协助老师们编写，参与课堂研讨，现场制作和拍照。新课程以来10余年的时间，编写班子里的年轻老师真正是将青春献给了教材建设，好几个年轻女老师都是在新课程教科书编写的基本任务完成后才怀孕生孩子，她们都差不多跨了30（岁）了啊！十几年如一日都坚持做好这件事，那么辛苦，而他们和家人都一直无怨无悔，有多少人能做到这样，真的不容易哦！谁不爱惜身体？这是大家为了美术教育事业做的牺牲啊！我对这个班子始终怀有真诚的敬意！也非常感谢宋子正老师以及他所带领的这个编写团队！

编写教师们的真诚付出令教材具有温度，编写团队在长期相处中也有着一家人的深厚感情。这些年中最令人心疼的是核心编委何夕岚老师的英年早逝。何老师具有很强的综合优秀品质，年仅二十几岁的她做的课就很成功。也因为这个原因，深受重视的她编写任务更重。而无论多大的压力，多重的工作量，她那美丽的脸庞上总是带着微笑，认真地倾听着老师们的想法和建议，兢兢业业地对待教材编写的每个细节，诚恳而细心地帮助编写组的其他老师。她也在十几年的教材编写中逐渐绽放出研究型教师的芬芳。可惜，她不幸患癌了。令人感动的是她在病重期间还在病榻上修改教材，关注着教材建设，继续教材未尽事务，直至病重去世。她的离开，我们难以接受，且永远不能接受！她没有走，我们还和她在一起，共同延续着“美术教育”这个美丽的传说。

肖　弋：何老师正是您带领教材编写团队中一个美丽的传说，是具有人文情怀的美术育人的剪影，美术教育精神会引领人们将薪火传递下去。您还带了很多美术老师成长，国内许多小学、中学、大学教师，省市区教研员，博士研究生以及办学者受益于您，访谈您之前我采访了一些老师，他们都告诉我您无私地帮助过他们。能请您谈谈帮助老师们成长的一些事情吗？

黎　丹：能为老师们做点事是应该的，其实也是相互学习，不用提，不用提，我也记不住。

肖　弋：您的师长风范早已深入人心，您谦让不说，就请允许我读读老师们与您多年交往的记忆吧。

这是国家艺术课程标准组核心成员、长沙开福区美术教研员罗炜所述：“黎丹老师不仅是我学术道路上的指路人，更是我人生旅程中的良师益友。有此好导师，此生足矣。黎老师儒雅、敬业，说话不急不慢，始终微笑着，话语不多，当他发表看法时就是带着启示的思考。他总是谦逊地给予我指导、启发和鼓励，给广大的美术老师更多自主创新机会和空间。”

“对我成长影响很深的是黎老师不拘一格，大胆起用新人，帮助普通教师成长。在我1988年参加工作不久，他担任湖南省教科院《中小学美术教师辅导资料》一书的责编，就让我参与全书的编辑工作，他常不动声色地帮助我这个新人。从那时起我就亲眼目睹了黎老师一丝不苟的工作作风，感受了他玩命的敬业精神以及精湛的学术水平，在黎老师不断地启发、指导和鼓励下，我的专业积累渐渐成形，从一个初出茅庐的美术老师渐渐成长为一名美术教研员。”

“特别是新课程改革以来，黎老师以宽阔的胸怀给了我更多的无私鼓励和默默帮助。我们区实施的是艺术课程，某种程度上存在和美术课程教材使用的竞争，但黎老师没有因此冷落、排斥我们，相反更是给了我们莫大的支持和默默鼓励。我们开展的每一次大小型艺术活动，自始至终总有黎老师指导的身影。特别是在美术教材编写时，黎老师更是以一个国家级专家的眼光和水准邀请我们也参与其中。黎老师带给我许多艺术观察、体会与感受，可以说，没有黎老师的帮助就没有今天的我。”

中学老师刘清峨也感慨：“我们湖南的美术教育做得风生水起，重要的原因是有了像黎丹老师这样的‘精神领袖’的专业引领。在他的带领下，我们的教研特点有‘三多’：教研活动多，交流渠道多，研讨话题多。我们研究的主题很具体，致力于教学实践和研究；话题来自学者们的思考和一线老师们的教学实践。有时我们要探讨教学的问题，一个电话就能联系黎老师见个面，同时他还会约上也在思考这类教学问题的美术老师。在探讨时，黎老师永远是一个耐心的听众。每次谈话都是一次促进我们感悟和探索的起点。几十年来这样的时候太多，无法一一陈述啊！”

湖北省美术教研员向莉、南京师范大学教师秦华博士、首都师范大学教师段鹏博士，还有江苏、山东、内蒙古、新疆等地各层面的老师也动情地诉述了您在学术交流、教研研讨、出版编辑等方面给予的支持和帮助，大家与您相处的感受总是洋溢着美术教育的和煦春风，温暖而亲切。

黎　丹：谢谢大家的赞誉。我与大家愉快的相处都基于美术教育事业的缘分，美术教育以美陶冶育人，我也在感受大家的各种品质之美中受益。除了与在职教师的美术教育缘分，我也曾多次参加你们师范生的教育研讨活动，我也很关注师范教育，那是我们美术教育事业的后备军啊！理想的师范生是爱业、享受职业乐趣、美术教育研究能力与艺术创作能力兼备的优质人才。

在师范生培养上，我们需要探寻师范美术教育的学科内涵，才能探索构建合适的培养渠道。我认为基本的美术学科能力包括对学科语言的感受、内化、表达三个方面。那么，除了美术学科能力，什么是美术学科的“专业问题”？比如关于造型表现问题，我认为首先探析的是绘画问题。但绘画要解决的问题又是什么呢？是手、心、眼之间的协调。心是第一层面的。英国文艺批评家克莱夫·贝尔于19世纪末提出“有意味的形式”理论。“意味”这个词翻译是否合适，我不在乎，我很关注这个提法，暂且不去讨论他的理论，但如果“意味”丢了，语言的学习价值也就丢了，语言的学习情境也就没了，语言学习的经验基础也就丧失了。

我们以往的教科书编写也好，课堂教学也好，学科建设也好，还真的忽略了这个审美层面的东西。而“有意味的形式”存在于美术的所有领域，也就意味着这是学科基础的东西。我们都在说“学科回归”，这是个误导。其实不是回归的问题，而是要进一步从美术教育的角度来正确地认识和理解学科的问题。眼不能丢，学科要点很多都体现在“眼”上。综合考虑形式意味，无疑就会更多地涉及形态问题。研究形态是最有效、最优化的学科依托。即形、色、肌理、空间、光影等呈现出来的关系对心理感受的依托和影响。关系，也就成了学科学习的关键词了。形与形之间的关系，主体与环境的关系，材料与形状的关系等，关系也牵涉到对每个个体的特质把握，这也是在比较中产生的。理解了关系才能构建学习与学生经验的联系通道，也易于师范生掌握学科知识。以往的学科丢掉了这个“关系”，学而无益。找到并理解了关系的途径也就能更好理解美术与其他学科之间的关系了。那么，说到“手”，手既是审美感知的重要通道，也是审美表达的通道。通过动手能促进心理健康，积累审美经验，强化审美感受，帮助审美意识的形成。师范生接受的“动手”教育，如果缺少这个意识，也不具备在这方面实际教学的技能，走上讲台后的教学就无法落实美术学科教学的意图。

肖　弋：您的这番分析将美术学科内容的内在关系犹如庖丁解牛般游刃自如地梳理清晰了！黎老师，您刚才好几次提到“意识”这个词，我想，您是不是很看重“美术教学中应该重视学生审美意识的培养”这个问题？

黎　丹：是啊！这个问题似乎有点玄，也就常常在实际教学中被大家忽略了，或者是自以为通过某次学习，孩子的某种意识就形成了。但当我们走进课堂后，它其实非常具体地存在于每个学习行为中。学生是否会真正关注他们自己生活中的那些感受？会用什么态度，从哪个角度来看待生活中的那些现象，以及看待美术现象？用什么方式去表达自己的感受？这种意识的强度高不高？都与我们的教学有关系，和有效的学习方式有关系。这也是教材编写要进一步研究的问题。

肖　弋：正如您刚才对美术学科特质的分析，湘版教材在业内也享有学科特色明晰，表述生动，积极探索的评价。教材编写者的认识决定教材的导向和品质。经历了这些年的课程改革，尤其是2001年开始的新一轮课程改革，您认为国内的教材编写情况如何？教材未来之路将何去何从？

黎　丹：应该说，经过从2001年以来的这一轮课程改革，我国对课程的思考渐趋成熟，教师的教学理念也有了很大突破。这一次课程标准的修订，正是教育者反复思考的结果。但在学科知识系统建设上以及教材的结构和形态上，我们还存在很多需要研究和改进的地方。

一般认为，课程改革前的美术教材注重学科知识的系统性，美术新课程实验教材则是“适当弱化学科知识”，强调课程的人文属性。国家课程标准定稿颁布后的美术教材编写的一个原则是“适当的回归学科本体”。就我个人的体会，实验教科书思考了美术学科的人文属性，但并没有试图“弱化”美术学科知识，而是在探索和寻觅基础教育阶段美术学科的本质内核和合理的形态结构。我们一直在试图建构一个合理的知识系统，只是还没有给这个系统找到合适的“坐标”，也就没有建立起相应的“函数值”，因为我们连“孩子们为什么要学美术”这个问题都不是很清晰。如果真正清晰了，获得认同了，美术这个学科的地位不至于始终排在“老九”的位置。对“基础教育阶段美术学科的核心是什么”“美术学科的知识形态应该是什么样的”“当下的美术学科的课堂教学行为和方式”等也缺乏足够的认识，甚至都来不及去思考。这就造成了我们学科知识的僵化、表面化和末端化，造成了教学主观、弱效，甚至负效的结果。到目前为止，也因为来自各方面的制约，我们的教材还没有脱离这个窠臼，同时，也就没能让教材足够发挥应有的作用。

其次，美术学科的课堂教学研究仍然滞后于一些考试科目，学科师资整体水平受到师范教育的制约，也就必然会出现注重课堂形式而不注重教学实效的倾向。新课程主导下的美术教材的实施和实验的结果也必然会被大打折扣。

现在专门研究教材的专家十分匮乏，没有足够的人力来检讨以往学科教材编写的不足。而建构基础教育中新的美术学科体系也是一个相当艰巨的工程。作为出版社，我们意识到这份责任和义务。我们在1997年成立了“现代美术教育研究所”后出版了大量的美术教育书籍，随着新课程的开展还建立了10余个教材实验基地和教材编写基地，多次到基层学校（包括边远地区和少数民族地区的学校）进行调研听课，也组织过各个层面的教材研讨活动。但是，却没有足够精力对教材涉及的一系列学术问题进行整合研究。目前看来，我们已经有了较好的资源，但还没能很好地利用和整合。我希望出版社能联合有志于此的院校和学者，联系有志于此的一批骨干教师，挖掘我们教材编写和实验基地的潜力，一起持续地做好这项工作。这项教材研究工作需要各方面的投入，虽然效果也不会立竿见影，但我相信只要我们认真去做，一定会对教材的建设、美术教育的发展大有裨益。

未来的美术教材建设还有很长的路要走，未来的教材形式和内容将会为适应学科自身的演变和人们的生活方式的变化，以及学校教学管理的改进而发生变化。电子教材，人机交互式的教材编写和使用方式，教材的个性化教学资源包开发，基于信息平台的教材共建模式，以学习者成长变化为主体的生成性教材的编写方式，区域性教材的编写形式与内容，整合教师专业优势的教材编写研究等，都是值得我们探索和参与研讨的未来教材建设内容。未来的教材编写会更多地融入社会各界的力量，呈现出多元化的编写格局。应当说，我们这几十年的教材编写已奠定了未来教材发展的良好基础，未来的教材建设在汲取现有基础的精华而走向成熟，相信会更朴实，更具魅力。通过美术教材建设，我们能让追求美的意识“随风潜入夜”地进入人们的学习与生活，让美术教育“润物细无声”地优化人们的生活品质。

肖　弋：您对教材编写的思考与未来之路的展望都给予我们许多启发，促进我们共同探析教材的历史、现在、未来。当下，您正带领我们走在教材建设的路上，走在我们对美术教育价值探求的新路上！谢谢您！

林桂光

受 访 者：林桂光，亚太艺术创意教育交流协会会长，曾任香港教育署督学。

访谈提要：如何通过教育有效培育未来世界公民，成为21世纪各地教育部门均须面对的课题。其中一种基本的规划取向，是重新将焦点放在提升公民文化素养和创意能力上。要成功推行新世代教育，我们必须关注两大范畴及四大重点：人本和人文教育，以及创新与创意教学。努力加强艺术教育，培养学生整体创意能力，最终可提升其艺术创作表现，全面支持创意产业发展。

采 访 者：李于昆，广东外语外贸大学艺术学院院长、教授。

访谈地点：香港、广州

访谈时间：2014年11月21日至26日

创意教育与美术课程

林桂光访谈

李于昆：林先生从20世纪90年代起就一直活跃于香港和内地，至今常常看到您在内地参加或组织相关会议、活动，传播当代美术教育信息和观念。记得湖南美术出版社在90年代就出版过您的论著，可以说您是香港美术教育界的一位代表人物，也是一位熟悉内地美术教育的香港专家。

林桂光：谢谢！个人在20世纪七八十年代已开始了解内地的社、经、艺、文发展，阅读大量相关资料，认为内地无论资源或人才都有很大发展潜能，只要政策对头，加速会非常显著。同时在10多年内地旅游的体会，深信1978年启动的“改革开放”不可能走回头路。香港的确在中国现代化发展中可以做出积极贡献，但以900多万平方公里对1100万的比例，以及13亿人口对700万，香港不可能过分自夸和自恃自身的能量和影响力。香港必须尽早和内地交流、了解，寻找合作和互补的机会，香港才能在“大国崛起”的过程中，扩大自己的能量和扮演持续的主导角色，这是我在20世纪90年代初对两地互动发展的理解。在校内、校外美术教育层面，目前这种理解仍然很实在，很有意义。

因为我对内地的人、物、地并不陌生，普通话也能应付，所以在1992年刚创立“香港美术教育协会”时，收到广州美术学院邀请出席全国高等美术教育研讨会，便只身到广州，开展往后20多年贴身追踪中国美术教育的历程。当时接触，很多方面的确存在颇大差距。基本上“集体”力量较大，“个体”资源薄弱。例如教授和教师的工资大多只有一两百元、教学资源缺乏、发展信息闭塞、教育观念相对滞后等，是现在的80后学者都不容易想象到的光景。

印象比较深刻的事情，其一是当时的“高校美术教育研讨会”，主要仍以发表科研报告为主，但因本人并非学者，也没有准备报告资料，所以临时改为以自己擅长的互动提问方式交流。可能因参与成员都渴望了解外地美术教育发展信息，一时提问踊跃、反应热烈，也证明活动模式改变，可以激发学习动力。当日提问的众多学者，后来我也陆续透过跨境学术交流方式，邀请到香港考察，推动内地现代美术教育对外交流，为后来和内地各重点高校美术教育学院建立广泛联系网络打下基础。其二，后来有一次再到广州美院和当时的“美术教育研究室”交流，一位负责接待的办公室女助理，在从校园领我到研究室的途中，很有歉意地对我说，学校的环境实在太差，垃圾和卫生环境也不理想，和香港肯定有很大差距。我当时回应：她看到的“处境”的确存在，也很有问题，但从产生“歉意的感受”，却让人看到改变的可能和动力。因为只有感觉“不满”，才会衍生“改变”；有“不理想的标准”，才会订立达到“个人理想的目标”；“零感世代”，人和事都不会改革、创新。或许受到美院艺术教育的感染，全院同人在审美判断上，都会比院外人敏感。其三，2000年年初，我到广州和深圳交流，所有接待单位大多只能派出一辆“公车”，现在就是一个小小的科、组，成员都可以组织一列车队，可见20多年的体制转型，已释放巨大的社会经济资源。“集体”和“个体”，影响力已逆转，这正预示中国现代化的趋向。

李于昆：内地新课程改革已经进行十年余，《美术课程标准》已经正式颁布，您如何看待这次课程改革？

林桂光：香港进行千禧教育改革研究和新课程规划比中国内地只提前若干

年，个人在90年代开始长期参与两地互动交流过程，了解到内地学者和政策官员对外地和世界美术教育发展趋势也有掌握和研究。南京师范大学编辑出版的《中国美术教育》期刊，便不时看到相关各地美育资料介绍和专题学术研究报道。

个人本来对1998年初版的九年制美术课程纲要有所期待，但和后来看到2004年上海自行拟定的地区实验性美术课程纲要，同样未见有前瞻性和中国特色课程理念。2011年《美术课程标准》的定稿也找不到“后发效应”优势，在框架设计上可以有更严谨、更有条理的安排。经过和相关学者交流后，了解问题关键是在不同决策层面的讨论，需要协调种种观点和忧虑，而产生的一种“磨合式”产物。影响所及，相应的“教材出版”和“师资培训”实在有需要更好地进行调校。不过，在当代教育倡导多元和校本规划的理念下，就是“最完美”的课程，相对各省、市、乡、校的需求差异，都会有所不足。“校本、区本课程设计”的推广和研发，正好补救中央课程未照顾到的地方，也可为未来课程发展优化储备能量。但有另一个关键问题需要解决，便是学校和教师长期在教科书“哺育”下，失去设计教材的能力，以及高等美术师范培训中，课程理论及课堂策略等课题长期偏弱的缺失。我想，这方面以香港10多年美术课改的思考经验，以及香港教育局网上累积的庞大的学与教的资源，可以做点贡献。特别是在创意教学、专题研习、艺术综合学习、校本教材研发等方面，都可以互相交流。

李于昆：近年来，“创意”成为文化教育和艺术创作的关键词，您呼吁中小学加强创意教育。创意教育为何成为您关注和推动活动的主题？

林桂光：一、世界变了。千禧年代的确出现很多变化，特别是世界各地的教育规划，都在思考如何帮助学生应付未来的生活和工作做准备，创意教育是共同的主题。但所谓创意能力提升和创意表现的促进，并非随机性引导，是要基于学与教的情境去思考，内地现时比较流行的词汇叫——“接地气”。

二、第四波“创意经济”。现在回顾，千禧年开始，全球教育专家都在探索能够回应新世代转变的改革方案。随后，全球化迈向“知识型经济”转变的潮流，如何通过教育有效培育未来世界公民，成为各地教育部门均须面对的课题。其中一种基本的规划取向，是重新将焦点放在提升公民文化素养和创意表现上。

香港教育局负责资优教育的陈沛田总课程发展主任，2010年3月在局方发表一篇网志介绍为何要“培育创意经济时代的人才”时指出：人类文明发展的第一波由3000年前的“农业经济”开始，经历2000多年才形成第二波的“工业经济”。之后因为知识的传授急速扩展，以及科技发展带动而起的商业市场竞争，各地社会经济发展便在四五十年前悄然进入第三波的“知识经济”年代。随着全球的生产、销售、服务的逐步同质化，竞相依靠低价及倾销手段，要在市场及服务突围，必须提高产品附加值和服务差异化。高举发展创意产业及文化产业的第四波“创意经济”在10多年前宣告形成，各地进入以“脑力”和“创意”争胜的时代。最近有一项针对60多个国家、30多个行业的1500名CEO（首席执行官）的抽样调查显示，创造力（而不是智力）是这个时代最重要的能力。

三、全球化发展。让我再列举一些目前全球化发展的社会情境补充说明：信息科技的冲击、知识型的社会转变需求、全球一体化产生相互依存而又互相竞争的世界，在职场上要求解难更有创意、应变更有弹性、心态倾向追求卓越。新世代员工要有分析判断能力，能综合各种来源的信息，做出明智判断。除文字外更要能有效运用影像、声音、动作来沟通。衍生新理论、新思想、新观点、新方法、新工艺、新产品以及新的艺术形式和新的艺术形象。

四、学与教的重心。环顾世界，包括两岸四地都在千禧年前后，思考如何进行课程改革，以期能成功推行新世代教育变革的规划。尽管大家的口号和策略稍有不同，可以总结出两大范畴及四大重点：人本和人文教育（Student-based and Humanities），以及创新与创意教学（Innovative and

Creativity）。

简单的理解是：教育安排要以学习者为中心，从文化传承和关联社会生活的角度出发；教学策略要进行“范式转移”，融入多元创新教学设计，以期有效促进和提升学习者的创意表现。

李于昆：全球社会经济发展与新科技和平台的出现，如何影响新世代学习模式?

林桂光：一、科技和平台。近年出现众多发展“创意经济”的成功个案，都和新科技及互联网平台分不开。未来的方向更会朝“移动互联”转移。

二、自拍热爆全球。有关“新科技和平台的出现，如何影响新世代学习模式”这个话题，最有趣的一个流行课题可以从2013年度风云字——“自拍”（SELFIE）为例。自拍热爆全球，反映年轻人有一种“我世代”的心态，事事想人“以我为先”，沟通能力有待改善。自拍盛行，反映了现在是一个“我世代”，每个人都将自己看得很重要。

三、谷歌效应。然而，在过去交流时，经常会提出另一项可能还未引起教育界广泛关注，但会有深远影响的学习问题，那就是“谷歌效应——Google Effect”。内地或可改称“百度效应”。现今，我们只要在网络搜索引擎谷歌（百度）输入关键词，就能找到大量信息，根据美国2011年一项研究，这种行为不仅助长了大家对互联网的依赖，还改变了脑袋选择记忆的方式——自动过滤掉随便就可以搜寻得到的内容，造成所谓的“选择性失忆”，科学家称这种思考现象为“Google效应”。

四、移动学习。在后PC时代，人们跟传统桌上型和笔记本电脑的关系越来越疏离，取而代之的是iPad一类的便携设备。大家更期望借电子工具打破时空和地域限制，结合各种教学活动，提升学习效能。利用信息科技和移动平台进行教学范式转移，已开始在主流教育中进行不同的校本尝试。通过网络学习（e-learning）、移动学习（m-leaning）、视像学习（v-learning）的各种

“翻转课堂”“微课堂”“视频群课”的课程和教材，都在海内外普遍出现。

五、教育信息化。最近网络上有一份广为流传的资料，谈到“教育信息化的8个预言”：1．屏幕成为学习的主要介质；2．学习过程就是数据产生的过程；3．教师可以向学生学习；4．数字化学习产生全新学习模式；5．互联网思维注入课程创新；6．学习者盈利将成为可能；7．从提供资源到提供工具与平台；8．低结构成为信息化设计主导思维。

六、微课与艺术教育。最近读到一份研究资料，希望大家能认识艺术教育在“微课”的发展潜力。立论是参考中国微课网（http://www.cnweike.cn/）举办的“第四届全国中小学‘教学中的互联网应用’优秀教学案例评选活动”。这项活动（截止到2013年6月27日）上传的各科微课案例总量为20607个，分类进行分析；另外还选取观看次数最多的前50段微课进行细致的分析。简单介绍当中有趣的数据是：从图5可以看出，绝大部分为语言和数学科，艺

各种现代化的交流方式。

互联网的运用产生新的学习方式。

术教育类别只能归入约十分之一比例的“其他”类中，占极少比例。但在图6中，观看次数最多的前50段微课，美术和音乐案例，竟然可占有3个名额。相对而言，艺术教育类应该是最有“观看和学习价值”的学科，最适合利用视像媒介进行创新教学设计，因为从“视觉文化”的概念去评价，我们已处身在一个“读图年代”。

七、读图时代与视觉素养。图像作为这个时代的重要特征极大地丰富了人们的视觉体验，在“读图时代”传统的“看”已经不是一种简单的行为，我们不仅要“看”，还要“看见”，更要“看懂”。正是在这样的背景下，产生了视觉素养（visual literacy）的概念。简单来说，视觉素养就是指理解、创作和交流视觉形象的能力。进行视觉素养教育也就是培养“看懂”的能力，达到“有意味地看”的能力。

李于昆：如何理解创意学习的本质和形式？

林桂光：第一，创意与创新教学可以说是“范式转移”之本，教师有需要了解创意学习的本质和形式。“创”可理解为打破常规；“造”是在打破常规的基础上产生有实际意义可解决问题的事物。“知识与技能”和“创造力”是两回事。创造力一如智力是不能由教师传递给学生，只能透过诱导来激发。要培养学生的创造力与创造精神，首先要营造环境（学校教育情境与家庭环境）给他们空间去“创”去“造”。创造力是由鼓励、培养、开发出来的，同时需要一个合适的环境，才能茁壮成长。

第二，非智力因素。早期精英教育非常重视智商，但现代教育认识到智商不能反映一个人全部的认知能力。以前读过一份资料：美国南加州大学的心理学家乔伊·吉尔福德，曾经设计了一个关于创造力的评测模型，关键的参数为发散性思维与聚合性思维。前者能产生很多个不同的想法。后者则将不同的想法整合成一个最好的结果。现代神经科学的研究证实，负责聚合性思维的是左脑，它凭借逻辑和分析去检测细节与过程，但缺乏一种高度、抽象的联系。负责发散性思维的则是右脑，它与直觉和非言语思维有关，具有音乐、绘画、综合、整体性和几何空间的辨别能力，能将信息的碎片组合成整体。所以现时有

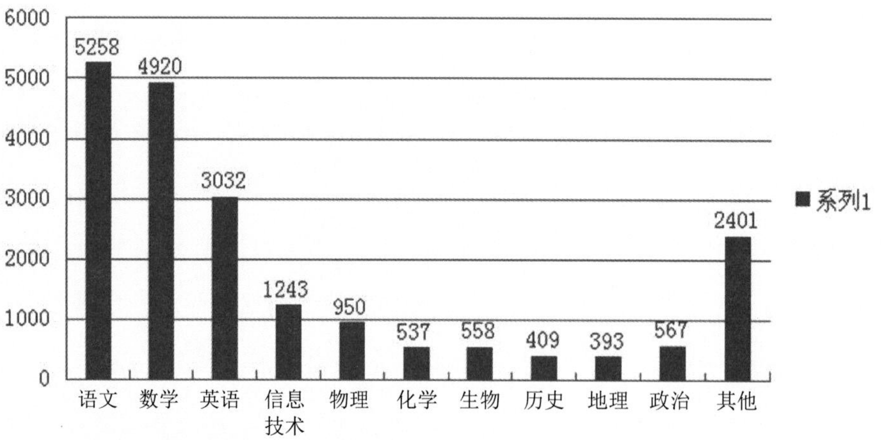

各学科微课的数量。

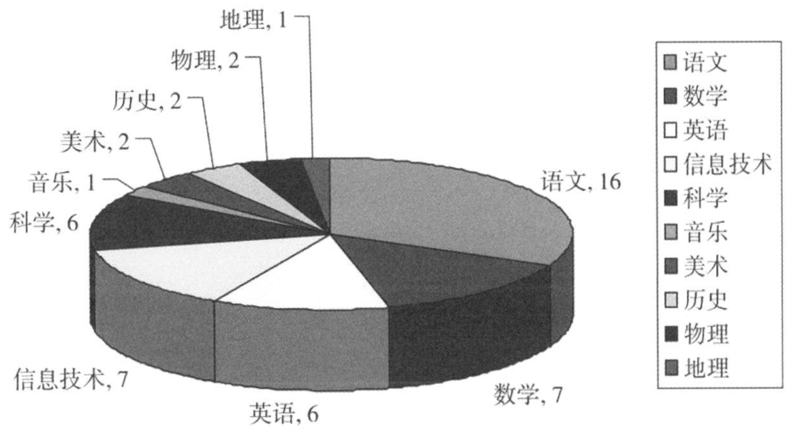

前50名中各学科所占的数量。

关创意教育的设计，都会兼顾感受和情意等“非智力因素”的促进。

第三，创意思考的特质。澳洲著名资优教育家麦卡恩指出创意思考的特质包括：能很快出很多主意、有幽默感、善于提出新颖意念、好奇心强、爱发明和肯承担风险等六项特质。至于“点子”，可能是行得通的，也可能是天马行空不切实际。若不能把一个主意实际运用于创造成一个美好的结果，便称不上“创意”。

第四，资优与创意表现。根据美国联邦教育部定义：资优儿童是指那些在某方面或多方面拥有突出表现或潜能的儿童，包括智力经测定属高水平，在某学习领域有特强的表现，具创造性或创造能力，在绘画、戏剧、舞蹈、音乐等艺术范畴有天分，具领导才能，在竞技、机械技能或体能的协调方面有过人之处等。

第五，谈谈阅读与创意思考的关系。日本管理大师大前研一在2009年出版《低智商社会》，书中主要观点是现代日本人阅读量下降，不爱思考，集体智商下降，导致社会上出现种种“笨蛋现象”。

香港在推行课程改革时，也认识到阅读对培养想象和创意的作用，所以把“从阅读中学习”订为八大学习领域的四大关键项目之一，并且在学校配合各科“阅读计划”，在小区推动“好书推介”。经过数年的努力，香港学生的阅读能力有明显进步。“全球学生阅读能力进展研究”（PIRLS）及“学生能力国际评估计划”（PISA）的研究结果显示，香港学生的阅读能力在全球名列三甲，这是香港教育界积极推动阅读的成果。

大家都认识到艺术学习对提升创意、想象的表现关系密切，所以涉及艺术范畴的阅读，在“从阅读中学习”这个课改项目中不应缺席。亚太艺术创意教育交流协会特别在2013年度的教育活动，发起一项“阅读艺术”推广计划，希望各个地区关心艺术教育、关心创意教育的个人和团体能大力响应，提供适合中、小、幼学习阶段各种围绕“艺术学习领域”不同艺术形式、不同出版形式、不同内容的书目，以丰富学生的艺术认知、提升审美素养、促进创意表现。

李于昆：亚洲地区的创意教育发展在美术课程改革层面有哪方面相关规划？

林桂光：因为“创新与创意教育”是教改主流和课改主轴，世界各地近几年推动的教育及课程改革，不约而同都强调我们应朝向提升创造力这方面发展。以亚洲地区有关教育体制改革与创意发展为例，各地正要进行一次学习大革命：香港千禧年推行课改，将总目标放在“学会学习”上。台湾曾试推行“乐高教学”，学生的优秀成绩不仅验证了“做中学”与“建构论”教育理念，表现远远超过传统学生的另一个主要原因是这些学生真正享受了“学习的乐趣”。2003年起，台湾的大学将通过评价学生的综合能力、写作、课外活动和平时成绩等多元因素来选取入学。2002年4月，日本政府对教育体制进行了根本性变革，取消周六上课，鼓励自愿选课，并允许学校自主选择教材。新加坡在千禧课改删减约三分之一旧有课程，将相应的学习课时规定由学校配合六大探索学习主题，自行设计校本专题探究教材，取代传统的书本知识学习。在韩国，将有三分之一的新生，是因为他们的突出才能，而不仅仅他们的考试成绩被录取（多元入学）。

内地进行的课程改革也开始重视开发“校本教材”。

如何造就创意新一代？不同地区的课程改革，需要关注平衡“知性与情性教育”的考虑，思考加强艺术学习是否是一种更具广度和效度的发展策略？

培育未来人才，艺术不能缺席。近十年来，美国教育界人士纷纷展开关于艺术如何影响学习的实验教学计划，而且结果惊人。一项哥伦比亚大学针对美国东岸四到八年级学生进行实验的结果显示，那些在学校得到充分艺术学习机会的学生，在创意指数上的得分，竟是艺术学习机会相对不足的学生的三倍之多。

下面比较一下港澳台和内地美术课程改革在创意发展上的情况：

一、香港艺术教育课程架构

“艺术学习领域”是课改规划有关基础教育八大学习领域之一，包括视觉艺术、音乐和戏剧三个学习范畴。

课程宗旨：艺术教育可以帮助学生——培养美感，发展创造力、批判性思考能力及有效的沟通能力；发展艺术创作的技能、建构知识及培养正确的价值观和态度；从参与艺术活动获得愉悦、享受及满足；培养对艺术的终身兴趣。

高中艺术教育规划：新高中课程将提供更多元化的途径，让学生因应个人能力和兴趣，持续地学习艺术和享受艺术的乐趣。音乐科及视觉艺术科是新高中课程的选修科目，为学生提供深入研习的机会，并为升学、从事艺术工作及创意产业奠定良好基础。

与艺术相关的“应用学习”课程，让不同兴趣和取向的学生，在多元的学习平台上，探究个人终身学习及职业的取向。

在通识教育科的“独立专题探究”中，艺术是其中一个建议的研习主题。

“艺术发展”学习经历是新高中“其他学习经历”的重要组成部分。学生在高中三年内，有不少于135小时的艺术学习时段。

基础教育视觉艺术科课程宗旨：扩展学生以视觉为主的感官、美感和艺术经验；使学生能够进行表达个人情感和思想的视觉艺术表现；透过评赏和创作，发展学生视觉认知、共通能力和后设认知；借助对不同文化的接触，拓展学生多元的视野；陶冶学生的情感、修养和品德，以至对于国家民族及世界的投入感。

高中视觉艺术科课程宗旨：丰富审美和艺术经验；加强审美和批判性欣赏，以及创作不同形式的视觉艺术作品的能力；透过自主和以开放式探究的视觉艺术学习过程，发展感知能力、共通能力，以及后设认知；透过对多元文化视觉艺术的研习，加强对多元视野、本地文化及跨文化的了解；培养个人情操、价值观与态度，对自己身份的了解及对小区、国家、世界的投入感；获得基础训练，以备有机会继续接受与视觉艺术和创意工业有关的教育，以及从事相关的工作。

二、台湾艺术教育发展取向

将九年一贯课程、多元入学、师资培育多元化，定为三大教改工程。在《国民中小学九年一贯课程纲要》有关艺术教育的设计，原有美术、音乐课程与表演艺术等合并为“艺术与人文”学习领域，以“陶冶学生对艺术作品的感受、想象与创造的人文素养，并积极参与艺术活动”为教育目标。

学者黄壬来指出教育专业知识和能力的体现，在于教师能否对教育工作从事广泛性、批判性与创造性（所谓“三C策略”）的探究与实践。艺术师资培育课程应提供广博知能，引导批判思考，激发创意表现的科目，在教学上使学生具备广博、批判与创造的艺术教育专业能力。

三、澳门艺术教育改革

在1994年，前澳葡政府颁布法令第38/94/M号《幼儿教育、小学教育预备班、小学教育课程组织》和法令第39/94/M号《初中教育课程组织》，依据课程法令，美术科确立为必修科。小学美术科目为“视觉教育/手工”，中学美术科目为“视觉教育”，着手编订课程大纲，为澳门美术教育界开创了新局面。这种发展符合教育规律、学生成长规律、视觉艺术规律，具有时代性及发展性，使学生具备主动学习和探索事物的精神，有多元文化及具有澳门艺术文化的特色。

美术教育课程总目标概括在知识、技能和态度三个层面，学习内容则分为“探索和体验”“创意思考”“美术与生活”和“视觉语言”四大类。

四、内地美术教育与创意发展

现行的普通学校美术教育大纲，都将发展学生的想象力、创造力和审美能力列入美术教育的重要目标之一，说明美术教育：能发展感知功能，与儿童认知、心理发展特点相吻合；能丰富记忆表象，这是发展智力、创造力及右脑功能的必要准备；能积极发展想象、直觉、灵感等多元思维能力；能发展各种高级情感，提升个性品质，这是现代社会中最主要的素质；能发展审美能力和创造能力，即美术教育创造意识、创造思维和创造才能；能发展学生的动手能力，并有利于开发个人潜能。

美术课程总目标：知识与技能：了解美术语言及其表达方式和方法，运用各种工具、媒材进行创作；学习美术欣赏和评述的方法；了解美术对文化生活和社会发展的独特作用。

过程与方法：以个人或集体合作的方式参与美术活动；丰富视觉、触觉和审美经验；激发创意。

情感、态度和价值观：获得对美术学习的持久兴趣，形成基本的美术素养。

李于昆：艺术教育能提升创意学习的效能吗?

林桂光：首先，讲讲艺术表达与创意发展的关系。在讨论上一个话题时已提及美国对初中学生所做有关艺术学习和创意表现的研究，得出很正面的结果。美国儿童艺术课程Abrakadoole的创始人玛丽·罗杰斯说："艺术教育真正的价值，并不是培养艺术家，甚至不是提高孩子的智力，而是培养不同的学习方式。除了艺术的具体技巧之外，艺术课程还锻炼孩子的认知能力、好奇心、实验精神、冒险精神、灵活性、隐喻式的思维方式、审美等，其中很多是常规课堂上缺失的。"有大量的研究证明，艺术训练包括：音乐、舞蹈、绘画、戏剧，都能强化大脑的注意力系统，从而提高一个人的整体认知水平。很多儿童艺术培训班的口号是：学艺术让你的孩子更聪明。

香港教统局1990年发布的《第四号报告书》，采用了美国联邦教育部对资优的定义，肯定了资优特质应朝向多元化的界定：智力经测定属高水平；对某一学科有特强的资质；有独创性思考，能够提出创新的意见；在绘画、戏剧、舞蹈、音乐等视觉及表演艺术方面特具天分；有领导同辈的天赋才能；在推动他人完成目标方面有极高能力，以及在竞技、机械技能或体能的协调方面有突出天分。香港新一代文化协会在2002年曾公布一项青少年创意现况调查，发现很多家长和教师都认为，香港青少年的创意主要见于绘画和音乐两方面。可见艺术学习和创意表现关系直接、密切。

在艺术教育学习领域内的视觉艺术科，也聚焦创意教学，强调教师作为课程设计者及学习促进者的角色。学生应学会学习、主动学习和统整不同知识和经验于生活实践中，及运用多种配合课改的学与教策略，配合不同学习需要，例如艺术的综合学习、全方位学习、探究式学习、经验性学习及四个关键项目：专题研习、运用信息科技进行互动学习、从阅读中学习和德育及公民教育。

其次，如何利用艺术学习促进创意发展？各地中小学的美术教学，同样注重把培养创造性思维与学生的观察、记忆、想象、创造等能力结合起来，在不同的中小学美术教学大纲中，都有明确规定："培养学生的创造性思维，是美术教学目标内容。"

其实，校内、校外幼儿美术教育更需要大家关注。2004年刑慧萍引述肯恩·邓恩及丽塔·邓恩的研究（Ken&Rita Dunn），指出约34%儿童靠律动、音乐节奏、声音听觉学习，37%靠肢体动作学习，29%靠空间图片视觉学习。故此，假如只采用某单一形式授课，则只有约三成或更少的学生受惠。研究还发现，多元智能教学确能提高学生的美术创作动力和兴趣。因此，作为教师应开放自己，接受多角度的意见和新思想，为学生提供合适的学习环境。

关于在课程与教学设计上，利用美术教育培养学生的创造力可以从两方面入手。

其一，精选教学内容，激发创新思维。例如：1. 选择有利于激发学生求知欲、引发学生好奇心、鼓励其积极和主动学习的教学内容。2. 选择有利于培养学生知识迁移和发散思维的内容。3. 教学内容的选择要符合学生个体身心发展的特点。

其二，改革教学方法，培养创造能力。例如：营造良好的创新氛围、打破传统，鼓励发散思维、启发想象，培养创造能力。

最后，培养创意要注意三个关键发展重点，尝试融入课程设计和教学安排中。1.培养个性：尊重学生的选材兴趣、取材想法、表达的观点和表现形式。2.关心生活：多引入和学生生活、小区议题和自然环境相关的探索和创作主题。3.敢想敢说：增加互动、鼓励表达、刺激思考、支持梦想。

李于昆：美术课程能引导或推动课堂美术学习的“范式转移”吗？

林桂光：各个地区的教育改革和新课程规划，都着眼回应新世代社会和经济的转变，目的是使学生在个人发展、生涯规划以及社会适应等方面更加有效。基本目标除了要应对刚才提到的国际21世纪教育委员会1996年在其研究报告所提出的21世纪世界教育的“四大支柱”，也要配合近年提出的当代世界教育教学改革的“六大新动向”，去用作课程改革修订的指标。所谓“六大新动向”是：动向一，从“全民教育”到“全民学习”；动向二，从以课程为中心到以学生为中心；动向三，从以能力为导向到以价值观为导向；动向四，从知识授受到创新精神培养；动向五，从信息工具使用到教学模式改变；动向六，从单一测评到综合评价。

“四大支柱”和“六大新动向”肯定会对原本的课程设计及课堂教学模式造成冲击。学与教的“范式转移”已成为各地教育专业必须要思考的课题。

若要问如何引导或推动，我们可以先了解目前面对的一些课堂教学的问题。内地教育家叶澜提出了一些她观察到的现象：关注认知目标多，关注学生全面发展少；关注知识点多，关注知识结构少；关注知识掌握多，关注学生知识建构少；教师单向讲授时间多，师生互动、生生互动少；低阶思维发问多，高阶思维发问少；千篇一律千人一面多，照顾差异分层教学少；教师个人应付挑战多，同侪协作集体力量少。

此外还有推动创意思维的滞后。一项2009年教育进展国际评估组织对全球21个国家进行的调查结果显示：中国内地孩子的计算能力排名第一，想象力排名倒数第一，创造力排名倒数第五。此外，在内地的中小学生中，认为自己有好奇心和想象力的只占4.7%，而希望培养想象力和创造力的只占14.9%。八成教师不容许学生创新。上海教育科学院2010年的调查显示，中国学生模仿能力强，创造力不足。有85%的中小学教师不能容忍学生的奇思怪想。上海市教育科学院普教研究所最近公布了他们对上海、天津、重庆、南京、杭州和南昌6个城市中小学生创造力的调查报告。这一调查发现，只有15%的中小学教师能够“肯定学生的思想，鼓励大家提出自己的见解”。

传统教育规划和社会情境的确不利进行“范式转移”，但前面我已介绍过能够对应内地幅员辽阔、各教育层面存在差异的情境下，比较容易推动创意教育的三项关键重点，再配合落实“以学生／学习者为中心”的教育原则，应该有机会逐渐“转型”。

“以学习者为中心”的学习，是指以学生的兴趣和能力为依归，强调的是每一个学生独特的学习和发现经验，让他们发掘自身关注和感兴趣的问题，并拥有探究的过程和结果。因此，课程的设计不应完全以教师、学校、政府的角度和需要来决定什么是重要的知识、议题和评核标准，要理解和尊重学生自己的兴趣和方法，哪怕是原始、带实验性的方法，也可以是良好的学习经验和发现过程。

关于美术教育教材设计和课堂教学存在的问题，以个人经历接近4000次美术观课，可以总结出几个方面。1.教材设计方面：校本课程的规划性；学习内容的均衡性及多元性；学习目标的明确性；学习活动的计划性；学生思维表现的促进；学习评估的效度。2.课堂教学方面：选材相对学生的适应性；教师专科知识的达标性；进度预算的合理性；课堂教学活动的恰当性；多教学策略的运用；学生参与及互动的促进；其他学与教情境的应变。

关于美术学习的“范式转移”。北京美术特级教师侯令老师，也探讨过美术课程应如何引导或推动课堂学习的“范式转移”，他提出如下建议：新的课程设计；教材间将越来越具连贯性、重视进展性评估、与其他科目联系、提倡体验和均衡学习。教学方法上，应多引入分组讨论、提供专题研习及实验性课程等，比较旧模式更灵活和更有挑战性。教学资源不再只局限于课室里，师生可离开课室，而一切校内外资源可成为具启发性的教学工具。

参考香港课改的核心目标——“学会学习”。综合《学会学习——课程发展路向咨询文件》（香港课程发展议会，2000a）、《学会学习——学习领域艺术教育咨询文件》（香港课程发展议会，2000b）以及《终身学习，全人发展——香港教育制度改革建议》（教育统筹委员会，2000）三份课程文件，都建议进行全方位学习、让学生学会学习、进行课程统整及校本课程的设计，鼓励师生走出课室、善用社会资源，以其他科目知识配合本科学习以作全面性的体验与学习。因此，教师要寻找与生活、环境相关的教材，运用多元化方法及各方资源（如艺术馆）来设计配合学校特色、与学生生活相关、切合学生需要、具启发性及连贯性的课程，以期达到使学生能做多角度思考及随时随地获得美感经验的目的。

李于昆：哪些课程设计模式及教学策略有效提升学习者的艺术创意表现？

林桂光：要讨论，我想可以用下面一个在QQ平台广泛流传的《苹果的联想：中、日、美三国美术课比较》这则示例做引子。

地区比较		中国老师	日本老师	美国老师
目标		画苹果	画苹果	画苹果
过程	教	1. 老师画苹果 2. 学生观察老师画 3. 学生画	1. 教师展示苹果 2. 让学生看、闻、摸 3. 让学生照着讲台上的苹果写生	1. 每生分一个苹果 2. 学生各自看、闻、摸、玩苹果 3. 学生吃苹果 4. 凭想象画出苹果
过程	学	1. 学生观察老师画 2. 学生自己画苹果	1. 学生看、闻、摸 2. 照着讲台上的苹果写生	1. 到讲台上拿苹果 2. 看、闻、摸、玩自己手中的苹果 3. 吃掉苹果 4. 想象画出苹果
方式	教	教师讲授 示范为主	学生观察写生为主	学生观察、体验、想象创作为主
方式	学	接受性学习 抽象学习 机械学习	自主学习	自主学习 体验学习 个性化学习
教学情境		虚拟情境	真实情境	真实情境
活动氛围		不活跃	较活跃	民主、非常活跃
课堂结构		预设性强、注重控制	预设性弱、较为开放	没有预设、完全开放
教学效果		一次就画出最像苹果的“苹果”	第一次可能像梨，第二次就有点像苹果	第一次像南瓜，第二次可能像梨，第三次才有点像苹果

苹果的联想。

上面的示例可以让我们思考，同样的选材，同样的目标，但教育理念不同，课程结构和教学策略各异，教学过程和氛围差别会很大。我也曾在QQ分享过对内地校内和校外课堂学习的观察，学生大多没有笑容，不太享受。

再次看看香港《学前教育课程指引2006》对有利幼儿创意发展的教学建议："做中学""游戏中学习"；兴趣是学习的动力，游戏是愉快的学习经历，感知活动是学习的媒介，观察、探究、思考、想象是学习的方法，成就感是学习的强化剂。提出了艺术"综合学习"的思维。

"综合学习"可以是一种教学策略，也可以是一种课程设计模式。"综合课程"又称"统整课程"（Integrated Curriculum），是一种课程组织，"打破学科对知识的无形规限，贯穿各种学科知识，以广泛的生活题材或广阔的学习领域为学习内容，并将各种以往以学科为本分割的课程内容，重新以有意义的联结统合起来。"在课程规划上，可以考虑采用综合式学习，设计跨学习领域和跨艺术形式的教学计划，为学生提供更丰富、更灵活的学习经历。

李于昆：*如何看待艺术学习素养指标设计和美术高考优化？*

林桂光："艺术学习素养指标的设计和美术高考优化"，这好像两个不大相关和不易处理的课题，但只要顺着基础教育的课标规划，以及实现教育发展的阶段性目标去思考，其实两者互相关联，也到了需要思考和处理的时候。

为了准备此次访谈而特意阅读了许多新出台的高考改革文件，例如《教育部关于普通高中学业水平考试的实施意见》和《教育部关于加强和改进普通高中学生综合素质评价的意见》等，有内地学者指出改进方向是将高考从关注"冷冰冰的分"向关注"活生生的人"转变。

有关"学业水平考试"改革的方向是：既覆盖高中所学全部科目，又给考生留出自主选择计入高考招生录取总成绩的科目的空间；既要求全体学生参加，又给有需要的学生提供了同一科目两次考试及更换已选考科目的机会。

长期以来，高考成绩以百分制呈现，给学生造成了很大的课业负担和心理压力。这次将高中学业水平考试，以“合格、不合格”和“等级”呈现成绩，打破了只用百分制评价学生、评价教育质量的做法，淡化了分分计较，学生可以腾出更多的时间和精力，学习一些新的、自己感兴趣的东西。同时，计入高校招生录取总成绩的学业水平考试3个科目成绩以等级呈现，这样的规定既可以保证学生成长基础非常全面，但又保障了学生个性成长所需要的学习时间和机会。

至于“综合素质评价”，是将思想品德、学业水平、身心健康、艺术素养和社会实践能力兼顾其中，并尽可能量化，这是充分考虑了学生的全面发展与个性特长。对于高校来说，提供了不拘一格选拔人才的可能，对于学生来说，也能客观地进行自我认知、寻找到自己的兴趣特长和个性所在。

其中，在“艺术素养”方面的评价，不仅涉及平时比较熟悉的音乐、舞蹈、美术、书法等项目，还出现了戏剧、戏曲、影视这些更具民族特色和综合艺术性质的项目。这对于提升青少年的艺术品位，树立艺术素养的自觉意识，使艺术爱好和技能伴随学生终身，有着极为深远的现实意义。

另外，提出从2015年开始对中小学校和中等职业学校学生进行艺术素质测评，供中高考录取参考。各地要建立中小学学生艺术素质评价制度，依据普通中小学艺术课程标准和中等职业学校公共艺术课程教学大纲，组织力量研制学生艺术素质评价标准、测评指标和操作办法。这些举措对“艺术学习素养指标的设计和美术高考优化”的发展，都有指导性作用，当然也有利“预计2016年将文化产业打造成为国民经济支柱性产业”的国策。

有关学习指标的设计，香港已经历一段很长时间。20世纪90年代因大力推动学习效能评估，1995年在小一至初三推出先以中、英、数三科先导的“目标为本课程［Target Oriented Curriculum（TOC）］”，其中很大程度上参考了英国80年代推行的“国家课程（Nation Curriculum）”框架，为三科在不同学习阶段及各科目不同学习范畴设定学习指标和课业。其他科目（包括美术和音乐）都有着手编定相应指标的准备。后来因为TOC给学校及教师带来太大

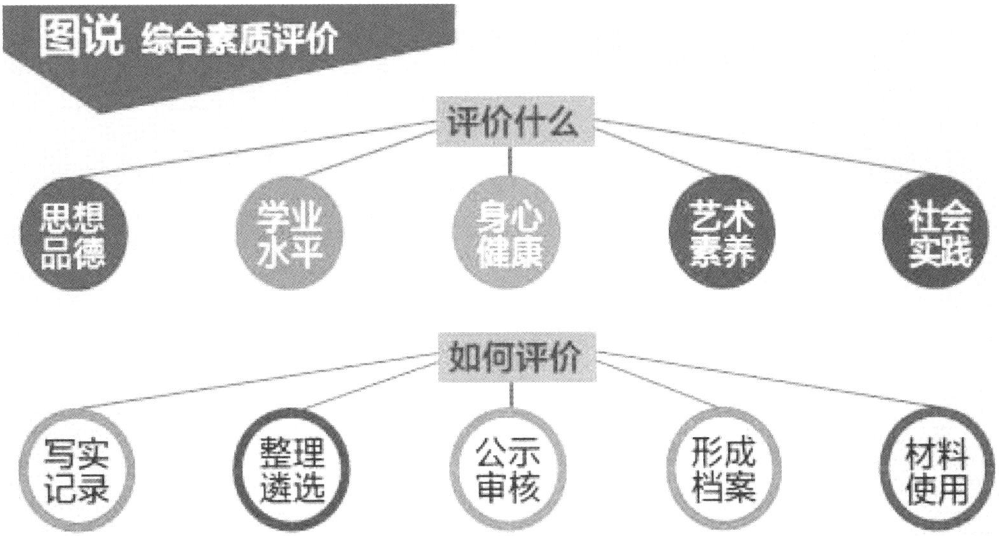

综合素质评价。

的工作量，遭学界抱怨；以及其后主事的教育局官员因私事违规下台，令TOC无疾而终。其后为配合课改成效考核，TOC指标内容转化成“全港性系统评估［Territory-wide System Assessment（TSA）］”，按学习阶段依次对小三、小六及中三级别进行中、英、数三科全港性评核，而各级学生可自行在政府资助的自我学习评估网站上，根据三科的学习进度，持续进行“基本能力评估［Basic Comoetency Assessment（BCA）］”的测试。

虽然中、英、数以外的其他学科，再没有进行“学习指针”的系统性建构，但相关学科学习能力指标，有用作新学科课程规划的参考。因为“美术科”在香港校内教育系统向来不认同有应用“课堂教科书”需要，为解决教师专业能力的差异，所以在过去各次课程指引的修订，一直倾向较为详细说明各个范畴的“教与学重点”。

至于香港高中艺术教育规划，在上面的介绍中，已提到过香港新高中课程有提供多元化的途径，让学生因应个人的能力和兴趣，持续地学习艺术和享受艺术的乐趣。基本“艺术学习机会”规划如下：

音乐科及视觉艺术科是新高中课程的选修科，为学生提供深入研习的机会，并为升学、从事艺术工作及创意产业奠定良好基础。与艺术相关的“应用学习”课程，让不同兴趣和取向的学生，在多元的学习平台上，探究个人终身学习及职业的取向。在通识教育科的“独立专题探究”中，艺术是其中一个建议的研习主题。“艺术发展”学习经历是新高中“其他学习经历”的重要组成部分。学生在高中三年内，有不少于135小时的艺术学习时段。

上述高中艺术学习规划首三项是“选修课程”，而“高中艺术学习经历”是属于高中课程规划中“其他学习经历［Other Learning Experiences（OLE）］”范畴，是“全民统修”课程。以美感认识为学习主轴，透过单元形式的艺术学习内容，及通过综合学习进行跨艺术形式学习和跨学习领域的学习去加强学生美感判断。

回到内地美术高考的改革方向来。

从《教育部关于普通高中学业水平考试的实施意见》和《教育部关于加强和改进普通高中学生综合素质评价的意见》这两份文件的建议，初步观察有很多参考了港、台课改有关高考规划的倾向。

比较明显的改变是“必修及选修并行”“增加修读学科选择”“打破传统文、理分流”“考核成绩改分数为等级”“增加转修和补考机会”“加强高校自主收生空间”“扩大高校多元入学形式”等，都比较贴近国际主流教育的趋势。

应试教育的优化。个人在很多交流和网络分享中，经常表达“应试教育”在本质上没有太大的问题，但因为对学生成长，及教育规划达标成效有很大影响，所以要小心设计“应试内容”“应试形式”以及“应试出路”。目前内地高考的课程规划，不仅存在上一段内容所说的选科、考核、计分、出路等制度设计不符合“现实需要”，而且课程内容、教学形式、考核模式等，很大程度和基础教育课程规划强调“推进基础教育课程改革，提高国民素质、增强民族创新能力、重视学生创新精神和实践能力的培养、全面实施素质教育，大力推进教育创新，构建具有中国特色、充满活力的新课程体系”的主要目标不接轨，其中又以个人最熟悉的美术高考更为严重。

课程与教学优化。在讨论上一个问题时已提及，高中美术过分集中在表现狭窄的“创作效果”高考培训学习上，使学生在艺术表现的多元性和题材选择的敏感度等方面存在不足。目前内地不论是“美术高考”或其他“文化高考”，可以通过短期“封闭性”集体培训，便能够帮学生挤进专业院校。这种“异化教育产业”的存在，标志着高考的落后与偏差，已到不得不改的地步。当然，美术高校生在“输入过程”中已有偏差和水分，严重限制高校的专业发展。希望稍后能够看到“美术高考”能够配合全国高考改革大方向，在高中美育体制、课程与教学、考核与出路有相应的合理改革。更希望高校的美术及教育课程设计、师资准备等也能同步改进，有利解决高校生在“课程规划与教学设计专业能力极为不足”的问题，使得“校本课程”“地方文化资源教材”“推动创意教育”“建构艺术素养指针”的课改项目能顺利开展。香港高中美术教育和考核统筹规划，应该有参考价值。

我的信念是：努力加强艺术教育，培养学生整体创意能力，作为提升整体学习表现的基础。在课程与教育规划方面，兼顾各个学习阶段的“全人发展”以成就创新型明日世界公民。

李于昆：最后，请您比较下内地与香港的美术课程的不同特色。

林桂光：这个问题比较复杂。简单来说，香港基础教育千禧课改的核心目标是“学会学习”。各个学习领域的四个教育总目标分别是：“乐于学习”“善于沟通”“勇于承担”“敢于创新”。除学科本身的知识、技能和价值观三大范畴的学习内容外，还须要以渗透式融入“九大共通能力”，包括：沟通能力（Communication）、创造能力（Creativity）、批判思考能力（Critical Thinking）、协作能力、运用信息科技能力、运算能力、解决问题能力、自我管理能力和研习技能能力的掌握。

同时，在各个学习领域底下独立学科的《小一至中三课程指引》，均会按各自定义的“学习目标”（如培养创意及想象力、发展技能与过程、培养评赏艺术的能力和认识艺术的情境）以及“学习范畴”（如视觉艺术知识、评赏和创作）设定不同学习阶段相应的学习重点和学习活动，并且附有具体的评估例子（学习指标）作为成效考查的参照。

香港小学和初中的美术学习，便在以上的教育规划和课程框架下，通过校内教师的“校本选材”和“多元策略”去进行。相对以前的课程纲要学习重心偏离过多学科知识和创作技能的教授，以及单一教材的设计，现在偏向选用生活和小区性主题，设计单元式和综合研习专题式教材，订立涵盖四大学习目标的评估准则，引导学生思考和美术表现的关联，提高学习参与，采用多元教学策略和活动，鼓励有个性和创意的表达形式，以及提供“全方位”的学习机会。加上教育局和校外美术教育专业团体过去多年为学校提供众多辅助案例，在很多中小学校，可以看到颇为多元和有特色的美术学习成果。

至于高中美术课程和美术高考安排，又是另一个值得讨论和关注的课题。

据了解，内地教育改革的基调，其实和世界主流取向很接近，强调“人本与人文教育”，重视“创新与创意教学”。可以说，创新教育也是重要的焦点：推进基础教育课程改革；致力提高国民素质；着力加强民族创新能力；重视学生创新精神和实践能力的培养；落实全面实施素质教育，大力推进教育创新，构建具有中国特色、充满活力的新课程体系。

影响所及，现行的普通学校美术课程标准，都将发展学生的想象力、创造力和审美能力列入美术教育的重要目标之一，旨在让美术教育：能发展感知功能，与儿童认知、心理发展特点相吻合；能丰富记忆表象，这是发展智力、创造力及右脑功能的必要准备；能积极发展想象、直觉、灵感等多元思维能力；能发展各种高级情感和个性质量，这是现代社会中最主要的素质；能发展审美能力和创造能力，即美术教育创造意识、创造思维和创造才能；以及能发展学生的动手能力，并有利于开发个人潜能。

内地《美术课程标准》从实验稿到定稿十年发展，研发组的“解读”强调有上述“一贯”理念的依托。遵循《基础教育课程改革纲要》和《国家中长期教育改革和发展规划纲要》的精神，依据对美术学科发展的科学认识和对中国基础美术教育现实状况的准确把握，努力使《美术课程标准》更科学、更完善、更可行，满足社会发展对人的素质的要求，适应中国义务教育阶段的美术教学实际。课程性质力求：凸显视觉性、具有实践性、追求人文性、强调愉悦性。其中课程架构设定的“三个维度”也和香港课程设计接近。

因为内地推行中央课程，各学科的整体目标达成，主要依托“一纲多本”的教材审定和课堂按本施教去落实，大地区性学习内容会出现单一化。香港目前偏向学校课程规划、校本教材为主，教科书教材为辅。美术教育，有90%为校本课程。可能内地课程研发单位想要为地区差异颇大的教材编写和审订预留多点空间，所以看到《美术课程标准》倾向只论及基本理念、学习原则、核心结构和教学精神，对学与教的对象——老师和学生，如何充分理解和掌握新理念、新形态、新评估，提供的补充说明稍为简略。地区教科书难免仍偏向单一教材编写模式，侧重以“成品制作”为教学成效评估依据。相对香港的学科课程指引，是以面向学校、教师、家长和学生为对象去编写，即是以“用家为本”。同时，指引后附有大量补充说明、学习指标和各类课例，这对于教师在校本选材、自定义教材，或是出版社的教科书编写也同样大有益处。

李于昆：谢谢林先生！

附录

美术课程改革大事记（2001—2013）

● 1999年6月，《中共中央国务院关于深化教育改革全面推进素质教育的决定》颁布，提出要“调整和改革课程体系、结构、内容，建立新的基础教育课程体系”。

● 1999年秋至2000年春，教育部向各师范院校、各省教科研部门征集各学科课程标准编写思路和基本方案。

● 2000年4月，根据教育部统一布置和要求，成立《美术课程标准（实验稿）》研制组（简称《课标》研制组），组长尹少淳，成员钱初熹、胡知凡、王大根、陈卫和、米海峰、侯令、陈通顺、奚传绩、姚今迈、欧京海、刘冬辉、黄丽雅、杨建滨、李维琨、卢辅圣、黄宗贤、陈寿鹏、王竹、周卫、李小夫等。教育部体育卫生与艺术教育司处长章瑞安和中国教育学会美术教育专业委员会理事长、原清华大学美术学院副院长李绵璐指导并参与了《美术课程标准（实验稿）》的研制与讨论。

- 2000年6月3日，《课标》研制组在上海召开第一次会议。会议就美术课程的学科性质、学科价值、阶段目标和内容框架等做了研讨，制定了今后三年的研究规划，对研制工作做了分工。
- 2001年初，通过自上而下的申报、核准，教育部确定了全国27个省（市、自治区）的38个区（县、市）为义务教育课程改革实验区，开展新课程培训与实验工作。
- 2001年2月，为配合《美术课程标准（实验稿）》的颁布、施行，人民教育出版社、人民美术出版社、湖南美术出版社分别成立义务教育课程标准美术实验教科书编写小组。同年7月，三家出版社完成义务教育阶段起始年级美术实验教科书的编写。
- 2001年3月，在若干会议讨论（十多次）的基础上，完成《义务教育阶段美术课程标准（实验稿）》征求意见稿。征求意见稿在南京、深圳、兰州、武汉、大连、玉林、苏州、重庆等地征求了部分美术教师的意见，北京师大、南京师大、西南师大、华南师大的部分专家提出了审查意见。其后，在北京接受最后一次专家评审。
- 2001年6月，《国务院关于基础教育改革与发展的决定》进一步明确了"加快构建符合素质教育要求的基础教育课程体系"的任务，我国新一轮基础教育课程改革在世纪之交启动。经过充分酝酿和研究，同年6月8日，教育部印发了《基础教育课程改革纲要（试行）》通知，明确指出要大力推进基础教育课程改革，调整和改革基础教育的课程体系、结构、内容，构建符合素质教育要求的新的基础教育课程体系。
- 2001年7月30日，教育部在大连召开全国基础教育课程改革实验工作会议，教育部副部长王湛作了《扎实推进素质教育，开创基础教育课程改革新局面》的报告，全面部署了课程改革实验工作，指出："课程改革的实验工作在基础教育课程改革的全程中是非常重要、非常关键的一个阶段""实验阶段工作能否顺利进行，关系到基础教育课程改革的成败"。为了做好基础教育课程改革的各项工作，王湛指出：要"加强学习，更新观念""加强领导，强化管理""加强教师培训，为实施新课程作好师资准备""加强课程改革实验的科学研究，以科学研究成果指导课程改革实践"；"加强与社会的联系，争取社区、家长的共同参与和积极配合"。王湛还提出："这一轮基础教育课程改革的实验工作，坚持先实验后推广”的工作方针，以及新课程师资培训工作要坚持“先培训，后上岗；不培训，不上岗”的原则。至此，基础教育课程改革的试点实验工作拉开了序幕。

- 2001年7月，教育部批准颁布《义务教育阶段美术课程标准（实验稿）》。
- 2001年7月1日至3日，中国教育学会美术教育研究会在黄山市黄山会堂举办了全国“九年义务教育美术课程标准报告会”，尹少淳介绍了《美术课程标准（实验稿）》的研制情况，以及《美术课程标准（实验稿）》的主要特点；章瑞安作了《美术课程标准与现行大纲的比较》报告；陈通顺作了《历史性的突破：近20年我国中小学美术教材建设工作》报告；奚传绩作了《关于九年义务教育美术课程标准学科性质和课程内容结构的思考》报告。会议日程还包括，由常锐伦代表人民美术出版社、胡知凡代表人民教育出版社、李绵璐代表湖南美术出版社，分别介绍三套依据《美术课程标准（实验稿）》编写的美术实验教科书的特点等。此次会议是《美术课程标准（实验稿）》研制后召开的第一次全国性美术教育工作会议，备受广大中小学美术教师的关注，共有700余人前来参加，盛况空前。
- 2001年7月至8月，教育部组织人员对实验区的部分行政管理人员、各科中小学骨干教师在北京进行培训。与此同时，各实验区教育主管部门对实验工作非常重视，均成立了“基础教育课程改革实验工作领导小组”，有步骤地在实验区展开对教育行政人员、教研员、校长和教师的培训与研修工作。
- 2001年9月，38个国家课程改革实验区开始实验工作。一些实验区广泛发动和组织教师集体备课，研究实验教科书中新的教学方式和评价方法。如厦门市小学美术教研员黄小莉组织骨干教师，分成几个小组集体备课，集体编写教案，将教案装订成册分发给实验区的各个学校做参考、学习。青岛市美术教研员于炳强发动实验区教师设计了小学、初中美术课堂教学评价标准提供给广大教师。
- 2001年9月，教育部基础教育课程改革高中课程研讨会在北京国家教育行政学院召开，教育部基础教育司副司长朱慕菊介绍了7月份召开的高中课程结构与制度研讨会精神：1．普通高中不是大学的附庸，是基础教育的高级阶段，学生的发展具有多样性，因此课程需要具有选择性；2．要设置选修课，每个学科需要分层级；3．实行学分制。

● 2001年10月，高中新课程第三次会议在北京国家教育行政学院举行，教育部基础教育司副司长朱慕菊在会上再次强调普通高中课程应该是多样化的、有层次的，既能培养精英，也能满足大多数人的修养，课程不仅要与社会发展发生关联，也要与个人的发展发生关联。

● 2001年10月，《普通高中美术课程标准》研制组成立，组长尹少淳，成员钱初熹、王大根、胡知凡、陈卫和、杨建滨、米海峰、奚传绩、陈通顺、姚今迈、欧京海、刘冬辉、黄丽雅、王竹、陈寿鹏、黄宗贤、卢辅圣、李维琨、李于昆、郑勤砚、赵紫峰等。

● 2001年12月，教育部组织部分教育管理工作者、专家和教师代表，分赴全国10个国家级课程改革实验区进行实地考察与评估调研，共召开座谈会70余次，参加座谈人数超过2000人，同时还发放并回收调查问卷609份。通过调研看到实验区的新课程改革带来了令人欣喜的变化，教育部副部长王湛总结：一、教育观念发生新的变化；二、实验教师的改革热情高涨；三、课堂和学生生活出现新的变化；四、参与、支持课程改革的社会氛围开始形成。但是随着新课程在实验区的深入开展，我国基础教育还存在一些问题，如教育投入不足、班额过大、资源短缺、教研制度亟待更新、考试评价改革滞后、师范教育的教学与基础教育改革存在着脱节现象等。①

● 2001年12月11日至13日，在南京召开《普通高中美术课程标准》研制组全体会议。会议讨论了普通高中美术课程的模块系列、内容设置、必修与选修等问题，并设置了美术鉴赏、造型基础、设计基础、工艺制作、现代媒体艺术、理念与协调几个工作组，分工思考并草拟相关内容要点。

---

① 朱慕菊主编：《走进新课程——与课程实施者对话》，北京：北京师范大学出版社，2002年，“序言”王湛：《建立具有中国特色的基础教育课程体系》。

● 2002年4月28日，教育部召开全国基础教育课程改革实验工作电视电话会议，对省级课程改革实验区进行全面动员和部署。教育部部长陈至立就如何扎实做好基础教育课程改革实验推广工作提出意见，教育部副部长王湛主持会议。

● 2002年5月，《全日制义务教育美术课程标准（实验稿）解读》出版（教育部基础教育司组织编写，北京师范大学出版社）。

● 2003年4月，《普通高中美术课程标准（实验）》正式颁布（北京师范大学出版社）。《普通高中美术课程标准（实验）》中将高中美术学习分为“五大系列”（美术鉴赏、绘画·雕塑、设计·工艺、书法·篆刻、现代媒体艺术）、“九大模块”（美术鉴赏、绘画、雕塑、设计、工艺、书法、篆刻、摄影/摄像、电脑绘画/电脑设计）。高中美术课程实行学分管理，选择1个模块，修习18学时可以获得1个学分，每个学生必须修习规定的54个学时，获得3个学分。

● 2003年7月，“蒲公英行动”少儿美术教育专项课题在湖南省湘西自治州启动，该课题是国家教育部艺术教育委员会和中国美术家协会少儿艺术委员会主办的“成就未来——少儿课外美术教育工程”的一个组成部分，由湖南省妇女儿童活动中心研究员谢丽芳主持，得到美国福特基金会资助。课题研究致力于在义务教育美术课程改革背景下，积累在偏远贫困地区进行学校美术教育改革和实践的有益经验，进而为推动我国少数民族地区和偏远贫困地区的儿童美术教育发展做出有益贡献。

● 2003年7月，陈卫和主编的《小学美术新课程教学论》、杨建滨主编的《初中美术新课程教学论》由高等教育出版社出版。内容包括美术课程改革背景、学习领域与教学基本取向、学习方式的变革、教学评价的发展、教学环境资源的开发和利用，以及美术新课程与教师的个人成长等。

● 2003年12月，教育部在福建省召开基础教育课程改革工作会议。这次会议是在全国课程改革实验进入由点到面、不断扩大实验范围并逐步推广的关键阶段召开的。会议全面贯彻第三次全国教育工作会议、全国基础教育工作会议和全国农村教育工作会议精神，对两年来各实验区课改工作经验进行总结交流，分析了当前面临的新情况、新问题，对课改实验中的一些重点工作做了进一步的研究和部署。

- 2003年下半年，教育部基础教育司根据基础教育课程改革实验推广工作规划，在全国范围组织了义务教育各学科课程标准实验情况的调研。美术学科接受问卷调查者来自各实验区的美术教育工作者，其中小学组370人，最小年龄18岁，最大年龄59岁，平均年龄29.86岁；初中组229人，最小年龄22岁，最大年龄60岁，平均年龄32.56岁。整个人群中，参加课改1年的有221人，2年的有363人，3年的有15人。男性212人，女性387人。本科191人，专科338人，中师53人。小学教师以小高级和小一级居多，初中教师以中一级和中二级居多。问卷内容涉及《全日制义务教育美术课程标准（实验稿）》中的基本理念和设计思路、课程目标、内容标准、实施建议、案例及名词术语等方面。各地中小学美术教师经过几年的实验，对《全日制义务教育美术课程标准（实验稿）》都持肯定态度，普遍认为《全日制义务教育美术课程标准（实验稿）》对教师的教学方式、学生的学习方式等都产生了积极的影响。提出的意见：有关中国民族传统文化和民间文化内容不够；要考虑农村和城市之间的差别，更应关注农村美术教育；不能淡化美术专业知识与技能，应有明确的内容标准；评价建议应具有可操作性。
- 2004年，教育部基础教育司根据国务院关于加强和改进未成年人思想道德建设的若干意见，以及2003年下半年教育部对各实验区调查的情况，部署了各学科课程标准的修订工作。
- 2004年10月至11月，人民教育出版社进行新课标实验教材回访工作。回访内容包括：听随堂课；听取实验区教师对新课程实验教材的意见和建议；收集实验区在实验中取得的经验和遇到的问题；征求对教材培训等服务方面的意见。
- 2004年12月19日至21日，国际艺术教育学会（International Society for Education through Art）亚洲地区会议在首都师范大学召开，首都师范大学美术学院承办。这是迄今为止在中国大陆召开的最高规格的国际艺术教育会议。来自美国、英国、以色列、日本、韩国等国家和我国港澳台地区以及内地的300余位专家、学者、美术教育工作者云集北京参加会议。会议围绕“艺术教育和文化理解”的主题，进行广泛而深入的探讨。会议目标是促进不同文化背景艺术教育工作者的沟通与交流，展示不同艺术教育理论和实践的特色及其与各自文化背景的关系，通过艺术教育促进不同文化背景的人的相互理解和尊重。

● 2004年12月21日至23日，教育部体育卫生与艺术教育司在西安举办了“第四届全国中小学美术课评比”活动。这是首次采取现场评比的形式进行教学比赛，评比充分显示了新课程所带来的积极变化。主要变化有：1. 关注过程与方法，教学方法更为多样而丰富；2. 关注美术课程的文化内涵，将美术知识与技能的学习融入文化学习的背景中；3. 关注课程资源的开发与利用；4. 关注评价行为；5. 关注美术课程的教育功能。

● 2004年至2005年，《课标》研制组成员认真学习、领会国务院关于加强和改进未成年人思想道德建设若干意见的精神，并针对美术学科特点，对《美术课程标准（实验稿）》进行了数次修订。这个阶段《美术课程标准（实验稿）》的修订渗透了弘扬和培育民族精神的思想道德教育，增加了中国传统美术和民间美术的学习内容。根据教育部调研各地教师对《美术课程标准（实验稿）》在美术基本知识与基本技能的表述方面过于宽泛和笼统的意见，在学习活动建议、成就标准中加强了美术基本知识与技能学习的具体性和规定性。修订的《美术课程标准（实验稿）》对农村美术教育给予了关注。

● 2005年2月，钱初熹著《美术教学理论与方法》出版（高等教育出版社）。

● 2005年3月，尹少淳著《美术教育：理想与现实中的徜徉》出版（高等教育出版社）。

● 2005年5月12日至14日，为了进一步检验普通高中美术新课程实验实施情况，总结美术新课程教学实验的经验，普通高中美术课程标准研制组与广东省教育厅教研室、深圳市教育局，在深圳市召开全国普通高中美术新课程实验教学研讨会。

● 2005年8月15日至18日，“第五届海峡两岸美术教育交流会”在上海师范大学美术学院举行。本次会议主题词是“人文性、生态性、灵性”。大会的主要议题有：1. 美术教育的回顾与展望；2. 社区艺术教育；3. 小学、初中美术课程与教学改革；4. 高中新课程的推进；5. 新课程对教师素质的要求；6. 教师的成长和培训；7. 师范教育改革等。

- 2005年9月，《美术课改新视野》丛书出版（西南师范大学出版社）。丛书包括《走进文化的美术课程》（尹少淳）、《〈美术课程标准〉的三个维度》（侯令）、《美术教学的评价》（余琳玲）、《怎样上好造型·表现课》（朱国华）、《怎样上好设计·应用课》（应爱娜）、《怎样上好欣赏·评述课》（刘世彬、蔡琳华）、《怎样上好综合·探索课》（李方）、《怎样用好多媒体》（龙念男）、《怎样开展探究性学习》（王五一）、《怎样开发利用美术课程资源》（陈雅玲）10本著述。
- 2005年10月25日至27日，首都师范大学亚洲美术教育研究发展中心主办的“2005年高等美术教育专业课程建构国际研讨会”在首都师范大学举行。研讨会系统而深入地探讨了高等美术教育专业的教育观、课程内容、专业建设、教学方法与评价等，对于推进高校美术教育和基础美术教育的对接和适应具有积极作用。
- 2005年秋季，全国中小学各起始年级全部都进入新课程的改革实验。
- 2006年秋季，全国中小学所有年级都进入新课程的改革实验。
- 2006年12月19日至21日，“第六届海峡两岸美术教育交流会”在华南师范大学举行。大会的主题词是“图像、文化、教育”。会议的主要议题有：1. 图像与视觉心理研究；2. 图像历史文化研究；3. 图像与审美；4. 青少年图像教育；5. 美术教育与中国传统文化；6. 学校教育中的美术教师文化研究；7. 现代化的文化处境与学校美术教育；8. 中小学非专业美术教育的目的等。
- 2006年10月20日至22日，亚洲教育背景论坛——亚洲艺术教育论坛第二届年会在北京举行。论坛以面向世界、服务全国为宗旨，力图通过中外专家的研讨和交流，促进新的管理理念和教育模式的共享，从而推动我国及亚洲地区艺术教育事业的全面发展。
- 2007年3月起，教育部基础教育司在全国范围组织了对义务教育各学科课程标准（实验稿）的问卷调查。美术学科调查涉及受访小学美术教师3030人，初中教师2903人。调查结果充分肯定了《美术课程标准（实验稿）》的积极作用。对实施过程中的问题，认为主要是由于领导的不重视而导致对师资配备不足，设备条件较差。更深层的原因是应试教育的弊端在现实的教育情境中尚未得到完全纠正。

- 2007年4月5日至6日，教育部在北京万寿庄宾馆召开义务教育各学科课程标准修订工作启动会议，教育部副部长陈小娅主持会议，教育部部长周济出席会议并发表重要讲话。《美术课程标准（实验稿）》修订工作组（简称《课标》修订工作组）成立。《课标》修订工作组由中央美术学院院长潘公凯、中央美术学院党委书记杨力和首都师范大学美术学院博士研究生导师、原《课标》研制组组长尹少淳担任召集人，成员包括：钱初熹、胡知凡、奚传绩、陈通顺、侯令、欧京海、廖文胜等。

- 2007年4月至6月，《课标》修订工作组对《美术课程标准（实验稿）》进行调研。调研主要采用召开座谈会的方式进行。《课标》修订工作组的成员分别在北京城乡（海淀区和延庆县）、江苏省南京市、浙江省杭州市举行了美术教研员、中小学美术教师的座谈会，征询对《美术课程标准（实验稿）》的意见。《课标》修订工作组全体成员还专程赴重庆市区、忠县和梁平县进行调研。在中央美术学院还召开了新课程改革中参与编写实验教科书的各编写组征求意见会。此外，《课标》修订工作组的部分成员利用做课题的机会在云南剑川县针对白族、纳西族、傣族、基诺族、藏族的美术教师征求了意见。

- 2007年6月2日至3日，义务教育阶段美术课程标准修订组在中央美术学院召开了美术教科书编写组征求意见会。参加本次会议的美术教科书编写组有：人民教育出版社、人民美术出版社、湖南美术出版社、岭南美术出版社、江西美术出版社、广西美术出版社、江苏少年儿童出版社、浙江美术出版社、上海教育出版社、河北美术出版社等单位。会议由义务教育阶段美术课程标准修订工作组召集人之一、中央美术学院党委书记杨力主持。6月2日下午，召开了义务教育阶段美术课程标准征求意见会，各教科书编写组代表踊跃发言。他们对《全日制义务教育美术课程标准（实验稿）》总体上给予了充分肯定，同时提出了很多宝贵的意见和建议。会议最后由义务教育阶段美术课程标准修订工作组召集人之一、中央美术学院院长潘公凯总结发言。

● 2007年7月至2010年8月，《课标》修订工作组在北京、广州分别召开了四次全体会议。《课标》修订工作组对《美术课程标准》的前言部分，按要求增加了社会主义核心价值观在美术学科中的渗透；总目标部分按照“知识与技能”“过程与方法”“情感、态度和价值观”三维目标做了修改；对“欣赏·评述”和“设计·应用”的内容做较大幅度的调整；还将“评价建议”改为“评价要点”；另外，删除了附录部分的案例与名词术语解释。[①]

● 2007年8月，教育部2007年秋季普通高中新课程远程研修于8月8日在北京西山拉开帷幕。分布于天南地北的海南、新疆、湖南等地2万多名高中教师参加了新课程远程研修，其中500多名高中美术教师也利用信息技术手段参加了本次研修。由高中美术课标组组长尹少淳牵头的专家团队与广大高中美术教师、教研员在虚拟时空中“面对面”，对高中新课程畅所欲言、各抒己见，研修活动取得了非常好的效果，给大家留下了深刻的印象。

● 2007年9月20日至21日，在中央美术学院召开美术课程标准修订小组会议。会上尹少淳介绍了前阶段教育部对课标调查的情况，以及讨论对课标修订的一些设想。会上还对课标修订中需要讨论的问题进行了梳理。

● 2007年10月，《美术学科教育学》出版（常锐伦、唐斌编著，人民美术出版社）。本书依据课程改革的基本精神和理念，结合课改的问题及中小学美术教学的实际进行论述，对美术学科教育的本质、特点、社会基础、功能和价值等诸多问题进行了逐一阐述。

● 2007年11月27日至29日，“第五届全国中小学美术课评选活动——现场评比活动”在江苏省无锡市举行。此次现场评比活动是对九年义务教育美术课程标准实施六年和普通高中美术课程标准实施三年后我国普通学校美术教学状况的一次检阅，也为广大美术教师提供了一次学习、交流、思考的机会。

● 2007年12月7日至10日，教育部基础教育司在北京外国专家大厦召开义务教育课程标

① 部分内容参照了尹少淳撰：《义务教育美术课程标准修订说明》。

准修订工作研讨会。修订小组成员分别对课标文本进行讨论和修订。

- 2008年1月12日至13日，在广州美术学院召开美术课程标准修订小组会议。杨力在会上传达了1月11日上午向教育部副部长陈小娅汇报美术课标的修订情况。传达结束后，大家对各自修订的情况进行了汇报与讨论。
- 2008年11月10日至13日，中国教育学会美术教育专业委员会、人民教育出版社在北京市十一中学举办“2008年人教版全国美术教学研讨会暨全国第六届中小学师生藏书票大展”。
- 2008年11月29日至12月1日，中央美术学院主办“首届世界华人美术教育交流会”。会议是在已成功举办了六届的“海峡两岸美术教育交流会”的良好基础上召开的。会议的主题词是“艺术、科学、社会”。论坛的主题有：（1）美术教育中艺术思维与科学思维的交汇；（2）中华文明传统与现代美术教育；（3）生活·创意——美术教育实践与现代艺术的对话；（4）学校美术教育研究的社会学视角等。
- 2009年1月，尹少淳《美术教育学新编》出版（高等教育出版社）。该书内容完备、充实，是美术教育领域的系统性研究专著。
- 2009年7月，中国教育学会美术教育专业委员会、人民教育出版社、《中国美术教育》编辑部在南京举办了“全国中小学美术教师论文写作培训班”，教育部体育卫生与艺术教育司艺术教育处处长万丽君出席开班仪式并讲话。南京艺术学院奚传绩教授作“论文写作从何入手？——关于论文写作的认识及其方法”讲座；《中国美术教育》杂志主编张劲作“美术教师论文写作知识”讲座；《中国美术教育》杂志副主编崔卫从论文写作准备阶段的阅读与实践积累、酝酿阶段的思考与选题、操作阶段的研究方法与写作策略给予了具体指导。
- 2010年4月19日至23日，由中国教育学会美术教育专业委员会、人民教育出版社、《中国美术教育》编辑部共同举办的“第二届全国省级美术教研工作研习班”在江西南昌市实验中学进行。研习班围绕当前我国美术教育的形势与发展方向、基础教育美术课程改革、美术教研员的工作等话题展开了热烈的讨论。
- 2010年6月10日至11日，由教育部体育卫生与艺术教育司主办，湖南理工学院、湖南美术出版社承办的“全国高等学校美术学（教师教育）本科专业课程试点学校工作会议”在湖南省岳阳市召开。本次会议是我国普通高等学校教师教育课程深化改革和可持续发展的重要会议，也是将基础美术教育精神落实到高师教育中的一次努力尝试。

- 2010年，教育部针对2010年8月完成的《义务教育美术课程标准》修订稿，向主要的实验区、各省市、大学的课程发展中心、教材出版社进行了调研。所涉问题包括：与《美术课程标准（实验稿）》比较，修订稿在落实《教育规划纲要》精神和课程改革理念方面是否有更好的体现？与《美术课程标准（实验稿）》相比，修订稿中的课程内容，尤其是与实验稿相比新增加或删除的内容是否更好地体现学生终身学习和发展的需要？是否更好地反映了社会的发展和科技进步？修订组收到的调查结果分别来自：（1）省市区——天津、重庆、甘肃、湖北、山西、浙江、广东、海南、湖南、辽宁、山东、陕西、新疆、云南、青海、黑龙江等；（2）实验区——黑龙江省宁安市、河南省郑州市金水区、湖南省株洲市、广东省深圳市南山区、重庆市綦江县等；（3）出版社——江苏少儿美术出版社、湖南教育出版社、人民美术出版社等；（4）大学课程研究中心——西南大学课程研究中心。这次调查的结果未采用数据统计的方法，而是采用描述的方法。从调查的结果看，在上述方面都得到了一致的肯定和好评。意见主要体现在：（1）对课程资源方面要求表述得更加刚性，以确保美术课的正常开设。（2）对一些具体的词句，提出了修改意见。
- 2010年8月17日至20日，中国教育学会美术教育专业委员会、人民教育出版社、上海书画出版社、中国美术教育编辑部共同主办的“基础教育新课改美术课程教学与教材研讨会”在甘肃省敦煌市召开。
- 2010年8月23日至24日，在中央美术学院召开新课标修订会议。侯令在会上传达了教育部朱慕菊的讲话以及杨向东有关评价的报告等，大家分头对课标部分内容做了修订。
- 2010年10月，李于昆著《融合与跨越——当代艺术与艺术教育》出版（岭南美术出版社）。该书主要探讨当代语境下视觉艺术、数字媒体艺术与艺术教育的流变与关系。
- 2010年10月29日至31日，世界华人美术教育学会和南京师范大学联合举办的“第二届世界华人美术教育大会”在南京师范大学召开。大会的主要议题：（1）新媒体时代的艺术新潮及其对艺术教育的影响；（2）不同文化背景下美术教师的传承与流变；（3）美术教师专业标准与美术教师教育质量认证；（4）数码时代美术教师的专业发展与文化构建；（5）网络交互式教学与美术学习共同体建立；（6）“现代化”“全球化”语境下民间艺术与传统手工艺的学校美术教育价值坚守；（7）网络时代游戏教育的对策研究及其教学案例开发；（8）图像艺术的感知、理解和创造教育及其教学案例开发。

● 2011年1月，《课标》修订工作组再次对《课标》进行微调。微调使文本更加严谨、完整。幅度大一点的修改在“质性评价”的内容。教育部调研反馈意见认为“评价建议”中，其他几条比较“高位和原则”，唯独“质性评价”这一条突然具体到“学习档案袋”，与其他几条不协调，所以对这一条的修改中，扩充了质性评价的内涵，除了建议建立“学习档案袋”之外，还建议“举办以评价为目的的展示和课堂讨论活动……”

● 2011年2月11日至12日，在教育部的组织下，《课标》修订工作组在北京与教育部相关领导和课程工作组专家进行对话和交流之后，再次对《美术课程标准》进行了修订。主要修订了《美术课程标准》前言的内容和文字，以及“设计·应用”和“欣赏·评述”领域中的学习活动建议和评价要点；对“实施建议”部分中的一些条目做了归纳和合并。

● 2011年3月27日至31日，义务教育课程标准审议会议暨专家工作委员会第二次全体会议在北京召开。会议由教育部基础教育课程教材专家工作委员会主任委员王湛主持。教育部随后又召开了各学科课程标准的修订会议，要求课标修订稿的定稿需要通过三个级别的审议：即学科审议组、综合审议组、两会代表审议组。美术学科审议组由何韵兰任组长；综合审议组由首都师大基础教育课程改革开发研究学科方向带头人石鸥、西北师大副校长王嘉毅和南京师大副校长吴康宁等三人组成；人大、政协两会代表是最高端的审议组。会议期间，《课标》修订工作组对《美术课程标准》的文本又做了最后一次的修订。这次修订将美术课程性质概括为：视觉性、实践性、人文性、愉悦性四个特点；每一学段的每一学习领域里都设有“目标”，便于教师领会。此外修订的内容还有：①进一步修改了前言内容；②调整了设计思路和课程理念；③删除了原来课程标准中的表格，将学习领域目标作为分目标；④进一步调整和修订了课程内容；⑤再次调整了实施建议。在此基础上对《美术课程标准》进行了持续性的修改，直到完成终稿。

● 2011年5月，《义务教育美术课程标准（2011年版）》经审议组投票顺利通过。

● 2011年12月15日至16日，由中国教育学会美术教育专业委员会主办，人民教育出版社、《中国美术教育》编辑部、广东教育学会、广东美术馆、广东省高等教育学会美术与设计专业委员会协办的“‘十年展望’中国美术教育学术研讨会暨全国教师美术作品展”在广州举行。全国近200名高校和中小学美术教师应邀参加了此次会议及画展开幕式。本次会议回顾了过去两个十年美术教育发展的成就与问题，同时对推进我国美术教育在未来十年更好更快地发展进行了深入研讨和交流。

● 2012年1月，由教育部制定、北京师范大学出版社出版的《义务教育美术课程标准（2011年版）》正式颁布，标志着始于2001年的美术课程改革结束了实验期，进入了一个课改深入推进和实施的新阶段。

● 2012年2月，《义务教育美术课程标准（2011年版）解读》出版（教育部基础教育课程教材专家工作委员会编写，北京师范大学出版社）。本书是诸多美术教育学科专家合力的结果，对修订后的《美术课程标准》进行了权威解读与系统阐释。

● 2012年3月19日至23日，根据《教育部办公厅关于组织实施“国培计划（2011）”——义务教育骨干教师远程培训项目的通知》，中国教育电视台承担了中小学美术学科的远程研修任务，并在北京石景山太阳岛宾馆召开中小学美术学科骨干培训者培训工作会议。会议内容包括：解读远程培训项目实施方案；讲解网络平台功能与操作流程。《课标》修订工作组成员还分别对《美术课程标准》的课程理念、课程目标以及四个学习领域与教学策略做了解读。

- 2012年10月26日至28日，“第三届世界华人美术教育大会”在杭州中国美术学院象山校区举行，会议主题词是：“当代美育、传承创新、国际合作”。会议议题：（1）当代多元艺术思想与智性的美术教育研究与实践；（2）跨媒体时代图媒课堂美术教学与网络教学研究；（3）美术教育创新思维、创造力与综合素质能力培养；（4）美术教育教学理念方法和跨学科领域研究与实践；（5）当代艺术与科技融合的新美术教育教学模式探索；（6）信息化时代美术教师教育理念的提升与素养建构；（7）全球视野下美术教育思想和理念的融合与协作；（8）传统民间美术、历史文化遗产的当代美术教育价值与思考；（9）美术馆、博物馆、社区、广场等社会公众文化场所的美育关照；（10）城乡文化建设与文化创意产业发展的美术教育融入方式和途径。
- 2012年11月，尹少淳著《文化视野下的民间与乡土美术课程建构》出版（河北美术出版社）。书中探讨了中国民间和乡土文化资源与教育的关系，有助于教师更好地实施民间乡土美术文化教学。
- 2012年12月9日至11日，“第六届全国中小学美术教师基本功比赛”在广州大学桂花岗校区举行，由中国教育学会美术教育专业委员会、《中国美术教育》编辑部主办，广州大学美术与设计学院承办。来自全国各省、市、自治区以及新疆建设兵团的美术教研员、参赛教师150余人参会。本届基本功比赛是《义务教育美术课程标准（2011年版）》颁布实施后的第一次。
- 2012年12月18日至20日，“中国义务教育美术课程标准研讨会”在首都师范大学举行，由中国美术教育学会美术教育专业委员会、首都师范大学美术学院联合主办，研讨会由中国教育学会美术教育专业委员会副理事长章瑞安和首都师范大学教授尹少淳共同发起。章瑞安、尹少淳、陈通顺、奚传绩、钱初熹、孔新苗、李力加7位美术教育专家作为话题陈述人，以《义务教育美术课程标准（2011年版）》为文本基础，从不同角度深入探讨了新课标的价值和地位、制定过程及思考、高师美术教育专业改革、美术教材建设、美术教师在职培训以及学校美术教育的现状、发展前景等问题。
- 2013年3月26日至27日，教育部召开“普通高中课程标准修订工作研讨会”，教育部部长袁贵仁、副部长刘利民、教育部总督学顾问王湛参加并讲话，会议讨论了普通高中的性质、定位等问题，为下一阶段普通高中课程方案和各科课程标准修订做了理论上的探讨和铺垫。

- 2013年4月15日至16日，“第五届全国省级美术教研研习班”在江苏省镇江市举办，由中国教育学会美术教育专业委员会、人民教育出版社、《中国美术教育》编辑部主办。中国教育学会美术教育专业委员会理事长范扬，人民教育出版社副社长谭刚，教育部艺术教育委员会委员、南京艺术学院教授奚传绩，《中国美术教育》编辑部常务副主编、中国教育学会美术教育专业委员会副理事长张劲，广东省教育厅教研室体艺科副主任、中国教育学会美术教育专业委员会副理事长周凤甫，人民教育出版社美术室主任、中国教育学会美术教育专业委员会秘书长刘冬辉，以及来自全国各省、自治区、直辖市的省级美术教研员和部分地市美术教研员出席了会议。其中，奚传绩重点介绍了他今年参加教育部为深入贯彻落实党的十八大精神、进一步落实“立德树人”这一教育根本任务而召开的两次研讨会情况。
- 2013年11月16日至18日，“第四届世界华人美术教育大会”在广州美术学院昌岗路校区举行，会议的主题为“融合·互动·创新”，议题涉及美术教育综合研究、专业美术教育研究、高师美术教育研究、基础美术教育研究、社会美术教育研究等方面。

段鹏博士整理

特别感谢胡知凡教授的增补与建议

参考资料：

1. 教育部基础教育课程教材专家工作委员会组织编写：《义务教育美术课程标准（2011年版）解读》，北京师范大学出版社，2012年。
2. 《中国美术教育》系列期刊。

2013年教育部审定通过的义务教育课程标准美术教学用书

主编	编写、出版单位	书名	册次	使用年级
刘绍荟	广西壮族自治区课程教材发展中心 广西美术出版社	义务教育教科书·美术	一年级上册至六年级下册	一年级至六年级
徐福厚 赵　华	河北省教育科学研究所 河北美术出版社	义务教育教科书·美术	一年级上册至六年级下册	一年级至六年级
徐　冰	湖南美术出版社	义务教育教科书·美术	一年级上册至六年级下册	一年级至六年级
徐　淳 陈通顺	江苏省中小学教学研究室 江苏少年儿童出版社	义务教育教科书·美术	一年级上册至六年级下册	一年级至六年级
王　焴 陈　政	江西美术出版社	义务教育教科书·美术	一年级上册至六年级下册	一年级至六年级
韦尔申	辽海出版社	义务教育教科书·美术	一年级上册至六年级下册	一年级至六年级
戴立德	广东省教育研究院 岭南美术出版社	义务教育教科书·美术	一年级上册至六年级下册	一年级至六年级
杨永善	人民教育出版社	义务教育教科书·美术	一年级上册至六年级下册	一年级至六年级
常锐伦 欧京海	人民美术出版社	义务教育教科书·美术	一年级上册至六年级下册	一年级至六年级
杨　力	北京教育科学研究院 人民美术出版社	义务教育教科书·美术	一年级上册至六年级下册	一年级至六年级
谢　雳	上海教育出版社	义务教育教科书·美术	一年级上册至六年级下册	一年级至六年级

（续上表）

主编	编写、出版单位	书名	册次	使用年级
潘公凯	浙江人民美术出版社	义务教育教科书·美术	一年级上册至六年级下册	一年级至六年级
刘绍荟	广西壮族自治区课程教材发展中心 广西美术出版社	义务教育教科书·美术	七年级上册至九年级下册	七年级至九年级
徐福厚 赵　华	河北省教育科学研究所 河北美术出版社	义务教育教科书·美术	七年级上册至九年级下册	七年级至九年级
徐　冰	湖南美术出版社	义务教育教科书·美术	七年级上册至九年级下册	七年级至九年级
陈通顺 徐　淳	江苏省中小学教学研究室 江苏少年儿童出版社	义务教育教科书·美术	七年级上册至九年级下册	七年级至九年级
王　焴 陈　政	江西美术出版社	义务教育教科书·美术	七年级上册至九年级下册	七年级至九年级
韦尔申	辽海出版社	义务教育教科书·美术	七年级上册至九年级下册	七年级至九年级
戴立德 李于昆	广东省教育研究院 岭南美术出版社	义务教育教科书·美术	七年级上册至九年级下册	七年级至九年级
杨永善	人民教育出版社	义务教育教科书·美术	七年级上册至九年级下册	七年级至九年级
常锐伦 欧京海	人民美术出版社	义务教育教科书·美术	七年级上册至九年级下册	七年级至九年级
杨　力	北京教育科学研究院 人民美术出版社	义务教育教科书·美术	七年级上册至九年级下册	七年级至九年级
谢　雳	上海教育出版社	义务教育教科书·美术	七年级上册至九年级下册	七年级至九年级
潘公凯	浙江人民美术出版社	义务教育教科书·美术	七年级上册至九年级下册	七年级至九年级

以上均有配套的教师用书

20世纪80年代以来我国美术教育专著摘要

（华东师范大学美术学系美术教育研究方向研究生团队与访问学者编写）

关小蕾、郭伟新《儿童学画》，新世纪出版社，1987.1

全书分为7章。第1章，儿童造型演化轨迹，阐述了儿童美术教育的分期、儿童画的特点；第2章，自由画，论述了自由画的评价标准、目的及教学方法等；第3章，发掘儿童的色彩潜能，围绕着个性和现实、情绪与色彩表达等方面展开论述；第4章，造型训练，包括造型要素及课程、创作方法等内容；第5章，面向外部的世界，包括写生、题材选择等内容；第6章，个体发展的历程，论述了视觉型与触觉型的区别以及从一个孩子的绘画进步所得到的启示；第7章，大家都来关心儿童美术教育，包括孩子的心和孩子的话、美术学习环境、教学相长等内容。附录中有孩子学画的杂谈等内容。

郭绍纲、范凯熹《美术教育方法论》，岭南美术出版社，1993.6

全书分为9章。第1章，美术教育概论，阐述了美术教育的含义、本质及社会条件；第2至第5章，分别从美育、德育、智育、健康教育方面论述了美术教育的任务和意义。第6章，美术学习方法论，阐述了美术学习发展阶段及基本方法；第7章，美术教学方法论，阐述了美术教学的基本原则及教学类型等；第8章，美术教育分科教学方法论，从美术欣赏、绘画、工艺设计方面论述了教学方法；第9章，美术教师工作方法论，论述了美术教师的心理因素、备课方法、美术作业评定方法及美术课外教学工作的组织方法。

王大根《学校美术教育目的论》，教育科学出版社，1994.1

全书分为4编17章。第1编，总论，包括4章。第1章，学校美术教育属性；第2章，学校美术教育目的的不同理论；第3章，学校美术教育之社会性功能与目的；第4章，学校美术教育之个体性功能与目的。第2编，儿童心理发展概述，包括3章。第5章，儿童神经系统的发展；第6章，幼小中学生心理发展的基本规律；第7章，儿童绘画发展各阶段特点。第3编，认识过程发展与学校美术教育，包括6章。第8至第13章，分别从感觉与知觉、注意、记忆、思维、言语、想象等方面展开论述。第4编，个性发展与学校美术教育，包括4章。第14至第17章，分别从动机与兴趣、情绪与情感、气质与性格、能力等方面展开论述。

尹少淳《美术及其教育》，湖南美术出版社，1995.6

全书分为10章。第1章，美术教育概说，作者将美术取向与教育取向加以综合，对美术教育的含义进行了表述；第2章，美术教育的发展，作者论述了影响美术教育发展的因素，并对中外美术教育发展史做了概述；第3章，普通美术教育的特点，在阐述了艺术的特征的基础上，论述了普通美术教育的特点：全体性、情意性、差异性、经验性；第4章，美术教育的价值系统，即情感价值体系、智力价值体系、技术价值体系；第5章，美术教育综合目的论；第6章，普通美术教育内容的扩展；第7章，具象美术教育；第8章，意象美术教育；第9章，抽象美术教育；第10章，美术鉴赏教学。

张小鹭《现代美术教育理论与教学法》，厦门大学出版社，1996.8

全书分为绪论、7章及附录。第1章，美术教育教学在学校教育中的定位；第2章，现代中外美术教学方法论的比较探讨；第3至第6章，分别从幼儿阶段、小学阶段、中学阶段及师范院校等角度论述了美术教学；第7章，论述了美术教育的特殊治疗教学方法；附录中登载了美术教学的教案实例。

蒋良《美术的教学选择》，湖南美术出版社，1998.4

全书分为绪论及上下两编，8章。上编，我们将如何选择，包括第1至第3章。其中第1章，时代的要求。从文化建设、社会转型、民族文化的传承与发展、通才教育、现代思维革命等方面展开论述；第2章，教育的要求。从课程内容、信息、教材建设、基础教育、教学目标等方面展开论述；第3章，学科的要求。从作品、视觉感知、造物与表意、新的艺术世界，构建学科体系方面进行了论述。

下编，我们将选择什么，包括5章，阐述了具体的教学内容与方法。其中第4章，基础理论常识的教学；第5章，造型基本要素的教学；第6章，绘画课业的教学；第7章，工艺课业的教学；第8章，欣赏课业的教学。

杨景芝《美术教育与人的发展》，人民美术出版社，1999.5

全书分为上下两编6章及附录（儿童美术教学活动设计课例）。上编，美术教育与人的发展，包括4章。其中第1章，走进基础教育天地，主要从生活、儿童写生、两种教育观等方面切入基础教育的问题；第2章，美术教育与人的素质发展，主要从素质教育与美术基础教育、儿童创造思维发展、儿童绘画能力发展、儿童情感培养等角度对儿童美术教育进行了论述；第3章，儿童接受美术教育的心理特征，主要从儿童心理的角度论述了儿童绘画潜能和能力发展、儿童绘画能力的差异；第4章，建构开放性教学实践体系，重点提出为儿童创造开放性的教学空间、教师在教学中的主导地位等观点。

下编，儿童美术教学方法研究，包括2章。其中第5章，教育观与教学方法，论述了美术教学中的两种目的与方法、儿童美术教学法的演进与发展；第6章，教的艺术，分为教学法的分类、选择与运用、儿童美术教学方法探究、美术教师的基本素质三部分。

王大根《美术教学论》，华东师范大学出版社，2000.8

全书分为5编18章及附录（详细教案）。第1编，美术教学基础论，包括2章。其中第1章，绪论。论述了美术教育的背景、目的、美术教学的意义、美术教学论研究的对象；第2章，美术教学研究。包括美术教学研究的目的、研究条件、步骤和方法等。第2编，美术教学构成论，包括第3至第4至第5至第6章，分别从学生、教师、课程与教材、资源与技术方面论述了美术教学。第3编为美术教学过程论，包括第7至第10章，分别从过程、组织、模式、评价方面论述了美术教学过程。第4编为美术教学设计论，包括第11至第14章，分别从设计、目标、策略、方法方面论述了美术教学设计。第5编为各类美术教学，包括第15至第18章，分为美术常识和欣赏教学、绘画教学、设计教学、工艺教学四部分。

常锐伦《美术学科教育学》，首都师范大学出版社，2000.9

全书包括绪论及14章。绪论包括美术教育学界说、研究领域、研究方法等；第1章，美术学科教育的本质；第2章，美术学科教育的特点；第3章，美术学科教育的社会基础；第4章，美术学科教育的功能；第5章，美术学科教育的目的；第6章，美术学科课程；第7章，美术学科教学原理；第8章，美术教学原则；第9章，美术教学法；第10章，美术教学的准备工作；第11章，美术课堂教学的实施；第12章，美术课堂的教学评价；第13章，美术选学课程和课堂教学外延的美术教育工作；第14章，美术学科教育的关键是美术教师。

全书图文并茂，登载了教科书的图片和教学活动的照片，并包括具体的单元教学设计方法和具体的课堂教学方法等。

黄梅著《德国美术教育》，湖南美术出版社，2000.6

全书内容共分为三部分：

第一部分：德国美术教育发展的历史。第1章，作为本书基础的历史、哲学、教育背景一瞥；第2章，德国学校美术教育发展历史。

第二部分：德国现当代美术教育思潮。第3章，1945年后美术教育发展概述；第4章，审美教育概念及审美教育在德国的变迁和发展；第5章，当代德国对美术教育目的和内容的探讨；第6章，博物馆中的美术教育。

第三部分：当代德国学校美术、审美教育及美术师范教育。第7章，德国美术教学大纲；第8章，学校美术教育面面观；第9章，当代德国美术师范教育一览。

李力加《萌动与发展——儿童美术教育学研究》，山东美术出版社，2001.4

全书包括绪论及10章。第1章，教育学与儿童美术教育学；第2章，儿童美术教育学原理研究；第3章，儿童美术教育学的学习论；第4章，我国的儿童美术教育；第5章，儿童美术教育的课程论研究；第6章，儿童美术教育的社会、家庭论；第7章，儿童美术教育的学生（儿童）论；第8章，儿童美术教育的教师论；第9章，儿童美术教育的教学法；第10章，儿童美术教育、教学训练实践篇。

在第10章中，论述了教学原则、教学要求、训练要点以及幼儿、小学、转型期的儿童美术学科课程，并分别论述了水粉色彩教学、从写生到创作的教学以及儿童评论教学等。

徐建融、钱初熹、胡知凡《美术教育展望》，华东师范大学出版社，2002.2

本书以美术教育学科研究为立足点，汇集了古今中外美术教育发展的史料，回顾了美术教育的历史，分析了美术教育的现状，并对其发展前景做出预测。

全书分为3编10章。引言为“21世纪美术教育学科研究展望”。第1编，中国美术教育的开端与发展，包括：第1章，古代美术教育；第2章，学校美术教育的开端与变迁；第3章，大陆美术教育的发展；第4章，港、澳、台地区的美术教育。第2编，外国美术教育的开端与发展，包括：第5章，外国美术教育的历史回顾；第6章，欧美美术教育的发展；第7章，亚洲美术教育的发展；第8章，澳洲、新西兰美术教育的发展。第3编，21世纪美术教育展望，包括：第9章，21世纪对美术教育的挑战；第10章，新世纪中国美术教育的展望。结束语为“远景眺望”。

胡知凡《艺术课程与教学论》，浙江教育出版社，2003.9

本书围绕2001年以来中小学艺术课程、教材、教学和评价的改革展开论述，涉及中小学美术、音乐、（综合）艺术课程。

全书分为绪论及6章。绪论：学校艺术课程改革的背景。第1章，我国艺术课程的发展与变化；第2章，艺术课程的教材与分析；第3章，艺术课程的教与学；第4章，艺术课程的评价；第5章，艺术课程资源的开发与利用；第6章，世界艺术教育展望。

钱初熹《美术教学理论与方法》，高等教育出版社，2005.2

本书围绕普通学校，即小学、初中、高中的美术教学展开论述。全书共分为3编10章。第1编，美术教学理论基础。其中包括：第1章，美术教学的前提；第2章，美术教学理论的基础；第3章，美术教学理论的演变；第4章，中国学校美术教学的历史。第2编，美术教学方法。其中包括：第5章，美术教学设计；第6章，美术教学的内容及方法；第7章，美术教育评价。第3编，美术教学研究。其中包括；第8章，美术课程资源开发；第9章，美术教学研究；第10章美术教师专业化成长。以“引言：站在新旧百年的交界线上”和“结束语：新的视野与新的起点”作为全书的起点与终点。

全书的特色为：第一，以美术教学理论以及美术教学的发展趋势作为立足点，密切结合美术教学实践，以解决美术教学中的实际问题。第二，直接以美术教学切入，与我国基础教育新美术课程的推行密切配合。一方面，汇集国内外美术教学理论及其研究成果，加以评述与比较。另一方面，汇集国内外美术教学方法的研究成果，结合我国美术教学实践、美术课程资源开发与教学研究活动，提供具体可行的教学案例及教学研究的实例。第三，根据论述的需要，采用图表化等形式加以说明，并附各种与美术教学活动有关的照片，使全书呈现出图文并茂的面貌。第四，附美术教育文献索引。其中包括：美术教育法规文件汇编（3部）、美术教育专著（35部）、美术教育论文（100篇）、教育专著（30部）的目录，便于读者查找与检索美术教学理论与方法的信息。

尹少淳《美术教育：理想与现实中的徜徉》，高等教育出版社，2005.3

本书围绕义务教育阶段和高中阶段的美术课程改革展开论述，涉及美术教育改革的背景、理念、课程体系、目标、教科书、教学、评价和教师等诸方面。

全书分为10章。第1章，循环与进步——探寻美术教育的发展规律；第2章，从T形结构看不同层次的美术教育；第3章，普通知识与基础美术教育；第4章，美术课程体系的建构和改革要点；第5章，后现代主义思潮与美术知识的拓展；第6章，美术教科书的现代意义及构成；第7章，回到起点思考美术教学；第8章，另眼看美术教学；第9章，美术教学的始终——目标与评价；第10章，塑造美术教师。

钱初熹编著《迎接视觉文化挑战的美术教育》，华东师范大学出版社，2006.11

本书为教育部人文社会科学研究“十五”规划基金项目“儿童美术心理发展的研究”成果。该成果获得“华东师范大学新世纪学术著作出版基金”资助得以出版。

全书分为5章。第1章，迎接视觉文化挑战的美术教育，论述了视觉文化时代背景下，我国儿童美术心理及能力发展的变化、美术新课程改革以及21世纪美国艺术教育和日本漫画文化及其教育。第2章，儿童美术心理发展的调查研究报告，叙述了儿童美术心理调查研究的经过和结论，汇集了数据统计结果和访谈记录。第3章，儿童美术心理发展与视觉文化的理论研究，聚焦于国内外儿童美术心理、美术教育评价、美术欣赏教育以及视觉文化与学校美术教育的研究，从哲学、社会学、心理学、教育学、美术学、信息论等角度分析造成我国儿童美术心理发展特征和规律的深层原因。第4章，美术教学及评价案例，提供了美术创作教学、欣赏教学、教学评价和综合活动的生动案例。第5章，新的挑战与新的机遇，记录了课题组成员从各个角度针对未来社会发展将给学校美术教育带来的挑战与机遇所发表的独特见解。

钱初熹编著《美术教育促进青少年心理健康》，上海文化出版社，2007.9

本书是融合美术学和心理学的跨学科研究成果（“十五”规划社科基金国家一般课

题）。围绕当今青少年的心理问题，提出通过美术创作教学、美术鉴赏教学以及运用抽象画等自由描绘的方法测试心理健康程度等促进青少年心理健康的新观点和新方法。

全书分为6章，并以“序章：跨越领域的研究”和“结章：开辟新的研究视野”作为全书的起点和终点。第1章，美术教育是促进青少年心理健康的有效途径；第2章，以绘画作为青少年心理健康测试工具；第3章，缓解高中生心理压力的美术教育；第4章，美术学习促进儿童与青少年心理健康成长的案例；第5章，促进儿童与青少年心理健康的美术教育方法；第6章，艺术治疗与美术教育的相关文献概述。

钱初熹编著《美术鉴赏及其教学》，人民美术出版社，2007.9

本书以美术鉴赏教育促进青少年心理健康为基本出发点，围绕美术作品鉴赏方法以及学校美术鉴赏教学方法展开论述。全书分为上下两编6章及附录，并以“绪论：美术教育促进青少年心理健康的实验研究”和“结章：眺望2020”作为全书的起点与终点。

上编：美术鉴赏基础。从美术作品、美术史研究、美术鉴赏的过程与方法等角度展开论述，旨在引导美术教师或一般读者了解与学会鉴赏美术作品的方法以及购买、装饰、保养美术作品的方法。其中包括：第1章，美术作品鉴赏；第2章，西方美术史研究方法；第3章，中国美术史研究方法；第4章，美术鉴赏的过程与方法；第5章，美术作品与生活。

下编：美术鉴赏教学。密切配合21世纪我国基础教育美术新课程中美术鉴赏教学的改革展开论述。在回顾国内外美术鉴赏教学发展历程，考察分析我国当前儿童与青少年审美心理及能力发展特征的基础上，汇集国内外美术鉴赏教学方法，并结合我国中小学美术鉴赏教学实践，提供具体可行的教学案例。其中包括：第6章，美术鉴赏教学的发展历程；第7章，美术鉴赏教学的目标与策略；第8章，美术鉴赏教学的方法及案例；第9章，美术馆教育。附录部分：1. 美术鉴赏著作和美术鉴赏教学论文的索引；2. 中外著名美术馆的索引；3. 美术鉴赏网站与美术鉴赏教学网站的索引；4. 华东师范大学艺术教育研究中心的师生于2005年精心开发的美术鉴赏课件目录、15篇教案及其课件（光盘）。

尹少淳编著《美术教育学新编》，高等教育出版社，2009.1

共分入门、基础、拓展三个部分。

第一部分：入门——唤起记忆和进行体验开始课程的学习。

第二部分：基础——向学习者提供完成美术教学活动最基本的知识与技能。第1章，美术教学的基本知识与技能。

第三部分：拓展——全面而深入地带领学习者学习美术教育知识与技能，推进学习者向职业高峰发展。第2章，理解美术教育；第3章，美术教育的演进；第4章，美术教育的价值与目标；第5章，美术知识与美术课程；第6章，美术教学的方法与模式；第7章，美术教学评价；第8章，美术课程资源；第9章，课外美术教育；第10章，美术教师的成长。

钱初熹主编《当代发达国家艺术教育理论与实践》，华东师范大学出版社，2010.11

本课程分为四个模块9章，每一模块都包括互相穿插的学习内容。第一模块：第1章和第2章，包括：当代发达国家艺术教育的背景；当代发达国家艺术教育理论的多种取向；当代发达国家艺术教育课程设置情况及其发展趋势。第二模块：第3至第6章，分别介绍当代美国、加拿大、日本、英国、澳大利亚和新西兰等发达国家的美术、音乐、舞蹈、戏剧教育的理论与实践。第三模块：第7章和第8章，着重阐述艺术教育综合实践活动。一方面，阐述统整艺术各门类的综合艺术教育实践活动，提供融诸艺术门类为一体，以社区为取向、以艺术治疗为取向的综合实践活动的教学案例。另一方面，阐述统整艺术与科技的艺术教育实践活动，提供跨越艺术与理科、新媒体与艺术教育、网络与艺术教育的综合实践活动的教学案例。第四模块：第9章，聚焦于艺术教育的比较研究。阐述中外艺术教育比较研究的目的与意义，提供开展中外艺术教育比较研究的方法及案例。

程明太著《美术教育学》，黑龙江美术出版社，2011.5

全书共7章。第1章，一个古老的命题；第2章，美术教育的价值与目的；第3章，美术教育与美术教育思想；第4章，美术教育的教学；第5章，美术教育的教学评价；第6章，美术教育中的教师与学生；第7章，当代中国美术教育的思考。

段鹏《当代艺术与学校美术教育》，湖南美术出版社，2012.12

全书共5章。第1章，当代艺术与学校美术教育，根据东西方美术的新进展以及开放的艺术状态指出相应的教育问题——开放的艺术和学校美术教育相对保守的状态；第2章，当代艺术融入学校美术教育的理论思考，通过对后现代主义相关理论的阐释和解读，分析后现代、当代艺术的美学原理、艺术思潮及其对学校美术教育的启示；第3章，当代艺术融入学校美术教育的价值取向与哲学审思，对于当代艺术融入学校美术教育而言，教学观念的转变是其首要问题；第4章，当代艺术作为课程资源的开发与筛选；第5章，课堂中的实践应用，分析当代艺术融入学校美术教育的课堂关键环节、教学策略、教学模式等诸多教学实践领域的具体问题，以提供一种基本的教学行为范式。

本书的特色在于通过对当代艺术概念及其相关美学特征的分析，建构当代艺术内容融入学校美术教育的教育理论研究与教学实践探索。在艺术不断更新和嬗变的背景之下，学校美术教育和当下新鲜的艺术表现存在某种程度上的脱节或滞后现象。而将当代艺术内容融入学校美术教育具有其独特的理论基础和教育价值。因此，学校美术教育应秉持着一种“流动的基础观”，认识到当代艺术和学生生活世界的独特联系及其对培养学生批判性思考能力的特殊价值。

钱初熹主编《文化创意产业与当代学校美术教育的研究》，湖南美术出版社，2012.11

全书共有14章及序章、结章和附录。

序章阐述了《文化创意产业与当代学校美术教育的研究》课题研究的缘起、目的、方法、主要观点、研究结论、取得的突破性进展和学术价值以及研究成果的推广范围。

第1至第3章为理论研究的成果，包括“文化创意产业与当代学校美术教育的研究”“文化创意产业的理论研究”以及“文化创意产业与中国传统文化教育的研究”三方面的内容；第4章为调查研究的成果，以“文化创意产业的认知及其教学情况的调查报告”的方式加以呈现；第5至第14章为实践研究的成果，其中第5至第10章是学校创意美术系列课程与教学的研究成果，包括“以‘中国元素’为核心的创意美术课程与教学”“数字化时代背景下的美术课程与教学”“创意美术课程与教学”“以创新为核心的跨学科美术课程与教学”“以学生发展为本的创意校园建设”和“农村中学创新美术教学”等内容；第11至第14章是学校与社会相结合的创意美术系列课程与教学的研究成果，包括“走进美术场馆的高中美术课程与教学”“家校参与美术馆的互动教学”“面向年轻人的博物馆教育”和“都市文化背景下的校外美术课程与教学”等内容。

结章进一步论证了学校美术教育具有的巨大力量，并对今后的研究方向进行了展望。

李力加著《唤起知觉经验的美术学习——小学美术课堂教学研究》，山东美术出版社，2013.1

本书重点围绕“欣赏·评述”和“造型·表现”两个学习领域的课堂教学活动实践，在对各类儿童美术作业和教学现象分析的基础上，提出建议、策略以及教学实施的有效方法。

全书共8章。前4章阐述视知觉思维理论指导下的美术教学，节选2005年以来在小学美术课堂教学实践中100多个案例片段，融合于学理分析与论证文本之中。第5、第6章，针对“欣赏·评述”和“造型·表现”学习领域教学，提出图像分解教学设计方法和课堂教学分析，强调实践操作性。第7、第8章收集16个小学美术课堂教学案例、分析报告、教学实践思考与研究文本。

王大根主编《中小学美术教学论》，南京师范大学出版社，2013.8

本教材在诸多学术研究成果及2000年版《美术教学论》的基础上，根据教育部《全国高校美术学（教师教育）本科专业课程设置指导方案（试行）》2005年的精神和2009年颁布的《全国高校美术学（教师教育）本科专业必修课程教学指导纲要》的要求，由国内11所高等师范院校12位美术学科教学论专职教师合作完成，最后由王大根统编而成。

共设12章，具体内容如下：第1章，现代美术教育教学概述；第2章，美术教学中的学生；第3章，美术教学中的教师；第4章，美术课程与教材；第5章，美术教学的资源与技术；第6章，美术教学设计；第7章，美术教学模式；第8章，美术教学策略；第9章，美术教学方法；第10章，各类美术教学；第11章，美术教学评价；第12章，课外校外美术教学。

钱初熹著《美术教学理论与方法》（第2版），高等教育出版社，2013.12

为了反映美术教育的最新发展动向，同时有利于本课程与教学的延续性，对2005年版的《美术教学理论与方法》进行修订。在增加了近年来世界各国美术课程与教学改革的新资讯的同时，并以教育部颁发的《义务教育美术课程标准（2011年版）》为依据，将国内外美术教学及其研究的案例融入书本中，力求呈现美术教学改革的新面貌及发展趋势。

全书共分3编10章，第1编，美术教学理论基础。其中包括：第1章，美术教学的前提；第2章，美术教学理论的基础；第3章，美术教学理论与方法的演变；第4章，中国学校美术教学的历史。第2编，美术教学方法。其中包括：第5章，美术教学设计；第6章，美术教学的内容及方法；第7章，美术教育评价。第3编，美术教学研究。其中包括：第8章，美术课程资源开发；第9章，美术教学研究；第10章，美术教师专业化成长。以“引言：学校美术教育的力量”和“结束语：面向第三次工业革命的学校美术教育”作为全书的起点与终点。

全书的特色为：第一，以美术教学理论以及美术教学的发展趋势作为立足点，密切结合美术教学实践，以解决美术教学中的实际问题。第二，直接以美术教学切入，与我国基础教育新美术课程的推行密切配合。一方面，汇集国内外美术教学理论及其研究成果，加以评述与比较。另一方面，汇集国内外美术教学方法的研究成果，结合我国美术教学实践、美术课程资源开发与教学研究活动，提供具体可行的教学案例及教学研究的实例。第三，根据论述的需要，采用图表化等形式加以说明，并附各种与美术教学活动有关的照片，使全书呈现出图文并茂的面貌。第四，附美术教育文献索引。其中包括：美术教育法规文件汇编（5篇）、美术教育专著（50部）、美术教育论文（150篇）、教育专著（40部）的目录，便于读者查找与检索美术教学理论与方法的信息。

李静《构建我国基础教育美术教师专业知识体系及其评估模式研究》，浙江人民美术出版社，2014.5

本书是国家社会科学基金“十一五”规划（教育学科）国家青年基金课题研究成果。作者旨在以全球美术教育发展为背景，站在美术教师研究的前沿，把握美术教师专业化发展的研究新动向，考察与分析我国中小学美术教师专业化发展的理论基础和行动实践，提出“学校美术教师是推进学生美术素养的关键人”“美术教师专业知识形成和发展是个动态的概念”等观点，提供美术教师专业化发展的对策，并展望我国未来十年中小学美术教师专业化发展的前景。由于我国缺乏对美术教师这一群体进行深入细致的研究成果，因此这一研究成果具有创新价值与积极的现实意义。

作者从美术学科的思维特点、本质特性和课程价值出发，将学科独特性与教师职业专业性相结合，对构建美术教师专业知识体系及其评估模式进行了深入的探究，明确提出五维度的美术教师专业知识体系和两种评估模式。

我们可以看到作者始终聚焦于我国中小学美术教师群体，以美术学科为基础，从日常教学出发，自下而上，由小及大的研究思路与实践。她从众多优秀美术教师案例中挑选出具有代表性的8个案例，创造性地从个体和团队的角度进行分析，揭示了美术教师专业知识建构过程中的共性、个性特点与规律，显示出美术教师专业知识发展的能力要素及影响因素。为了取得第一手资料，作者深入我国不同地区中小学美术教育现场，采用观察与访谈、问卷调查研究、案例研究和叙事研究等多种研究方法，捕捉那些以数据无法定量的现象，探究美术教师置身其中的多样化情境，为我们揭示了我国美术教师知识、能力、评价之间的关系，提供了美术教师的完整图像，坦率、真诚地向我们描述了优质美术教师的形象与发展前景。

后记

2001年，教育部印发了《基础教育课程改革纲要（试行）》通知，我国新一轮课程改革由此启动，美术课程正式成为课程改革的一部分。与此同时，经国内专家多方呼吁、论证，艺术学科的属性得到进一步明晰。到2011年，我国基础美术教育和美术学科建设取得了两个重要的标志性成果：一是教育部完成了对义务教育各学科课程标准包括美术课程标准的修订工作，随之正式颁布了我国第一部《义务教育美术课程标准（2011版）》；二是国务院学位委员会、教育部颁布了新的《学位授予和人才培养学科目录（2011年）》，艺术学首次从文学门类中独立出来，成为新的第13个学科门类。我们从中看出，美术教育和美术学科，从基础教育到高等教育都发生了根本性的变化。这种变化是历史性的，突破性的，它直接反映了中国当代社会、经济和文化的转型，其指向是着眼于培养新时代有文化、高素质的公民和专业人才，提升艺术学科内涵，凸显艺术学科价值。

正是在这一大背景下，我们萌发了立足基础美术课程改革编写《现场：国家美术课程改革访谈录（2001－2011）》（以下简称本书）的想法。显然，从2001年课程改革以来十年间的实验看，美术课程改革取得了显著的成果。随着2010年《国家中长期教育改革和发展规划纲要（2010－2020年）》以及美术课程标准正式颁布，美术课程改革进入了一个新的转型期和发展期。如何更好地总结这段历史，把握好课程改革的核心内容和价值，是一个具有当代意义的命题。2012年夏，当我向岭南美术出版社提出编写本书的提议时，立即得到了李健军社长的积极响应，他以其灵敏的直觉答应大家一起组织团队，成立编写小组。同年底，“中国义务教育美术课程标准研讨会”在北京首都师范大学举行，我借参加会议之机代表本书编写组邀请尹少淳教授出任本书顾问，他欣然允诺，又顾又问，在其主导下确定了28名访谈对象和采访路线，并为本书作序，始终给予帮助和支持。

本书力求对这十年来的美术课程改革进行一个总体梳理。这个梳理涉及到美术课程标准的制定、课程性质、教学研究、教师发展、学生学习以及教科书编写等。据此,我们确定访谈对象涵盖教育部相关领导、课程标准研制组负责人及核心成员、高校相关教授、省市区教研员和中小学一线教师，以及相关出版社专家；考虑到课程的国际化趋势，还增加了一位香港学者。从访谈区域看，不仅关注发达地区，也关注欠发达地区；不仅关注城市，也关注农村；不仅关注历史，也关注现实，更着眼于未来。访谈对象均是美术课程改革过程中颇有建树的专家、一线教师等。在本书中，我们力求理性梳理美术课程的性质、研究对象等，避免用生搬硬套的概念、理论叙之；我们的视角更倾向于通过具体的人和事来陈述美术教育和与之相关的历史、生活、学术、课程等关系。这种关系是由近距离的个体面对面访谈形式来呈现，它是微观与宏观的结合，是个体经验与集体智慧的融合，是历史记忆与当下现场的对话。

本书力求将个案研究与口述历史融合渗透。访谈从2013年开始，先后在不同的时间段对28位年龄跨度大、经历与气质各异、所在地域与岗位各不相同的对象进行了现场访谈。受访的专家们克服工作繁忙、地域限制等种种困难，不但接受访谈，还亲自修订访谈稿，不少稿件几易其稿，他们的热情、耐心、认真、执著都令我们感动。他们共同构成了一个特殊的“群体”。对这一“群体”的合理解构，有点有面，点面结合，据此形成以访谈者个体为单位的研究个案。从访谈录的形式和研究文本的采集过程来看，访谈录本身就是口述史的一部分。书名“访谈录”，其实选择的就是口述史的方式，由此形成的一系列访谈文本，是受访者作为课程改革亲历者的生平阅历、学术视角和情感世界的真实记录，同时也是时代发展的真实写照。

本书开篇即见对万丽君、杨力两位专家型领导的访谈。通观全文，高屋建瓴，总结成绩，点出不足，指明方向，勾勒出中国美术教育发展的图景。接下来对章瑞安先生的访谈，我们可以感受到叙述者站在课程改革风云潮流之中开合自如的从容。访谈时他语速很快，思维的敏捷、思路的清晰，让我们感受到一个智者的风范。对有“中国美术教育活化石”之称的陈通顺先生的访谈，核心内容是对课程改革之前的历史叙述，他特别着重于国家政策文件的制定对美术教育格局产生的影响，包括他在20世纪80年代创办《中国美术教育》刊物时的经历，这些历史片段与故事，娓娓道来，如数家珍，丝丝入扣，尽管看起来对2000年以后的课程改革似乎点到为止甚至落墨极少，但实际上前后两者已经形成“互文”关系。陈先生是我们唯一前后两次到南京采访的老前辈。2013年暑期我与岭南美术出版社李健军、陈国健、杨国昕诸位第一次入住南京师范大学南山专家楼，这年夏天南京出奇地热，热到晚上12点站在南山专家楼的高坡上都丝毫没有风，我们都怀疑是否到了非洲。即使如此，已届耄耋之年满头银发的陈先生仍然冒着酷暑一丝不苟对待访谈，给我们提前联系安排住宿，送我们上好绿茶应时解暑。对常锐伦、奚传绩和侯令诸先生的访谈，包括访谈中对其同辈人中已经故去的诸先生在学术贡献上的追忆，则直接显现出历史与现实的交织与情怀。他们是出生于20世纪三四十年代，历经过新中国成立、“文革”和改革开放的老一辈艺术家、美术教育家，他们这代人有一个重要的共同点是秉承传统，立足现实，面向未来，承前启后。如今，他们仍然活跃在中国美术教育的舞台上，发挥着重要的引领作用。尹少淳、钱初熹、胡知凡、王大根、陈卫和等教授，则展现出另一种特质。他们青少年时期大都在农村这个广阔天地锻炼，经历上山下乡、考学、工作后，20世纪80年代中期开始自觉介入美术教育领域，此后长期在高校从事美术学科的教学和研究。课程改革开始后，他们成为美术课程标准研制组的核心成员，在如火如荼的课改中，他们正值人生岁月最成熟和最美好的年华，将自己的才智才情贡献给了新课程改革期的中国美术教育事业。如果说常锐伦诸先生是承前启后的一代，那么尹少淳这一代中青年学者则注定为改革开放后接棒前行的学院新生力量。这是历史赋予这代人的使命。凡遇社会转型期，在国家迅速发展与崛起的环境中，学院理所当然成为改革的中坚力量。这就是为什么我在前文将美术课程标准的正式颁布与艺术学升格为门类视为一个整体变革进行观照，这不仅仅是时间巧合与外部形式的变化，更是学科内部深层次的革新与提升，学科内涵的提质与优化。在我们所关注的课程改革领域，当代性已经成为学院美术教育的必然选择。以他们为主体的这批学者，以其对美术教育的理解，以集体智慧和科学语言，丰富并定义着中国当代美术课程的价值，集时代要求，总汇成流，有力地形塑着中国当代美术教育的品格和面貌。同在这个领域，李力加致力于研究、探索从校外幼儿美术到中小学美术乃至高等美术教育这一整体现象；李东风则在高师美术教育与基础美术教育的融合和实践上深耕细耘。

教研员和一线教师是课程改革的主要践行者和实施者，构成了一道美丽的风景线。本书选取了5位省、市、区教研员为代表，分别是广东省的周凤甫、四川省的冯恩旭、甘肃省的王文寰、深圳市福田区的汤小锋、北京市西城区的白彬华。在中国的课程改革进程中，教研员的岗位不仅重要，而且特别。岗位决定了对教研员的高要求，不仅要具备专业技能，还要有组织领导才能、协调能力等，其身份在业务上是指导者，在行政上又是组织者。这种双重身份，决定了教研员队伍是一支召之即来、来即能战的队伍。在整个课程改革中，各地教研员发挥了无可替代的作用，创造出典型的“中国教研员”特色。参与访谈的5位教研员从各自所处的地域和教育语境出发，为我们提供了有益的感悟和启示。一线教师是直接给学生授课的教师，他们是课程改革的主力军、生力军。赵紫峰、房尚昆、刘清峨、孙飒、龙俊甲5位老师分别来自高中、初中、小学等不同阶段学校，城市与农村等不同地域，东南西北等不同地方；从年届六十但创新力不减的赵紫峰到阳光青春的孙飒，他们无不在最平凡、最基础又最重要的课堂上撒播爱心，美育学生，创造响亮篇章，散发无尽光彩。他们沐浴着春风，生活是如此真实，细节是如此动人。

出版社构成了本书的另一重要内容。人民教育出版社、人民美术出版社和湖南美术出版社代表了从中央到地方、从全科教育到专业教育的出版方阵。他们出版的美术教科书为第一批入选新课程改革的先锋，具有实验性和引领作用。课改十来年之后的今天再来探讨美术教材，当然不仅仅是讨论教材的编排形式、美术知识体系和栏目结构等问题，而是更要审视时代背景和教育观念的改变对教材编写、印制和使用等带来的本质变化。刘冬辉、欧京海、黎丹三位先生的访谈，对此提供了有细节、有情怀和有前瞻性的论述。

林桂光先生是香港美术教育家，从20世纪90年代后就一直活跃于香港和内地，长期关注两地美术教育，是本书收录的唯一一位内地以外的专家。

从上述访谈对象、话题和内容等来看，访谈录作为口述史的一部分既是一种资料收集的方式，也是一种知识主体建构的过程。课程改革就其实质来讲，就是课程现代化的问题。美术课程改革本身仍处于发展当中，需要通过对史料本身的梳理，让事实本身呈现价值。从美术课程的“双基”“三维目标”到今天的“核心素养”，实质就是一个不断发展的过程，它们本就是一条延续不断的历史长河中精彩各异的浪花。选择一问一答的访谈录形式来进行叙述，一方面回避了单纯个人讲述的主观性弊端，另一方面通过访谈现场的交流互动营造出客观、交流的氛围，增强了文本的生动性、灵活性，增强了可读性，将学术型研究文本变成活生生的口述历史，从中提炼出珍贵且清晰的发展脉络，启迪后人。

为了今后对本书在内容、文本、话语等方面进行更进一步的分析研究，我们特意增加了“附录”，以提供更为客观、翔实的背景资料作为分析的依据。附录包括首都师范大学美术学院段鹏博士执笔的“美术课程改革大事记（2001－2013）”、华东师范大学美术教育专业研究生团队与访问学者共同执笔的“20世纪80年代以来我国美术教育专著摘要”等。访谈录中的图片资料全部由各位受访者自行提供，有些图片弥足珍贵。个别照片因为年代久远等原因已经不甚清晰，也正因如此，方而更展现出一种历史感。

本书的出版是团队合作的成果。在校订书稿的过程中，我们再次体会到了这些文字的温度、生命和力量。从2012年确定编写本书直至今天成书面世，前后历时5年之久。当书稿接近完成之时，我们深深感受到编辑采访的过程本身就是对美术课程改革的一次近距离接触，让我们重温了这段难忘的时光，感受到所有接受访谈专家的睿智和温暖。感谢所有接受我们访谈、参与访谈工作的各位专家、老师和朋友；感谢一同北上南下进行访谈编辑工作的岭南美术出版社团队。感谢赵焜森先生朴实周到而独具匠心的书装设计。感谢所有帮助我们的朋友。由于我们学识所限，疏漏之处在所难免，敬请各位方家批评指正。

李于昆

2017年3月5日于广州白云山